中国企业精准扶贫案例50佳（2018）

50 Typical Cases of Targeted Poverty Alleviation by Chinese Enterprises

曲天军、钟宏武、王大洋、汪杰 / 编著

图书在版编目（CIP）数据

中国企业精准扶贫 50 佳案例 . 2018/ 曲天军等著 . —北京：经济管理出版社，2019.3

ISBN 978-7-5096-6450-6

I. ①中… II. 曲… III. ①企业—扶贫—案例—中国—2018 IV. ① F279.2 ② F126

中国版本图书馆 CIP 数据核字（2019）第 047017 号

组稿编辑：陈力

责任编辑：陈力 杨国强

责任印制：黄章平

责任校对：王纪慧

出版发行：经济管理出版社

（北京市海淀区北蜂窝 8 号中雅大厦 A 座 11 层 100038）

网址：www.E-mp.com.cn

电话：（010）51915602

印刷：北京久佳印刷有限责任公司

经销：新华书店

开本：889mm × 1194mm/16

印张：15.75

字数：314 千字

版次：2019 年 3 月第 1 版 2019 年 3 月第 1 次印刷

书号：ISBN 978-7-5096-6450-6

定价：198.00 元

《中国企业精准扶贫 50 佳案例（2018）》编委会

《中国企业精准扶贫 50 佳案例（2018）》评审专家小组

汪向东，中国社会科学院信息化研究中心教授

邓国胜，清华大学社会创新与乡村振兴研究中心主任

李小云，中国农业大学教授

张　琦，北京师范大学中国扶贫研究院院长

钟宏武，中国社会科学院企业社会责任研究中心主任

汪　杰，中国社会科学院企业社会责任研究中心副主任

郑风田，中国人民大学农业与农村发展学院副院长

金锦萍，北京大学法学院副教授

师曾志，北京大学新闻与传播学院教授

葛均泊，北京师范大学中国公益研究院慈善研究中心研究员

柯晓山，民政部社会组织管理局涉外办处长

王铮键，民政部社会组织管理局社工处处长

郭　锋，全国工商联扶贫与社会服务部扶贫工作处处长

张艳丽，中国银行保险监督管理委员会普惠金融部副处长

杨志海，中国证监会办公厅扶贫办副主任

李永焱，中国证监会扶贫办助理研究员

张晓松，国务院国资委综合局社会责任处处长

孙家琛，国务院国资委综合局社会责任处干部

序 言

民亦劳止，汔可小康。惠此中国，以绥四方。

摆脱贫困，自古以来就是人类梦寐以求的理想。一个真正文明的社会，不能容忍群体性、区域性贫困长期存在。消除贫困、改善民生、逐步实现共同富裕，是社会主义的本质要求，也是中国共产党的历史使命。党的十九大吹响了决胜全面建成小康社会、迈向社会主义现代化国家新征程的号角。实现全面小康社会，贫困问题是突出"短板"。如何把中国存在几千年的贫困现象彻底消除，不留隐患，轻装前行，不仅政府要发挥主体作用，更需要动员全社会力量合力攻坚。

治理之道，莫要于安民。安民之道，在于察其疾苦。党的十八大以来，党中央高瞻远瞩、深谋远虑，以高度的政治责任感和历史使命感，把扶贫开发工作纳入"五位一体"总体布局和"四个全面"战略布局，摆到治国理政的重要位置。脱贫攻坚力度之大、规模之广、影响之深前所未有。经过六年多不懈努力，精准扶贫、精准脱贫日益深入人心，贫困地区生产生活条件明显改善，贫困群众获得感、幸福感显著增强，脱贫攻坚取得决定性进展和历史性成就：一是连续六年超额完成千万以上减贫任务，其中 2018 年减少贫困人口 1386 万人，贫困发生率比上年下降 1.43 个百分点；二是中国农村贫困人口从 2012 年底的 9899 万减少到 2018 年底的 1660 万，累计减少 8239 万人，贫困发生率从 10.2% 下降到 1.7%，减少了近 9 个百分点；三是贫困村从 12.8 万个减少到 2.6 万个，有 10 万多个贫困村脱贫退出；四是全国 832 个贫困县已有 153 个宣布摘帽，预计 2018 年还将有 280 个左右的贫困县摘帽，占比超过 52%。

奇迹的产生，得益于习近平总书记首提的精准扶贫、精准脱贫的基本方略，得益于以习近平同志为核心的党中央坚持以人民为中心的发展理念，得益于中国共产党领导的政治优势和中国特色社会主义制度优势。成绩的取得，是以习近平同志为核心的党中央坚强领导的结果，是各地区、各部门认真贯彻落实党中央脱贫攻坚决策部署的结果，更是社会各界同心同德、合力攻坚的结果。

2015 年 11 月底，中共中央、国务院颁布《关于打赢脱贫攻坚战的决定》中指出，要健全社会力量参与机制。为贯彻落实党中央决策部署，国务院扶贫办扎实开展了一系列工作：与全国工商联一道启动民营企业"万企帮万村"精准扶贫行动；与民政部一道起草并以国务院扶贫开发领导小组名义印发《关于广泛引导和动员社会组织参与脱贫攻坚的通知》；配合民政部联合印发《关于支持社会工作专业力量参与脱贫攻坚的指导意见》；牵头 14 个部委联合印发《关于促进电商精准扶贫的指导意见》，实施电商精准扶贫工程；与中央网信办、国家发展改革委联合组织实施网络扶贫行动；指导中国扶贫志愿服务促进会建设推广社会扶贫网；以国务院办公厅名义印发《关于深入开展消费扶贫助力打赢脱贫攻坚战的指导意见》等等。目前，社会扶贫顶层设计基本完成，社会各领域参与热情高涨，涌现出一大批先进典型和好的经验做法。

需要特别指出的是，作为市场主体的各类企业，在参与脱贫攻坚战的过程中，充分发挥自身资金优势、产业优势、人才优势、渠道优势、信息优势、管理优势等，围绕产业扶贫、就业扶贫等重点，积极创新企业扶贫方式，在电商扶贫、旅游扶贫、消费扶贫等新业态积极探索，卓有成效，精彩纷呈。

国有企业成为社会扶贫的主力军。国有企业作为共和国的长子，肩负起了脱贫攻坚的历史责任，积极开展产业扶贫等，加大投资建设力度，改善贫困地区公共产品服务保障和基础设施建设；认真承担定点扶贫任务，目前 96 家中央企业定点帮扶 246 个贫困县，占 592 个国家扶贫开发工作重点县的 41.6%；设立贫困地区产业发展基金和中央企业贫困地区产业投资基金，总规模 181.86 亿元，累计投资项目近百个，投资额 140 亿元，覆盖了 14 个集中连片特困地区。国有企业认真落实中央决策部署，讲政治、顾大局、真扶贫、扶真贫，精心组织，倾情帮扶，效果明显。

民营企业成为社会扶贫的新品牌。2015 年 10 月，国务院扶贫办与全国工商联、中国光彩事业促进会一道启动了民营企业“万企帮万村”精准扶贫行动，组织动员民营企业通过产业扶贫、就业扶贫等方式，对贫困村、贫困户进行精准帮扶。目前已有 7.64 万家民营企业帮扶了近 5 万个贫困村，755.98 万建档立卡贫困人口受益，有效推动了精准扶贫、精准脱贫的落实落地，实现了助力脱贫攻坚和企业转型升级的双赢，体现了民营经济的社会担当。“万企帮万村”精准扶贫行动已成为社会扶贫的新平台和新品牌。

外资企业成为社会扶贫的新力量。作为中国改革开放的重要参与者和见证者，一些外资企业积极响应中国政府打赢脱贫攻坚战的号召，异军突起，迅速调整工作重心，积极承担社会责任，主动对接精准扶贫、精准脱贫，取得比较突出的帮扶成绩。

习近平总书记指出，脱贫致富不仅仅是贫困地区的事，也是全社会的事，国务院扶贫办要面向全社会广泛宣传为脱贫攻坚作出突出贡献的典型案例，为社会力量参与脱贫攻坚营造良好氛围。为加快推进这一工作，我们委托中国社科院企业社会责任研究中心开展了“企业精准扶贫案例研究”，历经案例征集、实地调研、案例初筛、专家评审、张榜公示、案例编写六个阶段，一年多时间，在全国范围内各类企业中评选出 80 个企业精准扶贫最佳案例，以此形成《中国企业精准扶贫 50 佳案例（2018）》和《中国企业精准扶贫分领域案例（2018）》。这两本案例集对 2018 年企业扶贫的实践进行了总结和提炼，对 50 家优秀企业及分领域 30 家企业的扶贫做法进行了系统呈现，希望通过树立典型引领方向，营造浓厚社会氛围，凝聚强大攻坚合力，能为更多企业参与脱贫攻坚提供工作指引和参考。

脱贫攻坚事关困难群众幸福生活，事关中华民族伟大复兴。2019 年全国两会期间，习近平总书记先后参加 6 个地方代表团审议，“脱贫”是必谈话题。在参加甘肃代表团审议时，总书记着重强调，现在距离 2020 年完成脱贫攻坚目标任务只有两年时间，正是最吃劲的时候，必须坚持不懈做好工作，不获全胜、决不收兵。要求全党、全社会坚定信心不动摇、咬定目标不放松、整治问题不手软、落实责任不松劲、转变作风不懈怠，确保如期打赢、切实打好脱贫攻坚战。3 月 20 日，国务院常务会议决定从今年 1 月 1 日起至 2022 年底，对企业用于国家扶贫开发重点县、集中连片特困地区县和建档立卡贫困村的扶贫捐赠支出，按规定在计算应纳税所得额时据实扣除；对符合条件的扶贫货物捐赠免征增值税。这一重大利好政策的颁布，立即得到社会各界的广泛赞誉，好评如潮，意义深远。通过调节税收政策杠杆，以点带面，示范推动，形成激励企业参与脱贫攻坚的强大原动力，进而带动社会各领域的工作积极性，促进扶贫捐赠事业的深层次改革，迎来企业和社会扶贫的春天，推动三位一体大扶贫格局的最终形成。

面临新的扶贫形势，站在新的历史方位，更加需要企业家的担当精神、创新精神以提升脱贫质量；更加需要各类企业积极参与脱贫攻坚以夯实基础；更加需要企业立足主业、发挥优势、对接市场以带动贫困人口脱贫增收；更加需要社会各界以“但愿苍生俱饱暖”的情怀脚踏实地为民造福，主动承担社会责任，以愚公移山之志苦干实干，以滴水穿石的精神久久为功。我们真诚希望通过推出“企业精准扶贫案例研究”案例集，宣传一批可学、可复制、可推广的企业扶贫典型案例，进一步动员更多企业积极履行新时代赋予的历史重任，推动扶贫事业在新的起点上取得新突破、再创新辉煌，为如期打赢脱贫攻坚战，实现全面小康社会的奋斗目标而努力，并以优异成绩向新中国七十华诞献礼！

2019 年 3 月

中国企业精准扶贫 50 佳案例（2018）

排名	企业名称	企业性质	案例名称	案例类型
1	华润（集团）有限公司	国有企业	海原定点扶贫的“华润模式”	产业类
2	碧桂园控股有限公司	民营企业	助力精准脱贫，开启乡村振兴新征程	综合类
3	中国石油化工集团有限公司	国有企业	深耕产业全链条，精准扶贫造福甘肃	综合类
4	中国民生银行股份有限公司	民营企业	构建“六位一体”精准扶贫体系	综合类
5	恒大集团有限公司	民营企业	积极承担社会责任，助力毕节脱贫攻坚	综合类
6	中国移动通信集团有限公司	国有企业	因地制宜，智慧扶贫，以信息技术助力脱贫攻坚战	综合类
7	亿利资源集团有限公司	民营企业	生态富民助力精准扶贫	生态类
8	三星（中国）投资有限公司	外资企业	打造美丽分享村庄，聚力脱贫攻坚战	综合类
9	益海嘉里投资有限公司	外资企业	华侨企业倾情脱贫攻坚	产业类
10	大连万达集团股份有限公司	民营企业	创新企业扶贫模式，开展丹寨包县扶贫	综合类
11	苏宁控股集团有限公司	民营企业	“12345”战略打造“七位一体”电商精准扶贫模式	综合类
12	广西万寿谷投资集团股份有限公司	民营企业	林下养殖万寿谷土鸡，助农增收惠民生	产业类
13	中国远洋海运集团有限公司	国有企业	万亩茶苗成锦绣，千家茗品慰初心	产业类
14	沪江教育科技（上海）股份有限公司	民营企业	互＋计划，助力脱贫攻坚	教育类
15	京东集团	民营企业	跑步鸡，让老乡在脱贫的路上跑起来	电商类
16	中国黄金集团有限公司	国有企业	争创高原央企典范，全力打赢新常态下精准扶贫攻坚战	综合类
17	中国兵器装备集团有限公司	国有企业	履行政治责任，坚持共享发展，打赢打好脱贫攻坚战	综合类
18	中国平安保险（集团）股份有限公司	民营企业	“三村工程”精准扶贫，共建美丽乡村	综合类

续表

排名	企业名称	企业性质	案例名称	案例类型
19	中国船舶重工集团有限公司	国有企业	发挥行业优势，创新帮扶模式	综合类
20	北京字节跳动科技有限公司	民营企业	信息普惠三农，探索精准扶贫新模式	科技类
21	国家开发投资集团有限公司	国有企业	携爱扶贫，筑梦小康	综合类
22	国投创益产业基金管理有限公司	国有企业	以产业基金探索产业扶贫新路径	金融类
23	浙江吉利控股集团有限公司	民营企业	构建长效机制，助力脱贫攻坚	综合类
24	东风汽车集团有限公司	国有企业	尽锐出战，精准发力，打赢打好脱贫攻坚战	综合类
25	中国旅游集团有限公司	国有企业	“教育 + 产业”一体两翼精准扶贫	综合类
26	中国第一汽车集团有限公司	国有企业	创新扶贫模式，激发内生动力	综合类
27	华夏幸福基业股份有限公司	民营企业	涞源一家亲，扶贫显真情	综合类
28	内蒙古蒙牛乳业（集团）股份有限公司	国有企业	“产业扶贫 + 营养扶贫 + 定点扶贫”助力精准扶贫	综合类
29	唯品会（中国）有限公司	民营企业	首创“电商扶贫 + 非遗”模式，唯爱工坊助力精准扶贫	电商类
30	中国兵器工业集团有限公司	国有企业	开展电商扶贫，助力脱贫攻坚	电商类
31	牧原实业集团有限公司	民营企业	主业做成扶贫产业，贫困户嵌入实现增收脱贫	综合类
32	浙商期货有限公司	民营企业	“保险 + 期货”业务让阿克苏棉农吃下“定心丸”	金融类
33	招商局集团有限公司	国有企业	探索“三维”模式，促进精准脱贫	综合类
34	中国南方电网有限责任公司	国有企业	电亮小康梦	综合类
35	中国石油天然气集团有限公司	国有企业	坚守为民情怀，聚焦精准施策，为脱贫攻坚贡献石油力量	综合类
36	腾讯为村（北京）科技有限公司	民营企业	以网络扶智促乡村脱贫攻坚	科技类

续表

排名	企业名称	企业性质	案例名称	案例类型
37	顺丰速运（集团）有限公司	民营企业	顺丰莲花助学，精准助力教育扶贫	教育类
38	国家电力投资集团有限公司	国有企业	高质量脱贫，一个不能少	综合类
39	方正中期期货有限公司	国有企业	探索金融扶贫新模式 多角度助力脱贫攻坚	金融类
40	中国人民保险集团股份有限公司	国有企业	金融扶贫，保险先行	金融类
41	内蒙古伊利实业集团股份有限公司	民营企业	伊利营养 2020 精准扶贫	健康类
42	北京梅赛德斯－奔驰销售服务有限公司	外资企业	星愿基金助力脱贫攻坚	综合类
43	中国华能集团有限公司	国有企业	精准扶贫新时代，华能大爱暖人间	综合类
44	中国煤炭科工集团有限公司	国有企业	小米大业——“武乡小米”产业精准扶贫	产业类
45	中国电子信息产业集团有限公司	国有企业	创新“互联网＋”帮扶模式，推进绿色扶贫	综合类
46	河北益康功能材料有限公司	民营企业	发挥龙头作用，实现精准脱贫	产业类
47	红原牦牛乳业有限责任公司	民营企业	龙头带动八方联动产业扶贫	产业类
48	北京德青源农业科技股份有限公司	民营企业	给贫困群众一只会下金蛋的鸡	产业类
49	中国银行中益善源（北京）科技有限公司	国有企业	精准扶贫共享平台——从“公益中行”到“公益中国”	科技类
50	国家能源投资集团有限责任公司（神华四川能源有限公司）	国有企业	兴教助医，志智双扶	综合类

案例评选标准

精准性（20%）	坚持精准扶贫、精准脱贫基本方略，聚焦贫困地区、贫困县、贫困村和建档立卡贫困人口，在项目安排、资金使用、干部选派等方面因地因人施策，确保精准。
有效性（35%）	紧紧围绕“两不愁三保障”和贫困人口增收目标，通过企业帮扶切实带动贫困县摘帽、贫困村出列和贫困人口脱贫，促进贫困地区经济、社会、环境全面发展。
创新性（15%）	在扶贫理念、项目设计、资源整合、运营模式、带贫机制等方面有突出的创新性，为企业扶贫提供新的解决方案。
可持续性（20%）	一方面建立完善的扶贫工作管理体系（如领导机构、扶贫队伍、扶贫规划、资源保障等）；另一方面结合企业主业扶贫，或建立扶贫参与各方持续受益的体制机制，扶贫项目自循环，扶贫效果可持续。
可复制性（10%）	扶贫理念、模式、方法等，在宏观、中观、微观各个层面，可以在全行业、全社会复制推广，具有示范带动作用。

同时，综合考虑扶贫工作开展时间以及扶贫工作开展方式等因素。**时间方面，**原则上案例申报企业的扶贫工作或项目必须开展半年以上。对于参与扶贫工作时间较长的企业，则主要考察党的十八大以来，尤其是脱贫攻坚阶段（“十三五”时期）的工作举措与成效。**方式方面，**在脱贫攻坚背景下，鼓励企业在开展扶贫工作过程中，充分发挥企业独特优势，重点采取发展产业和带动就业等方式，直接带动贫困人口增收脱贫，案例选择时适当倾斜。

目录

第一章 华润(集团)有限公司

海原定点扶贫的“华润模式”

习总书记在党的十九大报告中指出，精准扶贫、精准脱贫已成为关乎党和国家政治方向、根本制度和发展道路的大事。华润集团作为一家红色央企，始终高度重视脱贫攻坚工作，先后承担了广昌、海原两个贫困县的定点扶贫任务。目前，广昌县已经基本达到了国家及江西省脱贫摘帽标准，而海原县仍属于深度贫困地区。为帮助海原县打赢脱贫攻坚战，华润充分发挥企业资源优势，通过“基础母牛银行”模式，帮扶海原县发展肉牛养殖开发式扶贫产业；同时，华润还整合利用政府扶贫政策和资金，通过“基础母牛银行＋托管代养”模式开展综合保障性扶贫。在海原县定点扶贫工作中，华润充分发挥了开发式扶贫与综合保障性扶贫的综合效用，为央企助力脱贫攻坚探索了新经验、新方法。

(一)扶贫实践及成效

5 年来，华润通过开发式扶贫与综合保障性扶贫相结合的策略，累计帮扶海原县 6,031 户 24,199 人稳步实现脱贫致富的目标。

1. 通过“基础母牛银行”，帮扶海原发展肉牛养殖产业

海原县位于宁夏中南部、六盘山西北麓，是苦瘠甲天下“西海固”的重点区域和六盘山集中连片特殊困难地区国定贫困县。2012 年底，华润接到对海原县的扶贫任务时，海原县贫困发生率达到 36%，农民人均纯收入仅 4,225 元。

海原县为回族聚居区，素有养牛的传统，养牛的条件非常好，但多年来海原县的整体养殖规模很小，牛只品种也以当地普通黄牛为主，很难与市场对接。华润集团旗下华润五丰是一家优秀的综合食品企业，同时也是香港最大的活牛供应代理商，具有 66 年活畜供港经验，渠道优势明显。为此，华润决定结合双方优势，将开发式产业扶贫聚焦在肉牛养殖这一产业上。为帮助广大贫困群众早日脱贫致富，华润对于海原县通过开发式扶贫发展肉牛养殖产业进行了科学周密的谋划和布局：

(1)“赊销投母”，用赊销母牛的方式打破资金瓶颈

肉牛养殖的产业方向明确以后，养什么牛、怎么养等问题还需科学谋划。经过调研，华润集团发现高端肉牛的市场需求非常大，高端良种母牛繁育期较长，通过人工方式即可繁育牛犊，市场附加价值尤其高，人们通常把这种主要用来繁育的母牛形象地称为“基础母牛”。经过对海原草畜条件进行科学评估，华润发现市场热销的西门塔尔高端肉牛非常适合在海原生长繁育，但一头优质西门塔尔基础母牛市场价约为 1 万元，远远超出了贫困群众的承受范围。因此，要帮扶海原县建立肉牛养殖产业，就一定要打破农民养牛的资金瓶颈。经过与当地政府反复论证，华润决定首先垫资从甘肃引进良种西门塔尔基础母牛，再把基础母牛以赊销的方式投放给贫困农户开办家庭农场。针对每头价值 1 万元的基础母牛，华润提供 6,000 元的赊销款，政府提供 2,000 元帮扶资金，农户只需自筹 2,000 元，就可以领回一头优质基础母牛。这样每个农户可认养 2~5 头基础母牛，只用花 4,000~10,000 元就可以建立起一个小型的家庭农场，发展肉牛养殖产业。

(2)“基地收犊”，用回收牛犊的方式破解销售难题

家庭农场建起来以后，母牛产下牛犊，牛犊长大后能否卖得出去，能否卖个好价钱，政府和农户对未来牛只销路都有担忧。为了帮助村民实现从商品到货币的“惊险一跃”，华润决定建设肉牛养殖基地，通过基地回收农户牛犊的方式破解销售难题。农户饲养基础母牛 1 年后即可产下牛犊，产下的母牛犊，农户会留存养育，

用以扩大规模；产下的公牛犊将作为肉牛，在农户家散养育肥10~12个月后，再由华润回购至肉牛养殖基地，抵消农户每头6,000元的赊销款。华润将回购的肉牛在基地集中加速育肥后再统一对外销售，收回的赊销款将继续帮扶更多的农户开办家庭农场。

通过“赊销投母”“基地收犊”，华润帮扶海原发展肉牛养殖产业路线图基本形成，即“基础母牛银行”。在这种模式下，农户养殖风险很低，养殖规模可以迅速扩大。经过测算，一个农户赊销5只基础母牛，经过5年的一个帮扶周期，每个养殖户可以实现存栏23.75头牛，5年累计增加收入142,500元。

“谋定而后动”，在海原县政府的大力支持和配合下，华润于2014年开始建设草畜一体化肉牛养殖基地；2015年陆续开展西门塔尔基础母牛赊销工作；2016年草畜一体化肉牛养殖基地建成，该基地已经成为西北五省规模最大、设施最现代化的养殖基地之一。截至目前，华润“基础母牛银行”已赊销牛只17,677头，覆盖海原县16个乡镇175个村5,881户；2018年年底前将有500头农户自行繁育的牛犊陆续被华润养殖基地回购，并在基地加速育肥后，销售至香港及其他高端肉牛市场。

经过测算，到2020年华润将帮助海原县实现新增公牛9.3万头，新增优质基础母牛14.5万头，加上海原县现存牛只10万余头，海原县牛只存栏将超过30万头，海原县将成为西北地区乃至全国最大的高端肉牛繁育集散地之一。经过华润的持续帮扶，肉牛养殖产业将成为海原县最大的支柱产业。

2. 通过“基础母牛银行 + 托管代养”模式，对极端贫困户实行政策性保障兜底

在通过“基础母牛银行”帮扶贫困户脱贫致富的过程中，华润发现，大多数具备养殖条件的贫困群众都可以在华润帮扶下，通过肉牛养殖实现脱贫致富，但仍有一部分极端贫困户，或因病、因残不具备养殖条件，或安于现状缺乏脱贫内生动力，养殖意愿不强，这部分贫困户已经成为脱贫攻坚战中的坚中之坚，难中之难，必须采取超常规的方式，才能保证脱贫路上一个都不能少的宏伟目标早日实现。

在海原县政府紧密配合下，华润选取150户不具备养殖条件的极端贫困户作为试点。这150户极端贫困户，有100户是因病、因残、老弱孤寡缺乏劳动能力的家庭，有50户是安于现状脱贫内生动力不足的家庭。针对这些极端贫困农户的情况，华润计划通过“基础母牛银行 + 托管代养”模式帮助他们摆脱贫困。按照托管代养模式，每户极端贫困户认养3头基础母牛，基础母牛由养殖基地代为饲养，3头基础母牛的购置费用由农户自筹资金6,000元，政府补贴6,000元，“基础母牛银行”赊销贷款18,000元，合计30,000元。经测算，3头母牛通过自身增值和产犊3年共可产生8,000元收益，3年合作期内华润将农户自筹资金6,000元、扶贫款项6,000元和产生效益8,000元，共20,000元分三年返还，即第一年为每户支付6,000元，第二、第三年每年支付7,000元。通过这种帮扶模式，政府6,000元的扶贫资金在三年内增值为14,000元，150户极端贫困户三年内的生活将得到基本保障。

图1 海原草畜一体化肉牛养殖基地

图2 海原草畜一体化肉牛养殖基地

图3 海原草畜一体化肉牛养殖基地

图4 农户选牛现场

图5 农户牵回赊销的基础母牛

图6 农户在签订赊销协议

图7 受帮扶的农户

（二）扶贫经验

随着脱贫攻坚战的持续深入，脱贫内生动力不足的极端贫困户将成为越来越难啃的硬骨头。经过五年的持续帮扶，华润集团在海原已经打造了一支百余人的产业帮扶专业队伍，这支队伍都是华润培养的刚毕业三、五年的青年员工。扶贫先扶志，华润要用好这支华润“三农”队伍，从这150户贫困户入手，加大对脱贫内生动力不强的贫困群众的扶志工作，依托基础母牛银行，重点引导增强他们的养殖意愿，培训提高他们的养殖技能，激发贫困群众赊牛养牛的内生动力，坚持开发式扶贫与保障性扶贫相结合，扶持引导贫困群众通过自己的辛勤劳动从根本上早日脱贫奔小康。

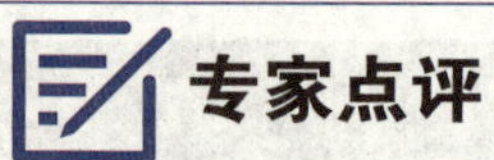

专家点评

华润集团产业扶贫的案例，给我们几点启发：一是必须以市场为导向、以当地条件为依托，选好产业方向，如案例中的高端肉牛养殖；二是从实际出发，设计好贫困主体可以参与、可以脱贫增收的运营模式，如案例中的“赊销投母”“基地收犊”和“托管代养”等；三是帮扶者在产业扶贫过程中，要做好市场对接、产业引领和融资创新，如案例中的肉牛购销，养殖基地和多方融资的方式；四是特事特办、差异化帮扶，不搞“一刀切”，如案例中对极端贫困户，除降低他们的参与门槛外，还要通过扶贫扶志和扶智，增强他们产业脱贫的内生动力和能力。

——汪向东 中国社会科学院信息化研究中心教授

第二章　碧桂园控股有限公司
助力精准脱贫，开启乡村振兴新征程

碧桂园集团是沐浴着改革开放春风成长起来的民营企业，一直以来秉持“希望社会因我们的存在而变得更加美好”的信念，积极响应党中央号召，主动履行社会责任，投身扶贫公益事业，累计投入超过 42 亿元，直接帮助近 20 万人脱贫，带动近 200 万人就业，并在实践中探索出可造血、可复制、可持续的精准扶贫长效机制，为创新社会力量参与扶贫机制贡献了碧桂园智慧和方案。

（一）碧桂园的扶贫历程

伴随着企业的发展壮大，碧桂园集团的扶贫事业不断深入发展。从早期捐资助学扶贫开始，发展到当前全国 9 省 14 县整体帮扶，总体上经历了四个阶段。

一是单个项目帮扶阶段。1997 年起，集团及创始人通过捐资助学、开办慈善学校等方式，持续开展教育扶贫，累计投入 14 亿元，惠及数万名贫困学子。2007 年捐资 2.1 亿元帮扶四川马边、甘洛，用于修建职业高中、乡镇卫生院、通村公路等基础设施。

图 1　树山村改造前

二是试点驻村扶贫阶段。2010 年，捐资 2 亿元驻村帮扶广东清远英德树山村，开启了“造血式”产业扶贫之路。树山村原是一个水库移民村，“九山半水半分田”，是远近闻名的穷村。碧桂园集团因地制宜，大力发展绿色苗木产业，打造环境优美、生态宜居的美丽乡村，带动村民脱贫致富，仅苗木产业为村民累计增收 1200 余万元，户均增收达 7 万元。

图 2　树山村改造后

三是大规模驻村扶贫阶段。2017 年起，碧桂园集团将树山村的成功经验逐步推广到广东韶关翁源黄塘村、潮州饶平黄正村、广西百色田阳央律村等 7 个定点帮扶项目，并捐资 5 亿元帮扶英德整县 78 个贫困村，覆盖粤桂川三省份多个贫困地区，带动 4 万贫困人口全面脱贫。

四是全国 9 省 14 县全面推进阶段。党的十九大描绘了决胜全面建成小康社会、夺取新时代中国特色社会主义伟大胜利的宏伟蓝图。集团决心以更大力度投身到精准扶贫和乡村振兴的伟大事业中。2018 年起，把扶贫上升到主业高度，将广东英德整县帮扶模式推广到甘肃东乡县、江西兴国县、河北平山县等 8 省 13 县，共惠及3747 个村33.6 万建档立卡贫困人口。截至 9 月底，9 省 14 县已全部完成贫困户摸查，32.5 万人落实脱贫方案，帮扶措施惠及 7.4 万人，2.7 万建档立卡贫困人口已实现脱贫。

（二）碧桂园扶贫的主要做法和成效

碧桂园集团明确“做党和政府扶贫工作的有益补充”的定位，在各级党委政府的指导下，发挥集团自身优势，立足贫困地区实际，坚持精准方略，因人因地施策、因贫困原因施策、因贫困类型施策，探索推进“4+X”扶贫模式，“4”是指党建扶贫、产业扶贫、教育扶贫、就业扶贫等集团统一部署的规定动作，“X”是指结合帮扶地区实际拓展的自选动作，切实做到精准扶贫。

1. 党建扶贫

“抓好党建促扶贫”是习近平总书记阐发的扶贫工作重要举措。碧桂园集团坚持“像建好房子一样做好企业党建工作”，高度重视党建在扶贫工作中的引领作用，坚持将支部建在扶贫项目上，扶贫推进到哪里，支部就建到哪里，充分发挥党支部的战斗堡垒作用和党员的先锋模范作用，以党建助力贫困人口脱真贫、真脱贫。

（1）实施党建扶贫“五个一”行动

一是建立一线扶贫项目党支部，碧桂园集团党委在14个帮扶县均与基层党组织建立了“一线扶贫党支部”。比如，在广东英德，集团党委下属43个党组织与英德市78个省定贫困村达成党建结对共建。二是举办特色型党课，形成《碧桂园特色型党课汇编集》，邀请彭湃烈士孙女彭伊娜女士等讲授特色型党课。三是发展“火线入党”党员，评选一批优秀扶贫党员代表。四是开展思想扶贫，组织形式多样的党群关爱活动，共同完善乡规民约、培育文明乡风，大力推动村民立志立德，树立劳动致富的正确观念。五是一线扶贫项目党支部签署脱贫《军令状》，宣示打赢扶贫攻坚战的决心和信心。

（2）挖掘红色资源

挖掘9省14县红色教育、红色文化等资源，探索开发红色旅游线路，增加生态、休闲、度假、农业观光等元素，把革命传统教育与促进旅游产业发展结合起来，借助红色旅游发展带动文化演艺、农家乐、土特产、红色旅游纪念品等相关产业的发展，已开发陕西耀州、广西百色、江西兴国、河北平山等地区的24个红色旅游线路，以红色旅游助力帮扶县精准脱贫，让贫困户吃上“旅游饭”。

（3）开展党建共建暨短期体验式调研学习活动

邀请14县党委、党校、贫困村党支书到碧桂园集团参观考察，提高党建工作水平，拓展扶贫思路。14县所在的碧桂园区域、城市公司、项目的党组织也深入到帮扶县调研走访，寻找致贫原因、研究脱贫方法，将党建扶贫落到实处。

（4）开展寻找老村长活动

按照“言传身教、鼓足干劲、树立志气”的思路，寻找一批德高望众的“老村长”，统一招录为碧桂园精准扶贫乡村振兴工作队编外“公益岗位人员”，由碧桂园和当地政府部门联合颁发“脱贫攻坚服务队队长”委任证书，兼任碧桂园一线扶贫项目部党支部副书记，开展宣传引导、励志教育、典型宣讲等思想扶贫工作，着力破解部分贫困群众目标不清、志气不足问题，激发贫困户脱贫斗志。

2. 产业扶贫

产业兴旺，关键是发挥地区产业优势，挖掘、培育和壮大优势产业。碧桂园集团立足贫困地区资源禀赋，依托地产主业以及旗下苗木公司、社区连锁店、农业公司、酒店集团等优势产业力量，为贫困地区发展特色产业提供资金、技术、市场、渠道等资源，把贫困地区特有的资源优势有效转化为发展优势，激发农村经济活力，推动村集体经济发展壮大，带动贫困户脱贫致富。

（1）筑牢特色产业根基

坚持以市场为导向，以效益为中心，通过深入调研挖掘当地农特产品，充分发挥帮扶县资源禀赋，推动“一村一品”“一县一业”。

①**扶项目。**如在江西兴国县扶持竹鼠项目，在北胜村建设标准化养殖基地，扶持31户贫困户开展竹鼠养殖。

②**采订购。**如在陕西耀州，集团下属文化公司与沮水桃品专业合作社签订了手工艺编制框架协议、手工艺品采购协议，带动深度贫困地区的手工艺产业发展，助力脱贫攻坚。

③**建车间。**如在甘肃东乡县成立拱北湾村食品加工扶贫车间项目，一期可吸纳 120 名员工就业，员工年收入达 2 万 ~4 万元，全线运营后年销售额预计 1,200 万元，创造利润 200 万元。

（2）建立利益捆绑与共享机制

通过与村集体、农户民主协商，明确各方权、责、利，通过利益共享、风险共担，建立长期稳定合作。比如，在具备种植条件的帮扶县推广苗木种植产业，按照“借本你种，卖了还本，赚了归你，再借再还，勤劳致富”的资金运转模式，采用“公司 + 合作社 + 贫困户”的合作模式，发展集约化、规模化的苗木农场或发动农民通过分散式、房前屋后等不同形式种植苗木，除直接分享红利外，还可以通过土地入股形式获得地租，有效辐射带动当地群众增收致富。

图 3 碧桂园帮扶贫困地区发展苗木绿色产业

（3）建立长期稳定的产销机制

利用集团全国分布的区位优势、多业态经营优势，对贫困地区处于分离状态的产业进行调整、组合和一体化，推动各市场主体与贫困村建立长期稳定的产销关系，将需求转换为订单。如集团与陕西宁陕县的“疯婆娘”合作社、宁陕县政府共同投资“中蜂产业链”，借助集团旗下零售品牌“凤凰优选”将产品销往全国各地。同时，对缺乏品牌的优质农产品通过集团自有品牌“碧乡”进行推广，提升产品附加值。

（4）落地集团自身产业项目

发挥集团庞大的产业优势，结合集团发展战略，优先在贫困县落地自身产业项目。比如，2018 年 8 月，碧桂园首个绿色建筑产业基地落地江西兴国县，引入上下游企业，打造绿建产业高地，为贫困地区的发展添砖加瓦。又比如，碧桂园集团下属现代农业公司，在贫困地区规划建设循环农业、智慧农业等现代农业产业园区，引导和扶持贫困村创办合作社。

（5）培养一批青年致富带头人

在结对帮扶县选择拥护党的领导、有群众基础、有产业项目、“懂农业、爱农村、爱农民”的青年致富带头人，由集团提供“设基金、建工厂、造品牌、送技术、拓市场、设平台”等全方位的服务，提高创富带贫能力，扶持中小企业发展，链接更多贫困户脱贫奔小康，计划到 2020 年共培养 10,000 名创业致富带头人，打造一支“不走的扶贫工作队”。目前，已在广东举办第一期贫困村青年致富带头人培训班，通过专家授课、实地考察、项目路演竞赛等方式，提高青年致富带头人的创业能力。

3. 教育扶贫

习近平总书记指出，“把贫困地区孩子培养出来，才是根本的扶贫之策。”碧桂园集团重视教育扶贫扶智在促进扶贫、防止返贫方面的根本性作用，十余年来通过创办免费学校、设立教育助学基金、乡村教师培训等举措，春风化雨，改变了无数寒门学子及其家庭的命运。

（1）开办面向贫困群体的免费学校

开办国华纪念中学，每年为全国 200 名品学兼优的贫困家庭初中毕业生提供全免费的高中教育，并一直资助其完成大学学业，2018 年高考高分优先投档线上线率达 98.2%；开办广东碧桂园职业学院，向贫困家庭高中毕业生提供全免费职业教育。2018 年，350 名毕业生全部就业，其中 20 名优秀学子毕业即获得万元月薪。

（2）改善办学条件，扩大教育规模

主动改善帮扶县学校的办学条件，如在甘肃东乡县捐赠 1,700 万元建设龙泉学校，扩大招生规模，新招 180 名学生，并解决了 316 名学生的住宿问题，打造成县级“教育示范基地”。在河北滦平捐赠 700 万元对 11 所学校进行“3+3”项目改造，完善配套附属

设施。

（3）设立爱心助学基金，开展结对帮扶

设立爱心助学专项基金，截至 2018 年 8 月底，共收到爱心助学基金捐助金额 1,079 万元，将结对资助 10,000 名贫困学生，绝不让一名孩子因学致贫。鼓励员工与贫困学生结对，资助其完成学业，并给予升学、职业规划等方面的指导，帮助贫困学生实现“微心愿”。打造“贫困孩子有约”“碧桂园之旅”等实践品牌活动，邀请贫困学生走进碧桂园，开展文化体验之旅、科技体验之旅等。

（4）用好名师资源，提升教学质量

依托国华纪念中学的教育资源，采取委培生、教研座谈等形式，结对提高帮扶县高中教育水平。推广碧桂园职业学院“产教融合、校企共育”模式，在广西田东、甘肃东乡推行“职院共建”“职院托管”。发挥下属教育集团博实乐的名师资源，结对英德市开展为期三年的“乡村教师培训计划”。

图 4 国华纪念中学学子

4. 就业扶贫

“家有良田万顷，不如薄技在身”。碧桂园集团以农村需要、市场需求及实现就业为导向，结合当地群众意愿，针对性开展各项技能免费培训，并利用自身庞大的产业链优势，对建档立卡户劳动力开展订单式职业技能培训，为贫困户提供就业岗位，实现培训、就业一站式服务，帮助其掌握致富门路和技术。

（1）开展职业技能培训

针对有劳动力缺技术的贫困人口，采取集中培训、远程培训或送教下乡等形式，培训合格发放相关职业资格证书，并联动下属物业公司、酒店管理公司、建筑公司、零售公司以及合作伙伴，提供大量就业岗位。

（2）开展农业技能培训

针对不愿外出或只能就近就业的贫困劳动力人口，结合当地农业生产的重要环节开展新技术推广和生产技能培训，提升农民生产技术，提高生产效率实现增收。同时，培养农村电商从业人员，协助农产品商品化，帮助农村产品通过互联网等平台销售。

图 5 碧桂园组织农业技术专家为村民开展金桔种植技术培训

（3）完善就业跟踪体系

对参与就业培训的贫困劳动力进行全方面的跟踪管理，树立优秀典型，吸引更多的贫困劳动力参与就业扶贫项目。截至目前，面向全社会开展铝模产业工人、维修电工、家政月嫂、会计电商等多种技能工种培训，共有 31,442 名农村劳动力参加，超过 12,737 人实现了推荐就业，平均收入提高 20%，其中部分村民月收入超万元。

5. “X”自选动作

贫困地区的经济、社会、地理、生态、人文等实际情况各有不同，在集团统一部署的规定动作外，结合当地实际，因地制宜推进健康扶贫、美丽乡村建设等自选动作。

（1）开展健康扶贫

在致贫的诸多因素中，与健康、医疗相关的问题较为突出，党中央把人民身体健康作为全面建成小康社会的重要内涵。一是捐赠1亿元支持国家“光明扶贫行动·白内障复明”项目，在帮扶的14县免费为患白内障的贫困户提供治疗。二是购买医疗保险，在河北崇礼推进贫困儿童大病医保项目，为0-16岁建档立卡贫困户子女购买全病种大病医保，在江西兴国、陕西宁陕开展“顶梁柱”计划等健康保险。三是义诊下乡。如在湖南平江等地送医下乡，为当地村民和贫困户进行义诊，将健康知识送下乡。四是开展基层医护人员培训。在广东英德通过送课下乡、远程培训等形式，提升乡村医生基础诊疗水平和乡镇卫生站服务水平。

图6 碧桂园帮扶鱼咀村开展新农村建设，推进旅游产业扶贫

（2）美丽乡村建设

衔接脱贫攻坚与乡村振兴，因地制宜推进美丽宜居新农村建设。在广东英德连樟村、鱼咀村、河头村等地，通过“三清三拆三整治”项目、“厕所革命”项目、污水处理项目及其他公共设施和基础建设项目等，改变农村“脏乱差”的现象，打造一个干净整洁的生活环境。同时，引入人文景观项目及旅游相关业态，建设旅游接待室、农家乐及配套设施，促进农村经济长效发展。

（三）碧桂园扶贫的创新经验

民营企业是精准扶贫的重要力量。长期以来，民营企业扶贫多以捐款捐物的间接参与为主，主要原因是缺乏直接参与扶贫的好机制。多年来，碧桂园集团直接投入人力、物力、财力，参与扶贫开发全过程，把精准扶贫和乡村振兴有机结合起来，探索可造血、可复制、可持续的长效机制，为社会力量特别是民营企业直接参与扶贫提供了具体样本。

1. 创新可造血的扶贫方式

要想彻底改变贫困落后的面貌，仅靠“输血”扶贫，而不触及贫困根源，只能治标不能治本。碧桂园集团一直以来把扶贫着力点放在“造血”上，聚焦增强贫困群众脱贫致富的能力，精准施策、对症下药，找到当地发展致富的“命脉”，遵循客观规律，将扶贫资金、资源用在“刀刃”上，走出一条符合当地实际的特色致富路。

（1）重塑“造血”功能

贫困地区长期“贫血”，自身“造血”功能较弱。碧桂园集团聚焦重塑“造血”功能，一方面，扶志扶智扶技相结合，党建扶贫聚焦扶志，让贫困户形成“我要脱贫”的共识，摆脱意识和思路的贫困；教育扶贫聚焦扶智，让贫困学子接受教育，阻断贫困代际传递；就业扶贫聚焦扶技，让贫困有一技之长，有职不贫，从而全面提升贫困户的内生发展动力。另一方面，以产业兴旺增强“造血”功能，为贫困户提供资金、技术、市场等全方位的支持，帮助贫困户发展特色产业，提高致富能力，实现稳定脱贫。

（2）提高“养血”能力

紧紧围绕“人”这个关键因素，提出“3个3”，即三个寻找计划（一批青年致富带头人、老村长、深度贫困户），聚焦三类人群（村支书、青年致富带头人、乡贤），实现三个一万目标（帮助1万名贫困大中专学生找工作、扶持1万名青年致富带头人扎根农村创业、资助1万名贫困学生完成学业），孕育涵养新时代乡村人才大军，为精准扶贫和乡村振兴注入强大动力。

（3）提供“补血”支持

脱贫致富的道路并非一帆风顺，碧桂园集团动态跟踪建档立卡贫困户脱贫全过程，与贫困户一路同行，陪伴成长，保驾护航。比如，为解决贫困地区农产品销售难题，发挥下属零售公司的渠道和信息优势，通过收购、代销、加工等形式，帮助解决销路问题，同时充分动员集团员工、业主等资源，在社区举办“全国扶贫县农特产品展销会”，利用食堂、食品公司等渠道，购买贫困户农副产品，以消费带动脱贫。

2. 探索可复制的扶贫模式

习近平总书记要求，“要想方设法把现实问题一件件解决，探索可复制的经验。”碧桂园集团着眼国家精准扶贫大局，致力于打造可复制、可推广、可供借鉴的精准扶贫模式，发挥示范引领作用，为广大有志于扶贫事业的企业、社会组织提供一套可操作的现成方案，带动更多社会力量参与到精准扶贫的伟大事业中来。

（1）实现扶贫工作的制度化

将公司化的管理引入扶贫工作，打造制度化的扶贫工作模式。一是实行“两会”“两报”制度。召开周例会和月例会，集团领导总结部署工作。设立扶贫周报、月报，总结工作成效和不足，推广和学习先进案例。二是制定工作规程。发布《碧桂园精准扶贫乡村振兴工作指引手册》，细化“4+X”帮扶模式具体举措，确保工作有的放矢、有章可循。三是制定考核激励制度。建立《碧桂园集团精准扶贫乡村振兴工作考评办法》，明确集团扶贫各有关部门的职责，以正面激励为主，开展月度、季度、年度考评，做好优秀扶贫干部的表彰和宣传。

（2）实现帮扶措施的精准化

建立扶贫“四库”，运用大数据，突出精准帮扶，为脱贫攻坚提供科学依据。一是建档立卡数据库。精准识别贫困人口是精准施策的前提。自行研发覆盖9省14县建档立卡贫困户的信息化系统，实现扶贫成果数据化的实时记录和展示，为精细化管理提供支撑。二是产业资源库。已入库集团层面帮扶的产业项目60个，子公司帮扶产业项目7个，并根据发展情况动态更新产业项目进展情况，实现扶贫资源的精确化配置。三是专家智库。聘请国内外知名专家担任集团扶贫顾问，确保扶贫工作方向正确、措施精准。四是就业岗位资源库。在集团内部及上下游企业收集就业需求，已梳理1.2万个面向贫困户的就业岗位，精确匹配到建档立卡贫困户。

（3）实现扶贫模式的标准化

碧桂园集团结合多年来的扶贫实践和经验，在“4+X”的扶贫模式方面均已形成“五个一”的实施和执行标准，目前正在积极申报国家教育扶贫和消费扶贫标准，计划从标准构建的基本思路、秉承原则、框架体系、执行步骤以及具体指标体系的测算等方面着手，研究制定教育扶贫和消费扶贫的标准规范，为广大社会力量提供参考借鉴，更好地推动教育扶贫和消费扶贫的开展。

3. 构建可持续的扶贫机制

碧桂园集团参与扶贫绝不是心血来潮，而是有宏大的目标和长远的规划，不仅要打赢脱贫攻坚战，更要深度参与乡村振兴战略。按照国家乡村振兴战略规划要求，从实现“乡村全面振兴，农业强、农村美、农民富全面实现”的远景目标出发，规划当前的精准扶贫工作，科学谋划、稳扎稳打、精细管理，注重提高扶贫质量和效益，努力实现贫困户、政府、社会和企业的多方共赢，实现精准扶贫的可持续。

（1）以体制机制保障可持续

集团把扶贫作为双主业之一，确立“地产是扶贫基石、扶贫优于地产”的“双主业”发展模式，以集团强大的资源保障扶贫工作的开展。集团成立“精准扶贫乡村振兴领导小组”，由集团总裁任组长，确保扶贫工作的强力领导，同时下设“精准扶贫乡村振兴办公室”，按照“五个统一”开展工作，即在扶贫的具体工作中由集团扶贫办统一指挥，各扶贫区域统一行动，统一行动的标准规范，统一实行激励机制，统一进行宣传推广。同时，组建数百人的专职扶贫队伍，长期驻扎在9省14县贫困村，具体从事一线扶贫工作，从体制机制上保障扶贫工作的可持续性。

（2）以多方共赢实现可持续

企业结合自身优势，促进企业产业优势和平台优势与贫困户脱贫致富的有机结合，既帮助贫困户实现了快速脱贫，企业自身也在帮扶中受益，充分履行民营企业的社会担当，实现了“帮扶贫困户也是帮扶企业发展”的双赢甚至多赢的格局，使得这样的扶贫模式可长期持续下去。碧桂园集团以产业扶贫为重点，通过产业的可持续发展，实现多方共赢。比如，集团绿色建筑产业基地优先落地贫困县，将农民工培养成掌握一到多门技能的产业工人，在解决企业自身用工需求的同时，使贫困人口脱贫增收，同时也增加了当地的税收，带动了产业发展，实现了多方共赢和可持续发展。

（3）以共同参与增强可持续

众人拾柴火焰高。碧桂园集团积极动员社会力量共襄扶贫大业，发动子公司、产业链上下游的合作伙伴及其他爱心企业等，建立“公益联盟共同体”，共同参与精准扶贫和乡村振兴事业，推动产生更为巨大的集群效应和影响力，助力国家打赢脱贫攻坚战。目前已有70多家企业积极响应，在助学、助教、农业培训等领域谋划对接扶贫。

乘风破浪，决胜在即。碧桂园集团将在党和国家的领导下，以习近平新时代中国特色社会主义思想为指导，深入贯彻党的十九大精神，坚决落实《中共中央国务院关于打赢脱贫攻坚战三年行动的指导意见》部署，持续投身精准扶贫和乡村振兴事业，为全面建成小康社会、实现中华民族伟大复兴的中国梦贡献智慧和力量。

专家点评

碧桂园明确“做党和政府扶贫工作的有益补充”的定位，发挥自身优势，立足贫困地区实际，坚持精准方略，因人因地施策、因贫困原因和贫困类型施策，以党建扶贫、产业扶贫、教育扶贫和就业扶贫为主体，因地制宜推进健康扶贫、美丽乡村建设等，探索推进“4+X”扶贫模式，帮扶理念新，投入力度大，覆盖范围广，帮扶举措实，扶贫成效好。通过创新可造血的扶贫方式，探索可复制的扶贫模式，构建可持续的扶贫机制，为脱贫攻坚贡献了碧桂园智慧和方案。

——钟宏武 中国社会科学院企业社会责任研究中心主任

第三章　中国石油化工集团有限公司
深耕产业全链条，精准扶贫造福甘肃

作为中央企业，中国石化积极响应国家扶贫政策，紧紧围绕“两不愁三保障”原则，始终秉承科学治贫、精准扶贫的理念，大力实施精准扶贫，坚持“造血”和“输血”相结合，尤其加强“造血”功能的打造。中国石化充分利用自身产业和渠道优势，探索出中国石化特色的产业扶贫模式，即“以销售渠道带动特色产业发展，以特色产业发展带动高税收和高就业率，以高税收和高就业率带动贫困地区持久脱贫”，大力推进产业扶贫、精准扶贫，全方位、多层次开展对口支援及定点扶贫工作，通过产业扶贫、基础设施建设、教育扶贫、人才扶贫等方面，切实帮助甘肃东乡提高可持续发展能力，有效实现脱贫致富，助力全面建设小康社会。

（一）企业简介

中国石油化工集团有限公司（英文缩写 Sinopec Group）是 1998 年 7 月国家在原中国石油化工总公司基础上重组成立的特大型石油石化企业集团，是国家独资设立的国有公司、国家授权投资的机构和国家控股公司。

中国石化主要从事石油与天然气勘探开采、管道运输、销售，石油炼制、石油化工、煤化工、化纤、化肥及其他化工生产与产品销售、储运，石油、天然气、石油产品、石油化工及其他化工产品和其它商品、技术的进出口、代理进出口业务，技术、信息的研究、开发、应用。公司总部位于北京市，经营范围遍布 73 个国家和地区，拥有员工 72.6 万人。

中国石化坚持“为美好生活加油”的企业使命，积极践行可持续发展和社会责任，努力实现“建设世界一流能源化工公司”的企业愿景。35 年来，中国石化提供的能源和化工产品直接或间接服务于人民的衣食住行，保障经济发展和满足人民的美好生活需要。

（二）扶贫理念

作为中央企业，中国石化积极应党中央、国务院的号召，认真贯彻落实“六个精准”“五个一批”等国家扶贫开发政策和方针，承担国家对口支援及定点扶贫开发任务。1988 年以来，中国石化总部共承担西藏、青海、江西、安徽、湖南、甘肃、新疆等 7 省（自治区）12 县（市）的扶贫开发任务。

大力推进“造血”式精准扶贫，助力打赢脱贫攻坚战。中国石化坚持以人民为中心的发展思想，始终秉承科学治贫、精准扶贫的理念，坚持“造血”和“输血”相结合，尤其加大“造血”功能的打造。结合贫困地区实际，充分发挥企业网络优势、专业优势和技术优势，重点开展产业开发、支持教育、医疗健康、扶贫建房等扶贫开发工作，助力贫困地区脱贫致富、美丽乡村建设和决胜全面建成小康社会。其中，产业开发是中国石化扶贫工作的重中之重。公司充分利用自身产业和渠道优势，探索出中国石化特色的产业扶贫模式，即“以销售渠道带动特色产业发展，以特色产业发展带动高税收和高就业率，以高税收和高就业率带动贫困地区持久脱贫”，大力推进产业扶贫、精准扶贫，全方位、多层次开展对口支援及定点扶贫工作，切实帮助贫困地区提高可持续发展能力，有效实现脱贫致富，助力全面建设小康社会。

（三）扶贫管理

1. 扶贫组织

自承担扶贫开发任务以来，中国石化成立了由党组领导担任组长的对口支援及扶贫工作领导小组，负责扶贫工作的总体决策和部署。每年定期召开会议，研究确定年度计划与安排，重大事项临时召开会议。领导小组坚持实地调研考察，了解实际情况，帮助解决问题。

对口支援及扶贫工作领导小组下设办公室，由油品销售事业部扶贫办公室归口管理，负责扶贫工作的整体统筹与推进，配合当地政府策划、执行扶贫项目。办公厅、发展计划部、集团公司财务部、人事部、宣传工作部、股份公司财务部、工程部等相关部门担任小组成员，承担相应职责。为保障扶贫工程质量，工程部下设工程项目管理部，负责重大工程项目开发、建设、验收等全流程管理。同时，选派扶贫挂职干部到地方挂职，保障各项扶贫工作部署落到实处。

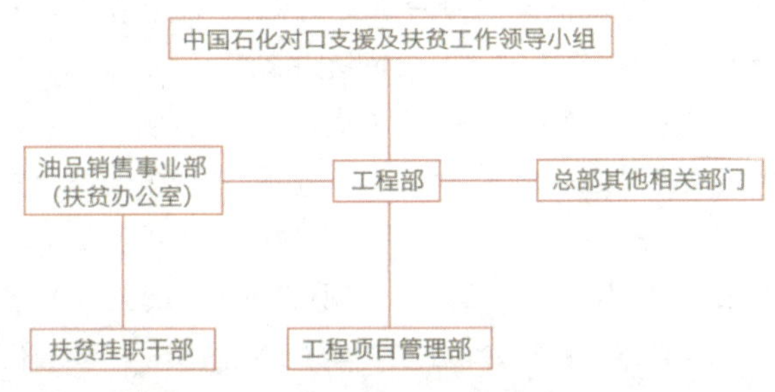

图 1 中国石化对口支援及定点扶贫组织结构图

2. 扶贫制度

中国石化制定对口支援及定点扶贫相关制度，推动企业扶贫开发工作的制度化、规范化。

2004 年，为切实加强对扶贫资金的管理，充分发挥扶贫资金的使用效益，公司制定《中国石化扶贫资金管理办法》，明确规定扶贫资金的使用范围、项目管理流程以及资金使用细则等。同时，明确规定按照工程进度和完成情况分期付款，严格执行中国石化挂职干部签字付款制度。

2005 年，制定《中国石油化工集团公司援藏工程建设项目实施管理办法》，严格执行扶贫项目招投标、工程监理、质量检查、挂职干部现场抽查等全过程监督控制；提出工程项目质量高于地方标准，对所实施的扶贫项目进行效果评估，为今后扶贫项目建设提供借鉴。

2008 年，为管好用好助学金，公司制定《中国石化助学金发放管理办法》，对助学对象识别认定实行村、镇、学校三级公示，对助学金发放使用等实行全过程监控，确保资金使用安全。

3. 扶贫机制

在开展对口支援及定点扶贫工作中，中国石化积极携手国家及地方政府、扶贫对象等各利益相关方，围绕基础设施建设、产业帮扶、支持教育、劳务培训、医疗健康、提供平台等重点领域开展对口支援及扶贫开发工作，坚持“输血”和“造血”扶贫方式相结合，坚持实地调研、制定规划、项目实施、考核评价的科学扶贫流程管理，高效推进精准扶贫，致力帮助贫困地区提高可持续发展能力，有效实现脱贫致富，助力全面建设小康社会。

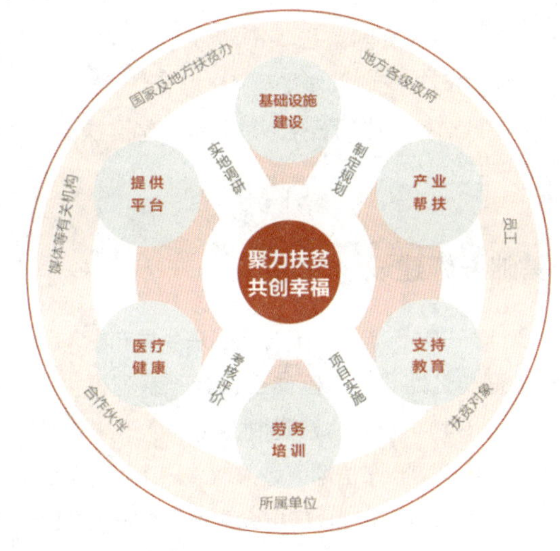

图 2 中国石化对口支援及定点扶贫工作机制

（四）扶贫工作开展

甘肃省东乡县是全国唯一以东乡族为主体的少数民族自治县，东乡县是“国列省扶”重点贫困县，也是精准扶贫工作任务十分艰巨的少数民族特困县。布楞沟流域涉及 6 个乡镇、25 个行政村（2018 年新增 3 个村）、26787 人。流域内山大沟深、干旱少雨，植被稀疏，基础设施建设滞后，产业单一，2012 年人均纯收入 1624 元，吃水、行路、住房、上学、就医、增收等困难问题十分突出。

2013 年 2 月 3 日，习近平总书记沿着崎岖陡峭、尘土飞扬的山路来到东乡县布楞沟村，亲切看望东乡族群众，并提出“要把水引来，把路修通，把新农村建设好，让贫困群众尽早脱贫过上小康生活”。中国石化作为中央企业，响应党中央、国务院的号召，认真贯彻落实国家扶贫开发政策，为广大甘肃贫困地区和人民迈入全面小康社会贡献力量。

2013 年，中国石化承担东乡县布楞沟流域定点扶贫任务。5 年来，牢记习近平总书记的嘱托，配合地方政府持续将精准扶贫向纵深推进。截至 2017 年底，中国石化累计投入资金 2.6 亿元，共派驻扶贫挂职干部三批 3 人，实施扶贫项目 35 个，有效解决了布楞沟流域行路、吃水、上学、生态等最紧迫的民生难题，惠及贫困户 2354 户、贫困人口 11026 人。2017 年，东乡县农户人均可支配收入增加到 4908 元。2016 年，甘肃省委省政府授予中国石化双联行动暨精准扶贫省外帮扶单位“民心奖”。

1. 基础设施建设

2013~2015 年，中国石化在东乡县布楞沟流域帮扶建成通村公路、饮水延伸工程等一系列重大工程。投入资金 9114 万元修建通村道路 49 千米；投入资金 4950 万元实施布楞沟流域人饮入户工程；投入资金 348 万元为布楞沟村 58 户群众建设了住房。如今，路通了，水引来了，房建好了，有效解决了村民行路难、喝水难、居住难等民生问题，同时为拉动当地农牧业的发展和农户增收起到了重要作用。

（1）修路助民利

“陇中苦瘠甲天下，东乡苦瘠甲陇中。”东乡县是以东乡族为主体的少数民族自治县。这里十年九旱，四季缺水，植被稀疏，生态脆弱，一方水土养活不了一方人。而高山乡的布楞沟村，更是全县最闭塞、最落后的地方。“上去一山又一山，一道一道的塄坎。”就是这里的写照。“行路难”成为阻挡布楞沟村民脱贫致富的一只“拦路虎”。

中国石化认真落实好总书记的重要指示精神，于 2013 年 3 月启动了在东乡县的第一个扶贫项目——援建布楞沟村通村硬化路，仅用 64 天就完成建设，5 月 15 日全线通车，全长 20 千米，宽 5 米。由于地形崎岖，山路弯多，在所有的危险路段，中国石化按标准加上防护栏，20 千米的路加了 3000 多个护栏，保障行车安全。中国石化从 2013 年起援建布楞沟村通村硬化路，完成道路建设工程总里程约 70 千米。如今，“烂泥路”变成了“硬化路”，有效解决了整个布楞沟流域 6 个乡镇、25 个村群众的出行问题。

“以前我们要出村去镇上买东西，山路就得走一个小时，生活生产物资从外面运进来成本就会翻倍。”布楞沟村党支部书记马占海说道：“这条路修好以后，大大减少了运输成本，我们这里养的羊也方便拉出去卖了！”短短五年间，布楞沟村村民的人均可支配收入由 2012 年的 1800 元，到现在的 6156 元，并于 2014 年在全县偏远特困村中率先实现脱贫。中国石化自 2013 年 5 月帮扶以来，在东乡县共投入扶贫资金约 2 亿元，这些年流域内群众生产生活条件得到有效改善，整体连片开发帮扶取得了阶段性成效。

> “以前种土豆都得靠驴车拉，现在跑运输方便了，脱贫致富的大道终于修通了。”
>
> ——东乡县县长 马维纲

> “以前我们要出村去镇上买东西，山路就得走一个小时，生活生产物资从外面运进来成本就会翻倍。这条路修好以后，大大减少了运输成本，我们这里养的羊也方便拉出去卖了！”
>
> ——布楞沟村党支部书记 马占海

> “原先 40 多千米的山路变成了平坦的公路，骑摩托车只要十几分钟就能到学校。”
>
> ——布楞沟流域锁南镇团结村村民 马尔洒

（2）引水解民忧

十年九旱，四季缺水。布楞沟人吃水，除了靠水窖积蓄雨水，还需到几十里外的镇子上拉水。一吨水加上运费，成本足有 120 元。一年下来，最节省的家庭光水费也要花五六百元。水贵如油，村民们用水往往是先洗脸，再洗菜，最后存起来给牛羊喝。

2013~2017 年，中国石化累计投入资金 5466 万元，完成了布楞沟流域人饮入户工程，新建蓄水池 117 座，埋设供水管网 327 千米，受益群众超过 1 万人。2016 年，投入资金 500 万元实施农村供水改造工程，解决 6 个乡镇 683 户 3775 人的饮水困难。清澈的自来水流进了村民院落，群众告别了靠车拉、靠驴驮、靠人背等方式吃水的历史，彻底解决了该流域群众的饮水困难问题。

图 3 修建在旧址旁边的布楞沟新村

“我打心眼里感谢中国石化。2013 年，有了中国石化的帮助，饮用水引进来了，现在家家都用上了自来水，再不用出去打水了。”

——布楞沟村村民 马外那西

（3）安居惠民生

2013 年至今，累计投入资金 1925 万元为布楞沟村 56 户群众建设了新住房，在布楞沟流域实施危房改造项目，共改造 475 户，年度计划脱贫的布楞沟流域建档立卡户基本实现了全覆盖。另外，还对通村损毁道路进行了维修，新建了村庄照明、文化墙等。

“我活了 60 多岁，真是从来没想到能住进这么好的房子，能喝上这么干净方便的自来水，这样的日子做梦都没梦到过！”

—— 布楞沟村村民 马一勒西

2. 产业扶贫

解决了群众行路、喝水、上学等困难状况，为了解决农产品的销路、让农民的钱袋子真正鼓起来，中国石化利用自身优势平台，探索出具有中国石化特色的产业扶贫模式——“以销售渠道带动特色产业发展，以特色产业发展带动税收和就业，以税收和就业带动贫困地区持久脱贫”。通过 2.6 万座易捷便利店，将甘肃特色农产品销往全国，帮助农户解决农产品销路难题。

（1）扶产业助民乐业

走好精准扶贫新路，既要找准致贫“穷根”，又要开好治贫“药方”。只有立足实际，发展富民产业，才能确保如期实现脱贫目标。围绕增强“造血”功能，扶持富民产业：一是扶持发展养殖业。完成布楞沟村养殖专业合作社场地硬化，修建牛羊暖棚圈舍 680 户，帮助群众入股布楞沟村养鸡合作社，预计 2018 年底每户可分红 2000 元，进一步树立农民养殖信心；二是扶持发展种植业。为全县 21 个山旱区乡镇、3.8 万户地块提供农膜 840 吨，发放马铃薯籽种 1404 吨，推广种植全膜玉米 2.7 万亩、脱毒马铃薯 7420 亩；三是扶持开发民宿项目。积极与中国扶贫基金会合作，实施“美丽乡村 · 中国石化东乡民宿”项目，利用群众闲置房屋打造农庄式驿站，培育集体经济，带动农民面向市场；四是助推特色农牧产品走向全国、打响品牌。充分发挥中国石化 2.5 万个易捷便利店销售网络优势，在全国推销东乡及甘肃农牧产品，全力开辟了增收渠道。

案例 "穷德乡"来了"甜蜜的扶贫产业"

尚德镇，位于陇南市文县东南部，原名"雄德乡"。这里交通闭塞，当地村民外出打工的较多，几个贫困村中过半以上人口都在外务工。留守在村里的多为"386199"部队，来往的人们曾误叫这里为"穷德乡"。

中国石化为当地村民带来了"甜蜜的扶贫产业"。依托村里原有的传统养蜂产业，通过招商引资为大中山村修建符合资质和标准的蜂蜜加工厂，并为当地村民提供了 1200 多箱蜂箱。3 年前尚德镇大中山村 70% 的村民都流动外出打工，到如今外出务工的村民们纷纷返乡，全村仅有 5 人在外务工。

过去没有科学技术指导，村民们都是以散养的土办法来放养蜜蜂，往年开春村民把蜂巢放到山林里去，到 8 月以后再从山上背回来，蜂蜜采集效率相当低下。中国石化帮扶养蜂产业，提供蜂箱、引进技术。现在当地养的蜜蜂一年可以采集 2~3 次蜜，依靠中国石化的品牌，蜂蜜销路方面也不再发愁了。

为贯彻落实甘肃省委、省政府"联村联户、为民富民"和精准扶贫、精准脱贫工作部署，自 2012 年开始，中国石化销售甘肃石油分公司主动承接尚德镇横丹、赵家坝、大中山 3 个村的帮扶工作，累计投入扶贫资金 252 万元。

"两三年前我还在外地工作，由于上了年纪一个月收入才 2000 多元，除去生活费用，剩下的积蓄所剩无几。中石化给我们大中山村帮扶之后，我们好多农户现在陆续开始养蜂，没有蜂箱的，中石化给我们提供蜂箱，没有技术的，技术人员教我们技术。现在我回家养蜂收入比以前增加了好几倍，所以不用再外出打工了。"

——村民 张月香

（2）用平台为民谋发展

中国石化充分发挥 2.6 万家易捷便利店的销售平台优势，帮扶销售当地特色农产品，帮助农户增加收入，推动东乡地区发展。中国石化销售甘肃石油分公司先后与白银、张掖、天水、临夏、兰州等地政府签订战略合作协议，与具有鲜明甘肃特色特点的 113 家农业企业结成合作联盟，将面食、食用油、生鲜、牛羊肉、杂粮、养生茶等约 8 个种类，230 多个农产品纳入中国石化销售渠道。

通过中国石化甘肃农产品电子商务 APP 全方位销售甘肃特色农产品，实现线上线下联动营销；通过与社会主力物流、设计、包装材料企业紧密合作，打造高效、低成本物流平台。以布楞沟"东乡手抓羊肉""布楞沟刺绣"为例，就已远销至北京。如今，甘肃特色农产品已经摆放在易捷便利店之中最显眼的位置，供前来加油休息的人们选购。

5 月 18 日，中国石化举办甘肃优质农产品入驻仪式。"极臻甘肃"系列产品正式入驻"奋进石化"平台，将助力甘肃优质农产品拓展推广销售平台，助推精准扶贫工作，为社会各界带来更多天然优质产品。

"这是发挥央企优势，推进产业扶贫、精准扶贫的成功案例，要求进一步扩大合作范围，不断增强贫困地区的'造血功能'。"

——国务院国资委党委书记 郝鹏

"我们东乡人祖祖辈辈养羊也没有想到我们的羊肉和刺绣能卖到北京去。"

——布楞沟村民 马麦志

图 4 中国石化易捷便利店中摆放甘肃特色农产品

3. 教育扶贫

2013-2017 年，中国石化投入教育扶贫资金 1536 万元，帮扶布楞沟小学、中岭小学及锁南中学等学校百余所，捐助校服、电脑、办公桌椅等教学设施，受益学生达上万人，推动了学校标准化建设，助力提升东乡县教育水平。在县民族中学开办了中国石化希望班、启航班、励志班和筑梦班，设立中国石化助学金，资助学生 105 人。中国石化助资 2017 年考录法律专业的东乡籍大学生 4 人。

“现在办学条件好了，家长对教育空前重视。”

——布楞沟小学校长 马春山

“我一定要让孩子好好上学，没文化，啥都干不成。”

——布楞沟村村民 可马阿力木

4. 生态治理

中国石化投入资金 250 万元，利用科研院所与中国石化四川维尼纶厂合作开发的醋酸乙烯衍生物技术开展治沙绿化项目，助力生态环境改善。实施植树造林、栽植经济作物等 5 项生态绿化工程项目，铺设管网 5000 米，开挖蓄水池 10 座，应用保水剂和固结剂 4.5 吨。其中，因使用中国石化生产的先进保水剂，苗木成活率达 98%，效果显著。

5. 技能培训

掌握一门致富技能，实现靠技能脱贫。由县妇联牵头开展“中国石化—陇原巧手”精准扶贫系列培训班，培训家庭贫困妇女 600 余人，培训后为贫困家庭联系电商、企业，通过参加展销会等多种渠道帮助销售手工产品；对布楞沟流域村级产业合作社负责人 30 余人进行了精准扶贫政策、农业技术、金融知识等方面的专题培训；组织布楞沟村民 70 余人次前往宁夏学习了种养殖专业技术，开拓眼界，提高村民种养殖水平。

“中国石化为贫困家庭妇女在农闲时打开了一扇窗，既掌握一门技术又增加收入，感谢石化。”

——东乡县妇联主席 祁秀丽

创造性开展餐饮劳务培训，在扶持建档立卡贫困户带薪培训发展餐饮业的试点中，引导贫困户在县城带薪培训 6 个月，为他们稳定就业打开了另外一扇门。

6. 乡村振兴

中国石化在乡村振兴方面共投入资金 377.77 万元，开展干净整洁、山清水秀的农村环境整治工程，着力解决布楞沟流域部分乡镇的“脏、乱、差”问题。实施布楞沟村住房保温工程、护坡墙加固工程、水窖集雨场硬化工程、墙体粉刷和文化墙制作等，新建汪集乡何家村、咀头村、大树乡郑家村、沿岭乡红崖村文化活动场、卫生室等 4 个配套设施，群众文化生活得到有效改善。

7. 医疗扶贫

中国石化协调北京协和医院和县人民医院建立网络视频系统，实施为东乡县 100 名大病患者提供远程医疗救助的精确医疗扶贫项目。

专家点评

中国石化积极响应党中央、国务院精准扶贫号召，认真贯彻落实习近平总书记关于扶贫工作的重要论述，带着对贫困地区人民的深厚感情，以强烈的政治意识和高度的社会责任感，从 2013 年起定点扶贫甘肃省东乡族自治县。经过六年的持续帮扶，现在的东乡县布楞沟流域山绿了、路通了、水来了、群众住上了新房，有了自己的产业，有了脱贫致富的信心。六年来，中国石化在东乡县布楞沟流域 25 个村累计投入帮扶资金 3.1 亿元，受益人口 25000 余人，为助力当地打赢脱贫攻坚战贡献了力量，为企业开展精准扶贫工作树立了榜样。

——孙家琛 国务院国资委综合局社会责任处干部

第四章　中国民生银行股份有限公司 构建“六位一体”精准扶贫体系

（一）背景介绍

早在 2002 年，民生银行就开始对河南的封丘县、滑县和甘肃的渭源县、临洮县开展定点扶贫工作。2015 年，国务院扶贫办重新部署定点扶贫任务，民生银行的定点扶贫单位调整为河南的滑县和封丘县（以下简称“两县”）。调整后，扶贫任务更加具体，扶贫措施更加精准，资源投入更加有效。

截至 2018 年，民生银行以及全行员工捐款共计 1.19 亿元，以“扶贫先扶智、治贫先治患”的理念开展以教育扶贫为核心的帮扶方式，新建和维修校舍 150 余所，资助贫困学生 5 万余名，奖励优秀教师 6,100 余名，在京组织培训优秀教师 1,000 余名，同时，还探索开展了医疗扶贫、股权扶贫、金融扶贫、电商扶贫、技能扶贫等扶贫模式。

2017 年 11 月 1 日，河南滑县成功实现脱贫摘帽，封丘县 2017 年实现 1.7 万余人稳定脱贫，预计 2018 年实现整体脱贫摘帽。

（二）扶贫实践

十六年来，民生银行牢牢树立“责任田”意识，针对两县实际需求，根据金融扶贫的价值和规律，结合自身的特点和优势，抓住培育和激活当地内在生产力这个牛鼻子，“输血”“活血”“造血”三管齐下，探索形成了以教育扶贫为根本、医疗扶贫为重点、股权扶贫为突破、金融扶贫为支撑、技能扶贫为呼应、电商扶贫为探索，多层次、广覆盖、强渗透的“六位一体”精准扶贫体系，累计向封丘县捐助 4,275 余万元，向滑县捐助近 4,500 万元。两县已经成为可持续、能推广的金融精准扶贫“示范田”。

（三）管理情况的主要做法

1. 完善联动高效的工作机制

主要领导亲抓落实。董事长洪崎亲自部署，党委书记、行长郑万春亲自落实，并担任金融扶贫工作领导小组组长，小组成员包括办公室、人力资源部、财务会计部、公司业务部、公司业务风险管理部、小微金融事业部、零售业务风险管理部、科技信息部、郑州分行等相关部门负责人。

推动机制上下联动。围绕“精准扶贫，精准脱贫”，设立由总分支、前中后部门参与的扶贫工作实施小组，明确建立业务沟通与推动机制，制定并下发了《民生银行贯彻落实金融扶贫工作的指导意见》《加强民生银行金融扶贫监督检查工作的指导意见》《中国民生银行农村土地承包经营权抵押贷款管理细则（暂行）》《中国民生银行农民住房财产权抵押贷款管理细则（暂行）》等规章制度。

监督检查务实高效。专门下发《加强民生银行金融扶贫监督检查工作的指导意见》，确保扶贫项目的真实性和扶贫支出的合理性。在项目实施过程中，民生银行实地考察每一个项目，确保项目资金落实到位，进展合理有序，让建档立卡贫困户直接受益，切实保证广大员工的爱心落到实处。

2. 持续开展深入系统的实地调研

坚持问“需”于民、问“难”于民、问“计”于民，建立了“一年两调研、月月常分析”的调研分析体系，以扶贫工作领导小组实地走访和挂职干部日常反馈的形式，详细了解定点扶贫各项工作的落实情况与碰到的问题和困难。

2016 年 ~2018 年，董事长洪崎，党委书记、行长郑万春，党委副书记、副行长陈琼，党委委员、纪委书记陈进忠等多位领导带队赴滑县、封丘县进行扶贫工作实地调研，走访贫困户了解致贫原因，走访重点企业了解金融需求，调研扶贫项目，交流扶贫信息，在当地干部群众中引起了热烈反响。

图 1 2018 年 4 月，董事长洪崎（左二）实地调研河南省豫封多肉植物种植有限公司产业扶贫工作

图 2 2016 年 3 月，党委书记、行长郑万春到封丘潘店镇断堤民生小学慰问

图 3 党委书记、行长郑万春（左四）、党委副书记、副行长陈琼（左二）带队赴河南省滑县、封丘县扶贫调研

图 4 2017 年 3 月，党委委员、纪委书记陈进忠（左二）到河南封丘企业调研

3. 充分发挥挂职干部的功能作用

自 2016 年始，民生银行选派优秀年轻干部赴封丘县、滑县挂职，为定点扶贫攻坚工作提供坚强的组织保证。挂职干部坚持亲临扶贫一线，掌握第一手信息材料，深入乡镇，走村入户，了解贫困群众的实际需求，分析致贫原因，监督扶贫捐助款的使用与项目实施，整合总行相关部门和新乡分行的业务资源，对接企业提供金融业务支持，为当地经济发展和脱贫攻坚注入了新能量、新动力，有效促进定点扶贫工作取得实效。

（四）主要成效与经验

1. 教育扶贫极大改善了基础教育条件

十六年来，民生银行在定点扶贫县新建和维修校舍 150 余所，2017 年为滑县赵营乡牛寨教学点、万古镇杜家庄小学各修建教学楼一栋，为封丘县修建一所“九年一贯制”学校——河南省封丘县民生学校，该校设置班级 36 个，可容纳 1,620 名学生，民生银行计划为该校捐助总额为 3,000 万元，在四年内完成，针对建档立卡的贫困儿童将有特殊入学政策。

十六年来，民生银行致力保障贫困学生学习生活条件，5 万余名学生获得资助。2017 年度资助建档立卡贫困学生 1,483 名，其中贫困高中生 883 名，每生每年 1,000 元生活费，贫困大学生 600 名，每生每年 3,000 元生活费。目前，两县已实现对建档立卡贫困户学生的全覆盖资助，确保适龄儿童就学，无一名学生因贫辍学。

十六年来，民生银行持续奖励、培训教师，有效提升师资水平。共奖励优秀教师6,100余名，组织1,000余名教师赴京培训，让教师获得学习交流的机会，接受先进的教学理念，开拓视野、丰富知识、提升自身教学水平。

图 5 封丘县民生小学升旗仪式

图 6 封丘县断堤民生小学小梦彩

2. 医疗扶贫有效减少了因病致贫现象

长期以来，重大疾病是贫困群众脱贫道路上的一大障碍，“辛辛苦苦奔小康，一场大病全泡汤”的现象时有发生。为了有效减轻贫困群众的就医负担，民生银行在社会保障领域创新开展精准帮扶，探索出了一条助力医疗扶贫的新路。2016 年民生银行向河南封丘县和滑县捐助 400 万元，为两县约 5.3 万名建档立卡的贫困群众购买大病补充医疗保险与新农合补充保险；2017 年捐助 60 万元，为封丘县 3 万名建档立卡的贫困群众购买城乡商业补充保险，从而为患病医治贫困群众在医保报销后的自付部分兜了底，防止因病致贫、因病返贫的现象发生。

3. 金融扶贫构建了当期脱贫的发动机

金融扶贫是完成由“输血型”向“造血型”转变的一项长期工作。通过民生银行的扶贫贷款，企业可以获得资金创新发展，贫困户则直接受益，为贫困地区彻底实现脱贫提供了长期和稳定的保障，是“真脱贫”的有力支撑。借助金融行业特点，民生银行创新金融扶贫产品和服务方式，坚持围绕“三个相结合”，即与建档立卡贫困人口相结合、与县政府扶贫项目相结合、与县财政扶贫政策相结合，通过为滑县牧原农牧有限公司、安阳中盈化肥有限公司、新乡富元食品有限公司等企业提供扶贫贷款，支持当地种养殖业、农副产品加工业，带动地区经济发展。截至 2018 年 9 月末，民生银行的授信额已近 2 亿元，其中公司贷款授信余额 1.92 亿元，小微贷款授信余额 755 万元，为当地经济发展作出重要贡献。

图 7 我行为滑县牧原农牧有限公司提供扶贫贷款

4. 技能扶贫大幅拓宽了就业渠道

对贫困村党支部书记、致富创业带头人、实用科技人才“三支队伍”培训是目前脱贫攻坚工作中的重点工作之一。9 月 18~20 日，民生银行在滑县、封丘县同时举办了“2018 年民生银行助力滑县脱贫攻坚暨三支队伍培训班”“民生银行封丘县三支队伍示范培训班”，邀请了来自农业部创业指导讲师团、中国社会科学院、中国农业大学、全联农业产业商会、中国绿色食品发展协会以及龙头企业的专家、学者和企业家分别进行了主题授课，受到当地政府及学员的一致好评。

考虑到进城务工是拓宽转移就业渠道、实施就业帮扶的又一条途径，民生银行在两县积极探索“培训+就业”的模式。一方面，近年来大城市对于家政服务人员的需求越来越大；另一方面，持证上岗的家政服务人员可以获得稳定的收入，从而进一步改善家庭的经济状况。为此，“月嫂培训+帮助就业”就成为民生银行帮扶农村贫困妇女脱贫的一条新路子。

在封丘县和滑县，已有一些保姆、月嫂培训机构，但是这些机构发放的培训证书在大城市获得的认可度较低。民生银行积极与中国扶贫基金会和北京富平学校联系，争取到了两家单位的大力支持，为贫困家庭妇女组织免费培训，还给她们解决住宿以及餐费补助。培训合格后，再给她们颁发合格证书，以“授人以渔”的方式对妇女进行劳动技能提升，为城市月嫂市场输送人才，开启她们自谋出路、劳动致富的历程。目前培训学员大部分已经在北京就业，月收入6,000元以上。

5. 股权扶贫构建了稳定脱贫的新渠道

股权扶贫是让贫困群众共享发展成果、实现稳定脱贫的重要渠道。民生银行本着扶贫捐助资金使用效益最大化的原则，通过深入考察并结合封丘县委、县政府的意见，选择河南中兵重工机械有限公司，采取股权扶贫的方式实现精准扶贫。

河南中兵重工机械有限公司是一家军民融合企业，发展前景广阔。民生银行捐助402万元，以股权形式注入河南中兵重工机械有限公司，使用分红收益对贫困户进行帮扶，每年每户可获得收益1,000元，可帮扶建档立卡的贫困户322户。该企业2017年分红已经按时发放到贫困户手中。

6. 电商扶贫构建了实质脱贫的助推器

通过协调民生电商等网络购物平台，民生银行针对两县树莓、金银花等特色农产品，围绕重点贫困村开展农产品电商销售。与当地县政府协商，在电商销售保证金、电商佣金等方面共同给予特殊支持，并且通过微信公众号、短信通道、线下宣传等渠道进行宣传推广等支持方式组织网络销售，争取实现“互联网+农产品=精准扶贫”的模式。

民生银行的责任之举获得了广泛的社会认可。安阳市委常委、滑县县委书记董良鸿归纳为五个“好”：“领导做了好表率，支持有了好举措，输送了好人才，扶出了好效果，留下了好口碑。”2018年，民生银行第五次荣获民政部颁发的政府最高规格慈善奖项——“中华慈善奖”，获评中国银行业协会“最佳公益慈善贡献奖”。被国务院扶贫办与中国社会科学院联合授予2017年“优秀扶贫案例奖”，入选中国社会科学院《中国企业扶贫蓝皮书》案例，被新浪财经评为2017年“银行业金融扶贫创新奖”，被中国经营报评为2017年“卓越竞争力金融扶贫银行”。

专家点评

中国民生银行在精准扶贫过程中，能够根据定点扶贫县的实际需求，结合企业自身的特点和资源优势，按照金融行业参与扶贫的规律，抓住培植贫困县内在生产力的关键，“输血”“活血”和“造血”三管齐下，形成了以教育扶贫为根本、医疗扶贫为重点、股权扶贫为突破、金融扶贫为支撑、技能扶贫为呼应、电商扶贫为探索，多层次、广覆盖、强渗透的“六位一体”精准扶贫体系，为金融企业参与精准扶贫提供了可持续、可复制的创新模式。

——邓国胜 清华大学社会创新与乡村振兴研究中心主任

第五章 恒大集团有限公司

积极承担社会责任，助力毕节脱贫攻坚

（一）背景介绍

乌蒙山区是我国贫困面最广、贫困程度最深的集中连片特困区之一，毕节市地处乌蒙山区腹地，共有 7 县 3 区，总人口 920 万人，2015 年底贫困人口 115.45 万人，其中大方县贫困人口 18 万人。

恒大集团积极响应党中央号召，在全国政协鼓励支持下，从 2015 年 12 月 1 日开始结对帮扶毕节市大方县，无偿捐赠 30 亿元，到 2018 年底实现 18 万贫困人口全部稳定脱贫；2017 年 5 月 3 日开始，除大方县外，恒大又承担了毕节市纳雍县、威宁县、赫章县、织金县、黔西县、金沙县、七星关区、金海湖新区和百里杜鹃管理区的帮扶工作，再无偿捐赠 80 亿元，共计 110 亿元扶贫资金，由整县帮扶大方扩展到帮扶毕节全市十县区。

截至目前，恒大已协助毕节各级政府帮扶 30.67 万人初步脱贫，其中大方县 12.73 万人初步脱贫；已捐赠到位 60 亿元扶贫资金，其中定向捐赠给大方县的 30 亿资金全部到位。到 2020 年底，还要协助毕节各级政府帮扶 72.46 万人稳定脱贫。

图 1 恒大扶贫队员抵达贵州

（二）恒大帮扶毕节做法与成效

整市帮扶毕节，恒大牢牢抓住精准扶贫的“牛鼻子”——产业扶贫、易地搬迁扶贫和就业扶贫。

1. 产业扶贫

恒大无偿捐赠 57 亿元，帮助毕节打造我国西南地区的两大基地，一个是最大的蔬菜瓜果基地，一个是最大的肉牛养殖基地，帮助 20 万户、70 万贫困人口发展蔬菜、肉牛以及中药材、经果林等特色产业，为每个贫困户配备至少两个产业项目，并引进上下游龙头企业，形成“龙头企业 + 合作社 + 贫困户 + 基地”的帮扶模式，实现“供、产、销”一体化经营。

（1）引进国际领先农业技术，助力蔬菜产业提质增效

毕节低纬度高海拔，是典型的夏凉山区，非常适合种植高品质高山冷凉蔬菜。恒大结合当地实际大力发展蔬菜产业，通过援建育苗基地、节水灌溉和蔬菜大棚等农业基础设施，扶持互助合作社组织带动贫困户发展生产。引进蔬菜上下游龙头企业，并配套建设蔬菜集散中心，借助“互联网 +”的手段，根据市场需求指导育苗中心生产。蔬菜成熟后，由集散中心到田间地头向合作社现场收购，然后集中洗、拣、分，把绿色蔬菜供给到全国各地。恒大集团这种“供、产、销”一体化的蔬菜产业精准扶贫模式，解决了农户“不知道种什么、不知道种多少、不知道怎么种、不知道卖给谁”的根本性问题，确保贫困户持续增收、稳定脱贫。

目前，恒大已帮助毕节建设 6 万栋蔬菜大棚，建成 31 万亩蔬菜大田基地、26 万平方米育苗中心、13 处储存及初加工基地。

以恒大援建纳雍县革新村蔬菜大棚基地为例，村民以前在这片1,000多亩的土地上种植土豆、萝卜、花豆等作物，耕作方式粗放且自然环境较差，时旱时涝，老百姓一年辛苦到头每亩地收入1,000元左右，大量土地甚至被荒弃。2017年5月，恒大集团结对帮扶后，在该村建设蔬菜大棚1,100多栋，采用以色列滴灌系统的先进技术发展生产。投产半年多来，该基地已成为纳雍县最大的蔬菜大棚基地，不仅产量较之前大幅提高，每年还带动周边贫困户通过务工和年底分红获得收入，户均纯收入近两万元，收入比之前翻了十多倍。

图2 恒大在毕节援建的蔬菜产业基地

（2）引进优质基础母牛，带动当地产业结构升级

毕节自古有养牛的传统，受限于当地土牛品种不良，传统养牛业经济效益低。针对这一现状，恒大计划通过引调繁育10万头纯种安格斯牛和西门塔尔优质基础母牛，建设10万头饲养规模的养殖基地，引进200万枚国外优质冻精，改良50万头当地土牛等途径，全面助推毕节市优质肉牛产业发展，并以点带面迅速带动全产业链条的发展，推进形成良种繁育、饲料加工、疫病防治、市场营销四大体系，为全市脱贫攻坚奠定了坚实的基础。此外，以肉牛产业发展饲草料需求为基础，恒大和政府一道，引导贫困群众大力发展青贮玉米种植，待成熟后由恒大引进的肉牛产业上下游龙头企业中禾恒瑞等按订单收购，切实确保了老百姓增收脱贫，这种带动“粮改饲”的做法也加快了毕节地区产业结构调整。

截至目前，恒大已建设447个肉牛养殖基地，已引调并繁育68,934头优质基础母牛、改良27万头土种牛，已建设31万亩高产优质饲草料基地。

大方县马场镇新丰村贫困户卢放林，原来家里所有土地种植7亩玉米，每亩收入800元左右。恒大帮扶后，卢放林家的土地全部改种青贮玉米，亩产3.5吨左右，龙头企业按照450元/吨收购，卢放林家每亩收入比之前增加一倍，还节省了劳动力。光种植青贮玉米一项，卢放林就比之前增收5,000多元。据统计，2017年恒大援建肉牛基地收贮近17万吨，产值7,641万元；2018年全市计划收贮近35万吨，产值达1.6亿元；恒大助力毕节发展50万亩高产优质饲草料基地，光这一项就能带动当地创收约8亿元，带动贫困群众脱贫致富。

此外，恒大还帮助毕节因地制宜发展中药材和经果林产业，通过援建产业基地并配套先进设施设备，引进上下游龙头企业，建立种子供应、技能培训、种植、收购、加工、销售等产业化体系。目前已建设9.6万亩中药材、食用菌基地，22.7万亩经果林基地。中药材及经果林基地帮扶的贫困户，土地流转收入、务工收入、分红收入合计年人均纯收入超过5,500元。

图3 恒大在毕节援建的肉牛产业基地

2. 搬迁扶贫

针对基本丧失生产生活条件的贫困群众，恒大依托县城和工业园区等，无偿捐赠 44 亿元，在毕节 10 个县区建设 12 个移民搬迁社区及 50 个新农村，并为每户配备了家私家电等基本生活用品，实现贫困户拎包入住，同时为安置区同步配建教育、商业等设施，配建适宜老百姓发展的产业项目，确保贫困群众“搬得出、稳得住”，实现持续脱贫。

目前，全市已有 6.3 万贫困群众搬进了恒大援建的移民安置区，2019 年 6 月 30 日前全市 22.18 万搬迁贫困人口将全部入住。

大方县安乐乡白宫村的丁学志，原来一家五口人挤在一间不到 30 平方米的破败不堪的老房子里，由于丁学志患有血液疾病，不能干重活，也无法外出打工，全家收入来源仅靠种植家里 2 亩地，年收入不过 2,000 元，二女儿又患有智力残疾，一家人生活捉襟见肘。恒大帮扶后，丁学志一家搬进了恒大援建大方县县城移民搬迁社区奢香古镇里，丁学志也进入了恒大援建纯种安格斯牛第七育种场工作，不仅包吃包住，每个月还有 2,500 元的工资，丁学志的小女儿目前在奢香古镇配套的恒大十一小读五年级，一家人生活越来越好。

图 4 恒大在毕节援建的县城移民搬迁社区“奢香古镇”

3. 就业扶贫

恒大组织贫困群众进行职业技能培训，计划推荐 8 万贫困家庭劳动力到恒大引进的上下游企业、恒大下属企业和战略合作单位就业。目前，全市有 99,759 名贫困群众参加了恒大组织的职业技能培训，67,870 名贫困群众被推荐到当地产业就业和异地就业，人均年收入 4.2 万元，实现了“一人就业、全家脱贫”。

威宁县新发乡联合村的赵庆荣，由于学历低，也没有什么劳动技术，以前只能在种地之余靠打零工补贴家用，而三个哥哥姐姐每年“巨额的”学费、生活费，让这个本就贫困的家更是举步维艰。恒大帮扶后，赵庆荣参加了恒大组织的吸纳就业培训，通过培训后进入恒大援建纯种安格斯牛第三育种场工作，逐渐成长为一名拥有现代养殖技术的肉牛产业工人，每月的工资也涨到了 4,000 多元，不但使家庭摆脱了贫困，还得以帮助哥哥姐姐们继续完成学业。

图 5 恒大在毕节组织的吸纳就业扶贫培训班开班

此外，恒大在毕节市大方县还实施教育扶贫和特殊困难群体生活保障扶贫。11 所小学、13 所幼儿园、1 所完全中学和 1 所职业技术学院已建成投入使用，并与清华大学合作引进了优质教育资源。1 所慈善医院、1 所敬老院、1 所儿童福利院已竣工交付并投入使用。

图 6 恒大在毕节援建的学校

图 7 恒大在毕节援建的儿童福利院

（三）恒大帮扶毕节经验

整市帮扶毕节，恒大坚持精准扶贫，因户施策、因人施策；坚持“输血”与“造血”并举；坚持既要“见效快”，更要“利长远”，运用市场化手段，建立长效脱贫机制，探索出可复制、可推广、可借鉴的帮扶模式。

1. 直接参与，助力当地脱贫攻坚

恒大不仅出资金，更重要的是出人才、出技术、出管理、出思路。恒大从全集团系统选拔了 321 名优秀的扶贫干部和 1,500 名本科以上学历的扶贫队员，与大方原有287人的扶贫团队组成2,108人的扶贫队伍，常驻毕节市扶贫前线，与当地干部群众并肩作战，工作到村、包干到户、责任到人。通过有效探索，恒大变点式帮扶为整市帮扶，变间接帮扶为直接参与，变单一捐资为立体帮扶，变大水漫灌为精准滴灌，并通过以扶引商和转变发展观念等方式，激发贫困群众持续脱贫的内生动力。

2. 政企联合，分工协作合力扶贫

恒大携手当地党委、政府，创新工作机制，不断融入当地群众的生活和文化。在机制上，恒大成立了扶贫办，在大方县成立了恒大大方扶贫管理有限公司；而在县区层面，成立各县区恒大扶贫工作指挥部，建立政企联席会议制度，每月定期通报进展、协商规划、解决问题。人员配备上，恒大选派的管理骨干与毕节市委、市政府从全市抽调的优秀干部混合办公、不分你我。同时，政企之间既有协作，也有分工，政府发挥政治优势和制度优势，负责项目审批、土地协调、基础配套、数据统计，确保帮扶资源精准对接建档立卡贫困户；企业管理团队，发挥决策执行效率高的特点，负责项目执行管理，确保按计划快速推进。以安置项目建设为例，政府争取到国家易地扶贫专项资金，负责“三通一平”等基础建设，恒大则以援建资金负责房屋建设、装修和简易家具置办；政府负责搬迁群众的新居分配，恒大则根据清单逐户走访核实。政企之间各司其职，形成强大合力，共同做好帮扶工作。

3. 精准识别，多措并举实现立体帮扶

恒大按照中央“六个精准”的要求，在当地干部的协助下，2,108 名恒大扶贫队员用了半年时间，靠着几千双“铁脚板”走村入户，逐户访谈，深入了解需求、困难，登记入册，累计总行程 200 多万千米，采集了毕节全部 34 万多户、100 多万贫困老百姓的详细资料，并运用互联网技术和大数据技术建立“精准扶贫大数据管理系统”，对数据库的海量资料和信息进行全方位、多维度的汇总、统计和分析，形成贫困户发展意愿分布、精壮劳动力分布、家庭结构分布、致贫原因分布等 39 个子数据库。在精准识别的基础上，恒大因地制宜制定帮扶计划，通过产业扶贫、搬迁扶贫、就业扶贫、教育扶贫和保障扶贫等综合措施，建立全方位系统化帮扶体系，并对帮扶措施覆盖情况进行动态管理。

4. 市场导向，建立长效脱贫机制

精准脱贫的核心在于产业支撑。恒大帮扶毕节的 110 亿元资金，一半以上用在产业扶贫上。在产业选择上，恒大结合当地实际，因地制宜发展蔬菜、肉牛、中药材和经果林等特色产业，为每个贫困户配备至少两个产业项目，并引进上下游龙头企业，形成“龙头企业 + 合作社 + 贫困户 + 基地”的帮扶模式。恒大与当地政府一道，运用市场手段把分散的土地适度集中，连片建设产业基地；把一家一户的农民组织起来，组建合作社进行合作劳动；同时引进上下游龙头企业，根据市场需求指导合作社进行生产。通过整合产业化各个环节，建立起持久的、可内生发展、互利共赢的市场化合作机制，为贫困农户规避市场风险提供保障，为贫困群众稳定增收奠定基础。

5. 远近结合，着力夯实稳定脱贫基础

恒大投身脱贫攻坚，帮扶毕节贫困人口初步脱贫是基础，实现稳定脱贫并逐步致富奔小康是长远目标。一方面，恒大出资、出人、出技术、出管理、出思路，牢牢抓住精准扶贫的“牛鼻子”——产业扶贫、易地搬迁扶贫和就业扶贫，确保各项精准帮扶措施覆盖全部贫困人口；另一方面，恒大坚持因户、因人施策，产业、就业帮扶着力建立长效机制，易地搬迁扶贫着力配套产业基地，实现“搬得出，稳得住，能脱贫，能致富”。同时，恒大坚持扶智并行，把大量资金投入到发展教育事业和职业技能培训上，阻断贫困代际传递。

恒大帮扶突出短期、中期、长期兼顾，多措并举，为民营企业助力脱贫攻坚闯出了新路子，为帮扶贫困地区和贫困人口永久摆脱贫困探索了新经验。

6. 高效执行，目标计划管理助力精准脱贫

恒大扶贫团队秉承和发扬了恒大独有的“目标计划管理”体系，在深入调研的基础上，制定《恒大集团结对帮扶大方县精准扶贫精准脱贫方案》《恒大集团结对帮扶毕节市精准扶贫精准脱贫方案》，并以此为依据细化工作方案和推进计划，对所有的扶贫工作目标任务都进行量化，量化到项目、到岗位、到个人，计划、目标分解到年、半年、季度、月和周，调度到日，既保证进度，又保证质量。同时，恒大扶贫团队秉承从严管理、重奖重罚的企业管理文化，设立综合计划部、监察室、打击官僚主义办公室等完善的监督监察体系，对员工完成目标和计划实现有力监督，确保以超强的执行力精准快速推进各项精准扶贫工作。

恒大集团将继续扎实推进毕节全市 10 县区的帮扶工作，在贵州省各级党委政府的坚强领导下，在当地干部群众的共同努力下，有信心、有决心帮助毕节确保按时打赢脱贫攻坚战，为实现总书记提出的“确保到 2020 年所有贫困地区和贫困人口一道迈入全面小康社会”的目标贡献力量。

注：文中数据为截至 2018 年 11月的数据

专家点评

2015 年底，恒大集团第一时间响应中央扶贫开发工作会议精神，投入 30 亿元整县帮扶贵州省毕节市大方县。2017 年 5 月，再无偿投入 80 亿元，帮扶毕节市其他 6 县 3 区。恒大紧紧围绕“五个一批”要求，系统开展了产业扶贫、搬迁扶贫、教育扶贫、保障扶贫、就业扶贫和创业扶贫等工作。政治站位高、行动速度快、规划编制细、投入力度大、参与程度深、帮扶举措准、结合主业多、资源整合广、台账系统实、社会影响好，是我国企业参与精准扶贫、精准脱贫的表率。

——钟宏武 中国社会科学院企业社会责任研究中心主任

第六章　中国移动通信集团有限公司

因地制宜，智慧扶贫
以信息技术助力脱贫攻坚战

为全面建成小康社会，国家将精准扶贫作为新时期的重点工作。中国移动主动肩负历史使命与社会责任，结合自身优势，以基础设施援建、经济产业带动、社会民生改善等扶贫工程为着力点，以信息技术为手段，深入开展精准扶贫，取得良好成效，受到社会各界好评。

（一）公司简介

中国移动通信集团有限公司（以下简称“中国移动”）是按照国家电信体制改革的总体部署，于2000年组建成立的中央企业。

中国移动主要经营移动语音、数据、宽带、IP电话和多媒体业务，并具有计算机互联网国际联网单位经营权和国际出入口经营权，目前是全球网络规模最大、客户数量最多、市值排名和品牌价值位居前列的电信运营企业，资产规模超过1.72万亿元，员工总数近50万人。中国移动秉承“正德厚生，臻于至善”的核心价值观，真诚践行“以天下之至诚而尽己之性、尽人之性、尽物之性”的企业责任观。

（二）扶贫理念

精准扶贫是国家新时期经济社会发展的一项重点任务。2013年11月，习近平总书记提出“精准扶贫”的重要思想。党的十九大报告指出：要动员全党全国全社会力量，坚持精准扶贫、精准脱贫，深入实施东西部扶贫协作，重点攻克深度贫困地区的脱贫任务，确保到2020年在我国现行标准下农村贫困人口实现脱贫。

精准扶贫是企业履行历史使命与社会责任的实际行动。中国移动积极践行企业的社会责任观，持续开展扶贫援建工作：一是制定精准扶贫资费优惠政策，降低贫困群体通信服务使用门槛；二是开发精准扶贫系统平台，提升扶贫工作效率；三是打造乡村发展“一揽子”解决方案，帮助贫困乡村实现减贫、脱贫目标。同时，中国移动慈善基金会创新公益服务模式，携手相关方共同帮助贫困地区和弱势群体共享美好生活。

（三）扶贫历程

中国移动以基础设施建设、产业扶贫、民生改善为着力点，利用信息化手段，持续深耕扶贫工作，并逐步变“输血式扶贫”为“造血式扶贫”，全力助推小康社会建设。

1. 支持脱贫攻坚

2002年至今，公司对口支持和定点扶贫项目覆盖了西藏、青海、黑龙江、新疆、海南5省区共8个县，联合当地政府共同开展了教育发展、民生改善、产业扶持、文化建设等领域百余个惠民项目，积极改善当地贫困群体的生活水平。截至2017年底，公司对口支持和定点扶贫资金累计投入4.3亿余元。

2. 减小数字鸿沟

中国移动自2004年起启动了发展农村通信、推动农村通信普遍服务的“村村通电话工程”，累计建设基站约6.2万个，共解决了约12.2万个边远村庄通电话、3.3万个行政村通宽带和2,167个农村学校通宽带任

务；2015 年起，中国移动启动农村通信普遍服务工程，累计完成宽带建设行政村 25,663 个，宽带乡村示范工程光纤通达行政村 9,499 个。各项工程帮助边远乡村与外界搭建起顺畅的沟通桥梁，有效缩小了数字鸿沟。

3. 落实提速降费

自 2015 年起，中国移动持续提升移动网络下载速率，实施“速率倍增行动”，并不断扩大互联网骨干带宽。同时，全面取消国内电话长途和漫游通话费，并推出“小微宽带”特惠产品等一系列降费活动，各项降费举措惠及 28 亿人次。

（四）扶贫实践

作为中央企业，中国移动始终以国家经济发展和社会民生改善为方向，在解决“发展不平衡不充分”的问题中，争当突击队和生力军。以四川凉山为例，四川是全国扶贫任务最繁重的省份之一，凉山州是全国和四川脱贫攻坚的主战场。作为国家层面深度贫困的“三区三州”地区之一，凉山地区地形复杂、高山深谷交错，很多村庄散落在海拔从 300 米到 3000 米的高山峻岭之中，被外界称为“悬崖村”。中国移动结合自身优势，利用信息化手段，对口开展精准扶贫工作，竭力为“悬崖村”脱贫攻坚摸索出一条新路径。

1. 项目背景

凉山州昭觉县阿土列尔村，海拔 1600 米，从山底到山顶的海拔高差将近 1000 米，与地面垂直距离约 800 米，是一个典型的“悬崖村”，全村共 72 户 300 余人。过去，这里的情况是：

地理环境恶劣： 山路极其陡峭，出行全靠攀爬 17 条藤梯，藤梯长约 4 千米、共 218 级，要经过 13 处峭壁，是险恶环境里生存的“活化石”；

经济发展落后： 交通严重制约经济发展，山货难以出售，人均年收入不足 2300 元，属国家深度贫困地区；

网络信号差： 村里只有个别山头能收到山下发射的微弱手机信号，通信基本靠吼。

图 1 “悬崖村”村民过去生活状况

2016 年 6 月，中国移动进驻阿土列尔村，开启“悬崖村”扶贫攻坚工作：从无到有，以最强技术（4G 基站、宽带）建设沟通连接“快车道”；从零开始，以最优应用（电商平台、教育云平台、云视讯、千里眼等）搭建脱贫攻坚“高速路”。

2017 年两会期间，习近平总书记在参加四川代表团审议时说：看到凉山州“悬崖村”的生活状况，特别是村民们的出行状态，我感到很揪心。当前脱贫工作，关键要精准发力，向基层聚焦聚力，有的需要下一番“绣花”功夫。

2018 年 2 月，习近平总书记到四川考察调研，专程视察了凉山州，并对脱贫攻坚开出了良方：发展适合当地生态条件的种植养殖业；教育必须跟上，决不能再让孩子输在起跑线上……

2. 执行情况

（1）攻坚克难建网络，打通天堑信息路（2016年6月至2017年4月）

中国移动克服选址难、建设难等问题，全面推进“悬崖村”4G基站和宽带建设：

翻山越岭选址难。建设人员翻遍了周边与悬崖村相邻的4座大山，走遍了5个村落，最终将站址定在了海拔2330米龙沟乡沙马普尔村山顶上。

山高路险建设难。在山顶，海拔较高、山势陡峭、空气稀薄，建设人员呼吸困难，冒着生命危险建设基站。

2016年11月20日，中国移动率先在“悬崖村”开通4G基站；2017年4月19日，开通“悬崖村”第一条光纤宽带。截至2018年6月，中国移动共投入200余万元，实现“悬崖村”4G信息服务和光纤宽带全覆盖。

图2 “悬崖村”通信基站建设

（2）电商平台拓销路，产品远销千里外（2017年4月）

“悬崖村”土地肥沃、气候条件好，核桃、青花椒等特色农作物品质好、产量高，但缺乏销路。中国移动应用“和小宝”电商平台，通过“线上＋线下”双渠道，为“悬崖村”打造网上专营店和产供销一体化产业链，从传统自产自销向网络直销转变，极大提高了村里农副产品销量和村民收入。

打造悬崖村农产品专营店。在“和小宝”平台上打造“悬崖村”青花椒、核桃、蜂蜜、土豆、土鸡蛋特产专店，进行网络直销。

打造产供销一体化产业链。在县城、村里建立农特产代销点，并配备储藏农产品冰柜，解决运输储存问题，实现产供销一体化。

（3）普及教育信息化，共享云端好资源（2017年4月）

“悬崖村”教育基础设施落后和师资匮乏，村里的孩子们享受不到优质的教育资源，中国移动为其打造了集教学、教研、管理、互动于一体的素质教育云平台。通过平台：

教师拥有了教学办公和交流空间，可以进行在线备课、课后测验、教师研修，使用白板教学。

学生可以使用网络同步课堂、海量题库，并能够与名师视频、在线答疑。

家长可以与学生免费通电话，了解到校、离校信息以及学生成长记录。

（4）信息服务到身边，打造便捷新生活（2017年1月）

中国移动在“悬崖村”山顶建设宽带服务站、惠农银讯通网点，让村民“足不出户”就能买手机、办理金融业务、缴纳生活费用。

在“悬崖村”，山脚和山上共建成2个宽带综合服务站，目前已办理移动业务400余笔；建设2个惠农银讯通网点，目前已完成1000余笔转存取款服务，金额达30余万元。

图 3 “悬崖村”山顶服务站与惠农银讯通网点

（5）乡村管理智能化，助力政务提效率（2017 年 5~11 月）

中国移动在“悬崖村”开通“云视讯”会议系统和安装“千里眼”监控系统，有效提升乡村管理和政务服务的智能化水平。

目前，中国移动已在昭觉县政府、脱贫指挥部、教育局以及村委会、小学、幼教点 6 个点位安装“云视讯”，便于政府召开紧急会议、扶贫工作安排上传下达及村委的工作汇报等。投资 25 万余元，在 8 个重要点位安装“千里眼”，上挂智慧旅游、蜀景畅游，政府部门查看、了解脱贫情况、生活状况，村民查看天气状况，便于安全出行。

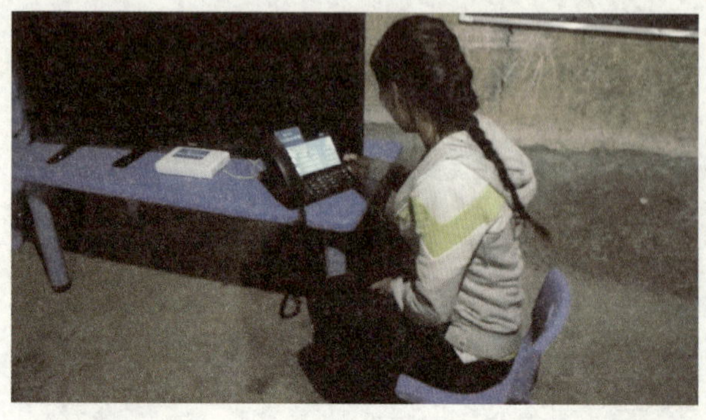

凉山移动千里眼体验版

凉山.昭觉.悬崖村天梯全景

凉山.昭觉.悬崖村村口

图 4 “悬崖村”“云视讯”会议系统与“千里眼”监控系统

3. 实施成效

中国移动克服重重困难，为阿土列尔村打通通信障碍，将昔日的“悬崖村”打造成为如今的信息化示范村。

（1）畜牧增产种植增收，脱贫致富不再是梦

阿土列尔村村民莫色伍哈说，以前，一些收购商知道我们是“悬崖村”的，故意压低价格，一年到头也挣不了几个钱。现在，村里办起了合作社，养了 400 多只山羊。山下，7000 株脐橙长势良好；山上，扩大核桃、青花椒的种植面积。明年，村里将引进白魔芋，养殖岩鹰鸡。他准备试种 2 亩地中药三七，如果效果好，明年还要扩大面积。

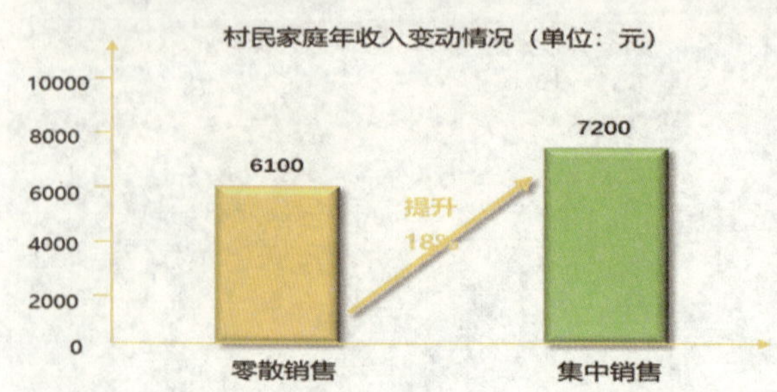

图 5 “悬崖村”信息化扶贫经济发展情况

（2）教育资源实现共享，教学质量逐步提高

“悬崖村”勒尔小学四年级有 38 人，使用教育平台后可以与名校的同龄人交流，不仅提高了大家的学习兴趣，而且还可以学到更多的知识，与使用前相比平均成绩提升 4.1 分，及格率提升 3.5%。信息化改变的不仅是教育，还有孩子们的内心和未来。

（3）精神生活更加丰富，幸福指数迅速提升

随着 4G 基站和光纤宽带的开通，“悬崖村”党员群众通过移动高清宽带网络电视、手机直播等，能够更方便地了解国家政策，学习农牧业养殖种植技术，与外界的沟通交流也更加紧密，幸福感和获得感迅速提升。

图 6 “悬崖村”村民现在生活状况

（五）扶贫经验

1. 构建“三级”扶贫组织体系

2011 年，中国移动在集团总部成立对口支援及扶贫工作领导小组，公司总裁担任组长，总部综合部、中国移动慈善基金会、法律事务部、计划建设部、财务部、人力资源部为成员，并设立对口支援及扶贫工作办公室，负责公司对口支援及扶贫工作的总体策划、监督指导等工作；各省公司成立对口支援及扶贫工作小组，负责具体执行支援与扶贫工作。中国移动建立起一支包括总部相关部门、省公司以及扶贫团队在内的“三级”扶贫工作组织体系。

2. 打造精准扶贫支撑平台

2016 年，中国移动响应政府相关部门需求，根据扶贫工作的流程和实际需求，以互联网和大数据技术为核心，搭建了精准扶贫系统平台，着力实现“四个精准”：精准识别、精准匹配、精准帮扶、精准管控。

3. 创新信息化扶贫模式

中国移动在开展精准扶贫过程中，运用互联网思维，以网络建设为基础，围绕经济、教育、医疗等经济民生保障方面，开发各类系统平台，逐步形成“互联网 + 精准扶贫”模式，将企业核心业务与受援对象需求紧密结合，做到以自身优势满足社会大众需求、以服务社会助推企业核心业务，进而使二者相辅相成、相互促进。

多年来，中国移动以网络建设为基础，利用信息化手段，先后实施了产业扶贫、教育扶贫、健康扶贫等多种信息化扶贫模式。

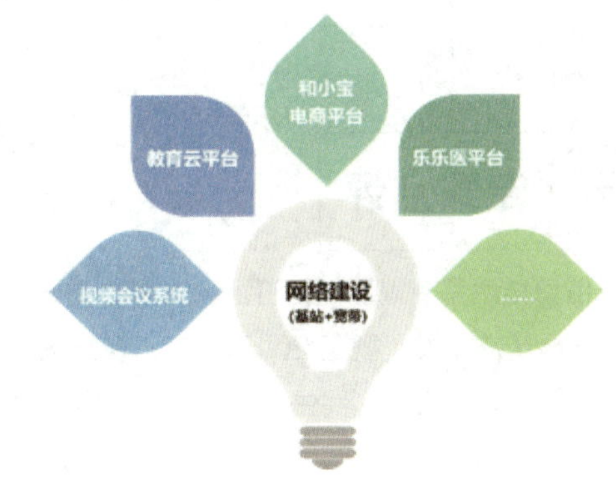

图 7 “互联网 + 精准扶贫”模式

（六）相关方评价

中国移动凉山分公司勇挑重担，积极响应国家脱贫攻坚的号召，加快部署悬崖村网络通信建设工作，给悬崖村也搭上了通信与网络的“天梯”。

——中央电视台

在区域间教育资源、教育水平的差异问题上，“悬崖村”小学无疑具有典型意义。事实证明，信息化是推动基础教育均衡发展的重要抓手。

——全国政协委员、原华中师范大学党委书记 马敏

以前给儿子打电话，要到最高的山顶上去，说着说着就断了。如今4G网络实现全覆盖，信号是满格的，好得很，晚上睡在床上都可以给外出打工的儿子打电话。

——“悬崖村”村民 莫色阿牛

我们的土豆在市面上只能卖1元钱，在这个平台上（中国移动和小宝电商平台）卖3元，并且很快就被抢光了。

——“悬崖村”村民 莫色曲者

因为和外界的联系只靠一条近800米高，沿悬崖陡壁垂直而下的山路，凉山州支尔莫乡阿土列尔村被外界称为“悬崖村”。这也是座信息“孤岛”。村民说，过去村里只有个别山头才收得到山下发射的微弱手机信号，“通讯基本靠吼”。作为通信运营企业，四川移动积极践行社会责任，在悬崖上架起信息“天路”，在提升通信网络覆盖率的基础上，推出立体化的“扶贫+”模式，精准扶贫“最后一公里”正被打通。

——四川日报／中国青年网

目前，在“悬崖村”畅通信息高速路基础上，凉山移动针对“悬崖村”，打造了智慧教育、智慧医疗（乐乐医）、党群通、云视讯、千里眼等智慧民生项目，在助力悬崖村精准扶贫信息化发展的同时，为当地经济转型跨越发展添砖加瓦，有力推进了悬崖村脱贫奔小康。

——凉山日报

“‘悬崖村’4G网络开通啦！”在前段时间召开的全国两会上，总书记再次提到牵挂的四川凉山“悬崖村”，让总书记欣慰的不仅是新修的“天梯”，更有新开通的4G网络。“悬崖村”网络的提升，不仅方便了村民与外界沟通，更让“悬崖村”加速脱贫插上了“互联网+”的翅膀，是网信事业服务人民，“互联网+精准扶贫”的又一精彩缩影。

——人民论坛网

（七）扶贫规划

中国移动将按照党中央、国务院的政策方针，坚持精准扶贫、精准脱贫，瞄准贫困村及贫困人口，结合受援地区自然条件和实际需求，发挥自身通信网络建设与信息服务优势，选择特色优势产业或重点区域给予特别扶持。同时，将以更强的政治责任感、更实的攻坚举措，扎实做好电信普遍服务试点工作，加大远程教育、远程医疗、精准扶贫系统、电商平台等信息化应用的建设和推广力度，持续提升贫困地区信息化服务水平，推动网络扶贫、资费扶贫、信息扶贫、平台扶贫等工作取得成效。

专家点评

信息技术是支撑现代经济社会发展的重要基础设施。中国移动以信息技术为手段，聚焦深度贫困地区，深入开展精准扶贫。截至2017年底，累计投入4.3亿元，在西藏、青海、黑龙江、新疆、海南5省区共8个县开展以教育发展、民生改善、产业扶持、文化建设为重点的对口支援和定点扶贫。特别是在四川凉山州昭觉县阿土列尔村，克服恶劣的自然条件，建设现代化通信网络，并在此基础上通过开发“和小宝”电商平台、素质教育云平台，建设宽带服务站、惠农银讯通，开通“云视讯”会议系统和安装“千里眼”监控系统，助力阿土列尔村基础网络普及、农产品销售、教育水平提升、公共服务条件改善以及乡村管理和政务服务智能化水平提升，促进了当地畜牧增产种植增收、教学质量逐步提高和精神生活更加丰富。中国移动将企业核心业务与受援对象需求紧密结合，做到以自身优势满足社会大众需求、以服务社会助推企业核心业务，进而使二者相辅相成、相互促进，有效解决了扶贫工作的可持续性问题。

——汪杰 中国社会科学院企业社会责任研究中心副主任

第七章　亿利资源集团有限公司 生态富民助力精准扶贫

亿利资源集团（以下简称“亿利”或“亿利集团”）成立于1988年，是中国百强民营企业，是中国生态修复领军企业和联合国认定的全球治沙领导者企业。控股公司亿利洁能（600277）于2000年在沪上市。截至2017年底，公司资产突破1,000亿元，拥有员工超过8,000人。经联合国环境署评估认定，亿利集团30年累计创造生态财富5,000多亿元。企业被中国政府授予“中国脱贫攻坚奖”“国土绿化奖”，被联合国授予“全球治沙领导者”奖和“地球卫士终身成就奖”。

创业30年来，亿利依托“绿起来与富起来相结合、生态与生存相结合、产业与扶贫相结合”的发展模式，按照“政府政策性支持、企业产业化投资、贫困户市场化参与、生态持续化改善”的治沙生态产业扶贫机制，通过实施“生态修复、产业带动、帮扶移民、教育培训、修路筑桥、就业创业、科技创新”等全方位帮扶举措，公益性生态建设投资30多亿元，产业投资380亿元，发展起了一、二、三产融合互补的千亿级沙漠生态循环经济，治理库布其沙漠6,000多平方千米，累计带动库布其沙漠所在的杭锦旗、达拉特旗、准格尔旗、鄂托克前旗以及新疆阿拉尔、甘肃武威等沙区10.5万名百姓彻底摆脱了贫困，贫困人口年均收入从不到400元增长到目前的1.4万元。特别是党的十八大以来，直接脱贫3.6万人。把库布其沙漠从一片“死亡之海”打造成为一座富饶文明的“经济绿洲”，从当初被动治沙、朦胧扶贫逐步探索出“治沙、生态、产业、扶贫”四轮平衡驱动的可持续发展之路。

（一）扶贫理念

亿利集团以精准扶贫为指导思想，以生态治理为先导，以市场化机制为引擎，因地制宜地发展产业，多措并举推动扶贫攻坚，真正变“输血”救济为“造血”扶贫，努力实现绿富同兴、政企共赢、普惠全民。

（二）扶贫历程

1997~1999年，在库布其沙漠，经过1000多个日日夜夜艰苦奋战，一条被誉为“大漠奇迹”的65千米的穿沙公路终于修成通车！

2001年，规模宏大的锁边林工程开建，大规模的沙漠治理行动全面铺开。2004年工程完工，不但锁住了流向黄河的沙，而且使库布其沙漠的生态得到进一步修复。

2005年，亿利成功引种了200多株胡杨，目前已经繁殖分蘖为1,000多棵。2013年，亿利开始放大种植达1万株，成活率较高。

2006年，亿利出资2,200万元，建设库布其道图嘎查沙漠特色新村，将分散在沙漠中的牧民集中安置，免费为36户贫困农牧民每户建造了106平方米住房，同时建设了多功能的村部、村民活动中心和相应的基础设施。

2008年，亿利协助地方政府，建设独贵塔拉沙漠特色小镇，将2,086户、7,058名农牧民移民搬迁到亿利库布其一期生态修复区，同时搭建劳务就业平台帮助搬迁户就业，人均年收入超过了2万元。

2008年7月，亿利东方学校开工，2009年7月投入使用。学校最大的特色是一站式教育机制，在这里可以完成沙漠中人从出生到就业的链条式教育：高水平的幼儿教育，独具创新意义的中小学教育，专业高级技师的培养，集党建与惠民于一身的农牧民技能培训。

2009年10月，库布其沙漠研究所的治沙种树队伍历经23年攻关，终于发明出一种特殊的沙漠植树法——“气流植树法”，8~10秒钟就能种1棵沙柳。两人配合每天可种植20多亩沙柳，较以前锹挖植树效率提高了60多倍。更重要的是，它的成活率接近100%。

2013年9月召开的第十一次联合国防治荒漠化大会上，通过决议：把“库布其国际沙漠论坛”作为实现防治荒漠化公约战略目标的重要手段和平台。这是自1971年中国重返联合国以来，在环境与发展方面，首次有中国的创新举措写入联合国决议。

2014 年 4 月 22 日，第 45 个世界地球日之际，联合国环境规划署（UNEP）将中国亿利资源库布其沙漠生态治理区确立为全球沙漠“生态经济示范区”，并把它作为全球首个荒漠化地区生态系统的研究对象，进行科学评估。

2016 年亿利投资 5,000 万元，向杭锦旗全旗的国家级贫困户（1,219 户，3,058 人），每户无偿捐赠 10 只母畜，助力贫困户两年脱贫。同时建设了亿利杭锦淖尔沙漠生态特色新村，帮助农牧民发展沙漠旅游、特色种养殖等产业来增加收入，安置农牧民 197 户。

2017 年 5 月 12 日至 13 日，国务院扶贫办、中国 PPP 基金公司、西藏自治区人民政府有关领导同志共同在西藏山南市启动了亿利集团山南地区治沙扶贫工作。

2017 年 7 月 8 日，亿利集团与新疆和田政府签订了治沙生态产业扶贫一揽子合作协议，正式启动了新疆和田的生态修复和治沙扶贫工作。

2017 年，亿利集团靠自有技术，按照“板上发电，板下育苗，企农合作，绿富共兴”的模式，在国家级贫困县河北省张北县建设 50 兆瓦集中式电站、50 个村级电站，并正在争取 150 兆瓦生态光伏指标。

亿利集团在内蒙古鄂尔多斯、呼和浩特、赤峰，河北怀来、张北，贵州安顺，湖北京山，西藏拉萨、山南，青海西宁、海西等地区启动 PPP 治地治水项目。

（三）扶贫实践及成效

亿利集团用 30 年的时间创造了“治沙、生态、产业、民生”四轮驱动和“绿起来和富起来”“生态与产业、企业发展与生态治理”三结合，最终形成一二三产融合发展，扶贫、扶智、扶志相结合的生态产业扶贫模式。

1. 亿利库布其扶贫模式的缘起

以生态文明建设为先导，通过“绿起来”带动“富起来”，既是亿利库布其扶贫模式的起源，也是库布其扶贫的先决条件。30 年前的内蒙古鄂尔多斯市库布其沙漠，严重的荒漠化问题是当地致贫易、脱贫难、返贫快的重要原因。肆虐的沙尘暴掩埋了道路，阻隔了水、电等基础设施，成为当地脱贫最大的“拦路虎”。沙漠所在的杭锦旗，也曾长期是内蒙古最贫困的地区之一。

面对极端不利的环境，亿利库布其扶贫团队不避艰险，敢于向沙漠“亮剑”，对荒漠化防治的投资累计超过 38 亿元，研发治沙技术，建设配套工程，建立了全球第一所企业创办的沙漠研究院，建成了中国西北最大的种质资源库，研发了 200 多项生态种植与产业技术，培育了 1,000 多个耐寒、耐旱、耐盐碱的生态种子，成为全球拥有治沙专利技术最多最先进的企业。新技术和组织方式的运用，大大提高了治沙效率，库布其沙漠 1/3 得到绿化，沙漠的森林覆盖率大幅度提高，沙尘天气明显减少，降水量逐年增多，沙丘高度降低了 50% 左右。100 多种野生动植物重现沙漠，生物多样性正在恢复。

图 1 亿利资源在库布其沙漠建成了全球最大的种质资源库，培育了 1000 多种耐寒、耐旱、耐盐碱的种质资源

生态修复带来的生态环境改善为沙区农牧民脱贫攻坚奠定了坚实基础，沙丘的固定彻底消除了沙漠边缘农田、草地和房屋被侵蚀的危险，降雨量的增加使农作物和牧草产量提高，环境条件大幅度改善。生态环境的显著改善带动了基础设施的提升，修了路，有了水，通了电，具备了发展沙漠产业与绿色经济的基础条件，为扶贫工作创造了重要的先决条件。

图 2 亿利的生态修复事业从沙漠走向了城市，亿利人把乌兰察布霸王河曾经的垃圾山、污水沟变成了风光秀美的生态家园

图 4 亿利资源斥资 2.4 亿元修建了亿利黄河大桥，使数万百姓走出沙漠走向世界

除了极端恶劣的生态条件之外，大漠阻隔，人员和物资进出困难，交通成为了制约杭锦旗发展和库布其生态环境改善的最大瓶颈。亿利集团自筹资金 12.8 亿元，先后修筑了 5 条、长达 343 千米的沙漠公路，并架设了一座黄河大桥。地方政府在沙漠边缘修筑沿黄一级高速公路 191 千米。库布其沙漠已经构建了内联外通的公路网，促进沙区生产力显著提高，农牧民生活条件明显改善。穿沙公路除了有利于治沙外，也使沙漠旅游迅速发展起来，全国到沙区旅游的人数超过 30 万人次，为当地农牧民提供了大量就业机会。道路交通的改善也显著提升了居民的生活条件，收入的提高和运输的便捷使农牧民的土房被砖瓦房替代，部分农牧民购买了家用小轿车。建成的道路还大大方便了儿童上学和农牧民看病，不仅成为上学路、治病路，更成为脱贫路、致富路。30 年来，亿利在库布其累计带动脱贫 10.2 万人，其中党的十八大以来累计带动脱贫 3.6 万人。

图 3 库布其修建了 500 多千米纵横交错的穿沙公路

2. 亿利库布其扶贫模式的内涵

坚持走市场化道路是亿利库布其扶贫工作的主要方向。习近平总书记在谈到扶贫工作时特别强调，要把握好供需关系，让市场说话，实现互利共赢、共同发展。在生态条件恶劣的地区，生态恶化与人民贫困相伴相生，自然禀赋的匮乏与脱贫抓手的短缺相辅相成。生态治理的长期性、艰巨性和巨大投入，未治理的生态脆弱地区脱贫人口容易返贫，使得单纯靠政府救济和群众劳动，难以从根本上修复和治理生态，消除贫困根源，解决贫困问题。

亿利集团白手起家，能够坚持 30 年持续不断投入治沙扶贫，关键在于通过产业的带动，实现了“输血型”救济向“造血型”扶贫的转变。30 年来，亿利集团牢牢立足治沙，因地制宜，大胆创新设计了一系列沙漠生态产业，并在产业扶贫的基础上采用多元化扶贫手段，走出了一条政府政策性支持、企业产业化投入、农牧民市场化参与的产业扶贫新路。创造出“生态修复、生态牧业、生态健康、生态旅游、生态光伏、生态工业”的“六位一体”产业体系，构建了资产收益、产业推动、就业带动、创业扶持、教育扶智和公益并重的扶贫机制，在促进地方经济增长的同时，以多种方式带动贫困人口脱贫致富。由于生态改善、经济发展与民生普惠方面取得的成就，库布其被联合国确立为“全球沙漠生态经济示范区”，实现经济效益和社会效益双赢。

图 5 2013 年 4 月 22 日世界地球日，联合国环境规划署将库布其沙漠设立为“全球沙漠生态经济示范区”

一是资产收益扶贫。亿利资源集团在全国率先实施资产收益扶贫，科学制定沙区产业发展规划，加快一二三产融合发展，强化利益联结机制，让贫困户分享到沙漠绿色经济产业链和价值链的增值收益。大约 3,000 名农牧民把 151 万亩荒弃沙漠转租给亿利集团，收入 5 亿多元，人均收入 16.6 万元。另外有 93 万亩农牧民承包的沙漠入股亿利，按 30% 的固定比例分红。从基本没有产出的沙漠地获得的资产性收益使数千贫困家庭彻底摆脱贫困，大部分家庭利用这笔收入进行创业，走上了致富之路。资产收益的增加带来了更多的发展机会，大量农牧民子女大学毕业生和外出务工的农民工纷纷返乡创业就业。

二是产业扶贫。农牧业方面，通过开发本土化耐寒旱、耐盐碱种质资源，挖掘沙漠植物经济价值，适度开发甘草、苁蓉、有机果蔬等种植加工业。在沙生经济作物中，甘草固氮量大，改土效果明显，一棵甘草就是一个固氮工厂。亿利自创的让甘草躺着生长的技术，可以让 1 棵甘草的治沙面积扩大 10 倍。农牧民种植 1 亩甘草的年收益为 400-450 元，而且两三年就可以改良沙漠土质。

图 6 亿利资源在库布其沙漠示范性发展生态牧业

同时依托沙柳、柠条、甘草、紫花苜蓿等高蛋白沙生植物资源，实施灌木林平茬复壮作为饲草，发展有机无抗生素饲料，在生态修复区适度发展牛、羊、地鵏等本土化畜禽养殖，激励群众自发种植养殖积极性，实现农牧民就业、增收。

大力发展生态工业。亿利集团在修复库布其沙漠的基础上，建成库布其生态工业园区、库布其国家沙漠公园、沙漠生态健康产业园，发展生态修复产业、沙漠旅游业、现代农牧业。利用生物、生态，工业废渣和农作物秸秆腐熟等，发展土壤改良剂、复混肥、有机肥料等制造业。通过甘草根固氮治沙改土，打造生态农庄和有机田，减少沙层，变废为宝，用甘草的“甜根根”拔掉黄沙里的“穷根根”。

图 7 库布其利用生物技术和生态技术，大力发展有机肥料生态产业

因地制宜发展能源产业。亿利集团充分利用沙漠每年充足的阳光资源，大力发展沙漠光伏发电项目。通过“板上发电、板下种草、板间养羊”的方式，利用光伏板发电，光伏板下种草来防风治沙，光伏板间养殖牛羊，形成的天然生物肥反补种植，聘请当地农牧民进行光伏设备维护与种养殖，增加农民收入渠道。在河北张家口，亿利集团靠自有技术，按照“板上发电，板下育苗，企农合作，绿富共兴”的模式，在国家级贫困县张家口张北县建设 50 兆瓦集中式电站、50 个村级电站，并正在争取 150 兆瓦生态光伏指标。目前，项目正在全力施工，确保 6 月 30 日前并网发电。项目建成后，将直接扶贫 1.5 万人，占张北县建档立卡贫困人口的 1/3。

图 8 库布其 110MWp 生态光伏项目已并网发电，日发电 65 万度，治沙规模 20 公顷

三是就业扶贫。通过发展沙漠绿色经济和特色生态产业创造更多的就业机会，通过扩大就业实现农民增收。在治沙过程中，亿利集团先后组建了 232 个治沙民工联队，5,820 人成为生态建设工人，人均年收入达 3.6 万元，实现了一人治沙，全家脱贫。1,303 户农牧民发展起家庭旅馆、餐饮、民族手工业、沙漠越野等服务业，户均年收入 10 万多元，人均超过 3 万元。

四是教育扶贫。扶贫、扶智与扶志相结合的职业教育与生态文明宣贯是亿利库布其扶贫成功的重要保障。沙漠生态治理前，由于交通不便、社会服务体系不完备，当地农牧民的教育程度不高，人力资本匮乏，严重制约了扶贫工作开展。随着沙漠生态修复，沙区基础设施改善，特别是学校等基础设施的能力提升，当地农牧民有更加便利的条件接受教育和医疗服务。亿利在库布其捐资 1.2 亿元建设了九年一贯制义务教育的亿利东方学校，还通过技术培训，让当地农牧民掌握职业技能。随着亿利库布其生态修复在全国的开展和亿利库布其扶贫经验的总结与推广，从 2017 年秋季学期起，亿利集团资助内蒙古、新疆、西藏和云南四省区建档立卡贫困家庭子女接受职业教育，在校学习期间，每个学生每年资助 1,500 元，直至职业教育毕业，共资助 5 万人。此外，把扶贫与“扶志”相结合，促进内陆地区，尤其是少数民族地区的贫困学生学习生态环保绿色产业的专业技能，激励他们积极投身生态环保事业，同时不断激发贫困群众脱贫的内生动力。亿利集团按照双向选择、择优录取的原则，选拔 1,000 名少数民族地区接受职业教育的贫困家庭子女到亿利集团就业创业，参与沙漠治理和生态建设，择其优秀者参加联合国环境署青年夏令营，增强其生态环保意识与投身生态文明建设事业的热情。

五是搬迁扶贫。习近平总书记指出，一定要把易地移民搬迁工程建设好，保质保量让村民们搬入新居。大家生活安顿下来后，各项脱贫措施要跟上，把生产搞上去。国务院总理李克强也批示指出：易地扶贫搬迁是实施精准扶贫、精准脱贫的有力抓手，是全面建成小康社会、跨越中等收入陷阱的关键举措。坚持尊重群众意愿，注重因地制宜，搞好科学规划。坚持搬迁和发展“两手抓”，妥善解决搬迁群众的居住、看病、上学等问题，统筹谋划安置区产业发展与群众就业创业，确保他们生活有改善、发展有前景。多年前，沙漠中的牧民散居在沙漠中，依靠沙漠中极为微薄的一点绿色植被放牧为生，居无定所，牲畜稀少，生活极端困苦。2006 年，亿利资源集团出资 2,200 万元，建设库布其道图嘎查沙漠特色新村，将分散在沙漠中的牧民集中安置，免费为每户贫困农牧民建造了 106 平方米住房，同时建设了多功能的村部、村民活动中心和相应的基础设施，使散居沙漠的贫困农牧民住进新的家园。从破旧的泥土房到光明几净的新家，生活在这里的牧民逐渐摆脱贫困过上了崭新的生活。这些搬进新村的牧民在企业为他们建的大棚中种植蔬菜，还在企业为牧民建好的标准化棚圈中养羊养牛。有人还利用沙漠生态改善后游客大量增加的契机，在沙漠中出租沙漠冲浪车，供游人驾驶乘坐，仅此一项的年收入就是十几万元，再加上餐饮住宿一年也能收入十几万元。如今，新村里的农民不仅摆脱了贫困，大多数家庭都购买了小汽车，存款超过数十万元的家庭比比皆是。

六是救助扶贫。2016 年 8 月，亿利集团为库布其沙漠所在的杭锦旗建档立卡的 1,222 户贫困户每户捐赠 10 只基础母羊，帮扶范围进一步从沙漠腹地的牧民向周边村社的贫困农民扩大。亿利聘请农牧民种植沙生经济作物，向农牧民提供沙生植物平茬复壮加工而成的有机饲料，推动农牧民通过基础母羊的配种、繁殖，销售种羊、羊毛和羊奶，让当地牧民持续获得收益。

（四）扶贫经验

治理沙漠是一个世界性的难题，消除贫困也是一个世界性的难题。沙漠地区，往往是民族地区、边疆地区、连片特困地区。治沙扶贫，双重困难交织，难上加难。在当地党委和政府的领导和支持下，亿利集团党委发挥各级党组织的模范带头作用，以科学和实事求是的态度，充分发挥中国特色社会主义制度优势攻坚克难，创造人间奇迹。正如习近平总书记所指出的，这在世界上只有我们党和国家能够做到，充分彰显了我们的政治优势和制度优势。

1. 领袖的关怀和党的领导是打赢治沙扶贫攻坚战的根本保证

党的十八大以来，习近平总书记发出了打赢脱贫攻坚决胜战的动员令，提出了绿水青山就是金山银山的发展理念，两次听取亿利集团汇报，这是亿利集团取得治沙扶贫成就的信心来源和根本保证。沙区广大党员干部不忘初心，坚定崇高理想信念，怀抱家国赤子情怀，长期扎根沙漠、矢志不渝、紧抓治沙扶贫不放松，生动诠释了我们党全心全意为人民服务的根本宗旨，是我们党领导人民开展的波澜壮阔扶贫事业的缩影。库布其 10 万脱贫群众，是改革开放 40 年来 7 亿摆脱贫困的人民群众的组成部分。

2. 遵循市场规律是治沙扶贫可持续发展的必然要求

习近平总书记在谈到扶贫工作时特别强调，要把握好供需关系，让市场说话，实现互利共赢、共同发展。亿利集团白手起家，能够坚持 30 年持续不断投入治沙扶贫，关键在于通过产业的带动，实现了“输血型”救济向“造血型”扶贫的转变。紧紧扭住沙漠生态产业发展这个“牛鼻子”，依靠创新“向沙要绿、向绿要地、向天要水、向光要电”的理念，创造出“生态修复、生态牧业、生态健康、生态旅游、生态光伏、生态工业”的“六位一体”产业体系。同时构建了资产收益、就业带动、创业扶持、教育扶智和公益并重的扶贫机制。被联合国确立为“全球沙漠生态经济示范区”，实现经济利益和社会效益双赢。

3. 依据自然规律顺势而为是治沙扶贫有效精准的可靠方式

中国和世界在贫困问题上有一个共同点，就是哪里有荒漠化，哪里贫困程度就更深，要消除贫困就要先遏制荒漠化，治沙和扶贫必须统筹推进。各地党委、政府和亿利集团按照习近平总书记提出的尊重自然、顺应自然、保护自然的理念，贯彻节约资源和保护环境的基本国策，自觉地推动绿色发展、循环发展、低碳发展，在促进脆弱的生态环境向人类友好型转变的同时，让贫困群众从生态环境修复和改善中获得最大利益。

4. 各方联动综合施策是治沙扶贫协调推进的有力保障

库布其治沙扶贫综合体现了“创新、协调、绿色、开放、共享”的新发展理念，创新了“政府政策性支持、企业产业化投资、农牧民市场化参与、生态持续化改善”的机制，把基础设施建设、沙漠治理、生态修复、生态产业、带动脱贫有机结合起来，协调推进，推动生态环境持续改善，农牧民收入不断增加，政府税收和地方财政实力不断增强，实现了“治沙、生态、产业、扶贫”平衡驱动可持续发展，积累了一套可复制、可推广的沙区扶贫经验和模式，为解决荒漠化地区的发展和精准扶贫问题找到了答案。

（五）相关方评价

2016 年，库布其治沙扶贫企业亿利资源集团获得了“中国脱贫攻坚奖”；2017 年，王文彪受邀参加伊朗国际防治沙尘暴论坛，伊朗、巴基斯坦、韩国等国代表对他阐释的库布其治沙扶贫模式产生了浓厚兴趣。2017 年 7 月，第六届库布其国际沙漠论坛召开，习近平总书记向论坛致贺信，对库布其模式和经验给予了充分肯定。11月，中、日、韩三国记者访问团到访亿利资源集团，围绕治沙扶贫等问题进行了集中采访。

（六）扶贫规划

亿利集团将持续积极响应习近平总书记“六个精准”和“五个一”伟大号召，加快深度贫困地区脱贫步伐，根据六部委印发的《生态扶贫工作方案》文件精神，深入学习和全面贯彻党的十九大精神，深刻领会和认真落实习近平总书记关于脱贫攻坚的重要指示精神，坚决执行党中央、国务院的决策部署，牢固树立和践行绿水青山就是金山银山的理念，把精准扶贫、精准脱贫作为基本方略，坚持扶贫开发与生态保护并重，采取超常规举措，通过实施重大生态工程建设、加大生态补偿力度、大力发展生态产业、创新生态扶贫方式等，切实加大对贫困地区、贫困人口的支持力度，推动贫困地区扶贫开发与生态保护相协调、脱贫致富与可持续发展相促进，使贫困人口从生态保护与修复中得到更多实惠，实现脱贫攻坚与生态文明建设“双赢”。

1. 在全国相关省市自治区实施生态修复产业工程和生态扶贫。

2. 内蒙古、云南、西藏、新疆等地实施生态产业教育扶贫行动计划，前期帮助2万名贫困学子（共6万人）完成职业教育，同时安排生态就业2,000人，共出资1.2亿元。

3. 拟采用“生态职业教育扶贫、甘草中药材产业扶贫、沙漠旅游产业扶贫、劳务就业扶贫和肉羊养殖产业扶贫”“五位一体”的“库布其模式”，应用西藏那曲植树科技攻关项目成果，以“生态造血型治本扶贫”和“扶贫＋扶智＋扶志”方式，以产业带动扶贫，帮扶西藏山南市整市脱贫，产业投资24亿元，帮扶带动1.5万名贫困户脱贫。

专家点评

亿利资源集团是世界闻名的治沙领军企业，屡获国际大奖，在转变沙漠和生态修复领域向全球贡献了中国智慧、中国方案。30年来，企业坚持“绿起来与富起来相结合、生态与生存相结合、产业与扶贫相结合”的模式，治理库布其沙漠6000多平方千米，带动沙区10.5万名群众脱贫，党的十八大以来以实现脱贫3.6万人，成效显著、意义深远，在脱贫攻坚战中留下了浓墨重彩的一笔。

——郭锋　全国工商联扶贫与社会服务部扶贫工作处处长

第八章　三星（中国）投资有限公司

打造美丽分享村庄，聚力脱贫攻坚战

（一）项目概述

中国三星与中国扶贫基金会在改善贫困地区农村生产发展，保留村庄生态环境及倡导乡风文明、提高村民收益等方面达成共识，于 2014 年 11 月联动启动“美丽乡村—分享村庄”。项目借鉴韩国美丽乡村的理念，把我国贫困地区农村建设成美丽乡村，以此推动我国贫困地区的乡村脱贫和发展。双方签署战略合作协议，在陕西富平县薛镇和河北省保定市南峪村实施“分享村庄”项目，项目周期为 3 年，每个村投入 1,500 万元，合计 3,000 万元。2018 年双方达成协议，开展第二期合作项目，三星计划在未来三年每年投入 1,000 万元，三年投入 3,000 万元用于建设 5 个高端民俗产业帮扶村和 5 个农产品生产基地，进一步扩大精准扶贫范围，助力脱贫攻坚战。

（二）项目价值

1. 项目必要性

政策要求。2005 年 10 月，中国共产党十六届五中全会通过《“十一五”规划纲要建议》，提出要按照“生产发展、生活宽裕、乡风文明、村容整洁、管理民主”的要求，扎实推进社会主义新农村建设；党的十八大以来，党中央、国务院、自治区党委、政府把精准扶贫作为扶贫攻坚的关键举措，确立了精准扶贫作为新时期扶贫开发重要指导思想的地位。三星“美丽乡村——分享村庄”项目正是当前新形势下建设社会主义新农村、协调城乡发展、实现全面小康社会的新举措，是积极响应“精准扶贫”号召的新要求。

村民期望。陕西富平县薛镇十二盘村和河北省保定市涞水县南峪村两地都是国家典型的贫困山区农村，贫困户数量集中，地处偏僻，交通不便、文化观念落后、生活条件差、收入多靠天吃饭。随着社会主义市场经济发展，与相邻乡镇、村庄差距越来越大，村民增收、改善生活条件的意识也越来越强烈。三星“美丽乡村——分享村庄”项目不仅投资当地村庄硬件建设，更能够带动产业发展，实现农民增收，使农民过上安居乐业生活的美好期望。

2. 项目选点合理性

（1）陕西省富平县薛镇十二盘村

贫困状况亟需改变。十二盘村位于薛镇北部山区，山大沟深、土地贫瘠、干旱少雨，自然条件十分恶劣；村中没有特色产业，效益低，收入少；交通闭塞，出行困难；山区群众缺乏教育、卫生设施，造成学生上学难、看病难。十二盘村村支部书记李文斌说，他们村 109 户群众除了低保户全是贫困户 ,30 岁以上的大龄未婚男青年就有 30 多人，人口呈现负增长。

薛镇北部山区移民搬迁安置。富平县将移民搬迁作为解决北部山区贫困的重要途径，2013 年 6 月，薛镇人民政府编制完成《富平县薛镇十二盘村易地扶贫搬迁项目实施方案》和《富平薛镇移民搬迁产业园区项目建议书》。对赵老峪十二盘村的 109 户村民进行易地移民搬迁，建设“薛镇北部山区移民搬迁安置区”，项目得到了陕西省发改委与中国三星的大力支持。

两次考察定基调。2014 年底，中国三星、中国扶贫基金会以及美丽乡村项目团队、资源开发部团队先后两次实地考察项目点，实地了解薛镇赵老峪村和薛镇杨帆安置区情况，同当地政府做好项目沟通衔接工作，考察当地产业发展现状，并同政府沟通产业发展规划，确定搬迁安置区后续村庄发展的模式。

（2）河北省保定市涞水县南峪村

经过省扶贫办推荐，二轮村庄评审并提交具体项目申报书，通过现场答辩等环节，最终确定项目实施村为涞水县南峪村。

村庄面临发展挑战。耕地不足与产业缺失，村民收入结构单一；村庄教育及培训设施缺乏，年轻劳动力大量外流，村落出现空心化，部门房屋闲置、毁坏。

南峪村区位交通优越。距离北京市中心仅 1 小时车程；是野三坡景区门户，距离核心景区半小时车程，具备潜力与野三坡深度联动。

资源环境优良。拒马河是河北省内唯一四季不断水的河流；全村拥有几十栋富有地方建筑特色、具备改造利用价值潜力的闲置民宅，可创新打造特色乡村民俗产品及太行部落；以花椒、麻核桃、山杏、柿子为代表的特色农产品种植面积达数百亩，具备加工、包装成为特色旅游商品的现实潜力。

（三）扶贫实践

1. 组织架构

中国扶贫基金会是整个三星“美丽乡村——分享村庄”公益项目的执行方，设立专门的美丽乡村项目团队驻点协助项目实施，并有资源开发团队协助实施两个村庄建设。

（1）“分享村庄——薛镇北部山区移民搬迁安置区”项目

在项目启动之前，安置区民居与基础设施已由当地政府规划完毕，中国扶贫基金会的美丽乡村团队在政府基础设施规划下，支持民居及基础设施建设，并协助本村进行产业规划、建立合作社来发展特色产业。

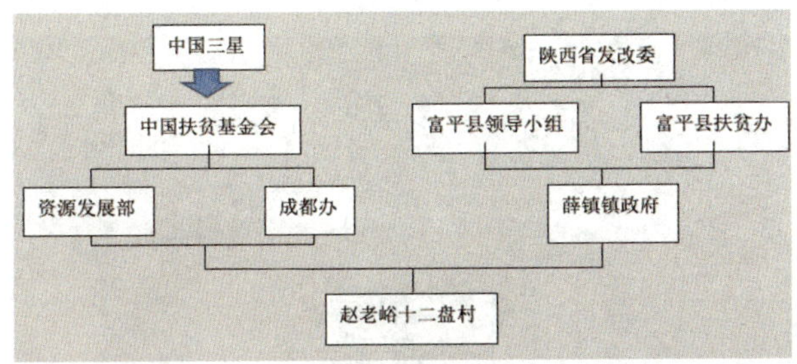

图 1 “分享村庄——薛镇北部山区移民搬迁安置区”项目组织架构

（2）“分享村庄——涞水南峪村”项目

在涞水县南峪村项目执行中，当地政府参与力度小，经专家研讨、中国三星与中国扶贫基金会共同确定建设与发展规划，从土地流转、房屋搭建，到装潢布置、产业发展等都是由项目团队自主实施。

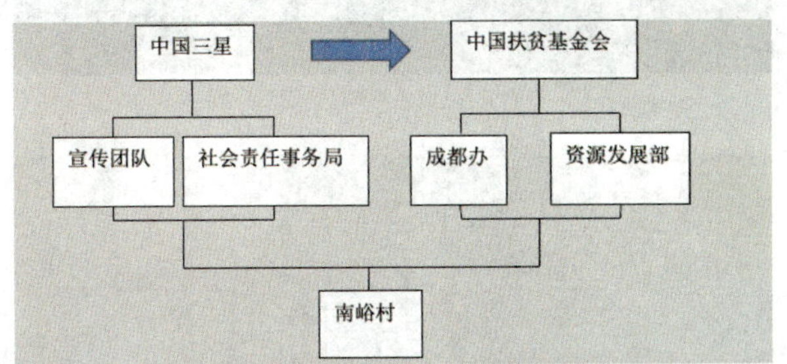

图 2 “分享村庄——涞水南峪村”项目组织架构

2. 项目管理

（1）管理制度

立足精准扶贫，为最终实现精准脱贫，项目团队带领村庄贫困户进行建档立卡，并与合作社年度最终分红进行挂钩；针对产业基地实施基地管理制度；与当地政府、村民严格实行土地流转，签订流转协议，产业发展实行担保贷款合作制度；对外承包项目实行招投标等，项目执行管理制度较为完善。

（2）信息披露

项目团队协助村庄成立自己的合作社，尊重民意，定期召开村民理事会并对项目相关信息进行公示。

（四）项目效果

1. 陕西省富平县薛镇十二盘村

（1）民居改善

目前，三星“分享村庄——薛镇北部山区移民安置社区”项目完成 120 户居民的房屋建设，居民告别原有山区破旧的土坯房，陆续搬进新社区。以前村民在老村只能靠天吃水，现在新居家家安有自来水；告别传统旱厕，每户均修建水冲式厕所，覆盖新村 100%，村民居住环境得到极大改善。

图3 老村厨房

图4 新居厨房

图5 老村接雨水用的土窖（饮用水来源）

图6 新居自来水安装

（2）配套基础设施建设

在对民居进行建设的同时，完成安置社区的道路、水电以及文化广场、活动中心等配套设施建设，社区供排水、供电、道路、广场、路灯等基础设施完工，村民交流方便，有足够的文化娱乐空间。

图7 新村文化广场

图8 新居道路硬化

（3）产业扶持

为支持山区村民搬迁脱贫，配合推动农村产业升级，保证搬迁村民不回流，达到扎根新区的目的，安置社区开展奶山羊养殖与柿子树种植两大产业。其中，安置社区引入陕西富地银州现代农业公司，建立奶山羊养殖基地；流转承包300亩土地用以种植柿子，最终形成柿子园——奶山羊产业链。

图9 安置区羊场

（4）建立合作社

项目组与当地村民一起成立并注册了薛镇北民奶山羊养殖专业合作社，作为村庄经济发展的组织平台，项目资助合同聘任了一位返乡大学生，协助合作社管理、培养合作社内地人才管理团队、为村民答疑解惑、协助村民处理相关审批等。

2. 河北省保定市涞水县南峪村

（1）村庄风貌改善

村庄地处山区，离北京距离较近，村里劳动力大量外流，村落出现空心化，部门房屋闲置、毁坏，项目将这些破旧废弃的房子流转进行现代化装修，村庄风貌得到改善。

图 10 未经改造的老房子

图 11 改造后的房子

（2）村民增收

在民宿正式投入运营之前，会有 30000 元的押金作为村民前 3 个月的收入，目前已有“麻麻花的山坡”投入运营阶段，全村目前有 656 人，每人可领取 200~300 元，贫困户可以领双份为 400~600 元，户均达到 2,000~3,000 元，长此以往，收入可观。

截至 2017 年，村庄内 8 套院子投入使用，2017 年民宿产业总收入 170 万元，利润达 40 万元。

2018 年初，国务院扶贫办、中国三星、中国扶贫基金会举行了分红仪式，普通户人均分红 500 元，贫困户人均领取 1,000 元。

（3）带动就业

项目为配套高端民宿，对当地村民进行“管家培训”，提升民宿服务档次与质量，让村民实现家门口就业。村庄有 25 名青年劳动力回村工作，提供了 10 多个管理员等就业岗位。

（五）项目经验

1. 从企业公益理念出发，落脚“分享”式发展

中国三星“分享村庄”项目契合集团“分享经营”的企业理念，以此为出发点、落脚点，设定“一个村庄五个分享”的项目定位，涵盖村庄建设与产业发展规划、村庄基础设施建设、村庄组织建设、村庄产业发展及村庄公共服务五个领域，将“分享”有形化、落地化而造福一方村民，让公益发挥品牌效应，使企业公益理念与形象深入人心。

2. 专家实地指导，让扶贫行动更专业

中国扶贫基金会是在民政部注册、由国务院扶贫办主管的全国性扶贫公益组织，自身拥有一大批致力于扶贫的专业人才队伍，扶贫经验丰富；此外，中国扶贫基金会更是一个扶贫资源整合的平台，吸收来自全国各地不同流派的专家与专家团队。项目执行过程中，充分利用执行方自身优势，获得大批专家的实地指导，保证项目选点的合理性，减小甚至规避掉项目实施过程中的风险，让扶贫行动更专业，更具科学性与可行性。

3. 建立合作社，首创“五户联助，三级联动”管理

“分享”村庄为更好实现村民共享发展成果，实现村民自主管理，协助村民成立本村经济组织——合作社，合作社首创“五户联助，三级联动”的管理体系。以南峪村合作社“五户联助，三级联动”管理为例，“第一级”为合作社骨干，由监事会、理事会与村两委班子组成，负责落实政策，实施项目；“第二级”为合作社代表，

五户一组选出一名代表，反馈群众意见，参与合作社管理监督并提出合理化建议；“第三级”为合作社五户联助小组农户，将全村划分为 43 个联动小组。合作社的成立不仅有利于在项目过程中制定商业合作方案，保证当地合作社骨干的财务培训，还为后期拟定房屋流转合同、社员公约、管家招募方案、工资指标等工作的开展奠定了基础。

4. 依托当地特色，打造本土脱贫模式

项目点产业规划均在实地考察、多方验证、专家指导的基础上，综合考量当地区位、人文与社会等多层因素，依托当地特色农、牧与资源优势，打造本土脱贫致富模式。富平县不仅是中国的“奶山羊之乡”，还是著名的“柿子之乡”，项目在两个特色产业已有的基础上，打造“奶山羊—苜蓿—柿子”产业链；南峪村交通便捷、环境优美且气候宜人，具有独特的环境资源优势，项目在此基础上发展“高端民宿”产业。两种模式各有千秋，本土特色浓厚，有利于项目落地扎根，保证持续性发展。

5. 延长生产链，增加产品附加值

如果说产业链实现横向优势互补，那么生产链便是产品纵向增值。南峪村虽然是“生态旅游”产业扶贫模式，但走的是“高端民宿”产业，实现的是精致化“服务产品”与特色农产品深加工的输出，比如村里的山楂只有几角钱一斤，但是村民榨成山楂汁以后，可以卖到几十元一斤，而一斤山楂可以熬制几斤山楂汁，产品附加值增高，村民的收入会更高。

6. 当地政策托底，提高村民参与热情

项目撬动当地政府资源，获得政策性支持，为产业实施提供政策性保底，减小村民投资风险，提高村民的参与热情与积极性。南峪村贫困户共 59 户、103 人，其中 87 人为“景区带村”对象，每年每人 1,000 元；教育保障脱贫 5 人；医疗保障脱贫 2 人；享低保 13 人。在富平县，养殖奶山羊可享受低息，甚至是免息贷款，由基金会与政府购买山羊保险，山羊死掉，农户获赔。

7. 分红机制明确，力求扶贫效果更精准

分红机制明确，在合作社“五户联助，三级联动”的基础上，采取“三七分成、二五保底”分红机制。以河北省南峪村为例，“三七分成”指合作社承包运营分红为 30%，合作社分红为 70%；“二五分成”主要针对合作社分工的 70% 进行分红：农宅管家收入为全部收入的 20%，合作社自留剩下的 50%；在合作社内部，为了达到精准扶贫的效果，一般农村每人一股，按人均进行分红，而对贫困户而言，每人 2 股，可领双份，最终达到精准脱贫。

2018 年 5 月，中国三星在贵州雷山发布了中国三星精准扶贫战略，对外正式宣布未来三年将聚焦三州贫困地区，围绕产业扶贫、健康扶贫、教育扶贫三大内容，向原有项目倾斜并制定符合当地发展的项目，集中开展三州地区脱贫攻坚。产业扶贫方面，选定农产品和高端民宿村庄，为村庄和村民提供自我造血、自力更生的系统；健康扶贫方面，为青少年眼疾患者提供手术、康复治疗，以及选定特教学校提供硬件设施和设备改善；教育扶贫方面，计划在三州地区建设 17 个希望小学，集中为地区农村学校开展暑期夏令营活动。

专家点评

三星（中国）投资有限公司在参与精准扶贫的实践中，借鉴集团“分享经营”的企业理念，通过与地方政府、社会组织等合作，探索了符合中国农村实际的“一个村庄五个分享”的乡建模式。特别是与中国扶贫基金会在河北保定市南峪村实施的“分享村庄”项目，取得了丰硕的成果，受到了各方关注。在经验积累的基础上，三星（中国）发布了公司参与精准扶贫的战略，充分体现了公司在新时代作为企业公民的社会责任。

——邓国胜 清华大学社会创新与乡村振兴研究中心主任

第九章　益海嘉里投资有限公司
华侨企业倾情脱贫攻坚

作为著名华侨企业，益海嘉里集团在推动行业发展的同时积极承担社会责任，关注中国的贫困人口和弱势群体，开展了广泛而持续的扶贫济困行动，2009 年、2013 年、2018 年三获中华慈善奖。经过多年实践，益海嘉里集团逐渐形成了“助学工程”“复明工程”“奖学金”“助行工程”“敬老抚幼”“金龙鱼烹饪班”六大特色扶贫项目，在帮扶贫困和弱势群体方面开展了持续的公益捐赠和志愿服务，取得了良好的社会效益。

2015 年，习近平总书记发出全面脱贫攻坚的号召后，益海嘉里集团积极响应。集团董事长郭孔丰指出，“中国的贫困地区虽然落后，但一般都具有良好的生态环境和特色的农副产品，只是由于信息不通、交通不畅、种植分散，这些好产品很难卖上好价钱。我们益海嘉里这样的规模化粮油企业集团，理应响应总书记的号召，发挥自身的优势为国家的脱贫目标多做些有益的事情。”

按照这个扶贫理念，益海嘉里现在每年投入数十亿元，从 80 多个国家级贫困县收购水稻、小麦、油籽、花椒等农产品近 100 万吨，并通过订单农业等“三产融合”机制让农民享受到加工增值的收益，带动贫困人口脱贫。

（一）产业扶贫实践——以蔚县小米产业精准扶贫为例

蔚县是环首都贫困带和燕山——太行山特困片区的双重点县，现有贫困村 182 个，贫困人口 25,562 户 42,759 人，贫困面积大，脱贫任务重。蔚县小米是中国传统的“四大贡米”之一，具有悠久的种植历史，是中国地理标志产品。目前，蔚县贡米种植面积 15,000 亩，其中有机基地 4,500 亩；现有 65 家贡米收购经营企业，具备一定规模化生产经营的条件。

益海嘉里蔚县小米产业扶贫项目，源自 2012 年起益海嘉里员工在蔚县的义务植树活动。在这个过程中，集团员工了解到蔚县贫困情况，并从捐款捐物开始，帮扶贫困家庭及困难学生。2015 年起，员工开始通过溢价收购果庄子贫困学生家庭的谷子，委托加工成小米销售，利润反哺当地贫困户，使贫困户提高生活质量。尝试变输血为造血，立足当地资源解决贫困问题。

图 1　益海嘉里蔚县帮扶困难学生

2017 年 3 月，益海嘉里集团董事长郭孔丰亲自到蔚县考察调研后，提出“完成全面脱贫任务，需要全社会的积极参与。我们必须尽快做两方面的工作：一是把集团品牌、营销资源与蔚县的小米等农产品资源全面对接，并动员我们上下游的合作伙伴共同参与；二是尽快摸索方法、总结经验，形成一种可推广、可复制的产业脱贫模式，集社会之力带动蔚县相关产业同步发展。”

益海嘉里集团成立脱贫攻坚工作领导小组及其办事机构，郭孔丰亲自担任领导小组组长，并正式发起蔚县小米产业精准脱贫项目，利用集团品牌、营销、管理等优势助力蔚县产业脱贫。

该项目的基本模式是订单种植、溢价收购、品牌营销、利润返哺。在政府协助下，通过当地龙头企业和谷子种植专业合作社，组织贫困户订单化种植绿色优质的谷子。溢价收购订单谷子，按照严格的质量标准，委托当地小米加工龙头企业加工成“金龙鱼 · 爱心桃花”品牌小米。借助“金龙鱼”品牌的号召力和集团强大的营销渠道，让蔚县小米进入千家万户，并实现增值。销售所得利润全部返哺当地用于扶贫开发，与政府共同改善贫困村镇生产生活条件，完善基础设施建设，以及定向帮扶特困家庭。

图 2 蔚县小米产业精准脱贫项目基本模式

1. 种植环节

为带动蔚县贫困群众尽早脱贫致富，特别是激发山区或丘陵区贫困群众的种植积极性，益海嘉里与当地龙头企业张家口萝川贡米有限公司合作，推行“公司 + 基地 + 农户”的订单种植模式，实行“六统一”（统一规划、统一供种、统一种植、统一标准方案、统一技术要求、统一收购仓储）。

由龙头企业发动，政府协调帮助，以乡镇、村为主体，组织农户组建成立村级谷子种植合作社。合作社与农户签订种植收购协议，连片开发，规模种植；联营龙头企业萝川贡米公司与各合作社签订谷子种植订单，地头保护价收购，代加工、包装、发运，以规模化标准化应对市场，全力打造蔚州贡米规模化生产基地。

2. 收购环节

益海嘉里委托当地龙头企业以高于市场的价格，溢价收购订单谷子，并按照严格的质量标准，加工成“金龙鱼 · 爱心桃花”品牌小米。益海嘉里订单谷子收购价格通常高于市场价，可以直接带动农民实现户均增收 2,400 元。

3. 营销环节

品牌赋能，即通过品牌提高产品附加值，培养内生脱贫动力，增强产业造血能力。益海嘉里与地方政府、龙头企业合作，将“蔚县贡米”这一品牌与集团知名品牌有机结合、整体包装，共同开发打造“金龙鱼 · 蔚州贡米”品牌，为优质小米插上名牌翅膀，让蔚县小米实现溢价增值。接下来集团还会与当地政府、合作社共同打造“蔚州贡米”的区域品牌，并制定标准，提高蔚州贡米的品牌号召力和附加值，进而提高贫困地区的内生脱贫动力，让这种模式更符合市场规律，更具有可持续性。

在营销上，益海嘉里采取强强联合、优势互补的方式，线上渠道联手京东、天猫，线下渠道联手沃尔玛、家乐福、华联、京客隆、物美等超市，以及平安集团等特殊渠道客户，形成了线上、线下全覆盖的强大营销网络，可以让蔚州贡米更便捷地走进千家万户。

图 3 “金龙鱼 · 爱心桃花”品牌小米

4. 利润反哺环节

盈利反哺，即把小米销售所得利润全部用于蔚县的脱贫事业，让脱贫资金拥有源头活水，实现良性循环。在做大贡米产业的同时，益海嘉里把小米销售的纯利润以专项资金的形式全部投入到蔚县的精准脱贫事业，用于贫困村基础设施建设、扶贫助学、脱贫产业发展等，形成闭环，首尾相衔，互相促进，实现良性循环。这种做法让贫困家庭生活有改善、增收见实效。

2017 年，益海嘉里向蔚县贫困户定向返还资金 11.25 万元。2018 年，益海嘉里计划利用小米销售所得利润资助果庄子村建设文化广场、村民卫生所、村民活动室、阅览室和浴室等公共设施，改善人居环境，同时也将为下宫村乡等谷子种植基地购置农机具，提高再生产能力。

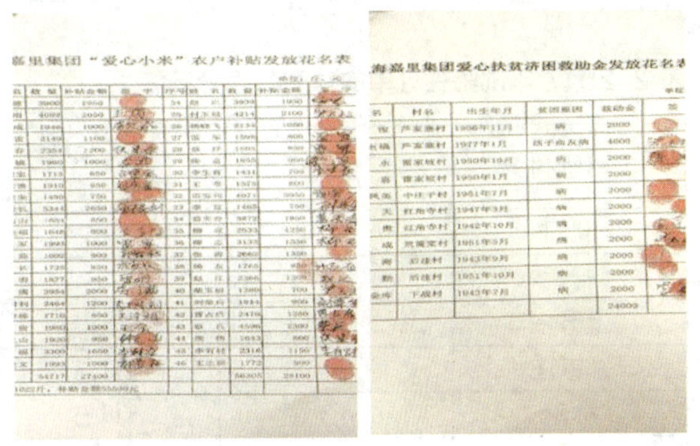
嘉里集团“爱心小米”农户补贴发放花名表

海嘉里集团爱心扶贫济困救助金发放花名

图 4 “爱心小米”农户补贴发放花名表

（二）蔚县小米产业扶贫的效果——成效、经验

2017 年 3 月，在蔚县县委县政府及当地龙头企业的协助下签订了第一批试验性订单，覆盖 13 个村，635 户，总计 5,610 亩。截至 2017 年底，首批试验性订单谷子收购工作全部完成，共计收购谷子 1,502 吨，收购均价 4,872 元 / 吨，高于市场价 1,013 元。从 2017 年试验效果来看，小米产业扶贫项目种植户可实现户均增收 2,395 元，效果显著。除了订单收购外，益海嘉里还在蔚县贫困地区追加收购，总收购量近 3,000 吨。

1. 扶贫成效

表 1 2017 年首批试验性小米订单情况

乡镇	村庄	种植面积（亩）	谷子品种
宋家庄镇	北口	1,980	8311
	石荒	200	8311
	上苏庄	230	8311
	郑家庄	300	8311
	林南	420	8311
	林北村	180	8311
南留庄镇	公司流转基地	300	8311
下宫村乡	西庄头	500	8311
	上宫村	10,000	8311
	东庄头	500	8311
	果子庄等 3 村	非订单敞开收购	8311
合计		14,610 亩（不含果子庄等）	

表 2 2017 年试验性订单的扶贫效果分析

贫困村	谷子种植户数	谷子交售数量（吨）	收购价格（元）	当时市场价（元）	增收总额（元）
北口	298	482	5,100	4,000	530,200
石荒	38	48	5,100	4,000	52,800
上苏庄	26	51.75	5,100	4,000	56,925
郑家庄	37	67.5	5,100	4,000	74,250
林南	13	94.5	5,100	4,000	103,950
林北村	14	40.5	5,100	4,000	44,550
公司流转基地	1	60			
西庄头	15	98.75	4,600	3,600	98,750
上宫村	67	198.2	4,600	3,600	198,200
东庄头	44	77.85	4,600	3,600	77,850
果子庄等 3 村	82	282.9	4,600	3,600	282,900
合计	635	1,501．95			1520,375

在 2017 年试验订单的基础上，益海嘉里将从 2018 年起逐年扩大小米订单种植规模，让更多的蔚县小米种植户种粮有奔头，增收有保障，共同分享小米产业发展成果。为了把蔚县小米产业脱贫做实做强，益海嘉里在蔚县投资 2,000 多万元建设的万吨级小米加工厂于 2018 年底投产，自动化生产线会显著降低生产成本，创造更大的惠农空间。除了小米，益海嘉里还会把自身产业与蔚县荞麦、杂粮等特色农产品对接，多渠道、多产线惠及蔚县农业产业。

表 3 截至 2018 年 3 月蔚县小米订单数据

乡镇	村庄	已落实订单面积（亩）	谷子品种
宋家庄镇	北口	2,000	8311
	小探口	403	8311
	林南村	438	8311
	林北村	267	8311
	大探口	136	8311
柏树乡	康庄	85	8311
	上寺	178	8311
	西高庄	469	8311
	西力园	68	8311
	山门庄	60	8311
	东力园	134	8311
	宋家庄村	25	8311
下宫村乡	浮图	100	8311
	南马庄	31	8311
	上宫村	300	8311
桃花镇	桃花	620	8311
南留庄镇	南留庄基地	300	8311
	合计	5,614	

全链整合的组团式扶贫，发挥行业龙头企业的示范引领作用，带动产业链上下游共同参与，是益海嘉里蔚县扶贫项目的一个重要创新，在实际操作中也取得了良好的效果。益海嘉里以小米加工为核心，把贫困户和专业合作社、地方龙头企业、经销商及渠道客户等产业链上下游的不同主体和资源进行整合，根据各自的优势合理分工，发挥出“1+1>2”的效果。例如京东、天猫、华联超市、沃尔玛等销售渠道作为该项目的参与者，主动减免爱心小米在本系统的各种渠道费用，使更多的资金用于蔚县贫困事业。这种做法，跳出了过去单纯给钱给物、发展种养业等传统做法的缺陷，既管产，又管销，打造产业扶贫模式的升级版。在益海嘉里的带动下，越来越多的爱心企业家开始关注并参与蔚县精准脱贫工作，如国内粮油加工设备龙头企业河南华泰粮油机械工程有限公司董事长闫子鹏在考察蔚县小米产业扶贫项目之后，跨省参与蔚县小米产业精准脱贫项目，为蔚县脱贫事业贡献力量。

图 5 销售渠道

2. 扶贫经验

益海嘉里蔚县小米产业扶贫模式，破解了贫困县产业扶贫发展的难题，确保了农户通过生产实现增收脱贫的稳定性和可持续性。该项目对于企业参与产业精准扶贫具有三点可资借鉴的经验：

（1）产业扶贫需政府、企业、社会等多方参与

蔚县小米产业扶贫模式，发挥了企业在资金、技术、品牌、市场等方面的优势，政府也找准了定位，提供了积极的服务，赢得了企业的信任，使合作之路越走越宽。

（2）产业扶贫须因地制宜，遵循市场规律

蔚县将小米作为特色产业推动，充分考虑了贫困人口现状、接受能力和产业适应性，把立足点放在脱贫效果上，让扶贫产业可操作、易推广、能受益。

（3）产业扶贫要善于创新

产业扶贫的深入推进需要创新因素支撑。蔚县小米产业扶贫模式跳出了过去仅局限于给钱给物、养牛养羊、种菜种树等常规做法，打造了扶贫模式升级版。

（三）蔚县扶贫项目发展规划

在不断扩大小米产业扶贫规模的同时，益海嘉里接下来将不断拓展蔚县产业扶贫模式的内涵，形成以产业扶贫为引擎，教育扶贫、就业扶贫、乡村振兴多措并举的立体扶贫模式。

1. 斩断穷根，教育扶贫播种脱贫希望

益海嘉里集团在多年的扶贫实践中认识到，扶贫必须与扶智、扶志相结合，提供良好的教育机会是斩断贫困代际传播最有效、最可行、最根本的途径。尽管教育扶贫的效果需要较长的时间周期才能体现，但这种效果能够帮助贫困家庭实现稳定脱贫。以蔚县为例，益海嘉里从三个方面开展教育扶贫工作：

（1）爱心小米定向帮扶

每销售一袋“金龙鱼 · 爱心桃花”小米即提取一元钱捐赠给中国儿童少年基金会，用于定向帮扶蔚县发展儿童少年教育成长项目。2015 年起，益海嘉里员工就已经自发组织通过“一对一”帮扶蔚县果庄子完小学生 26 人，资助金额 8 万多元。2016~2017 年，为激励孩子更加刻苦学习以及老师更好地教学，奖励优秀学生和老师近 2 万元。2017 年 3 月，益海嘉里决定承担果庄子完小 60 名贫困家庭儿童从小学到大学的全部费用，使该村 42 个贫困户实现就学“零负担”。同时捐资 50 多万元，积极帮助果庄子完小改善办学条件。2017 年 11 月，益海嘉里与中国儿基会达成定向捐赠协议，为更多蔚县贫困家庭儿童的就学帮扶活动提供机制保障。

（2）改善当地教育条件

2018 年，益海嘉里与蔚县政府合作，投资 4,000 多万元在蔚县扶贫搬迁人口聚居区建设一所 1,600 人规模的高标准的公益小学，缓解当地教育资源匮乏的局面，持续资助支持当地贫困村镇中小学改善办学条件、提高教学质量。

（3）建设助学中心

益海嘉里决定出资 800 多万元，参照连云港灌云

助学中心模式，在蔚县建设一座助学中心，让孤儿得到家庭般的全方位关心照顾，帮助孤儿健康成长，以完整人格融入社会。

2. 授人以渔，多措并举助力就业扶贫

依托小米产业扶贫项目，益海嘉里下一步将面向蔚县本地为小米加工厂招募员工，并持续提升其专业能力；从当地初中毕业的贫困家庭待业青年中选拔可塑之才，由集团资助到扬州旅游商校金龙鱼烹饪班接受国内顶级餐饮大师的培训，拥有一技之长，自食其力；与蔚县职教中心合作委培专业技工，定向委培定点实习，培训合格者在京津冀区域集团工厂安排就业。通过这些努力，达到“一人就业全家脱贫”的效果。

3. 乡村振兴，探索开展美丽乡村建设

党的十九大报告提出乡村振兴战略，解决城乡发展不平衡的问题。集团董事长郭孔丰认为，“蔚县全面实现真脱贫、脱真贫的目标，仅依靠小米产业是不够的，应该以乡村振兴战略为纲领，与政府携手建设美丽乡村，让蔚县农民更富，让蔚县农业更强，让蔚县乡村更美。”作为国家级历史文化名城，蔚县不仅有绿色优质的农产品，同时还有深厚的文化底蕴和丰富的自然景观。益海嘉里将与蔚县政府及文旅行业龙头企业携手，共同探索打造田园综合体项目，吸引周边省份短途游客周末到蔚县体验田园风光和历史文化。通过美丽乡村建设，助力乡村振兴，长久、持续带动当地经济发展和贫困人口脱贫致富。

专家点评

益海嘉里投资有限公司是华侨企业开展脱贫攻坚的典型案例，可贵之处在于将企业品牌和扶贫地区特色农产品对接，形成了订单种植、溢价收购、品牌营销、利润反哺的可推广、可复制的产业扶贫模式。在此基础上，益海嘉里投资有限公司逐渐形成了“助学工程”“复明工程”“奖学金”“助行工程”“敬老抚幼”“金龙鱼烹饪班”6 大特色的综合扶贫案例，在帮扶贫困和弱势群体方面开展了持续的公益捐赠和志愿服务，取得了良好的社会效益。

——葛均泊 北京师范大学中国公益研究院慈善研究中心研究员

第十章 大连万达集团股份有限公司

创新企业扶贫模式，开展丹寨包县扶贫

（一）扶贫实践

丹寨县位于贵州省东南部、黔东南州西部，是国家扶贫开发重点县，是历任省长扶贫联系县。全县总面积 940 平方千米，辖 4 镇 2 乡 1 个省级经济开发区和 1 个省级农业园区，总人口 17.8 万人，少数民族占 87.71%。现尚有贫困村 66 个，深度贫困村 47 个，贫困人口 2.58 万人，贫困发生率为 16.58%。

2014 年 12 月，万达集团积极响应党中央号召，在国务院扶贫办的牵线下，决定到丹寨县开展社会扶贫创新。国务院扶贫办刘永富主任，欧青平、洪天云副主任等领导先后实地到丹寨指导万达项目实施。自开展帮扶以来，万达集团以丹寨脱贫攻坚为己任，在全国首创企业“包县”脱贫的创新扶贫模式，用真心、倾真情、出真力，董事长王健林 4 次亲赴丹寨调研考察，多次召开专题会议推进落实扶贫项目，经过认真调研、反复论证，最终确定了万达小镇、万达职院、万达基金 3 个项目，万达集团总投入也从最初的 10 亿元增加到 21 亿元。万达丹寨项目突出可持续扶贫，产业、教育、基金并举，短期、中期、长远兼顾，对症下药，开创了中国民营企业精准扶贫的新模式。

1. 丹寨万达小镇

特殊的地理环境和少数民族独特的历史背景，造就了贵州省丹寨县独特的生态和气候优势、厚重的民族文化积淀、良好的生态农业产业环境，是贵州省内著名的“避暑胜地”“非遗之乡”“中国硒米之乡”“中国富硒、锌茶叶之乡”。万达集团将旅游作为丹寨产业扶贫的方向，通过投资 13 亿元（一期 8 亿元、二期 5 亿元）新建旅游小镇作为旅游扶贫的龙头，打造全新丹寨旅游品牌，带动丹寨产业发展升级，实现脱贫增收目标。

（1）特色的规划设计

万达丹寨小镇一期总投资 8 亿元，占地面积 400 亩，建筑面积为 5 万平方米，2016 年 3 月开工建设，2017 年 7 月投入运营，在规划和设计方面体现出鲜明特色。

整体打造景区。旅游小镇项目建设结合周边道路、环境整治，整体提升品质。万达改造与小镇相邻的东湖，修建吊桥、沿湖步道、画舫、花海、夜景照明，特别是建造了一个创造吉尼斯世界纪录的大水车，营造如

图 1 丹寨万达小镇

诗如画的优美意境。同时，配套建设四星级万达锦华酒店、会议中心、多家客栈、万达影城、大型苗寨锦秀体验剧等，倾力打造完整景区。

体现苗侗风格。丹寨万达小镇引入 7 项国家级、17 项省州级非物质文化遗产，其中包括民族手工艺、苗侗美食、苗医苗药等；旅游小镇依山傍水，以苗侗建筑风格为主题，既有传统苗寨建筑形式和元素，也有侗寨经典的鼓楼，项目精雕细琢，质量优异，获得堪称建筑界奥斯卡的美国太平洋国际建筑协会“金块奖”。

融合地方文化。旅游小镇拥有四个以当地文化为主题的广场，是地方民俗表演、祭祀聚会的中心场所，还拥有斗牛、斗鸡、斗鸟 3 个传统斗艺场，古法造纸、苗族蜡染、鸟笼制作 3 个非物质文化遗产民宿小院，集中体现丹寨多姿多彩的地方文化。

（2）完善的运营管理

万达集团充分发挥自身优势，运用强大的资源渠道、优秀的人才储备、丰富的管理经验，对小镇进行经营扶持，为小镇良性发展提供支撑。

精准招商。旅游小镇招商不以零售为主，主要引入非物质文化遗产、特色美食、民俗文化等游客喜欢的体验业态。旅游小镇 339 家商户中，210 家是当地特色，集中了丹寨全部 7 项国家级非物质文化遗产、17 项省级非物质文化遗产，同时配套建设一座四星级酒店和十几家客栈、几百张床位，满足游客过夜需要。

有效推广。万达集团充分调动集团传播资源，从隆重的开业庆典到中央电视台免费公益广告，创新“全球招募轮值镇长”品牌活动，万达好声音和万人长桌宴活动的现场直播，迅速让丹寨旅游小镇广为人知。万达商管策划丰富多彩的活动，做到“月月有主题，周周有活动”，祭尤节、锦鸡舞、音乐节……迅速使丹寨旅游小镇成为贵州排名前三的旅游景区。

科技手段。万达集团重视采用科技手段提升旅游小镇运营管理，小镇运用万达自主研发、国内最先进的慧云管理系统，可以实时监测人流、车流，能够准确分析游客来源、性别、年龄层次、消费金额。通过建立大数据模型，精准预测游客动态需求，提高游客满意度，有效管理客源。7 个实景摄像头使得丹寨小镇成为全国首个可以实景直播的景区，全国各地游客可以 24 小时观看小镇实景，甚至可以观看斗牛、锦鸡舞等活动的现场直播。

（3）立体的带贫机制

①直接就业

为扩大小镇对贫困户的带动作用，万达集团通过小镇内商管公司、酒店、影城、商铺、环卫、安保、常态化演艺、停车场等岗位，直接吸纳贫困户就业，实现稳定增收脱贫。

此外，在贵州省黔东南州丹寨县政府的支持下，丹寨万达小镇联合当地茶企共同推出扶贫茶园创新模式。丹寨扶贫茶园的主题是“认领一亩茶园，扶贫一户茶农”，将茶园作为一项公益性产品在线推出，公众可出资按年认领一定面积的茶园，每年获得相应数量的茶叶作为回报。茶企聘请当地建档立卡贫困户担任茶园维护和茶叶采摘工作，贫困户在茶园工作一天可获得 130 元（2018 年标准）。每亩茶园每年承诺聘请贫困人口工作不少于 10 次，即每亩扶贫茶园的每年认领费用中，至少有 1,300 元转化为一位贫困茶农的新增收入。2018 年丹寨县的国家贫困线为 3,300 元，丹寨贫困户人均年收入约 2,600 元，按此计算，一亩扶贫茶园即可帮助当地一位贫困农民脱贫。

②产业带动

丹寨万达小镇的成功运营带来了巨大的客流量，也为丹寨扶贫龙头企业、产业扶贫合作社的产品外销创造了巨大商机。万达集团充分利用小镇作为旅游产业项目能够广泛带动上下游产业发展的天然优势，创新开展“品牌带产业，企业带基地，合作社带贫困户”的“三带”产业发展模式，通过畜禽、蔬菜、水果等农特产品和苗族蜡染、银饰、刺绣等手工产品销售，让丹寨县群众尤其是建档立卡贫困户充分参与到为小镇提供资源和商品的行动之中，实现可持续增收。

同时，小镇“火爆”的人气也带动了周边景区和旅游村寨的持续“升温”，有效拉动了全县第二、第三产业的迅速发展，间接带动周边村寨建档立卡贫困人口实现增收脱贫。

就业，逐步实现“就业一人，脱贫一户”目标，真正实现变“输血”为“造血”。职业教育与就业培训相结合将形成扶贫新合力，建立丹寨县贫困群众脱贫的长效机制。

图 2 万达职业技术学院

2. 万达职业技术学院

万达丹寨扶贫模式的一个显著特点是“扶贫先扶智”，把教育扶贫作为长远的扶贫工程来抓，智力扶贫、就业扶贫双管齐下，变单纯的“授鱼”扶贫为“授渔”扶贫。

（1）开展职业教育

为促进教育事业发展，万达集团投资 3 亿元在丹寨县捐建贵州万达职业技术学院。学院于 2016 年 3 月开工建设，2017 年 9 月建成正式开学。建筑面积 5 万平方米，可容纳 3 个年级 54 个班共 2,100 名学生就读。50% 的优秀毕业生将可直接录用到万达就业，实现“就业一人，脱贫一户”目标，阻断贫困代际传递。

（2）聚焦就业培训

万达集团与丹寨县聚焦技能培训，建立企业岗位需求和贫困户就业意愿两个台账，共同开展全县贫困人口全员培训，在不影响正常教育教学的情况下，有针对性地开展贫困户技能培训，每年计划培训2,000名贫困户。每期技能培训结束后，推荐到万达集团和县内龙头企业

3. 万达扶贫产业基金

万达集团把产业基金扶贫作为短期扶持的强力抓手。在丹寨扶贫中，以分类、分对象扶贫方式保障了扶贫的精准性。

（1）现金直补兜底保障

从 2016 年开始，万达集团投入 5 亿元建立万达扶贫产业基金，每年分配 5,000 万元。按照兜底救助、阶段性帮扶、生产奖励补助三类，分别对全县鳏、寡、孤、独以及重残等特殊困难人群，通过现金直补进行兜底生活救助，确保其他扶贫方式无法惠及的这类特殊贫困人群获得基本生活保障，消除贫困“死角”；对因灾、因病、因学等致贫的贫困人口，进行阶段性现金帮扶，解决其灾后重建、就医、就学等困难；对有劳动能力能发展产业增收的贫困人口，围绕“一种两养”等“短平快”产业和丹寨县重点发展的产业，进行生产奖励补助，实现发展产业增收脱贫。

（2）公益岗位劳动脱贫

2018 年起，丹寨县利用万达扶贫产业基金新设立

村寨保洁员、保安、护路员、安全员等公益性岗位，可以使约 1,000 名有劳动力和劳动条件的贫困户投身到村组建设和管理，通过劳动实现增收。同时通过多种活动推动贫困户由“要我脱贫”向“我要脱贫”的思想转变。对不愿劳动的贫困户，暂停发放分红金，对于勤劳致富、自力更生的贫困户予以表彰，颁发“劳动脱贫光荣户”牌匾，树立正确的扶贫导向。

（二）扶贫成效

1. 丹寨万达小镇

丹寨万达小镇是万达丹寨包县扶贫的重大创新，通过多种带贫机制和方式，为有劳动能力的建档立卡贫困人口提供就业和致富机会，让丹寨县群众有充分机会融入到小镇中来就业与发展，分享旅游发展成果，实现稳定、持续、有尊严的增收与脱贫。

（1）丹寨县旅游产业蓬勃发展

2017 年 7 月 3 日万达小镇正式投入运营，小镇整合了丹寨旅游资源，成为贵州独具特色的民族旅游新名片。首年接待游客 630 万人次，是 2016 年丹寨全县游客数量的 600%，平均日游客 1.5 万人次，高峰期最高日游客量达 7.93 万人次，带动全县旅游综合收入达 24.3 亿元，是 2016 年全县旅游综合收入的 443%。

（2）稳定就业带动贫困户增收

小镇运营以来，小镇内商管、酒店、影城、商铺、环卫、安保、常态化演艺、停车场等岗位直接吸纳 1,390 人稳定就业，其中贫困户 1,027 人（户），户均增收 2.7 万元。扶贫茶园目前已完成 500 亩茶园的租赁与认领，吸纳 453 户贫困户就业。

（3）旅游产业带动贫困户增收

小镇带来的巨大客流量为丹寨县扶贫龙头企业、产业扶贫合作社产品的外销创造了巨大商机，小镇开业运营以来，全县共有 28 家扶贫龙头企业和 137 个产业扶贫合作社产品入住小镇，通过“龙头企业＋贫困户”“商铺＋合作社＋贫困户”“合作社＋贫困户”的带贫模式，直接带动了全县贫困户 1,696 户 4,704 人实现增收，有效拉动了丹寨县乡村旅游、农业产业、民族手工产业、特色服务业和第二、第三产业的迅速发展。

（4）辐射带动助推贫困户增收

通过小镇的人气带动周边卡拉、泉山、石桥等 27 个景区和旅游村寨持续“升温”，间接带动贫困户 3,202 户 12,810 人实现增收，占全县贫困人口的 21.85%，户均增收 2,375 元。

2. 万达职业技术学院

2017 年 9 月 29 日，贵州万达职业技术学院正式开学。目前，学院开设文化旅游管理系、护理系、会计 3 个专业，在校学生 1,179 人，其中，2017 届在校学生 405 人（贫困学生 142 人），2018 届在校学生 774 人（贫困学生 187 人）。

3. 万达扶贫产业基金

万达扶贫产业基金已发放两期，共 1 亿元，惠及建档立卡贫困户 8.2663 万人次。

2016 年第一期基金共惠及全县 3.82 万建档立卡贫困户，一般贫困户每人分红 1,224 元，鳏寡孤独、重病重残等贫困户每人分红 2,000 元。2017 年产业发展基金惠及全县 44,463 名建档立卡贫困户：对 4,240 名鳏寡孤独以及重残等特殊困难人口，按照 2,000 元 / 人·年进行兜底生活救助; 对 10,025 名因灾、因病、因学等致贫的贫困人口，按照 1,100 元 / 人 · 年进行阶段性帮扶；对 30,198 名有劳动能力能发展产业增收的贫困人口，按照 1,010 元 / 人 · 年进行生产奖励补助。

贫困群众获得万达产业发展奖补基金后，对基金作科学精细安排和使用，通过产业发展促进增收，改善了生活，加快了脱贫奔小康的步伐。据统计，2016~2017 年，全县有 8,140 名鳏寡孤独人（次）获基金兜底救助；有 5.35 万人（次）贫困群众利用获得的基金发展水稻 7,513.6 亩，蔬菜 14,100 亩，中药材 15,400 亩，发展养牛 5,136 头、养猪 20,566 头、鸡鸭 73,570 羽，全部纳入产业合作社进入小镇商铺销售，实现户均年增收 5,000 元以上。

截至目前，公益性岗位已到位 738 人，年人均收入将超过 1.5 万元。

（三）扶贫经验

1. 长、中、短期兼顾，确保持续稳定脱贫

万达集团丹寨包县扶贫项目采取长、中、短期相结合的方式，有力保证了项目自身及扶贫效果的可持续性。短期来看，以产业扶贫基金为保障，连续 10 年发放，持续覆盖全县贫困人口，助力贫困人口增收脱贫；中期来看，以丹寨小镇项目为核心，打造品质小镇、文旅标杆小镇，小镇运营持续带动地方经济发展，形成稳定脱贫平台，让建档立卡贫困人口乃至贫困边缘人群也可从中受益；长期来看，以万达职业技术学院为依托，解决丹寨人才培养、人口素质问题，阻断贫困代际传递，从根本上帮助贫困地区实现稳定脱贫。

2. 发挥企业核心优势，提升扶贫可持续性

万达集团将扶贫工作与自身主业相结合，有效提升了扶贫工作的可持续性。一方面，借助万达良好的商业模式和成熟的运营经验，在丹寨万达小镇成立商业管理公司，将现代企业管理理念、管理模式、管理技术、人员管理技巧、服务理念带入丹寨，保证丹寨小镇稳中求进的良性发展，并以小镇的成功运营为基础，让贫困群众融入经济社会大循环，从根本上解决稳定脱贫的问题；另一方面，丹寨扶贫项目与万达主业相结合，有助于推动万达将扶贫工作融入企业整体发展中，积累文旅小镇运营经验，树立行业领先标杆。

3. 打造扶志扶智平台，激发脱贫内生动力

万达丹寨扶贫，给予丹寨的不仅仅是一所学校、一个小镇、一笔基金，更让丹寨干部和群众增加了发展底气和发展自信。在实施帮扶项目中，万达集团并不是大包大揽、越俎代庖，而是充分发挥企业优势，既着眼当前，又放眼长远，立足于从根本上改变贫困群众生产生活模式，搭建一个让当地贫困群众立志、提智、自我发展、自我实现梦想的平台。万达集团通过在小镇招聘全球轮值镇长、选拔丹寨学生担任俄罗斯世界杯护旗手、开展国际扶贫论坛、与世界各国和国际组织进行国际交流等活动，打造了一个世界知名、国内一流的扶志与扶智的平台，让丹寨走向世界，让世界认识丹寨，借助万达平台，讲好丹寨故事，极大地提升了丹寨县贫困群众和全县各族干部群众的精气神和自豪感，增强了脱贫攻坚的志气和信心。

通过一年多的精细化运营管理，在丹寨县委县政府和各部门的支持下，万达丹寨小镇取得了令人瞩目的成绩。2017 年 12 月，万达集团决定，再次捐投 5 亿元建设小镇二期项目，目前演艺剧场和会议中心已建成，并于 2018 年 7 月投入运营。游客集散中心、温泉酒店、水上游艇、玻璃廊桥、高空秋千、儿童乐园等二期项目已陆续启动建设，自 2018 年至 2020 年将先后投入运营。二期项目的投建，将进一步完善小镇各业态的功能配套，提升小镇吸引力，提高游客体验感，延长游客滞留时间，让小镇充分发挥旅游产业对扶贫带动的更大效益。

专家点评

贵州省丹寨县是一个没有任何资源禀赋优势的贫困县，在这样一个地方开展扶贫工作，其难度可想而知。万达集团帮扶丹寨，不仅需要勇气与担当，更需要创新与智慧。万达集团经过长时间的认真调研、反复论证，最终确定了长、中、短期相结合的扶贫方式，在丹寨创新性实施了万达职院、万达小镇、万达基金项目，取得了明显的扶贫效果，为资源匮乏的贫困县探索了一条如何适合本地情况，借力企业优势、挖掘本土文化，“无中生有”发展旅游产业，带动全县脱贫的发展模式。

——邓国胜 清华大学社会创新与乡村振兴研究中心主任

第十一章　苏宁控股集团有限公司 “12345”战略打造“七位一体”电商精准扶贫模式

作为第一个和国务院扶贫办签订全国农村电商扶贫战略合作框架协议的民营企业，苏宁在内部成立了由张近东董事长亲自挂帅的扶贫工作领导小组，并专门设立了由集团党委牵头负责的扶贫办公室和工作团队，整合集团内部的资源和力量，把助力扶贫攻坚、乡村振兴任务落实到各产业、各地区，并列入年度考核指标，确保集团扶贫工作的体系化管理和系统化推进。目前，苏宁扶贫专项投入已经超过5亿元，从事扶贫工作的人员超过1000人，在贫困县开设直营店超277家，线上中华特色馆42家；精准扶贫到贫困村和贫困户的村级加盟服务站685个、乡村联络员1030名，覆盖184个国家级贫困县；物流可送达745个国家级贫困县，覆盖率达89%。近年来，通过苏宁全渠道累计实现农产品销售超60亿元，惠及200多万农民；开展农村电商培训超10万人次，带动回乡创业就业青年超过1万人，为1500多万农民提供了高效优质的服务。

图1 苏宁扶贫实训店在贫困村开业，人潮涌动

（一）“12345”精准扶贫战略

1即一个目标：聚焦乡村振兴，聚力精准扶贫。

2即二轮驱动：输血造血结合，线上线下联动。

3即三化兴农：农业产业化、农品品牌化、农人专业化。农业产业化主要是建设基地开发产品，真正实现造血扶贫。近年来，苏宁立足贫困地区实际、因地制宜，充分发挥和利用地方特色资源，相继出资打造了盱眙苏宁食用菌生态农业培训示范基地、泗阳电商＋产业＋公益三合一扶贫基地、镇江丹徒苏宁现代农业培训示范基地、句容行香村慈善扶贫基地、苏宁·雅安“互联网＋扶贫”石棉示范基地等产业项目，实现“造血”脱贫。盱眙食用菌生态农业培训示范基地，年收益超过100万元，单个就业农民一年可增收2万元左右；泗阳“中国青虾之乡养殖示范基地”，每年可生产优质青虾6万斤，实现销售收入360万元以上。农品品牌化主要是挖掘特色农产品，卖出价格，卖出品牌。苏宁依托自身特有的O2O渠道优势，深入挖掘贫困县、贫困村、贫困户的特色农副产品，通过线上线下专业化、系统化的商业运营，帮助他们卖出好价钱，卖出品牌，从而拉动贫困县县域经济，繁荣农村集体经济，实现合作共赢。近年来，湘西凤凰的蜜柚、十八洞土鸡蛋、四川石棉的黄果柑、山东烟台的大樱桃、河南灵宝的大苹果、贵州剑河的土鸡……全国不少地方的特色农产品，在苏宁的帮助下得以走进千家万户，甚至变成了畅销品牌。农人专业化主要是满足农村电商需求，培养专业人才。苏宁成立农村电商学院，开办电商扶贫实训店，实施综合性全产业链的农村电商人才培养战略，运用线上线下O2O融合的电商人才培养方式，帮助贫困地区培训高质量电商人才，解决贫困县农村电商人才梯队与培养机制建设问题。苏宁农村电商学院成立以来，已在全国31个省市自治区举行农村电商人才培训超千场，培训人次超10万。

4即四扶脱贫：产业扶贫、就业扶贫、教育扶贫、捐资扶贫。产业扶贫主要是建立特色农业扶贫示范基地，依托中华特色馆、苏宁小店等载体，帮助拓展特色农产品销售渠道，建立特色品牌，拉动当地特色产业发展。就业扶贫主要是提供就业岗位和服务，帮助贫困劳动力实现就业和创业。2018 年 6 月 15 日，安徽省宿州市砀山县第一家苏宁易购电商扶贫实训店开到了唐怀智所在村，唐怀智成为首批实训店店员。经过实训，唐怀智有了自己的一份收入。同时他还注册了自己的网店，开始在网上销售自家的土特产，目前每月的盈利达 1000 多元。教育扶贫主要是通过培训和实训，让建档立卡贫困人口掌握电商从业技能。捐资扶贫主要是公益捐赠帮助因残因病等致贫的贫困户脱贫。

图 2 “建档立卡”贫困户正在扶贫实训店接受培训

5 即五当落地：投资在当地、纳税在当地、就业在当地、服务在当地、造福在当地。苏宁通过注册在当地的苏宁易购直营店、电商扶贫实训店，以及扶贫到贫困村和贫困户的乡村加盟服务站等，实施当地销售、当地纳税、当地服务、当地就业和当地造富。通过“销售、服务、就业、纳税、造富”在当地的“五当”模式，确保了苏宁独特的 O2O 渠道及物流网络延伸至偏远的贫困地区，推动贫困村更多的优质农副产品进城，促进农村消费者及当地企业的信息流、物流、资金流等多种内容的线上线下融合交互，信息收集更精准，反应更快速，组织更得力，搭建农商互联的最佳平台，高效服务农民，力争打造农村经济发展的电商生态圈，推动农产品高效流通，致力协助当地居民实现脱贫致富。

（二）“七位一体”精准扶贫模式

1. 中华特色馆：打通贫困县特色商品上行新通路。中华特色馆作为苏宁精准扶贫的主要载体，目前已在全国 42 个国家级贫困县成功开馆运作，为贫困县提供商品交易、数据共享、培训服务、平台建设、技术保障、售后服务等服务支撑，深度整合贫困县的资源，打通贫困县特色商品上行通路。另外，通过设立“月度扶贫日”（每月 7 日），全年持续助推贫困地区的农特产品。

图 3 中华特色馆特色产品实物陈列

2. 大聚惠：促进贫困地区农产品品牌化发展。围绕“解决滞销农产品销路问题”和“精准扶贫，为贫困农户创收”两大目标，苏宁建立了创新型“农产品上行”项目——苏宁易购大聚惠频道，在全国范围内展开市场调研和用户研究，通过对地标性农产品营销点挖掘包装、预热和促销、整合资源、互动合作等方式，主动与贫困县政府联系，开展原产地直采，解决滞销难题、推动产业扶贫，促进贫困地区农产品品牌化发展。

图 4 苏宁利用线上平台优势开展助农扶贫

3. 苏宁易购直营店：拉动贫困县县域经济繁荣。线下的苏宁易购直营店是深入农村服务的最佳载体，目前苏宁在国家级贫困县共计开设 277 家直营店。通过对自身店面的运营及下辖镇级授权服务站及乡村联络员的管理，完成与农村消费者及当地企业的信息流、物流、资金流等多种内容的线上线下融合交互，推动“农产品上行”和“工业品下行”，拉动贫困地域县域经济发展。

4. 村级加盟服务站：实现精准到户的扶贫目标。

苏宁易购村级加盟站是覆盖贫困县的镇和村的电商扶贫项目，主要承接这些区域的配送、售后服务，兼为贫困县留守老人和儿童在苏宁易购网上购买货真价实的日用品，把精准扶贫落实到贫困村、贫困户。截至目前，苏宁精准扶贫到贫困村和贫困户的村级加盟服务站 685 个、乡村联络员 1030 名，覆盖 184 个国家级贫困县。

5. 物流云：打通贫困县市场服务的最后一公里。针对国家 832 个贫困县"地域广阔、分布较散、运量不大"的特点，苏宁加大物流云在国家级贫困县的渗透，推动农村地区更多的优质农副产品进城。在 832 个国家级贫困县中，苏宁物流云可送到 745 个国家级贫困县，覆盖率达 89%，超过 90% 的区域已实现次日达，并将物流能力开放给贫困地区商户，解决他们线上运营的大问题。

6. 农村电商学院：解决贫困地区电商人才缺失痛点。为解决贫困县农村电商人才梯队与培养机制建设问题，2016 年全国两会上，作为全国政协委员的苏宁控股董事长张近东提交了一份关于《建设教育培训孵化体系，加快推进农村电商发展》的提案，提出了加强贫困地区电商扶贫平台发展，与农村资源的保障对接的电商培训思路。2016 年 5 月 10 日，苏宁与中国扶贫基金会合作，在国内率先成立了农村电商学院。充分运用线上线下 O2O 融合的电商人才培养方式，通过苏宁直播课堂以及第三方直播软件进行线上平台直播，对农村电商商户运营团队和代运营商进行培训。目前已开展农村电商培训超 10 万人次。

7. 电商扶贫实训店：真正从"授人以鱼"到"授人以渔"。为强化精准扶贫实效，形成助力乡村脱贫与振兴长效机制，苏宁在电商扶贫基础上，于 2017 年底创新研发出了"输血与造血相结合"的扶贫模式——"苏宁易购扶贫实训店"，实现了教育扶贫、就业扶贫、产业扶贫、捐资扶贫的"四扶合一"！由苏宁专项基金在当地投资成立独立公司，以对建档立卡及低收入家庭进行定点定向实训实现教育扶贫，通过给付实训报酬（每天 200 元以上）实现就业扶贫，利用苏宁线上线下资源推动贫困县工业品下乡和农产品进城实现产业扶贫，将实训店盈利的 70% 捐献当地扶贫事业来实现捐资扶贫。目前，苏宁扶贫实训店已在 80 个国家级贫困县落成（其中南京对口帮扶县落成 3 家：商洛洛南县、商洛镇安县、西宁湟中县），2018 年将实现就业人数 3500 人，人均增收情况 4.2 万 ~5 万元，培训场次 2.5 万，培训人次超过 40 万。

专家点评

作为一家民营企业，苏宁集团扶贫工作政治站位高，成立由张近东董事长亲自挂帅的扶贫工作领导小组，并专门设立了由集团党委牵头负责的扶贫办公室和工作团队，2015 年就与国务院扶贫办签订战略合作协议，重点推进电商扶贫工作。经过 3 年的探索实践，构建起体系化的电商扶贫工作格局，即"12345"战略和"七位一体"扶贫模式。尤其是三化兴农（农业产业化、农品品牌化、农人专业化）、四扶脱贫（产业扶贫、就业扶贫、教育扶贫、捐资扶贫）和五当落地（投资在当地、纳税在当地、就业在当地、服务在当地、造福在当地），体现了苏宁扶贫工作的战略考量和系统思考。苏宁充分发挥自身优势，通过中华特色馆、大聚惠、苏宁易购直营店、村级加盟服务站、物流云、农村电商学院、电商扶贫实训店等平台，从电商扶贫的全产业链入手，围绕"生产、渠道、物流、人才、品牌"全面发力，聚焦贫困县、贫困村和贫困人口，真正助力农产品上行和农民致富增收脱贫，形成了独具特色的模式。

——汪杰 中国社会科学院企业社会责任研究中心副主任

第十二章　广西万寿谷投资集团股份有限公司

林下养殖万寿谷土鸡，助农增收惠民生

广西万寿谷投资集团股份有限公司，是一家集养殖、加工销售、餐饮体验为一体的三产融合企业，以为万众家庭提供“绿色、生态、安全、营养”的高品质好食材为使命，致力于成为中国规模最大、品质一流的家庭绿色食品供应商。万寿谷紧紧抓住脱贫攻坚战略机遇，充分发挥广西凤山县、东兰县等贫困地区生态环境良好、土鸡种质资源丰富、群众脱贫愿望强烈等优势，选准养殖周期短、见效快的土鸡扶贫产业，把所有资金投向贫困地区，真情、真心、真意带领贫困户共同致富，创造出了“育种＋孵化＋育雏＋养殖＋屠宰初加工＋熟食（罐头深加工）＋产业旅游＋冷链物流＋线上线下销售平台＋体验销售”十位一体全产业链扶贫模式，建立了产业扶贫的长效机制。

图 1　万寿谷生态食品加工园区

（一）扶贫历程

1. 凤山县万寿谷土鸡产业扶贫经历

2016 年 2 月，万寿谷集团在广西壮族自治区河池凤山县注册成立，形成了在凤山县贫困乡镇建立万寿谷土鸡养殖示范基地研究，并与凤山县人民政府签订合作协议。

2016 年 3 月，万寿谷集团在当地党委、政府的指导下，完成了公司带动贫困农户发展土鸡养殖合作模式制定，并通过了县扶贫开发领导小组审定。

2016 年 5 月，万寿谷集团向 1,455 户贫困户发放第一批鸡苗 87,300 只，通过 5 个月养殖，以每羽 20 元价格进行回收，累计回收成品鸡 241,895 只，户均增收 0.33 万元。

2017 年 7 月，公司完成了东兰县占地 84 亩的乌鸡原种场建设，月产乌鸡苗 90 万羽，满足了东兰县贫困户发展乌鸡养殖的鸡苗供应。

2017 年 12 月，万寿谷集团从凤山县贫困户 11,807 户 49,348 人中，选择 10,000 户有养殖条件并有意愿参与的贫困农户参与“互联网＋核桃林下肉鸡养殖”，与 1,074 户贫困户签订养殖协议，为 6,786 户贫困户发放鸡苗 361 万只，户均养殖 532 只，通过 4 个月养殖，回收成品鸡 1,943,255 只，户均实现收入 5,727 元。

2018 年 5 月，公司在凤山县已建设完成屠宰深加工产业园，可以实现年 3,000 万羽的屠宰加工能力，福建万寿谷出口加工园已动工建设，将实现年加工土鸡暖汤 1 亿罐；年产 12 万吨生态饲料加工厂已准备建成；万寿谷集团山泉水生产基地、预混料生产基地已在建设中。两年来集团在全产业链投资超过 6 亿元，解决了万寿谷土鸡深加工问题，延伸了产业链。

2018 年至今，万寿谷集团共与 10,740 户农户签订发放鸡苗合同，累计发放鸡苗 10,018 户 600 万只；回收成品鸡 390 万只，现有存栏 210 万只；共支付劳务费用 6,850 万元，带动贫困人口脱贫数量超 3 万人。

图 2 凤山屠宰深加工产业园区

图 3 东兰县养殖场覆盖范围

2. 东兰县万寿谷土鸡产业扶贫经历

2017 年，在广西东兰县复制凤山县万寿谷产业扶贫模式，技改扩建成的 84 亩乌鸡原种场已投入使用，月产乌鸡苗 90 万羽；投资建设的中国单一最大的孵化基地（东兰三石）孵化中心一期马上投入使用，年底全部投产后将实现育种、孵化、育雏 1,100 万羽 / 月，一年达 1.32 亿羽。

2018 年，在东兰县 14 个乡镇 147 个行政村发放 6,123 户贫困户乌鸡苗 360 万羽，户均养殖万寿谷东兰乌鸡 600 只，预计户均增收 1.5 万元。

（二）扶贫实践

在扶贫过程当中，万寿谷集团进行大胆探索和尝试，谱写了企业带产业、产业带贫困户脱贫致富的生动实践。

1. 合作社对贫困户全覆盖

为引导贫困户发展万寿谷土鸡养殖，公司在凤山县 9 乡镇 98 个村委会成立了万寿谷土鸡养殖专业合作社，在东兰县 14 个乡镇 93 个村委会成立了万寿谷东兰乌鸡养殖专业合作社，合作社合计达 147 个。合作社发动贫困群众、开展绿色鸡养殖技术辅导、组织成品鸡收购，使得全县 6,000 户贫困户加入了万寿谷土鸡养殖专业合作社，实现了合作社对凤山县、东兰县贫困群众全覆盖。

2. 集团实现对贫困户全覆盖

为集中打造全国最大、最绿色的土鸡养殖、加工基地，万寿谷集团在县委、县政府的支持下，引导有发展能力的贫困户，集中力量发展万寿谷土鸡、万寿谷东兰乌鸡养殖。

3. 利益连接机制对贫困户全覆盖

在养殖过程中，万寿谷集团注重千家万户分散的养殖户与集团建立紧密的利益连接机制，最大限度地降低市场风险对贫困户发展养殖业的风险，我们主要采取了以下三种模式。

（1）自养模式。具有发展能力的贫困户自己投资，自己养殖，县农投公司进行贴息补贴，自投资（贫困户、社会能人、合作社）+ 自养（贫困户、社会能人、合作社）+ 农投公司（政府贴息、水、电、路、鸡舍补助），养殖实际总收益按照 1:4:1 的比例分配。该模式带动凤山县 2,416 户贫困户、172 户非贫困户发展万寿谷土鸡养殖，带动东兰县 6,123 户贫困户、16 户非贫困户发展乌鸡养殖。

（2）仅出资代养。贫困户贷款投资、社会资金入股 + 委托他方代养（社会能人、合作社、万寿谷集团）+ 农投公司（政府贴息、水、电、路、鸡舍补助），养殖实际总收益按照 7:7:1 的比例分配。该模式带动凤山县 1,720 户贫困户、364 户非贫困户发展万寿谷土鸡养殖，带动东兰县 6,123 户贫困户、23 户非贫困户发展乌鸡养殖。

（3）贫困户全代养。部分既无资金，也无劳力的特殊农户，全部委托他方代养；农户（无劳力、无资金）+ 代养方（社会能人、合作社、万寿谷集团）+ 农投公司（政府出资、水、电、路、鸡舍补助），养殖实际总收益按照 5:5:5 的比例分配。该模式带动凤山县 163 户贫困户发展万寿谷土鸡养殖。

（三）扶贫成效

1. 贫困户脱贫数量。至今，万寿谷集团共与 10,740 户农户签订发放鸡苗合同，累计为 10,018 户发放鸡苗 600 万只；回收成品鸡 390 万只，现有存栏 210 万只；共支付劳务费用 6,850 万元，带动贫困人口脱贫数量超 3 万人。

2. 带动就业。万寿谷集团现有员工 1,054 人，投产后深加工厂、预混料厂将增加员工 570 人。凤山县组建 96 个养殖社区，由集团代养，预计每个社区增加 9 人，将增加管理人员 864 人。防疫员每个社区增加 1 人，总共增加 96 人。物流预计增加 192 人。体验店销售、主题餐厅人员 950 人。2018 年集团全产业链投产总共增加就业岗位 3,120 人。

3. 带动相关产业发展。以每一羽鸡要用 15 斤玉米及相关配料计算，2,000 万羽可用玉米及相关配料 15 万吨，核桃及中草药 7,500 吨，带动了相关产业的发展。

4. 三产销售解决社会就业。在北京、上海、武汉、长沙、天津、广州、深圳、东莞、珠海南宁等 19 个城市开了销售专柜和主题餐厅，现已为 1,600 多人提供就业，其中主题餐厅超过 50 家，就业人数 600 人；已经进驻商场销售专柜超过 800 家，促销人员 800 多人；其他市场营销人员 200 多人。

2018 年 6 月 -2019 年 6 月，计划进驻超市专柜超过 5,000 家，总共增加就业 5,500 人。其中直接增加就业近 5,000 人，冷链物流人员将带动社会就业 500 人。

5. 带动村集体经济发展。全县 98 个村均建设有养殖小区，平均每个村养殖小区年养殖 24 万羽鸡，其中村集体经济收入 1 元 / 只，每年收入 24 万元。同时每村投 50 万元入股生态饲料厂，按 8% 入股固定分红 4 万 / 年，每年村集体经济收入 28 万元。

6. 培育 460 个致富带头人。在全县范围内建设了 466 个养殖小区合作社，每个养殖小区的负责人就是致富带头人，同时，466 个合作社也是万寿谷集团的 466 个扶贫车间，解决社会就业超 1,300 人，总带动脱贫 9,000 多户，带动脱贫人数超过 3 万人。

7. 带动税收增长。2018 年 6 月 ~2019 年 6 月预计深加工肉鸡 2,000 万羽，按深加工投产后每一只鸡销售收入 100 元，预计这一期间将产生 8,000 万元税收。

通过对现有自然资源的利用和精准的产业扶贫模式，集团与农民建立了牢不可破的和谐关系，在合作的同时加强对农民的培训，提升当地农户的农产品安全生产意识和技能，通过这种方式建立的合作关系是牢固的、持久的，从根本上赋予了农民造血能力，真正达到扶贫的目的。

图 4 万寿谷生态食品加工园区——天下帝一大酒店

图 5 乌鸡原种场

（四）扶贫经验

1. 抓住扶贫机遇寻求企业发展是动力

万寿谷集团是一家民营企业，企业抓住脱贫攻坚历史性机遇，企业负责人敢于将自由资金投入到贫困地区产业扶贫，不仅建设了自己的优质原料基地，也为贫困农户带来了脱贫致富的产业。

2. 发挥当地资源优势选准产业是关键

凤山县、东兰县是国家级贫困县，但是贫困县有良好的生态环境，有肉质优良的土鸡种质资源，群众想通过发展产业实现脱贫的愿望强烈，选择发展土鸡生态养殖周期短、见效快，脱贫效果好。

3. 养殖加工销售全产业链融合是方法

发展农业产业扶贫，最大的风险就是种出来没人收购、养出来市场价格下跌。万寿谷集团一二三产深入融合，延长农业产业链条，创造出了“育种＋孵化＋育雏＋养殖＋屠宰初加工＋熟食、罐头深加工＋产业旅游＋冷链物流＋线上线下销售平台＋体验销售”的万寿谷鸡“全产业链融合发展模式”，解决了产业扶贫风险大的难题。

4. 绿色高质养殖全生态发展模式是保障

为提高产品质量，万寿谷集团创造出“生态饲料＋生态环境＋福利养殖＋营养研发＋功能功效”的绿色高质高效养殖模式，提高土鸡产品质量，在市场竞争中赢得了主动，打开了消费中高端市场。为解决养鸡产业与生态环境保护之间的矛盾，万寿谷发展“无害化养殖＋环保化生产＋生态化发展”，大力发展循环农业，走出了一条“全生态经济发展模式”，真正实现农村富、农业美。

5. 带领贫困户持续发展永久脱贫是目标

万寿谷集团把养殖基地建在贫困县贫困乡镇贫困村组，大力发展养殖小区，以网格化方式把贫困户纳入养殖小区，做实养殖技术培训功课，并与贫困农户建立了密切的利益连接机制，以企业发展壮大带动贫困户永久脱贫。

专家点评

广西万寿谷投资集团股份有限公司的土鸡养殖项目将地方特色产业发展和贫困农户减贫增收有机结合起来，充分考虑到不同农户自身发展能力的差异，发育出贫困户全代养，自养和出资代养等不同的到户扶贫机制，采取了提供资金扶持、技术指导、疫病防治、提供就业以及定向采购等多种服务形式解决贫困户从事养殖的各种风险，同时通过推动地方产业的发展，注重村集体经济的发育，让村集体能够成为为贫困户提供最基本保障的实体，这值得其他产业扶贫模式借鉴和学习。

——李小云　中国农业大学教授

第十三章　中国远洋海运集团有限公司

万亩茶苗成锦绣，千家茗品慰初心

中国远洋海运集团有限公司通过发掘安化县“黑茶之乡”的资源优势，因地制宜、科学规划，开展一系列黑茶产业扶持项目，推动安化黑茶产业不断发展升级，带动当地群众脱贫致富，实践了兴业与扶贫相结合的可持续发展道路。

（一）扶贫理念

中远海运慈善基金会系中远海运集团发起设立，秉持“创造价值、连接梦想”的社会责任理念，将善尽社会责任作为企业的价值观和文化根基，持续推进社会责任管理工作。

在实施安化黑茶产业扶持项目过程中，中远海运慈善基金会坚持“挖掘特色、因地制宜、振兴产业、务求长效”的理念，将精准扶贫与习近平生态文明思想、党中央关于乡村振兴战略的工作部署结合起来，牢牢抓住做大做强黑茶产业这个核心，围绕基地建设、品牌营销、文化培育、人才培养等重要环节，充分利用中远海运集团的资源优势，进行重点帮扶和指导，通过推动黑茶产业发展，带动当地群众致脱贫致富，取得了明显成效。

（二）扶贫历程

自2010年3月中远海运慈善基金会进驻安化县开展中直机关定点帮扶工作以来的八年间，中远海运慈善基金会已经在安化摸索出一套可供借鉴的精准扶贫模式。八年来，中远海运慈善基金会累计投入安化县帮扶资金3650余万元，其中茶产业发展帮扶资金达1500余万元，占帮扶总额的50%以上，重点实施了中国黑茶博物馆建设、茶园基地建设、茶业人才培训、茶产品茶文化宣传等多个项目，将“输血”扶贫变为“造血”扶贫，将“授人以鱼”变为“授人以渔”，为该县黑茶产业发展及百万人民的脱贫致富作出了巨大贡献。

2010年，根据国务院扶贫办的统一部署安排，中远海运慈善基金会正式进驻安化县开展定点扶贫工作，同时开展黑茶产业扶持项目。

2012年，在县产业扶持政策及中远海运慈善基金会帮扶带动下，全县茶园面积猛增至22万亩，茶叶产量在全国重点产茶县中排名第五位，茶产业综合产值突破50亿元，并在服务业领域大踏步前进。

2014年，安化县成为湖南省首个茶产业税收“亿元县”，连续七年跻身全国重点产茶县十强，全国综合排名第三，黑茶产量位列全国第一。

2015年，安化黑茶博物馆全面竣工，成为安化县乃至益阳市的地标性建筑，为全县打造“茶旅一体化”建设项目增添了亮点，创建了样板。

2016年，近400人通过成功举办茶艺师培训获得茶艺师证。组织举办了茶产业营销和管理、茶叶种植及加工技术等培训班16期，有力地带动了相关部门及职业学校的茶业人员培训发展，培育了一大批优秀的茶艺人才，使之成为传播安化黑茶文化、服务安化黑茶产业的主力军，有效拓宽了就业渠道，推动了劳动力的转移。

2017年，举办各类茶产业人员培训班，总参训达40余人次；投入70万元援建芙蓉山茶园基地、天茶村茶园基地2处，总面积达900余亩；与安化县委、县人民政府联合举办了“中远杯”安化黑茶茶艺大赛，来自全国各地行业协会的有关负责人、全国百佳茶馆、全国十佳特色茶馆的经理人、部分茶企业代表及媒体记者、国内外茶艺爱好者等1200余人观看了大赛决赛，新华社、中新社、中华合作时报、人民网、腾讯网、湖南日报、湖南卫视、凤凰网等多家媒体对该活动进行了报道和转载；中远海运集团党组副书记、副总经理孙家康带队到安化考察、指导定点扶贫工作。

2018年，中远海运集团党委书记、董事长许立荣带队到安化考察、指导扶贫工作。

（三）扶贫实践

安化县，地处湖南省中部偏北，雪峰山脉北段，资水中游。全县辖 23 个乡镇，总面积 4950 平方千米，人口 108 万，是国家扶贫开发工作重点县、武陵山片区区域发展与扶贫攻坚试点县，集山区、库区和革命老区于一体。贫困人口多、贫困面广、贫困程度深。雪峰山上的这方水土如何才能养活一方人？如何找到脱贫致富的“金点子”，这是中远海运慈善基金会日思夜想的重大课题。

“安化黑茶，世界只有中国有，中国只有湖南有，湖南只有安化有”。黑茶是安化最突出的特色产业，中远海运慈善基金会派驻当地的扶贫干部围绕黑茶产业发展创造性地开展了一系列的工作。

1. 茶园基地建设

为充分发挥资源优势，夯实产业发展基础，中远海运慈善基金会以加快茶园基地建设为着力点，积极发展生态茶园和休闲茶园，推动茶旅一体化，帮助贫困农民直接拓宽增收渠道，加快脱贫致富步伐。几年来，中远海运慈善基金会累计投入近 400 万元，援建安化县高标准茶园，建立了大树茶园基地、庆阳茶园基地、碧丹溪茶园基地等十处高标准苗圃基地，总面积达 2700 余亩。在中远慈善基金会的大力推动下，目前全县茶园基地总面积达 22 万亩，2015 年实现产量 5.6 万吨，综合产值 102 亿元，稳居全国产茶县十强，黑茶产量位列第一。

图 1 中国远洋运输集团总公司援建的茶园基地

2. 中国黑茶博物馆项目援建

安化是中国黑茶之乡，茶叶生产历史至今已有千余年，为全面展现安化黑茶乃至中国黑茶历史，搭建茶产业发展交流和文化保护平台，安化县委、县政府于 2009 年正式启动中国黑茶博物馆筹建工作。博物馆选址位于“万里茶路”的起点——安化县城东南面的黄沙坪古茶市，总建筑面积 6000 余平方米，总投资 3200 余万元，其中中远海运慈善基金会累计援助 800 万元。博物馆于 2015 年 9 月全面竣工，成为了安化县乃至益阳市的地标性建筑，为全县打造“茶旅一体化”建设项目增添了亮点，创建了样板。

图 2 中国黑茶博物馆开馆仪式

3. 茶艺师培训

为配合黑茶产业发展，解决当地农民就业问题，自 2010 年以来，中远海运慈善基金会累计投入 100 余万元，在当地举办各类茶产业人员免费培训班 14 期，聘请茶学专家、教授授课，为当地群众传授茶叶种植及加工技术，培养优秀茶艺师，并组织茶艺大赛，从中涌现出一大批优秀茶艺人才，成为传播黑茶文化、服务黑茶产业的生力军，有效拓宽了就业渠道，推动了劳动力向第三产业转移。

图 2 茶艺师培训班汇报表演暨结业典礼

4. 利用企业影响力帮助当地拓展黑茶销路

中远海运慈善基金会充分利用企业影响力和内部资源，包括博鳌亚洲论坛、中国海运年会等，积极为安化黑茶做宣传，拓宽当地黑茶的销售渠道，帮助当地茶农发家致富。

中远海运慈善基金会在对湖南安化对口扶贫中，充分贯彻习总书记提出的“既要金山银山，也要绿水青山”的绿色生态发展理念，依托安化县黑茶之乡的资源优势，因地制宜，确定了以推动安化黑茶产业升级带动当地群众脱贫致富的总体工作思路，开展了一系列黑茶产业扶持项目，实践了兴业与扶贫相结合的可持续发展道路。8 年来，累计投入黑茶产业帮扶资金 1500 余万元，有效推动了当地黑茶产业发展，为助推当地经济可持续发展、提升群众脱贫致富能力进行了有益探索，作出了良好示范。

（四）扶贫成效

通过中远海运慈善基金会八年来对安化不懈的坚守和帮扶，“中远海运”在安化已经成了一个温暖的符号。八年来，中远海运慈善基金会累计援建高标准茶园、苗圃基地 10 处，总面积达 2700 余亩，免费发放茶苗 3000 余万株，受惠贫困农户 1800 余户。其中 2016 年援建茶园基地 420 亩，惠及农户 300 余户。中远海运慈善基金会援建茶苗基地，其出产茶苗全部免费送给贫困农户发展茶园基地，实现产业脱贫、精准扶贫。在中远海运慈善基金会的大力推动下，当地农民和专业合作社发展茶园基地的热情高涨，几年来全县茶园基地以年均 20% 以上速度增加，到目前全县茶园基地总面积达 31 万余亩，2016 年实现产量 6.5 万吨，综合产值 125 亿元，稳居全国产茶县十强，黑茶产量位列第一。

通过开展茶产业茶文化人才培训，全县培养了一批有文化、懂技术、善营销、会服务的实用型人才，全面扩大安化黑茶的影响力，充分挖掘黑茶文化内涵，实现茶产业从数量型向效益型的转变，并有力地带动了农业、人社等相关部门及职业学校的茶艺师培训发展，一大批优秀的安化黑茶茶艺人才涌现出来，成为传播安化黑茶文化、服务安化黑茶产业的生力军，也有效拓宽了就业渠道，推动了劳动力向第三产业转移。

（五）扶贫经验

1. 精准“定”位，因地制宜，是贫困地区“转变”的关键引擎。安化县是著名茶乡，先有茶后有县，产茶历史悠久。唐朝即有文字记载，明清时期资江两岸呈现出“茶市斯为盛，人烟两岸稠”的繁华盛景。新中国成立前，湖南省茶叶管理总处就设在安化。新中国成立后，安化黑砖茶长期是国家定点生产的计划商品，茶园面积突破 25 万亩，“户户有茶园、村村有茶场、乡乡有茶厂”，茶叶收入是群众的主要收入来源之一。同时，这里气候温和，雨水充沛，土质肥沃且酸碱度适中，是我国得天独厚的宜茶区域之一。安化县委、县政府充分考虑实情，从众多的产业当中确定茶产业作为精准扶贫的主打产业，中远海运慈善基金会倾力扶持，围绕因地制宜发展特色茶产业，大力引进高素质人才投入到扶贫发展过程中，为茶产业发展奠定坚实的基础。

2. 合力“联”动，是贫困地区“转变”的前提保障。中远海运慈善基金会定点帮扶安化茶产业以来，在基础设施建设上，积极整合当地政府、交通、电力、水利、通信等部门的项目和资金，把效力发挥到最大化；在产业发展上，积极联合涉农部门，争取政策、项目、资金上的支持，为茶产业发展建立“绿色通道”；在人员培训上，争取农办、科协和专业人士的大力支持，为农民素质提升搞好全方位的服务；在扶贫宣传上，争取各级领导、社会名人、名流加大对扶贫工作的关注，为扶贫工作争取社会各个层面的更大支持。

3. 强化“带”动，是贫困地区“蝶变”的关键环节。 “强村背后有能人”。2010 年以来，在中远海运慈善基金会帮扶下，按照宜茶则茶的原则，统筹规划柘溪库区“百里茶湖”，资江两岸“百里茶廊”，芙蓉山脉万亩茶带，基地发展与贫困地区、贫困农户相对接，形成“大户连片发展、散户集中发展、企业自主发展”的良性发展模式；培育壮大龙头企业增强产业吸纳能力，加快茶产业转型升级。

4. 利益“联”结，是贫困地区“同变”的有效捷径。 鼓励农户采取以土地参股、出租、承包等多种方式，发展连片基地，探索建立起有效的“利益联结机制”，促进农村土地集中，提高产出效益。鼓励茶企自建基地，凡茶产业新招商项目，以自建基地达 500 亩以上为准入条件。各茶企与各重点茶农签订合同，企业通过提供种苗、技术指导，支持茶农发展基地，实行上门收购，设定保护价，实现企业与农户利益共享。

5. 授人以“渔”，是贫困地区“终变”的持续动力。 扶贫先扶志，有志则有智。茶产业要健康发展，离不开茶艺师的推动，茶艺师是茶文化的传播者、茶叶流通的“加速器”。中远海运慈善基金会自开展安化定点扶贫以来，以开展茶艺师培训等为切入点，以帮扶安化黑茶产业发展为重点，坚持产业扶贫、授人以“渔”的扶贫开发理念，把提高农村人口，特别是贫困人口的自我发展能力作为定点扶贫的关键所在，成功开辟出一条“扶贫先扶志、扶贫兴产业”的扶贫道路。当地群众一提到中远海运集团和中远海运慈善基金会的扶贫善举，无不交口称赞。

（六）相关方评价

中远海运集团在安化的黑茶产业扶贫项目，对于推动安化黑茶产业发展，带动群众脱贫致富，发挥了重要作用，受到地方党委机关、黑茶企业、茶农的高度赞赏。

（七）扶贫规划

未来的工作中，中远海运慈善基金会将继续深入贯彻落实习近平新时代中国特色社会主义思想，在中央及地方各级党委、政府的正确领导下，充分发挥自身业务、资源、人才优势，深入结合安化县经济、社会发展实际，着眼脱贫攻坚实际需要，配合地方党委、政府的统一规划，以助推黑茶产业的发展升级为重点，继续加大扶助与投入，推动安化产业不断做大做强。

1. 继续以有机茶园建设为重点，为安化黑茶全面提质升级夯实基础。

2. 加大对营销推广、电商等方面人才培养的支持力度，增强安化黑茶企业的市场营销能力。

3. 配合产业发展需求，加大对安化农村交通设施建设的支持，优化黑茶产业发展的交通环境。

4. 利用中远海运集团的业务渠道、资源优势，助推安化黑茶延伸业务范围，提升知名度。

专家点评

中远海运集团秉持“创造价值、连接梦想”的社会责任理念，坚持“挖掘特色、因地制宜、振兴产业、务求长效”的原则，牢牢抓住做大做强当地特色的黑茶产业这个核心，围绕茶园基地建设、黑茶博物馆援建、茶艺师培训等关键环节，充分利用中远海运集团的资源优势，帮助安化进行黑茶的品牌营销与黑茶文化的培育，探索了一条央企帮助贫困地区发展产业，通过产业脱贫的可持续发展新路。

——邓国胜 清华大学社会创新与乡村振兴研究中心主任

第十四章　沪江教育科技（上海）股份有限公司

互 + 计划，助力脱贫攻坚

“习近平总书记在中央网络安全和信息化领导小组第一次会议上就强调说，没有信息化就没有现代化。教育部部长陈宝生强调，从党的十九大开始，我国开启加快教育现代化建设教育强国的新征程，副部长杜占元也表示说，信息技术赋能教育是在规模化教育的前提下实现教育多样性、个性化的最重要、最有效的手段。接下来让我们跟随记者的镜头，到处于我国教育信息化前端的上海，去感受一下互联网时代的现代感。”

“眼前这一副副画作，小作者大多都是在偏远山区，那里师资力量匮乏，很多学校和教学点，只能为学生提供最基础的语文数学知识。让孩子画出美丽的作品，对艺术课程短缺的他们来说，一度是不可能完成的任务。而直到‘互 + 计划美丽乡村网络公益课程’出现，这种困境开始改变，大城市优质的艺术课，经过互联网传递，让这些山里娃们看到了山外的色彩，学习绘画技能。一根网线、一个摄像头、一台笔记本电脑，或者一个小小的手机就打通了整个世界。”

2018 年 9 月 14 日，中国教育电视台专题直播“奋进新时代 教育新华章”走进沪江互 + 计划，教育信息化 2.0 开启智能学习时代的新征程，通过教育信息化让同在蓝天下的孩子共享优质教育、通过知识改变命运，用互联网让教育更简单、更公平、更快乐。

图 1　中国教育电视台专题直播“奋进新时代 教育新华章”走进沪江互 + 计划

如何让每一个乡村孩子享受公平而有质量的教育？如何充分利用互联网共享优质教育资源实现城乡教育一体化？如何突破传统教育公益的模式，通过集合影响力整合社会资源，探索出大规模教育扶贫扶智的新模式？

（一）扶贫理念与措施

教育扶贫是阻断贫困代际传递的重要方式，扶贫先扶智，扶贫必扶智。改变传统公益扶贫单点对接模式，与企业共建社会责任、联合高校资源、携手社会公益力量，形成集合影响力，实现教育扶贫快速落地解决方案。在国家教育扶贫行动计划中，利用沪江 CCtalk、通过网络直播帮助乡村学校开齐开足课程，互 + 计划通过互联网探索出一条大规模、低成本、可持续、可复制的教育扶贫新模式，覆盖全国 5000 所学校，帮助 10 万教师、百万乡村孩子，用互联网让教育更简单、更公平、更快乐。

1.“互联网 + 教师教育”：立足教师培训，实现持续性的教师成长

针对乡村教师目前面临的问题，落实《乡村教师支持计划（2015~2020 年）》《教师教育振兴行动计划（2018~2022 年）》，借鉴国际上“集合影响力”的理念，呼吁教育部门及各机构相互配合，形成合力，联合发起乡村青年教师社会支持公益计划，通过“互联网 +”的方式助力乡村教育精准脱贫。采取网络研训的模式，通过持续性的教师培训提升教师教育理念及网络素养，让教师成为乡村变革的主体力量。

2.“互联网 + 双师课堂”：弥补师资缺乏，开展系统化的网络课堂

通过双师教学使优质课程资源进入乡村小规模学

校。为解决乡村小规模学校、教学点核心素养课程难以常态化开足开齐的问题，沪江互＋计划联合全国各教育公益单位发起“美丽乡村网络公益课程”，学校根据需要将网络大课表与本校课表融合，为村小多年没有解决的缺少课程、缺少教师、缺少资源的问题，提供了全新的解决方案。

3.“互联网＋精准扶贫”：致力教育扶贫，实践造血式的网络扶智

坚持“扶贫必扶智”，引导教育发达地区与薄弱地区通过信息化实现结对帮扶，以专递课堂、名师课堂、名校网络课堂等方式，实现“互联网＋”条件下的区域教育资源均衡配置机制，缩小区域、城乡、校际差距，缓解教育数字鸿沟问题，实现公平而有质量的教育。

（二）扶贫实践与历程

2015 年 10 月 28 日，沪江正式发起互＋计划。

2016 年 3 月，启动“美丽乡村”网络公益课程。

2016 年 7~12 月，与言爱基金会合作，开展全国思源实验学校教师大规模在线培训。

2016 年 11 月 18 日，互＋计划走上第三届世界互联网大会，发布互联网＋精准扶贫项目。

2016 年 11 月 29 日，互＋计划在中央网信办、国家发改委、国务院扶贫办联合江西省委、省政府共同举办的“全国网络扶贫工作现场推进会”上，与江西赣州宁都县、吉安市签约，为江西赣州地区乡村教师成长制定互联网培训计划。

2017 年 2 月，甘肃定西共享“阳光课堂”联盟成立，联盟内教师通过视频直播与其他学校分享资源，截至 2018 年 5 月，联盟内学校共计 28 所，覆盖 1,800 多位学生。

2017 年 9 月 ~2018 年 6 月，在教育部教师司的指导下，沪江互＋计划、北京师范大学、友成企业家扶贫基金会联合发起乡村青年教师社会支持公益计划，一年内共有 170 位名师教授累计授课 208 节，覆盖全国 19 个省级行政区域 71 个区县，3.4 万名乡村教师报名加入，课程累计参与人次逾 100 万。

2018 年 4 月，沪江互＋计划在中国证监会办公厅扶贫办、深圳证券交易所的指导下支持喀什地区麦盖提县与友成企业家扶贫基金会共同支持和田地区，4~6 月已成功开设 30 节国语双师直播课程与 8 次在线网络教研，共计 7,736 名学生，上千名教师直接受益。

2018 年 4 月 16~18 日，第十五届上海教育博览会专门设置 “互＋计划美丽乡村公益作品展”，2000 幅村小孩子的作品走进大上海，登上大舞台。

2018 年 5 月 5~7 日，第三届全国基础教育信息化应用展示交流活动上，甘肃、广西、河南等地展示本地区的互联网＋教育取得的成果。

2018 年 5 月，南疆国语双师课堂调研活动，走访喀什地区麦盖提县、和田地区和田市，通过座谈交流、学校走访、教师培训等形式提升国语双师教学效果，助力推普脱贫工作。

2018年5月28日，中国国际大数据产业博览会“精准扶贫”高端对话，开展网络扶贫：以大数据助推精准扶贫。沪江作为网信企业参与本届数博会精准扶贫论坛分享，并与三都水族自治县签约教育扶智。

2018 年 6~8 月，由凯迪拉克联合互＋计划、青椒计划共同发起“小狮子计划”，激励积极通过互联网改变乡村教育的优秀教师，以每年 700 万元的奖教金赋能乡村教师成长，来自全国 26 个省级行政区域、109 个区县的 1,400 名乡村教师获评首届小狮子奖。

2018 年 7~8 月，互＋计划暑期公益网络教师培训“兴成长计划”正式启动，兴全基金提供支持，助力乡村教师可持续成长。

2018 年 9 月，第二年青椒计划（乡村青年教师社会支持公益计划）在教育部教师司指导下正式启动，117 个区县的 1.4 万名工作三年内的乡村新教师参与系统的、专业的网络公益教师培训，其中黑龙江省教育

厅、吉林省电化教育馆以文件形式组织全省各区县整体参与。

2018年9月，在上海市对口支援新疆工作前方指挥部、上交所公益基金会的支持下，正式启动上海对口援疆四县（莎车、巴楚、叶城、泽普）网络扶智工作，四县整体推进加入国语双师课堂与青椒计划助力推普脱贫。

互+计划自2015年10月启动以来，已对接国内十多家优秀教育合作单位，每周20节网络公益课程进入村小课表，弥补了多年以来乡村学校没有艺术、科学等课程的困扰，改变传统教与学的方式，利用网络实现优质资源共建共享，助力国家教育“精准扶贫”，让大山里的孩子踮起脚尖看到外面的世界。两年多时间，连接起全国30个省份的5,000多所中小学，影响10万多名教师和100多万名学生。

1. 教育扶贫从硬件投入到软实力提升

提到扶贫，似乎总离不开投入多少钱。教育扶贫，在很多人印象中还是捐赠物资、提供奖学金、下乡支教等形式，在国家教育信息化20年的巨大投入之后，目前全国90%以上的学校通了网络，达到了班班通、校校通。如何充分发挥这些硬件设备的作用？如何帮助乡村学校的可持续发展呢？2016年3月起，互+计划通过每学期一张大课表，把优质课程资源通过网络直播的方式连接到乡村学校及偏远教学点，帮助村小教学点解决了开齐开足课程的难题，为村小可持续发展提供了有效保障，打破了学校地域、时空的界限，真正实现了优质教育资源的共享。

2. 教育扶贫从外部输血到自我造血

区别传统公益重资金、重物质投入的扶贫模式，互+计划教育扶贫方案带给当地教育的不仅仅是资源，更是思维方式、组织结构、交往方式的变化，从而激活当地的教育部门找到自己的内生动力，真正让教育扶贫从输血到造血，从而形成自己的可持续发展模式。

甘肃定西“阳光课堂”是中国乡村教育自发改革、创新的产物，它利用互联网技术和当地师资，通过双师课堂同步授课，形成“中心校+教学点”的辐射联动，逐步实现教育资源的自给自足，从而有效解决了长期困扰乡村小规模学校的教育资源不足问题，对于像甘肃这样教学点分散、教育资源分布不均衡的地区具有重要的借鉴意义。再一次充分证明了，互+计划模式可以大规模复制，并与当地教育部门的需求密切结合，充分激活教师内生动力，让教育扶贫从外部输血走向自我造血。

3. 扶贫模式从单向资源输出到集合影响力

为破解乡村教师成长的难题，2017年9月青椒计划启动以来，始终致力于以创新融合的机制，以开放、协作、共享的精神聚合政府、企业、社会的资源，为教育精准扶贫、青年教师成长、乡村教育底部攻坚提供大规模、低成本、高效能的解决方案。通过“互+计划”“青椒计划”的在线教育免费网络课程，为“人人皆学、处处能学、时时可学”的学习型社会创造了有利条件。连接社会资源、共享优质课程、关注教师成长、助力乡村教育发展，由于操作简单、参与门槛低、复制性强、具有极其典型的示范意义，已经成为互联网教育精准扶贫领域的独特模式，为2020年我国全面脱贫提供了极其有价值的教育扶贫解决方案。

（三）扶贫成效与经验

“互联网+教育”大平台的建成推动从教育专用资源向教育大资源的转变。城市优质资源共享、乡村创新模式共建，城乡教育发展的共同体的构建技术促进打破资源壁垒，社群赋能提升实践效果。互+计划正在支持中央网信办对接陕西佛坪、支持中国证监会对接新疆麦盖提县推普脱贫、支持工信部对接河北康保县等国家部委的教育扶贫工作，促进教育公平和均衡发展，推进网络条件下的精准扶智，服务国家脱贫攻坚的战略部署。

1. 区域教育优质均衡模式——分享与聚力，助推乡村教育弯道超车

一根网线，就能变换出无穷创造。互+计划与河南三门峡、甘肃定西等数十区域整体深度合作，为教师赋能、为学校聚力，见证了一个个各具特色的创新乡村

互联网教育案例的萌芽与生长。同时，互＋计划将经验模式总结分享给更多乡村学校，真正实现网络扶智、精准扶贫。互＋计划助力甘肃定西李家堡学区发起的共享“阳光课堂”联盟，发挥互联网优势，实现在线支教代替异地走教，教育资源在当地得到最大化延展。互＋计划推动乡村教育自发改革、创新，利用互联网实现资源共享、抱团发展，已逐渐得到教育部门与各界的关注和认可，未来大有可为。

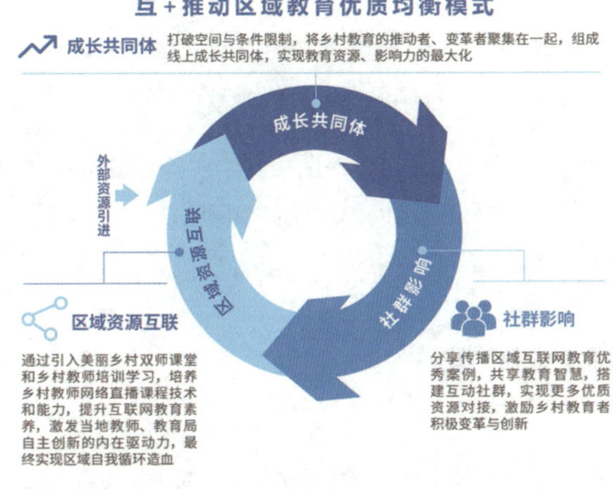

图 2 互＋推动区域教育优质均衡模式

2. 社群化学习——建立教师发展的生态支持系统

社群化学习建立了教师发展的生态支持系统，教师相互连接组成网络学习共同体，使跨界、跨地域的合作成为必然，为“人人皆学、处处能学、时时可学”的学习型社会的构建赋予可行性。通过表达、分享、传播，每一位教师都能够成为自媒体，使软件从传统远程教育的工具化属性改变为互联网学习的社群化属性，通过有温度的运营实现“用教育的技术链接教育的人”，培养教师网络学习习惯，让教师在虚拟的社群空间里找到共同成长的归属感，让乡村教师成为乡村教育的推动者、变革者。

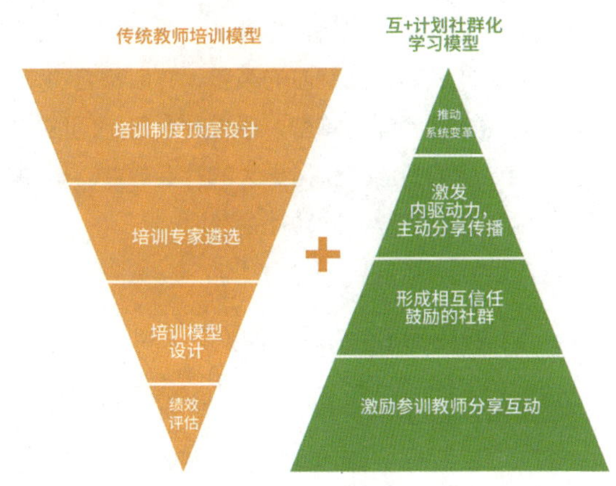

图 3 互＋计划社群化学习模型

3. 集合影响力——从教育公益到社会创新

互＋计划协力政府精准扶贫，以社会资源最大化高效能链接为核心动力，最终实现人的成长和自我实现，创新性地实践互联网支教新模式。互＋计划分别与华为、凯迪拉克、唯品会、招商银行、华润怡宝等拥有广泛社会信任的企业开展各种形式的乡村教育支持项目，以集合影响力共建企业社会责任，大规模、高效率、可持续地推进教育扶贫，从个人帮扶模式到社会帮扶模式，最终实现可持续发展。

图 4 互＋计划互联网＋教育新公益模式

互 + 计划正在实践的新公益，从以捐赠物资为导向的公益 1.0 时代转向以激活内驱力为导向的公益 2.0 时代，逐步完成从输血到造血的革新，并以集合影响力驱动教育公益向社会创新转型，通过社会各部门的协作与共享，用更少的资源去获得更大的社会效益，解决社会问题，赋能社会创新，推动社会善治。

4. 互 + 计划模式的创新优势

沪江创始人、董事长兼 CEO、互 + 计划发起人伏彩瑞谈到：“设立互 + 计划的初衷并不仅仅是为了提供教育资源，而是为了帮助对教育有需求的人，最终目的是帮助学生获取知识的同时，帮助老师得到成长。不断提升可持续的帮助塑造他人能力的建设。资源短缺、成本过高、地域跨越过广等难题正被逐步瓦解。CCtalk 作为一项有力举措，已经为偏远山区教育的起步赢得‘加速度’。这对我国实现东、中、西区域教育的起步腾飞，裨益明显。既为山区孩子打开了学习知识获取教育资源的大门，也为世界各地胸怀天下，孜孜不倦的伟大教师们开启了一扇窗。”

图 5 互 + 计划模式的创新优势

以互联网为核心的信息技术正在引发一场时代革命，深刻改变着各行各业人与人连接的方式，带来巨大的创新空间和潜能。互联网推动下的“新公益”正在涌现，共同特征是平台化，即将各种资源连接和整合起来，聚沙成塔，释放社会创新的巨大能量。互 + 计划孕育于专业互联网学习平台沪江，自创立伊始，互联网创新颠覆的属性就是其生命力所在。互 + 不断通过互联网 技术与思维，打破传统线性公益思路，改变过去“撒胡椒面式”的直接资助方式，转而以合作撬动杠杆，以“开放、平等、协作、 快速、分享”的精神聚合政府、企业和社会的资源，实现教育资源集装箱式的重组和整合利用，最大程度地发挥集合影响力。

（四）相关评价

1.2016 年

沪江“互 + 计划”荣获由《南方周末》颁发的“中国企业社会责任年度案例”奖。

2016 年 11 月，入选中共中央网络安全和信息化领导小组办公室《网信企业参与网络扶贫“双百”项目名单》。

2.2017 年

沪江“互 + 计划”荣获中央网信办网络社会工作局、工信部信息通信管理局指导，中国互联网协会颁发的“2017 中国互联网企业社会责任实践案例”奖。

沪江荣获网易教育金翼奖“2017 教育态度公益大奖”，沪江创始人、CEO 兼董事长伏彩瑞被评选为网易教育金翼奖“2017 年度教育行业突出贡献人物”。

3.2018 年

沪江“互 + 计划”荣获中央网信办指导、中国互联网发展基金会颁发的“2017 网络公益年度创新奖”，沪江荣获中国互联网协会颁发的“2016-2017 年度中国互联网公益奖”。

沪江荣获中国公益节颁发的“2017 年度公益践行奖”，沪江创始人、董事长兼 CEO 伏彩瑞获选“2017 年度公益人物奖”。

4. 重要报道

2016 年 6 月 8 日，CCTV-NEWS《 新 闻 一 小 时 》 以“Online Education: Making Education

Accessible to Rural Areas"为题，详细报道了沪江"互＋计划"给河南省兰考县程庄小学带来的改变。

2016 年 7 月 23 日，CCTV-NEWS《重建乡土中国》五集系列报道拉开序幕，首集《乡村微型学校联盟》详细报道了沪江"互＋计划"给四川广元微校联盟带来的改变。

2017 年 2 月 1~3 日，CGTN（中央电视台新国际传播机构）连续三天报道互＋计划在偏远地区的网络教育实践。

2017 年 11 月 14 日，河南省教育厅以《互＋计划河南行，现场会在卢氏召开》为题报道。

2017 年 12 月 28 日，中央电视台《新闻联播》以《甘肃：因地制宜补齐教育短板》为题，报道了甘肃省定西市李家堡学区运用互联网支教解决教育资源不均衡的创新实践。

2018 年 1 月 1 日，甘肃定西共享"阳光课堂"联盟被教育部官方刊文转发《人民日报》、央视新闻联播报道。

2018 年 3 月 7 日，甘肃省教育厅官网以《深入推进互＋计划，谱写教育扶贫新篇章》为题报道。

2018 年 3 月 26 日，浙江省教育厅教研室以《创新/浙江小学科学如何打造辐射全国乡村的网络直播课》报道小学科学网与互＋计划合作开设的科学鱼网校课程。

2018 年 4 月 26 日，中共麦盖提县委员会宣传部微信公众号——麦盖提零距离报道《麦盖提县双师课堂教师研训暨青椒计划启动》。

2018 年 5 月 2 日，新疆和田市教育局——和田市教育公众服务平台以《互＋双师课堂在新疆和田》连续四次报道互＋美丽乡村、青椒计划在和田的故事。

2018 年 8 月 25 日，青海玉树州委宣传部以《"互联网＋教育"让治多教育更美好》为题发文，这是治多县教师有史以来第一次全员参加网络培训。一张课表、一根网线、一台电脑，为全县缺少优质课程、缺少优秀师资、缺少优质资源等教育事业发展瓶颈问题提供了全新的解决方案，让治多教育更美好！

（五）扶贫愿景

2018 年 4 月，国务院办公厅印发了《关于全面加强乡村小规模学校和乡镇寄宿制学校建设的意见》（国办发〔2018〕27 号），对办好两类学校作出全面部署，在统筹布局规划、改善办学条件、加强师资建设、强化经费保障、提高育人水平等方面提出了具体举措。特别强调通过多种途径加强乡村学校教师队伍建设，利用"互联网＋教育"方式，帮助两类学校开足开齐开好国家课程，提高乡村学校教育水平。

互＋计划的模式将会为中国偏远乡村地区带来更多的益处。通过互联网为更多乡村学校链接优质教育资源，改变传统教与学的方式，为乡村教育赋能；通过青椒计划辐射更多乡村教师，实现乡村青年教师的持续性、系统性成长，更好地扎根乡村教育；为师范院校学生提供在线课程，加强职前教师信息化素养与能力提升，为小学全科教师培养提供更多资源；助力国家教育精准扶贫，发挥利用现有教育信息化优势，共建共享优质教育资源。

专家点评

能力建设是有效防止贫困发生和阻断贫困代际传递的重要途径，城乡之间、区域之间和不同人群之间在教育方面的基本公共服务获得上的不均衡是当前我国发展面临的重要问题之一，农村义务教育政策的实施已经在一定程度上解决了基础教育的量上的全覆盖，但是教育质量还是短板，沪江教育科技（上海）股份有限公司将互联网技术运用到优质教育资源的共享以及教师能力的提高上，这为促进贫困地区和贫困人群获得高质量教育提供了新的思路。

——李小云 中国农业大学教授

第十五章　京东集团

跑步鸡，让老乡在脱贫的路上跑起来

京东集团与国务院扶贫办签署《电商精准扶贫战略合作框架协议》，成立了以集团党委为领导核心，包括八大业务部门、七大区域公司在内的扶贫工作组，通过组织引领、技术赋能、精准营销、物流仓储、金融科技、公益支持等方面实现“互联网 +”精准扶贫落地，全力推动贫困地区产品上行。2016 年以来，京东在贫困地区实现销售额超 500 亿元。在商城首页开设“扶贫频道”，为贫困县在京东开设 188 个地方特产馆，招聘贫困地区员工 2.5 万人，为贫困地区干部群众提供电商培训 13 万余人次，推出了“跑步鸡”“游水鸭”“飞翔鸽”等互联网 + 金融 + 产业扶贫项目，带动 4.2 万贫困人口发展产业。京东物流大件和中小件网络已实现大陆行政区县 100% 覆盖，自营配送服务覆盖了全国 99% 的人口。搭建京东公益“物爱相连”平台，开展扶贫类物资募捐公益项目近 200 个，累计收到社会公众、爱心企业捐赠的物资近 200 万件。

京东扶贫跑步鸡项目是京东集团开展的创新型电商扶贫项目，京东金融京农贷为每个贫困户提供 4,500 元免息贷款，交由扶贫办提供的已建档立卡、征信记录良好的贫困户进行散养，科学记录每只鸡的自然生长周期，散养 160 天以上，达到 100 万步方可上市销售。结合智能监控、批量屠宰、加工运输等环节，为消费者提供绿色健康的跑步鸡食品，不仅帮助贫困户脱贫致富，也体现了京东社会责任与品质生活的企业理念。每只跑步鸡售价 128~188 元，贫困户饲养每只鸡可获利 30 元左右。扶贫跑步鸡作为武邑县贫困户参与度最高的项目，两年来已帮扶贫困户超千户。

（一）扶贫跑步鸡落地武邑县

京东一直致力于成为一家为社会创造最大价值的企业，早在 2003 年就开始扶贫工作。随着近几年党和国家对电商扶贫的重视，京东的电商扶贫工作也不断深入和持续拓展。2016 年 1 月，京东与国务院扶贫开发领导小组签署了战略合作协议，通过京东的平台优势和市场优势，携手共同探索电商精准扶贫。当时，距离北京仅仅二百来千米的河北省衡水市武邑县，还是有 12,000 多户贫困户、缺乏优势产业的国家级贫困县。京东在这样的贫困县落地扶贫跑步鸡项目，就是积极探索参与扶贫事业的重要举措之一。

武邑县地处河北省东南部、衡水市东北部，贫困人口多而且村落较为集中，在 2011 年被确认为新 10 年国家扶贫开发工作重点县，符合京东扶贫跑步鸡试点重点扶贫的要求。武邑县地区多山区丘陵，而且环境宜人，是天然、优质的太行柴鸡养殖基地，也符合扶贫跑步鸡高标准饲养的条件。

图 1　京东在武邑县的跑步鸡乐园

京东生鲜事业部最早承接着京东扶贫跑步鸡项目的落地，自成立之初，京东生鲜就一直尝试探索用散养的方式把健康安全又好吃的鸡肉送上城市人们的餐桌。同时，为了贯彻京东集团董事局主席兼首席执行官刘强东的意愿，京东生鲜承担着帮助武邑县脱贫，扶持更多的贫困户，让他们可以直接从与京东的合作中获得更多的利益的责任——京东生鲜每收回一只扶贫跑步鸡，相应的贫困户就将得到 30~40 元的扶贫资金补助。

经过与武邑县农工委、扶贫办的深入沟通，京东对扶贫跑步鸡的养殖方式不断持续优化：对于没有劳动能力的贫困户，鸡苗由合作社统一管理；有劳动能力的贫困户，在经过京东相关人员的培训后，在整修后符合标准的自家院落进行养殖。同时，京东、地方政府也会有长期派驻的专家，对贫困户进行及时的指导、帮助，并逐渐形成体系规模。

在合作过程中，武邑县政府不仅主动帮助京东协调养殖场地，还积极协调当地养殖经验丰富的专家与专业人员对合作社养殖进行指导，更积极组织协调贫困户进行扶贫项目宣讲，并对地方的一系列资源进行协调、统筹，提供了很多的政策扶持。

（二）鸡鸣响彻的贫困山村

在武邑县清凉店镇鲍贤兰村旁林地建设的散养基地“跑步鸡乐园”，规划占地 210 亩，里面的京东扶贫跑步鸡全部采用林下散养、定量运动的养殖模式，饲养的密度比普通散养鸡低 2~3 倍。京东的鸡苗，选择的是经过国家种禽认证的种鸡太行柴鸡，这种鸡带病基因少，好动、好飞，再加上长达 160 天的林地散养，使得其肉质紧实、营养丰富。

图 2 京东跑步鸡乐园中养殖的鸡

“跑步鸡乐园”里不仅有智能环境监测系统，还能 24 小时视频监控养殖情况。京东专门研发了以区块链技术为依托的产品质量追溯系统应用在扶贫跑步鸡项目上。每只扶贫跑步鸡，都佩戴防伪溯源脚环，并有唯一的身份识别信息，手机扫描溯源脚环的二维码，就可以立刻获得扶贫跑步鸡的资料。

2015 年 5 月开始，京东扶贫跑步鸡项目为试点的 5 户贫困户提供贷款，投入养殖 500 只扶贫跑步鸡，之后养殖的规模不断扩大。在 2018 年 3 月底，新一批共 5000 多只 60 天日龄的鸡苗们又投入新一轮的养殖中来。数量增加了的同时，跑步鸡们的待遇标准却没有丝毫降低。在满是林木的跑步鸡乐园里，跑步鸡们能够自由地在大自然原生态的环境里漫步、捕食。每天还有两餐含有钙、磷、钾等多种微量元素的原谷物食料，保证食料中不含任何抗生素。

图 3 京东跑步鸡贷款发放仪式

除了营养丰富的“正餐”以外，每周还会有西瓜、苹果等应季水果蔬菜“零食”，甚至鱼这样的“野味”，供跑步鸡们补充各种维生素。跑步鸡都是精心选择后的大公鸡，为此，跑步鸡乐园还特地配备了一定比例的母鸡，为鸡群谋“福利”。

随着越来越多的跑步鸡们进入到跑步鸡乐园中来，跑步鸡乐园的鸡舍、养殖区也在不断扩大。乐园第一期的养殖区共有 8 间鸡舍，每间鸡舍的面积为 84 平方米，新增加的二期养殖区共有 6 个鸡舍，每个鸡舍的面积增加到 400 平方米。

京东生鲜的扶贫跑步鸡团队在参观许多拥有动物福利的大型养殖企业之后，希望在下一步进行轮养的计划。未来，部分 400 平方米的鸡舍将被进行南北分区，第一批进驻的鸡苗统一在北边生活，等出栏后，第二批鸡苗在南边生活。新增的二期养殖区内，京东生鲜扶贫跑步鸡团队还尝试着喂养蛋用母鸡。现在场地扩大升级，也将尝试用多种养殖模式和养殖类型来提升产品品质。

跑步鸡乐园的扩建也是在当地政府的大力支持下促成的，在扶贫跑步鸡项目中，武邑县政府在一期、二期共投入了 200 多万元用于跑步鸡乐园的基础设施建设，还分别提供了共 200 亩左右的林地，以供养殖跑步鸡。武邑县林地资源丰富，平均一人拥有一亩林地。县政府承诺说，未来如果有必要，还会提供更多林地资源支持脱贫事业。

（三）让老乡在脱贫路上跑起来

“去年我在‘跑步鸡’项目认养了 100 只鸡，收入 3000 元。”武邑县王贤兰村贫困户王爱华，自武邑县扶贫办听说了有京东这样的大公司要在家门口开展扶贫跑步鸡项目后，毫不犹豫就提交了申请。

为了更好地管理和运营跑步鸡乐园，京东与武邑当地的电商运营团队成立了农产品专业合作社。王爱华的申请经过当地扶贫办确认信息并通过后，京东将通过京东金融针对贫困地区的“京农贷”业务为其提供 4500 元的免息贷款作为养殖基金。这笔钱将直接支付给合作社，用于购买鸡苗、饲料等生产资料，并在合作社运营的跑步鸡乐园进行养殖跑步鸡。直到养殖结束，京东生鲜将按照相应的标准支付给合作社养殖费用。

跑步鸡乐园就类似于托儿所，受托于那些缺乏劳动能力的贫困户。现在，合作社托管集中养殖了周边几百户贫困户认领的鸡苗，其中贫困户由扶贫办筛选，全部为建档立卡贫困户。合作社实行全程品质控制、全程用户监督、全程质量追溯的“三全”管理，鸡舍周周消毒，鸡群月月检疫，还配备专门的医护人员。合作社还专门为鸡群额外上了保险，以确保贫困户能切切实实拿到扶贫款。

跑步鸡乐园这样的寄养模式，也符合武邑县的实际情况。武邑县林地资源充足，有着适合林下养殖的客观条件，但是由于当地经济情况，年轻人都去外地上学、务工，实际在当地的劳动力仅仅为正常人口的 1/3 左右。扶贫跑步鸡作为武邑县贫困户参与度最高的项目，开展不到一年，就有 700 多户贫困户与京东签订了养殖合作协议，200 余户家庭计划签约。据统计，单一扶贫跑步鸡项目的参与农户比例约占全县贫困户的 10%。

除去提供常规性的扶贫补助之外，扶贫跑步鸡项目也尽可能地在整个项目的环节中更多地让贫困户可以参与，为贫困户开拓增收渠道。跑步鸡的鸡饲料和瓜果蔬菜都是优先采购贫困户自家地里种出来的，绿色天然。据去年年底的数据，光这项收入就达到户均 400 元。除了供应鸡饲料和瓜果蔬菜，有劳动能力的贫困户还可以到基地打扫鸡舍、干点零活，按天取酬。

图 4 养殖跑步鸡的贫困户

“一天大概 8 个小时，能挣个 50 块钱。”最初的养殖户王爱华早已通过扶贫跑步鸡项目脱贫了，但还是经常来到跑步鸡乐园工作，“现在政策这么好，贫困户应该动起来，通过劳动就一定能致富。”

（四）京东电商扶贫的有效实践

京东扶贫跑步鸡项目是中国脱贫攻坚过程中企业参与社会扶贫的典型案例，也是京东参与扶贫工作的有效实践。目前，京东扶贫跑步鸡的模式已经逐渐成熟。在“消费升级”的大背景下，消费者对扶贫跑步鸡这样高品质的产品有足够的接受度和认可度。京东正在考虑将扶贫跑步鸡项目在全国其他地方进行复制，从河北武邑县这一个点，拓展到全国更多的贫困县。当然，这种推广既要综合考虑当地的气候、地理环境和养殖条件等种种因素，也需要地方政府的大力支持、当地贫困户积极参与脱贫。

在扶贫这条道路上，在脱贫攻坚这场战斗中，京东希望把扶贫的事情做得更大。简单地说，就是让更多消费者能够吃得起扶贫产品，也愿意去购买扶贫产品。通过这样“消费扶贫”的方式，消费者表面品尝的可能是一只京东精心培育养殖的跑步鸡，深层却是对我国扶贫事业的一次身体力行的支持。

不仅仅是扶贫跑步鸡项目，京东同时正在开展“扶贫羊”“飞翔鸽”和“游水鸭”等海陆空全品类的互联网＋金融＋产业扶贫项目。目前扶贫跑步鸡项目还是处于投入期，规模的扩大就意味着成本有降低的可能。“游水鸭”“扶贫羊”等项目的启动也难免会有扶贫跑步鸡之前遇到的投入成本等顾虑，这些都尚在京东可以承受的范围内。

2018 年全国两会期间，全国政协委员、京东集团董事局主席兼首席执行官刘强东委员在提案中提出，扶贫工作需从农产品规模化生产、扶贫品牌培育、农产品物流设施建设、加大消费扶贫宣传四个方面进行提升。而京东扶贫跑步鸡项目，就是在这四个方面的有益实践。

第一，在规模化养殖方面，京东扶贫跑步鸡项目实现了“电商＋龙头企业/合作社＋产业＋农户”的产业化经营新模式，通过健全农产品生产标准体系、质量认证体系等，充分发挥农科院等技术力量在指导贫困地区农业生产、农产品改良育种等方面的作用，提高农产品质量。地方政府发挥统筹协调作用，推动土地资源集约利用，大力培育和发展农业龙头企业，充分调动电商等多种社会资源，形成能够满足市场需求、集约化、现代化的农业产业，提升农产品的规模效益和市场竞争力。

第二，在“扶贫品牌”培育方面，扶贫跑步鸡项目从金融、种养殖、加工、品牌包装、物流、营销推广、技术追溯等各个环节介入，打造绿色、安全农特产品规模化、标准化的品牌效应，并在全国更多地区推广复制。

第三，在物流基础设施建设方面，扶贫跑步鸡项目实现了“产地仓＋冷链专线”模式的统筹引导和政策支持，提升生鲜农产品销售品质和效益。

第四，在加大扶贫宣传方面，京东扶贫跑步鸡项目成为一个行业标杆，成为消费热点，吸引更多消费者积极参与支持绿色扶贫商品消费，带动了更多区域绿色特产的销售。

两年来，武邑县纳入扶贫跑步鸡项目的贫困户已超千户，每户都至少从跑步鸡上拿到了 3000 元纯收入。据了解，最新公布的一批贫困县脱贫名单里，武邑县已经可以摘帽。武邑县扶贫和农业开发办公室副主任韩新民评价道：“农民平时的种植劳作应对市场、抵御风险能力不足，京东这样的电商企业的介入，打开了农民对接市场的一扇窗。跑步鸡项目最大的成效在于带动超千户贫困户增加收入，顺利脱贫。京东跑步鸡项目覆盖到 1/10 的贫困户，是精准扶贫项目参与度最深的。”

专家点评

京东集团是我国电商扶贫的先行者，“跑步鸡”项目聚焦国家级贫困县，将脱贫攻坚与提供高品质的农产品主营业务相结合，充分发挥企业资金优势、渠道优势、业务优势，结合贫困地区禀赋优势和贫困群众脱贫需求，坚持政府主导、企业投入、贫困户参与，坚持集中养殖与分散养殖相结合，从知识培训、智能监控、批量屠宰，加工运输全方位加强管理，并拓展养鸡、供应鸡饲料和瓜果蔬菜、到基地干零活等多种增收渠道，助力农民增收。项目策划与实施检查先试点后推广，在“跑步鸡”项目不断发展优化的基础上，探索出“扶贫羊”“飞翔鸽”“游水鸭”等扶贫项目，从农产品规模化生产、扶贫品牌培育、农产品物流设施建设、加大消费扶贫宣传等方面，探索形成了京东特有的电商扶贫模式。

——汪杰　中国社会科学院企业社会责任研究中心副主任

第十六章　中国黄金集团有限公司

争创高原央企典范
全力打赢新常态下精准脱贫攻坚战

（一）公司简介

西藏华泰龙矿业开发有限公司（下简称华泰龙公司或公司）是中国黄金集团有限公司直属控股子公司，2007 年 12 月 9 日在西藏自治区注册成立，公司现有正式职工 1344 人，其中藏族员工 429 人。

矿区位于拉萨市墨竹工卡县甲玛乡境内（下简称甲玛项目），距拉萨市 68 公里，海拔 4000~5407 米，矿权面积 144 平方千米。2010 年 7 月 19 日甲玛项目一期工程（6000 吨 / 日）正式投产运行，2010 年 12 月 1 日甲玛项目在香港成功上市交易，截至 2017 年 12 月底，累计实现销售收入 54.35 亿元、利润 9.55 亿元，上缴税费 7.42 亿元，年纳税连续多年居西藏自治区矿山企业第 1 名，被誉为央企开发西藏矿业的政治名片和标杆。期间，荣获国家国土部、中组部、工信部、科技部、国资委等相关部委授予的多项荣誉称号。甲玛项目二期扩建工程被列入国家“十二五”有色金属规划及西藏自治区“十二五”重点建设项目，总投资 67 亿元，设计生产规模 4 万吨 / 日，单系列处理能力为 2 万吨 / 日，预计年产铜 6 万吨，金 1 吨，银 53 吨。今年有望实现达产达标，届时将有力地促进企业战略转型升级，为企业做强做大做优奠定坚实基础，为推动地方经济社会发展和长治久安发挥重要的支撑作用。

华泰龙公司自成立以来，着重于打造中国黄金的金色品牌，树立央企固边富民的典范。2011 年 5300 党支部被中组部授予“先进基层党组织”荣誉称号，成为引领企业发展的一个重要里程碑。2009 年甲玛项目被中国地质学会评为十大找矿成果之一，被国际矿业大会授予“中国矿业国际合作最佳开发奖”；2011 年入选国土资源部第一批“全国矿产资源开发整合先进矿山”；先后荣获中华全国“五一劳动奖状”和“全国工人先锋号”“全国民族团结进步活动创建示范企业”、“西藏自治区精准扶贫试点单位”等多种荣誉称号；被国务院国资委、中国社会科学院授予“企业社会责任示范基地”；荣获中国社会科学院社会责任“精准扶贫”奖，相关案例被写入 2016 年社会责任年鉴；荣获“公益中国 · 精准扶贫”板块优秀项目奖。

（二）扶贫理念

中国黄金进驻西藏从事矿业开发，积极贯彻落实党中央、国务院国资委、西藏自治区、市、县及集团公司关于精准扶贫、精准脱贫的新部署新要求，抢抓机遇，积极投身于农牧民的脱贫致富，成功走出了一条在民族边疆地区的发展之路。公司始终牢记中央企业的政治责任、党建责任、经济责任、社会责任，在甲玛矿区的项目建设、生产经营中，始终坚持政治引领、党建先行，积极承担“造福地方、和谐共建”，创新以基层党建引领在民族边疆地区扶贫工作开展，公司将利益与当地群众共享，成功打造了高原矿业扶贫模式“甲玛模式”，基层党组织在民族边疆地区的战斗力、凝聚力得到充分体现。

（三）扶贫历程

2009 年，公司投资 1900 万元收购甲玛乡原有松散无序的车队，垫资组织全乡全部 655 户 3850 名农牧民，入股共同成立甲玛工贸公司，全面承担矿山运输、绿化环保、劳务承包等业务，带动周边群众就业及创收。

2010 年，公司控股经营的甲玛工贸有限公司首次分红，甲玛乡 655 户老百姓现场兑现红利。

2011 年，公司积极响应自治区“强基惠民”号召，首批派出 12 名队员入驻日喀则地区江孜县三个驻村点，开展“强基础、惠民生”工作。

2012年，为推进藏区非物质文化遗产保护，为拉萨市举办雪顿节赞助200万元。

2013年，公司开展中层副职以上干部与周边农牧民结对认亲交朋友活动，实行“一对一”帮扶，推进精准扶贫。

2014年，投入民生项目24.72万元，为甲玛乡改善基础设施，实施农田灌溉及电力改造工程，支持当地农业发展。

2016年，公司出资13.8万元为江孜县贫困村宇卓村建设自动化蔬菜大棚，采用“立足农业，发展特种植业”的产业帮扶模式，帮助当地村民脱贫致富，使该村脱贫难度大、人口多的建档立卡贫困户当年实现摘帽脱贫。

（四）扶贫实践与成效

1. 完善扶贫机制，不断提供精准扶贫制度支撑

结合少数民族地区特殊性，公司建立了“四有”精准扶贫工作机制。一是有管理。历届公司党政领导都亲自抓、带头参加扶贫活动；二是有抓手。建立并完善了以5300党支部为抓手的群众工作网络体系；三是有机制。将扶贫工作纳入企业目标考核体系；四是有保障。每年投入大量专项资金开展扶贫帮困、改善当地生活条件等，现已累计投入资金达1.4亿元，切实带动当地百姓致富奔小康的步伐。

2. 完善扶贫组织机构，不断推进扶贫工作开展

公司建立了扶贫工作专项管理工作小组，制定各项相关制度、工作流程与管理标准，建立了工作管理体系与实践的长效机制。每年召开巩固精准扶贫成果助推脱贫攻坚项目研讨专题研究会议，对阶段性扶贫工作进程进行总结，并对下阶段任务进行安排部署。选派公司管理人员对扶贫项目开展进行专人专管，落实跟进，定期开展扶贫工作进展汇报会，公司各部门积极参与，全力配合，保障各项扶贫工作任务目标的顺利实现。

3. 拓宽扶贫途径，不断提升农牧民群众参与感

大力推行用工本地化，在解决周边群众就业的同时带动农牧民向产业工人的根本转变。公司现有职工1207人，其中藏族职工346人，约占职工总数的1/3，当地职工年平均收入达6.8万元，每户家庭有一人实现就业，全家实现脱贫。选送到东北大学进行培养的17名藏族青年学生、到中国黄金技校进行专业培训的130名藏族青年现已返回公司工作。随着公司的发展，越来越多的藏族青年从矿业开发的旁观者变为参与者、建设者，共享企业发展成果。

4. 创新扶贫模式，不断增强农牧民群众获得感

作为中央企业，公司按照中央固边富民的要求，认真履行央企社会责任，开创“企业＋地方＋农户”的三方共赢甲玛模式，入股成立甲玛工贸公司，尽最大努力带动当地群众致富，让世代耕种为生的农牧民群众成为企业工人和股东，开展的强基础、惠民生驻村工作扎根基层，为高原边疆藏区扶贫工作添砖加瓦，“甲玛模式”得到西藏自治区各级党委政府的充分肯定。

5. 全方位精准推进，不断助力扶贫工作开展

华泰龙公司在中国黄金集团公司的正确领导下，在自治区各级党委、政府的支持下，高举民族团结进步的旗帜，紧密结合矿山实际，注重地方经济建设，以“企业建设得发展、百姓群众得实惠、地方经济上台的”建设理念，打造各项精准扶贫项目，在和谐共建、民族团结、精准扶贫、企业文化建设等方面取得显著成效。

（1）精准扶贫、打造平台，带动农牧民群众致富奔小康

2009年12月末，华泰龙公司出资1900万元收购甲玛乡原有松散无序的车队，垫资组织全乡655户3850名农牧民，入股成立甲玛工贸有限公司，与公司开展工程、运输、绿化、环保、劳务、大棚种植等多领域合作。在发展主营运输业务外，积极拓展业务发展思路，采取多种经营方式，如在矿山石料丰富的地段设置

了碎石生产场地，仅此一项年利润可在 50 万元以上，并且很好地实现了矿山资源的综合利用，有效扭转了生产经营中的被动局面；为了更好地搭建农牧民群众致富平台，妥善安置当地富余劳动力，华泰龙公司帮助甲玛工贸公司对甲玛乡政府原有的 24 个蔬菜大棚分两期进行了重新改造，通过钢筋架棚、翻地晒土、疏松土壤、修复田垄，使本已荒芜的 12 个蔬菜大棚显现了新的生机，种植的蔬菜、花卉极为旺盛，12 个温室大棚每年可实现利润 10 万元以上，使藏族员工的经济收入实现了持续稳定增长。截至目前，甲玛乡农牧民群众已实现九次分红，金额达 1250 万元；甲玛工贸公司 52 名员工全部为藏族群众，人均月收入 5000 元以上，居西藏地区之首，创新了高原少数民族地区经济运行模式，得到自治区各级党委、政府的肯定和称赞。华泰龙公司打造的“企业建设得发展、地方经济上台阶、百姓群众得实惠”的三方共赢模式，得到了西藏自治区党委、政府的高度评价，并作为典型经验在高原地区广泛推广。这种依托产业、利益共享的产业扶贫模式，被西藏自治区党委政府称为“甲玛模式”，成为西藏地区央地一体发展、企地和谐共建的典范。

图 1 甲玛工贸公司接车仪式

图 2 甲玛工贸公司分红现场

（2）强基础、惠民生，积极响应西藏自治区党委号召

华泰龙公司 5300 党支部下属的驻村工作党小组，积极响应西藏自治区党委“创先争优强基础惠民生”活动的号召，于 2011 年 10 月派出 12 名队员组成 3 个驻村工作队，奔赴日喀则地区江孜县 3 个驻村点，在基层组织建设、农田灌溉工程修建、乡村治安维稳、引领群众致富等方面做了大量工作，通过建立农村书屋、进行新旧西藏对比图片展览、开展送药诊病等活动，以实实在在的行动赢得当地百姓的支持和称赞，被江孜县人民政府授予“2012 年、2013 年、2014 年先进驻村工作队”；2013~2014 年被日喀则地区评为“创先争优强基础惠民生”活动优秀组织单位；2015 年获自治区“先进驻村工作队”等荣誉称号。

图 3 公司 5300 党支部

华泰龙公司驻宇卓村工作队员通过系统全面了解社情、摸透村情、问准民需、找准方向，采用“立足农业，发展特种植业”的产业帮扶模式，帮助当地村民脱贫致富，由公司出资 13.8 万元，建设一座占地 200 平方米的自动化蔬菜大棚，并对种植户进行技术培训指导，使该村脱贫难度大、人口多的建档立卡贫困户当年实现摘帽脱贫。

图 4 宇卓村自动化蔬菜大棚

图 5 公司捐赠新校服

华泰龙公司驻村工作队所处地日喀则地区江孜县，3 个驻村点平均海拔均在 4000 米以上，高原缺氧，风沙雨雪，地处偏远，交通不便，是导致驻村地经济水平严重落后的主要问题。公司驻村工作队通过实地调研，在驻地开展以改善民生为主，产业帮扶为辅的扶贫模式，投入资金 6 万多元用于改善引水、供电，民屋、寺庙修缮，架桥铺路。投资 16.3 万元为卡堆乡宇卓村、日星乡吹美村购置青稞加工设备，并以村民入股的形式建立了青稞磨坊加工厂，还对设备操作人员进行培训，不仅方便了群众生活，还对外承揽加工业务，带动当地百姓增收创收。同时，充分发挥当地农民企业家的影响，积极在村子里选树、培养一批创业致富带头人。扶贫先扶智，公司在开展产业帮扶的同时，把对村民的扶智、扶志工作作为重点，坚持物资扶贫、精神扶贫同步走的方针，在驻村地开办村（居）文化素质夜校，提升村民文化素质水平，着力打造出有文化、有道德、有理想的新型农民。

图 6 公司投建的青稞磨坊加工厂

自 2011 年 11 月以来，华泰龙公司积极响应自治区“强基惠民”号召，先后派出七批工作队 84 余名队员入驻日喀则地区江孜县三个驻村点，在“强基础、惠民生”的同时，建蔬菜大棚、筹措羊毛加工厂，帮助驻地贫困群众脱贫致富，已累计投入各项资金 1464 万元。鉴于中国黄金驻村工作队的优异表现，2018 年西藏自治区将中国黄金驻村工作队驻地由江孜县调整到平均海拔 4500 米以上，更为艰苦、更需要帮扶的谢通门县，同时又新增墨竹工卡县扎西岗乡两个驻村工作点。

（3）和谐共建，造福地方，企业与地方共同发展繁荣

华泰龙公司始终遵照“和谐共建、造福地方”的指导思想，在综合利用开发西藏甲玛矿产资源的同时，高度重视资源开发与生态环保、民族宗教、社会发展、民族团结等关系，积极履行央企的社会责任。几年来累计投入资金达 1.2 亿元，通过修桥铺路、捐资助学、走访慰问等方式，帮助当地乡村改善教育、交通、基础设施建设帮扶。同时，带动本地化用工，为矿区周边的藏族同胞提供各种服务用工，促进当地农牧民增收，有效加快了农牧民群众致富奔小康的进程。结合少数民族地区特殊性，建立了有管理、有抓手、有制度、有保障的“四有”群众工作机制，以“脚印留在田野里，话语留在心窝里，身影留在院落里，口碑留在乡村里”为工作原则，深入田间村头，走家串户与藏族群众谈心、聊天、一起

干农活，倾听群众合理诉求。公司广大党员干部充分利用春节、藏历新年、雪顿节、“十一”国庆节、“六一”儿童节等节假日，积极开展“献爱心、送温暖”活动，把党和央企的关怀关爱送到藏族群众心中，致力于解决矿区周边群众最关心、最直接、最现实的问题，形成了企业与当地群众和谐共建新局面。

图 7 公司董事长、党委书记关士良下基层慰问藏族群众

（4）坚持用工本地化，搭建密切群众关系的桥梁和纽带

华泰龙公司紧紧围绕“共同团结奋斗、共同繁荣发展”的主题，大力推行“用工本地化”，积极解决周边农牧民子弟就业问题，企业现有员工 1143 人，其中少数民族员工 295 人，约占员工总数的 25.8%，是一个少数民族最为集中的中央企业。结合公司生产建设实际，建立临时用工机制，全面合理地雇用当地百姓。截至目前，公司雇用当地临时工人数 96384 人次，已支付人工工资 784.73 万元，促进了当地就业，较好地带动了当地农牧民群众致富奔小康，有效促进了甲玛矿区和谐稳定发展，赢得社会各界广泛好评。

图 8 公司招收当地农牧民子女就业岗前培训

（5）开展“一对一”帮扶，巩固企地和谐共建成果

近年来，华泰龙公司一直在积极践行中央企业责任，自 2011 年以来，公司中层副职以上干部及党员与周边村的农户建立了“一对一”帮扶，与地方群众手拉手、心连心、结对子、交朋友，真心实意为百姓解决困难，为他们寻找致富门路，出致富点子，带动周边群众致富，提高贫困家庭的致富力，让生活在雪域高原的藏族同胞最直接地感受到党的温暖及公司的关心、关怀和关爱。在管理人员的带动下，公司全体党员陆续参与到帮扶活动中，定期深入到帮扶对象家中进行走访，以实际行动帮助困难群众解决生活生产中的难题，把民族团结工作真正做到了实处，在当地百姓中引起了热烈的反响。

图 9 公司结对认亲交朋友仪式

（五）扶贫经验

1. 抓住核心，发展扶贫项目要与企业实体相辅相成

公司在开展精准扶贫工作中，结合生产经营，抓住核心项目，以企业需求点带动，从改善民生开始，提高精神文化教育帮扶，促进贫困人口就业，推进产业扶持，发展贫困村产业合作社等多种形式相结合，带动当地群众实现脱真贫、真脱贫。

2. 找准项目，以产业带动精准扶贫

公司在开展精准扶贫、精准脱贫工作的第一步，首先精准识别出扶贫对象，对当地发展经济情况进行系统排查摸底，建立专项管理档案，以驻村工作为抓手，深入村间走访巡查，了解致贫原因，制定专业性的方案，因地制宜，因人施策找准产业项目开展专项产业。甲玛工贸公司的项目，就是结合公司生产，带动周边发展致富的精准扶贫项目典型代表，已经成功带领了一批农牧名群众实现脱贫致富。

3. 跟踪落实，推进扶贫项目落地生根

公司在开展扶贫工作中，通过前期排查摸底，召开专题会议进行研讨部署，确保项目可行性，规划扶贫资金统筹及使用，确保项目经济效益及社会效益，抢抓机遇，积极投身农牧民的脱贫致富工作中，成功走出了一条在民族边疆地区共同发展之路，把当地藏族同胞从矿业开发的“旁观者”变为了“参与者”“建设者”。

（六）相关方评价

甲玛工贸公司要切实发挥桥梁和纽带作用，增强群众获得感和成就感，努力实现资源共有、成果共享、边疆共守。

——中国黄金集团公司董事长、党委书记 宋鑫

华泰龙公司作为中央企业，在履行和担当央企责任方面作出了许多积极的贡献，企地和谐，实现了成果共享、互惠双赢。

——西藏自治区党委副书记、政府主席 齐扎拉

华泰龙公司开展的三方共建、一对一帮扶、精准扶贫等工作措施有力、成效显著，充分彰显了中国黄金的政治意识和担当意识；甲玛工贸公司开创的“企业＋农户”的扶贫模式，其独特的管理运营方式实现了长期精准帮扶，有效地避免当地群众二次返贫。

——国务院国资委综合局副巡视员 王黎

华泰龙公司能很好地履行央企职责，在开发优势矿产资源的同时，创新性地开展精准扶贫工作，正确处理好项目建设与生产发展、社会稳定、民生改善、企地和谐等关系，打破常规，敞开门让当地百姓参与项目建设，把中央和自治区、市、县关于“精准扶贫”的要求落到实处；同时搭建甲玛工贸公司作为精准扶贫、共同富裕的平台，使当地农牧民从矿业开发的局外人变成参与者、建设者，共享企业发展成果，实现资源共有、成果共享、边疆共守。

——西藏自治区政协经济和人口资源环境委员主任
赤列多吉

华泰龙公司成立十年来，秉承中国黄金“建一座矿山，绿一片环境；扶一方经济，富一方百姓；促一方和谐，树一座丰碑”的宗旨，积极探索企业安全环保、和谐共建的创业之路，开创了“企业建设得发展、地方经济上台阶、百姓群众得实惠”三方共赢的“甲玛模式”。

——华泰龙公司党委书记、董事长 关士良

中国黄金驻村工作队各项工作做得很好，尤其是在帮助建档立卡贫困户寻找致富门路上，勇挑重担，主动作为，为驻村地群众做了件实实在在的好事。

——日喀则市委、市政府“强基惠民活动”
督导组组长 马录平

西藏华泰龙公司已成为墨竹工卡县乃至拉萨市、自治区的和谐共建典范，县乡政府将全力支持并做好服务，为群众增收致富和地方和谐稳定做出新贡献。

——墨竹工卡县政府副县长 龙刚

甲玛工贸公司将在县乡党委、政府及华泰龙公司的领导和支持下，巩固发展成果，积极拓展业务，坚决完成全年生产经营目标，为企地和谐稳定发展作出新的贡献。

——华泰龙公司工会主席、副总经理，甲玛工贸公司
董事长 鲁茸益新

自甲玛工贸成立以来，其运作和分红模式确实让老百姓得到了实惠，不但打造了和谐稳定的环境，更让老百姓走上了富裕道路，我们将会继续全力支持甲玛工贸公司的发展和建设。

——甲玛乡村民代表

致富不忘领路人，我会按华泰龙公司的夙愿，带领更多贫困群众致富。

——驻村工作点村民代表 普琼

（七）扶贫规划

西藏华泰龙公司将深入贯彻党的十九大精神，把扶贫工作作为重大政治任务来抓，切实增强责任感、使命感和紧迫感。在扶贫攻坚阶段，坚定不移地推进扶贫项目，围绕高原特色种植业、牦牛养殖加工业、乳制品深加工、设备租赁、运输、等产业，发展特色产业扶持，加大扶贫工作力度，创新扶贫工作方法，把扶贫开发工作推向一个新的阶段。坚守西藏自治区安全、环保、稳定三条红线，积极履行中央企业的政治责任、经济责任、社会责任和党建责任，促和谐，保稳定，谋发展，进一步开创扶贫工作的新局面，在推进农牧名增收上实现新突破，创造性地走好改善民生帮扶、产业帮扶、精神文明帮扶和推进就业帮扶的新路子、新举措，打造中央企业在雪域高原精准扶贫的亮丽名片，筑牢中央企业在雪域高原的矿业开发丰碑。

专家点评

中国黄金集团有限公司通过设立西藏华泰龙公司，将扶贫工作和企业发展紧密结合，积极参与西藏扶贫开发，在公司发展的同时，为西藏贫困地区脱贫攻坚作了积极贡献。通过加强领导，强化机制，完善扶贫组织机构，投入扶贫资金，驻村驻户帮扶等方式，坚定不移地推进扶贫项目，围绕高原特色种植业、牦牛养殖加工业、乳制品深加工、设备租赁、运输等，发展特色产业扶持，拓宽扶贫途径，创新扶贫工作方法，提升农牧民群众的参与感和获得感，得到当地政府和贫困群众的充分肯定。

——柯晓山 民政部社会组织管理局涉外办处长

第十七章 中国兵器装备集团有限公司

履行政治责任，坚持共享发展，打赢打好脱贫攻坚战

（一）公司简介

中国兵器装备集团有限公司是中央直接管理的国有重要骨干企业，是国防科技工业的核心力量，是国防建设和国民经济建设的战略性企业，是我国最具活力的军民结合特大型军工集团之一，肩负着“保军报国、强企富民”的神圣使命，其前身可以追溯到第五机械部、兵器工业部、国家机械工业委员会。

兵器装备集团正着力做大做强做优特种产业、汽车产业，重点发展输变电、装备制造、光电信息、金融服务四大产业，致力形成“2+4”先进军工和现代产业体系，主要经济指标居国防科技工业前列，连续11年荣获中央企业负责人经营业绩考核A级。

兵器装备集团现拥有长安汽车、长安工业、保变电气等50多家企业和研发机构，拥有特种产品、汽车、输变电、装备制造等板块，培育出了“长安汽车”等一批知名品牌。作为国防科技工业骨干力量，所产装备广泛服务于我国陆、海、空、火箭军及公安、武警等国家所有武装力量，对我国国防和安全起着重要的基础性和战略性作用。

近年来，兵器装备集团坚持稳中求进、提质增效的工作总基调，主动适应经济发展新常态，坚定不移走军民融合式发展道路，全面实施“发展领先、改革领先、党建领先”的领先发展战略，大力提升保军强军能力、创新能力、价值创造和可持续发展能力，着力构建一流的管理体制机制、培育一流的产业、形成一流的文化，到2020年初步建成世界一流军民结合型企业集团。

（二）扶贫理念

以习近平新时代中国特色社会主义思想为指导，全面贯彻落实党中央、国务院脱贫攻坚决策部署，围绕“坚决打赢打好脱贫攻坚战”，坚持精准扶贫精准脱贫基本方略，系统开展扶贫领域腐败和作风问题专项治理，促进各项扶贫举措落地，全力协助定点扶贫地区脱贫摘帽。

兵器装备集团始终高度重视脱贫攻坚工作，积极履行央企政治责任、社会责任，重点投向教育扶贫、产业扶贫、民生扶贫领域，注重扶贫先扶智，不断增强贫困人口自我发展能力，坚持扶贫必扶志，充分调动贫困地区群众的积极性和创造性。

（三）扶贫历程

自成立以来，兵器装备集团积极响应党中央号召，扎实推进扶贫工作，持续帮扶云南省泸西县，并在2013年按国家要求将云南省砚山县纳入帮扶对象；各企事业单位根据地方政府要求，真抓实干，结对帮扶重庆市彭水县、开州区，河北省阜平县，河南省洛阳县、淅川县，陕西省灞桥区，湖南省桃源县，四川省雅江县等10余个贫困县（区）。

2001~2018年，兵器装备集团累计投入社会责任帮扶资金达5.14亿元，其中定点扶贫资金4.55亿元。2016年以前，兵器装备集团累计向两县投入帮扶资金1,450万元。2016年开始，兵器装备集团进一步加大扶贫工作力度。2016~2017年，向定点扶贫地区投入10,085.6万元，启动实施57个扶贫项目，9,911户建档立卡户从中受益，另出资3亿元入股中央企业贫困地区产业投资基金。2018年，兵器装备集团将保持帮扶尺度不变、力度不减，向两县投入4,000万元，预计实施20个项目。

经过多方共同努力，截至2017年底，泸西县贫困发生率降低至1.16%，剩余1,110户4,019人未脱贫；砚山县贫困发生率降低至6.08%，剩余47个贫困村、

6,375 户、25,652 人未脱贫。预计泸西县、砚山县于2018 年申请脱贫摘帽。

（四）扶贫实践与成效

在扶贫实践探索中，兵器装备集团坚持开发式扶贫与综合性保障扶贫并重，结合自身产业特色、优势资源和定点扶贫地区的实际需求，重点投向教育、产业、民生等领域，打造了兵器装备集团特色扶贫模式。

1. 构建科学管理体系，确保脱贫攻坚质量

扶贫开发既是光荣的政治任务，又是一项攻坚难题。兵器装备集团坚持因地制宜、统筹规划、科学管理，保障扶贫工作沟通顺畅、布局合理、过程可控、成效明显。兵器装备集团在实践中不断完善定点扶贫工作管理体系、制度体系与监督体系，为精准扶贫工作提供科学性、系统性支撑。

（1）管理体系建设

在精准扶贫实践中，兵器装备集团逐步探索完善“围绕一个中心、贯彻一个方针、聚焦三个重点、注重三个结合”的定点扶贫“1133”工作思路以及从研究、计划、执行到检查、总结的“rPDCA”定点扶贫循环管理体系，不断增强定点扶贫工作的精准性、科学性、安全性和实效性，切实助推云南省泸西县、砚山县脱贫摘帽。

“1133”工作思路即：围绕“坚决打赢脱贫攻坚战”；贯彻实事求是、因地制宜、分类指导、精准扶贫的方针；聚焦深度贫困地区区域的贫困老年人、残疾人等群体因病致贫、返贫和住房安全工作；注重扶贫同扶志、扶智相结合，同集团产业特色相结合，同腐败和作风问题专项治理相结合。

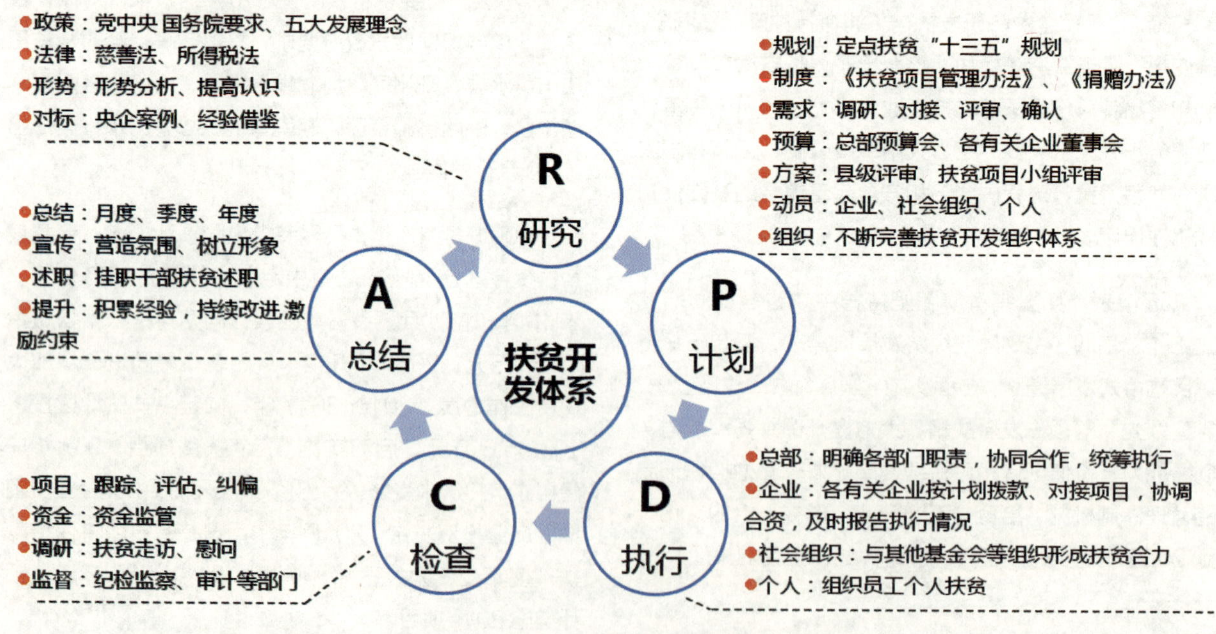

图 1 “rPDCA”定点扶贫循环管理体系

（2）制度体系建设

兵器装备集团先后印发完善了《定点扶贫“十三五”规划》《定点扶贫项目管理办法》等指导和规范性文件，不断规范项目启动、实施、监督、评估管理流程，明确与定点扶贫地区政府双方的职责，强化扶贫资金管理，健全兵器装备集团定点扶贫工作督促检查体系。

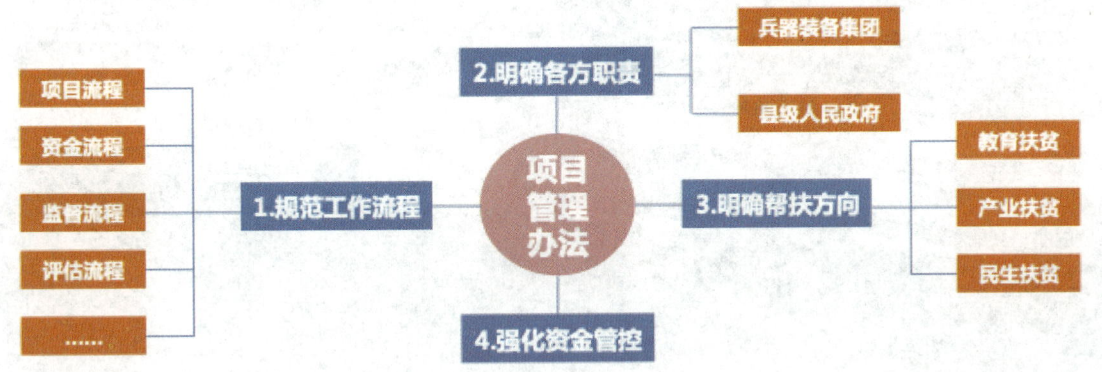

图 2 定点扶贫工作督促检查体系

（3）监督体系建设

兵器装备集团高度重视扶贫项目风险防控，在规范项目管理流程、强化过程管理基础上，搭建起“发挥集团总部督促检查职能、发挥挂职干部一线监督职能、发挥贫困地区主体监督职能”的三级监督体系，确保帮扶工作高效、廉洁、阳光。

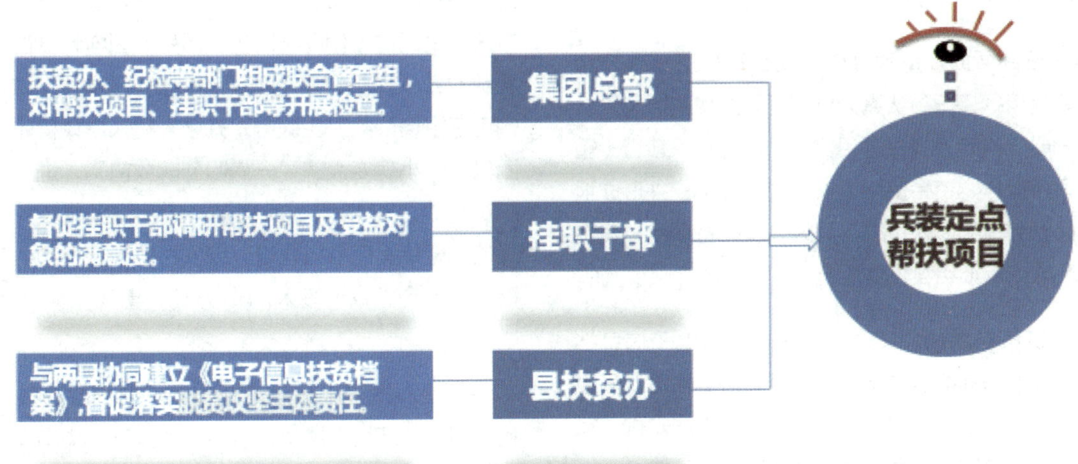

图 3 三级监督体系

图 4 兵器装备集团向两县捐赠长安汽车

集团总部层面： 按照精准扶贫、精准脱贫要求，兵器装备集团扶贫办、纪检监察部、审计与风险部、人力资源部等组成联合督查组，每年至少组织开展 1 次定点扶贫工作的专项监督检查，并向兵器装备集团党组报告监督检查情况，向定点扶贫地区县党委政府反馈问题和意见。

挂职干部层面： 每季度向集团公司报送扶贫资金管理和项目运行情况，认真分析问题，查找廉洁风险。每半年开展 1 次定点扶贫项目实施情况的专项检查（重点检查项目运作、资金使用、扶贫效果等），并形成报告，报兵器装备集团扶贫办。同时，及时将项目、资金的廉洁风险点反馈给县党委政府。

定点扶贫县层面： 及时完善扶贫项目电子信息档案，每季度报送兵器装备集团。兵器装备集团督促县级党委和政府承担脱贫攻坚主体责任，做好进度安排、项目落地、资金使用、人力调配、推进实施等工作。

2. 发挥自身优势，打响扶贫组合拳

（1）发挥产业优势，提升贫困地区发展能力

一是发挥汽车产业优势，积极响应乡村振兴战略。2016~2017 年，兵器装备集团合计向两县捐赠 119 辆长安汽车。其中，95 辆商务车用于精准帮扶建档立卡户。采用“政府 + 合作社 + 贫困户”模式，依据农业合作社的经营规模与效益，政府将捐赠车辆划拨给合作社，由合作社在产业发展资金、技术培训、生产资料支持等方面与贫困户（倾向于因病、因残、因学致贫群体）开展结对帮扶，提升贫困群众的自我发展能力。其余 24 辆用于乡镇公共卫生服务，开展入村入户体检，避免贫困群众“小病变大病，一病回到解放前”，进一步巩固脱贫成效。2018 年，兵器装备集团积极响应乡村振兴战略，聚焦美丽乡村建设，以农村垃圾治理和村容村貌提升为重点，预计投入 759 万元，惠及 5 镇 3 乡、71 个村委会。

二是发挥光电信息产业优势，助推改善教学质量和校园安全环境。成员单位河南中光学、华南光电等企业与砚山县 8 所学校在多媒体教学、校园安全监控等领域试点开展 396 万元的校企合作扶贫项目，持续提升中小学校的教学质量，保障定点扶贫地区教学基本安全，缩小与发达地区的素质教育差距，阻断贫困代际传递。

三是积极协调中央企业贫困地区产业投资基金向

定点县倾斜。在中草药开发、种养殖等方面，泸西县、砚山县具有得天独厚的地理条件优势和产业发展潜力。经调研、考察，兵器装备集团积极向产业投资基金推介康恩贝集团希康银杏发展有限公司等当地实力雄厚、管理规范的龙头企业，积极引入外部资金，壮大两县优势产业，增强扶贫地区脱贫攻坚实力和后劲。

四是因地制宜，着力培育具有发展前景的特色扶贫产业。兵器装备集团全力支持云南省高原特色农业发展，2016~2018 年，向两县产业扶贫领域投入 4,053.4 万元，采用“政府 + 企业 + 基地（产业）+ 贫困户”的扶贫模式，启动实施盘龙乡三七种植、八嘎乡蔬菜基地建设、阿舍乡高原苹果基地建设等 23 个产业扶贫项目，4,977 户建档立卡贫困户通过固定比例资金收益、土地流转收入、务工费等精准受益。

（2）发挥党建优势，助推乡村基层党组织建设

习近平总书记强调，越是进行脱贫攻坚战，越是要加强和改善党的领导。在扶贫过程中，兵器装备集团积极探索集团党组织和扶贫地区党组织间的联动、互动，努力将党建担当和脱贫攻坚拧成“一股绳”、铸成“一块铁”。2017 年，兵器装备集团从党费中划拨 40 万元支持泸西县和砚山县脱贫攻坚工作，主要用于两县基层党组织活动场所修缮、慰问困难党员等项目，切实加强贫困地区农村基层党组织建设，使其成为带领群众脱贫致富的坚强战斗堡垒。

（3）发挥人力优势，开展就业扶贫与消费扶贫

兵器装备集团注重扶贫一线干部的培养选拔，精心挑选素质过硬、责任心强、敢于吃苦的 2 名挂职扶贫干部和 1 名驻村第一书记派驻两个定点扶贫线，协助地方选好扶贫项目，找准资金投向，监督扶贫项目实施，成为兵器装备集团落实扶贫工作责任、加强与两县协商沟通的重要“桥梁”。同时，结合两县职业学校汽车相关专业发展需求，派出国内汽车领域的高级专家到两县技师学院进行授课，真真切切将兵器装备集团最优秀的“士兵”派往脱贫攻坚第一线。

兵器装备集团注重就业扶贫招聘，就业扶贫专场招聘将就业机会送到家门口，让学有专长的贫困生脱贫有路、报国有门，力争实现“一人就业，全家脱贫”目标，为精准扶贫、精准脱贫提供了一条可推广、可复制的解决思路。从 2013 年开始，兵器装备集团成员单位就开始组织就业扶贫工作，并根据学生的专业情况提供充足、对口的就业岗位，同时明确在同等条件下优先录用贫困学生。截至 2017 年底，兵器装备集团 18 家成员单位累计招聘 263 名贫困家庭学生。

图 5 中国兵装集团——云南技师学院泸西分院校园招聘宣讲会

兵器装备集团注重深度挖掘定点扶贫地区的特色和优势，结合近 20 万职工消费新需求，创造性推出了消费扶贫模式，受到了定点扶贫地区群众的欢迎，新华社、光明日报、云南日报等媒体进行了广泛报道。2016~2017 年，兵器装备集团动员 77 家成员单位开展消费扶贫，购买泸西特色高原水果近 564 吨，消费金额 520 万元，近 200 户贫困户从中受益。

图 6 兵器装备集团动员成员单位购买泸西特色高原水果

3. 聚焦教育扶贫，搭建教育扶贫体系

兵器装备集团坚持扶贫先扶智，力求阻断贫困代际传播，在扶贫实践中注重教育硬件建设与教师能力提升相结合，注重全面覆盖与个性帮扶相结合，注重前端培训教育与后端解决就业相结合，注重学生素质教育、青年职业教育和农民技能教育相结合，逐步搭建了全方

位、多层次的教育扶贫框架。

（1）以职业教育为抓手，突出技能帮扶

开展以技能培养和职业教育为主要方向的教育扶贫，是实现“一人就业、全家脱贫”的有效途径，是阻断贫困代际传递治本之策。兵器装备集团积极支持当地职业教育发展，开展订单式人才培养，致力于把贫困地区打造成技能人才输送基地、大国工匠孕育摇篮。2016~2017 年，结合汽车等主业需求，向两县投入职业教育扶贫资金 2,472.7 万元，用于援建云南省技师学院泸西分院、砚山分院汽车实训培训基地，打造一流的新能源汽车实训室、汽车维修、汽车美容等专业，实现教学与汽车服务行业的无缝对接。2016~2018 年，两县技师学院累计培养 2,300 多名汽车专业学生，向全国汽车行业输送了一大批高质量技能人才，职业教育项目成效逐渐凸显。

（2）积极支持两县基础教育，改善学生上学条件

自 2001 年开始，兵器装备集团在定点扶贫地区共建成 11 所希望小学，教学设施比肩城市学校。2016-2017 年，兵器装备集团出资 1,160 万元，用于资助两县贫困生，解决了 5,650 人次非义务教育阶段的贫困高中生、职业高中生、大学生的学费和生活费等问题，缓解了贫困学生上学难问题。

（3）积极培养新型职业化农民，提升群众自我发展能力

针对农民适应生产力发展和市场竞争的能力不足这一现状，兵器装备集团积极实施新型职业农民培育工程。2017 年，兵器装备集团出资 404 万元，用于电焊、烹饪、安保、花卉种植等培训，并为获得资格证书的贫困人口提供就业机会。积极发挥两县职教中心和技师学院的优势，大规模开展技能培训（培训 700 名常驻人口，其中建档立卡户占 50%，培训合格率不低于 90%），让想学技术的贫困户掌握技能，为贫困人口脱贫提供坚实保障。

（4）积极引进社会组织，探索合力扶贫新模式

与善小公益基金会合作开展养老护理专业教师培训（20 人）、乡村医生培训（30 人），进一步提升云南技师学院泸西分院养老护理专业教学水平以及乡村医生的公共卫生服务能力，增强对因病致贫人口的辅助保障力度。

（五）扶贫经验

1. 不断提高政治站位，强化政治担当

在精准扶贫实践中，兵器装备集团认真学习贯彻习近平扶贫思想，切实增强“四个意识”，全面落实党中央、国务院扶贫脱贫攻坚系列部署，坚持“六个精准”根本要求，按照“五个一批”实施路径，以解决“四个问题”为根本目的，在教育扶贫、产业扶贫、民生扶贫领域向定点扶贫地区投入帮扶资源，为决胜全面建成小康社会，夺取新时代中国特色社会主义伟大胜利而努力奋斗。

2. 持续完善扶贫管理体系，提高脱贫攻坚质量

定点扶贫工作是一项艰巨的、具有高度政治意义的社会责任工作，面临着时间紧、任务重、风险多、责任大等系列困境，担负着统筹规划、系统推进、资金筹措和监督、项目确认和全生命周期监督等工作，要全面完成精准扶贫、精准脱贫的历史使命必须不断完善定点扶贫制度体系，优化扶贫工作、制度，确保脱贫攻坚各项政策措施全面落实。

3. 全程参与项目监督管理，提高项目资金使用效益

兵器装备集团始终坚持与定点扶贫地区一起探索推进扶贫开发工作，立项阶段，组织专家组赴定点扶贫地区实地调研项目可行性，并对项目实施方案开展评审;项目推进过程中，通过扶贫项目电子信息档案，及时督

促、跟进项目进展。同时，适时组织监督力量，按照合法合规、效率效能标准对扶贫项目过程、成效进行监督、审计；项目结束后，定点扶贫地区县级人民政府组织汇编全套项目资料，报兵器装备集团审核备案。

4. 牵线搭桥，形成脱贫攻坚强大合力

兵器装备集团充分利用自身影响力，“牵线搭桥”，通过供需精准对接，与扶贫基金会、善小基金会、中央企业扶贫基金等致力于脱贫攻坚事业的各方力量广泛、深入合作，努力实现“第三方优势资源导入、扶贫地区特色资源导出”的扶贫资源流动双循环，逐步探索出“第三方——兵器装备集团——扶贫地区”合作扶贫新模式，形成了强大的扶贫合力。

5. 发挥各自优势，实现双赢发展

一方面，兵器装备集团发挥汽车、光电等产业优势，为两县定制个性化的公共卫生服务车辆、垃圾车、班班通等，提升两县产业发展能力、公共卫生服务能力以及基础教育质量，也为兵器装备集团产品树立责任品牌提供了途径。另一方面，兵器装备集团充分挖掘定点扶贫地区的特色资源，打造高原特色农业。同时，通过供需精准对接，推动消费扶贫。消费扶贫让馈赠方与受馈赠方互利，变单向的“输血”为双向互动的“造血”，实现了贫困地区群众和兵器装备集团职工家属的双赢。

（六）相关方评价

兵器装备集团2017年定点扶贫工作等次为“好”（最高等次）。

——国务院扶贫开发领导小组

要站在讲政治的高度对待扶贫工作，进一步提高认识、统一思想，将脱贫攻坚作为兵器装备集团重要工作抓实、抓好。

——兵器装备集团党组书记、董事长 徐平

真正实现一有两不愁三保障，实现稳定脱贫确实是长期的任务，不是直接给钱，所以兵器装备集团在扶贫领域主要考虑的是要稳定长效脱贫。

——兵器装备集团总经理、党组副书记 龚艳德

作为第一书记，一定要有对党的宗旨那种虔诚般的执着精神和对老百姓那种骨子里的爱民情怀。有没有爱民情怀，关键看乐意不乐意与老百姓打交道，愿不愿意做老百姓的工作。老百姓在我们心里的分量有多重，我们在老百姓心里的分量就有多重。

——兵器装备集团扶贫干部 邓比

感谢兵器装备集团的关心和关怀，今年我们将努力摘掉贫困户的帽子，不让大家失望。

——泸西县永宁乡永宁村贫困群众

专家点评

中国兵器集团高度重视脱贫攻坚工作，积极协助定点帮扶地区脱贫摘帽，制定科学合理的帮扶计划，构建“rPDCA”定点扶贫循环管理体系、督促检查体系、三级监督体系，确保了脱贫攻坚各项政策的落实。同时注重发挥中国兵器集团优势，围绕产业扶贫、党建扶贫、教育扶贫、社会扶贫等工作，强化脱贫攻坚职责，精准对接贫困地区的需求，实现了扶贫资源流动的双循环，增强了贫困地区的“造血”能力和贫困群众的自我发展能力，保障了贫困地区持续稳定脱贫。

——张琦 北京师范大学中国扶贫研究院院长

第十八章 中国平安保险(集团)股份有限公司

“三村工程”精准扶贫，共建美丽乡村

中国平安积极响应党中央的号召，充分利用自身资源和科技优势，积极落实总投入为100亿元的“三村建设工程”扶贫计划，面向“村官、村医、村教”三个方向，以“智慧扶贫”为核心，以“精准帮扶，创新举措”为原则，全方位、多维度、多层次地开展产业扶贫、健康扶贫、教育扶贫等精准扶贫工作，并相继推出“平安扶贫保”“平安百宝”“平安双师直播课堂”“三点半素质课堂”等多项创新性精准扶贫模式。截至2018年10月底，中国平安先后与内蒙古、江西、重庆、广西四省市政府完成“三村工程”扶贫战略合作签约，切实帮助农村贫困地区提高可持续发展能力，有效实现贫困县摘帽，助力全面建设小康社会。

(一)企业简介

中国平安保险(集团)股份有限公司(以下简称“中国平安”“公司”“集团”)于1988年诞生于深圳蛇口，在各级政府及监管部门、广大客户和社会各界的支持下，成长为我国三大综合金融集团之一，在《福布斯》“全球上市公司2000强”中名列第10位，居全球保险集团第一；在美国《财富》世界500强名列第29位，蝉联中国内地混合所有制企业第一。中国平安在香港联合交易所主板及上海证券交易所两地上市。截至2017年年底，集团总市值在全球金融集团中排名第6位，全球保险集团市值、品牌第一。

中国平安致力于成为国际领先的科技型个人金融生活服务集团，坚持“科技引领金融，金融服务生活”的理念，以深化“金融＋科技”、探索“金融＋生态”为发展模式，聚焦“大金融资产”和“大医疗健康”两大产业，并深度应用于“金融服务、医疗健康、汽车服务、房产金融、城市服务”五大生态圈，为客户创造“专业，让生活更简单”的品牌体验，获得持续的利润增长，向股东提供长期稳定的价值回报。

中国平安秉承“专业创造价值”的文化理念，在为股东、员工、客户创造价值的同时，积极履行企业的社会责任，追求与各利益相关方的合作双赢。中国平安连续十六年获评“中国最受尊敬企业”称号，连续十年荣获“最具责任感企业”赞誉。

(二)扶贫理念

2018年，是中国平安成立30周年，也是我国脱贫攻坚战的关键一年。长久以来，“三农”问题一直是党和国家政府工作的重中之重。党的十九大明确提出要深入开展脱贫攻坚工作，注重扶贫同扶志、扶智相结合，在贫有所助、病有所医、学有所教等民生领域不断取得进展。党和国家亦提出了明确的目标，到2020年，确保我国现行标准下农村贫困人口实现脱贫，贫困县全部摘帽。中国平安积极响应党中央的号召，充分利用自身资源和科技优势，正式启动总投入为100亿元的“三村建设工程”，面向“村官、村医、村教”三个方向，以“智慧扶贫”为核心，实施产业扶贫、健康扶贫、教育扶贫。

(三)扶贫实践

1. “三村建设工程”精准扶贫

“三村建设工程”总目标可归纳为6个1的“百千万”计划，总投入100亿元，提供1000亿元产业扶贫贷款，升级1000家村卫，培训10000名村医，升级1000所学校，培训10000名村教，旨在帮助农村“贫有所助”“病有所医”“学有所教”。

“村官”工程将在全国各个贫困地区开展产业建设，提供1000亿元产业扶贫贷款，将“输血”扶贫转变为“造血”扶贫，实现脱贫致富。

“村医”工程从村卫升级、村医帮扶、远程问诊、健康检测及健康管理档案五个方面开展工作，改善基层诊所，提升村医水平，致力于提升贫困地区医疗服务水平，提高贫困地区农民健康水平。

“村教”工程从学校升级、校长培训、教师培训、支教行动四个方面开展工作，改善村小教学条件，提升师资水平，充分动员社会公益力量，致力于提升贫困地区教育水平。

2. 扶贫模式

（1）产业扶贫：核心企业产业链贷款，以资金、保险、科技提供全方位保障。中国平安提供起步支持、技术支持、金融支持、包收支持服务，并通过“水电贷、养殖贷、种植贷、扶贫债、扶贫商城”等模式，建立“金融＋产业”“科技＋农险”的扶贫机制。平安为养殖种植技术提供技术指导与帮助，提供优惠贷款、农作物保险等金融服务，制定农业畜牧业作物产出包收制度，事前撬动“免息免担保”扶贫资金；事中运用“科技＋农险”提供风险保障；事后借助互联网电商平台，助力销售。

（2）健康扶贫：村医“4+1”项目升级1000个村卫，帮助10000名医生提升技能，搭建会诊转诊平台，为广大村民提供健康档案。

①“村卫帮扶”“辅助诊疗”加强贫困地区村卫生室能力建设。针对贫困村村卫医疗条件落后的问题，平安向村卫捐赠检测一体机，并指导村医安装使用检测一体机，可进行血压、心电、尿常规、血糖等多种常规健康数据监测。平安好医生村医版APP，是平安集团精准扶贫“三村”项目中，服务村医的移动端应用，为广大村医和基层医务工作者提供医疗资源和科技赋能。该APP可为村医提供医疗知识培训及在线问诊意见，做好慢病管理，并可通过该APP进行大医院线上挂号。两者相结合，通过线下检测＋线上辅助的智能联动，加强村卫能力建设，提高村医初诊判断准确率。

②“村医培训”，帮助村医提升专业医疗素养。针对村医知识水平不足、培训渠道少、组织困难等问题，平安通过“两条腿走路”方式来精准帮助村医提高专业素养。平安与各省市政府积极沟通，组织村医参加集中培训，邀请具有长期基层医疗单位工作经验的医生为村医讲解基础体检检测报告、解读当地常见传染病和慢性病防治等具备实用价值的基础课程。同时，专门为村医开发了村医版APP，该APP为村医提供线上培训、智能辅助诊疗、专家医生在线结对帮扶等功能，让村医在结束线下培训后也能不断提升自身医疗水平。

③“健康体检”，加强慢性病、常见病筛查预防。针对贫困村居民健康防范意识不足的问题，平安将投入移动检测车并组织名医专家，深入贫困地区，在贫困一线开展居民体检义诊活动，通过创新的云端数据平台，实时上传体检报告至后方数据中心，配合专家医生现场义诊，实现线上线下现场同步解读，第一时间为居民进行健康风险警示，并在发现重大疾病后反馈当地卫生部门尽早介入治疗。

④健康档案。针对贫困村居民健康信息分散、缺乏系统追踪问题，平安将通过科技赋能，整合检测一体机、移动检测和名医义诊过程中产生的个人健康信息，为每名村民建立专属的健康档案，并同步在村医APP平台，方便村医掌握村民历史健康档案，提升后续诊疗效率。

（3）教育扶贫：开创并推广“4+1”平安智慧小学建设综合行动，包括学校援建、校长培训、师资强化和支教行动四大行动，以及搭建智慧教学平台“三村晖”APP。

①学校升级。硬件上，为智慧小学搭建同频互动直播平台；软件上，搭建智慧平台“三村晖”，向师生们提供“双师课堂”和“素质课堂”，用远程方式连接城市名师资源到乡村学校。

②校长培训。安排村小校长赴省城参加专题培训，每年两次进行培训，由省会名校名师授课，培训内容包括业务学习、名校交流、技能提升、参观等，顺利结训的村小校长，可获得“校长研修班资格证书”。

③教师培训。分为“线上培训”和“线下实习”两大板块。线上依托“三村晖”APP，邀请名校名师为村小教师提供远程授课培训，打造名师课堂。除此之外，还打造“三村晖”免费教育资源共享平台，提供海量优质教师教案、课件，提升乡村教师多媒体教学能力，为教师减负。根据线上培训学习情况，每年组织一次村小教师到省会名校交流学习，每校1人，为期两周，实

习内容包括旁听名师授课及亲自参与教学。

④**支教行动**。线上开展“三点半课堂”，调动名校名师资源，依托“三村晖”APP，由区内外名校名师录制优质“音体美”副课课堂，由村小学校老师组织感兴趣的学生，开展每周一至周五“三点半”课后录播课堂，提供素质教育课程（阅读、心理、美术、音乐等）。线下调动社会力量，重点挖掘退休中小学教师、师范院校大学生、社会公开招募志愿者，开展以学期为周期的长期驻村支教，以及由中国平安统一组织，公开接受报名，每年9月至10月，组织多批次，每批次6人的志愿者队伍下乡支教，时间不超过一周的短期支教。

⑤**智慧教学平台——三村晖APP**。三村晖APP平台提供直播课堂和精品课程，可供乡村学生和老师观看学习，同时鼓励全国名校名师、村小教师共享上传教案，以直播或录播课程提供线上教师培训，建设教师线上交流分享平台，打造线上教育公益平台，提供多层次公益参与渠道。

（四）扶贫成效

截至2018年11月初，中国平安先后与内蒙古、江西、重庆、广西四省市政府完成“三村工程”扶贫战略合作签约，另有云南、海南、新疆、河南、宁夏、河北、西藏、甘肃、贵州9个省区正在筹备签约。

1. 产业扶贫：打造广西扶贫样板省份，完善“平安扶贫保”模式

产业扶贫层面，截至2018年10月底，村官项目累计发放扶贫贷款27.22亿元，其中，产业扶贫贷款5.12亿元，直接挂钩贫困户逾万人；支持地方政府扶贫债22.1亿元，惠及广西、云南、贵州三省份63个贫困县的数百万名建档立卡贫困户。

2018年上半年，平安银行重点打造了广西壮族自治区“村官工程”扶贫样板省份，通过“水电贷、养殖贷、种植贷、扶贫债、扶贫商城”等模式，初步建立起了“金融＋产业”的扶贫机制，半年累计发放扶贫贷款22.69亿元，包括投资广西区20亿元扶贫政府债，通过核心企业产业扶贫贷款，精准帮扶贫困人口就业增收，产业扶贫贷款直接帮扶广西区2300余贫困人口，通过投资扶贫政府债惠及上百万贫困户。

此外，平安产险积极探索，打造国内首个全产业链保险深度介入的造血扶贫“平安扶贫保”模式，通过事前撬动“免息免担保”扶贫资金、事中运用“科技＋农险”提供风险保障、事后借助互联网电商平台，助力销售。

截至2018年8月，“平安扶贫保”模式已在全国多地区推广复制，陆续覆盖贵州、内蒙古、云南、河南、湖北、甘肃等多个贫困地区，撬动扶贫贷款1.03亿元，联结贫困户近万人。在贵州台江首笔落地贷款后，已收获香菇102.5吨，为联结贫困户累计增收18.78万；同时，打造“互联网＋扶贫”协销扶贫新模式，累计销售量已超过两千件。

案例

平安产险“扶贫保”产业扶贫模式已在全国6个省市复制推广，各项产业扶贫项目总计带动贷款超过1亿元，共联结超过4000名贫困户。截至2018年8月，在贵州台江落地的首个食用菌项目已收获两批菌菇，直接挂钩的贫困农民已获得首批分红收入超过3000元。

图1 平安产险“扶贫保”产业扶贫模式在贵州台江落地的首个食用菌项目已帮助农户获得首批分红

案例

2018 年 7 月 25 日，平安人寿与内蒙古自治区乌兰察布市签订精准扶贫协议，首期已发放 3300 万元扶贫贷款，重点扶持乌兰察布市燕麦种植以及奶牛养殖两大地域优势产业，降低贫困人口融资门槛。通过落地“平安扶贫保”，乌兰察布阴山优麦项目已明确挂钩 1087 户建档立卡贫困户，订单种植面积约 2 万亩，预计可为挂钩贫困户带来 408 万元增收，户均增收约 3700 元。

图 2 乌兰察布副市长郭菁、平安集团副董事长孙建一一行考察村医项目为村卫生室配备的医视平台设备

图 3 由扶贫农产品组成的“平安中秋扶贫礼盒”在平安壹钱包上线销售

案例

2018 年 9 月 26 日，平安银行向云南某水电公司发放 1.3 亿元产业扶贫贷款，用于国家重点扶贫的昭通、版纳地区水电站建设运营，还与企业一起支持昭通大关县发展羊肚菌种植产业，并为 149 户特困户提供安全温暖过冬经费，政银企联手，助力国家级贫困县——昭通大关县精准脱贫。

图 4 恒安电力工程有限公司与平安集团签约仪式合影

2. 健康扶贫：开展“4+1”智慧医疗综合行动

健康扶贫层面，村医项目在全国开展“4+1”智慧医疗综合行动，全面启动“村卫升级”“村医帮扶”“远程问诊”“健康检测”四大医疗服务升级行动，以及为村民建立“健康管理档案”的专项行动，面向村卫、村医、村民三个层面，实施立体化的健康扶贫工程，切实改善贫困地区基础医疗环境。

截至 2018 年 10 月 16 日，集团已向广西、江西、内蒙古、重庆四省市政府捐赠了 300 余台设备用以实施“村卫帮扶”“辅助诊疗”项目，切实改善贫困村卫的硬件设施；年底前还将完成剩余 250 台设备捐赠。“健康体检”项目已完成 38 场健康检查及专家义诊，共覆盖广西、江西的 3 个县和 45 个贫困村，累计完成

5551 人次健康检查、2173 人次义诊，预计 2018 年度共将开展 105 场活动。义诊中共检出肿瘤标记呈阳性患者 540 人，肺结节与肺部占位患者 259 人，肝肾疾病患者 153 人，血液疾病患者 34 人，目前已及时反馈当地卫生部门，同时提供了后续就医指导和建议。

截至 2018 年 11 月，面向村卫，集团在全国范围升级了 116 所样板乡村卫生室，至 2018 年底，预计完成 330 所乡村卫生室升级。

面向村医，平安专门研发、上线村医 APP，智能问诊辅助村医日常诊疗、名医导师在线协助解决疑难问题；同时，联合各地政府及中国志愿医师协会为乡村医师开展医疗知识培训课程，目前已在全国范围内完成了 3325 余名村医的培训工作，帮助乡村医生提升专业能力，提前完成 2018 年总计将完成 3300 名村医培训的年度目标。

面向村民，平安在广西百色、江西瑞金两地开展移动检测车义诊下乡，组织 12 场健康检测和名医义诊活动，惠及 16 个乡村 3300 余贫困地区居民。健康检测过程中，共检查出肿瘤标记呈阳性的 115 人、肺结节与肺部占位 84 人、肝肾疾病的 49 人，并已将相关情况反馈当地卫生部门并提供了相关就医指导建议，帮助村民早发现、早治疗，降低因病致贫、因病返贫的风险。

此外，平安向广西百色市易地扶贫搬迁项目——“深圳小镇”项目无偿捐赠 500 万元用于社区医院建设、向内蒙古“光明行”项目无偿捐赠 450 万元用于建档立卡贫困户白内障手术，联动当地政府和卫生医疗组织，实施精准扶贫。

案例

广西百色市田东县平略村村医韦医生从事村医工作已有 20 年，没有得到正规及系统的专业知识培训，平安好医生望亭松院长在好医生村医版 APP 上与他结成帮扶对子，在线上随时随地进行专业指导，帮助其逐渐提升专业医疗技能，必要时进行远程会诊，为村民提供更全面的问诊服务。

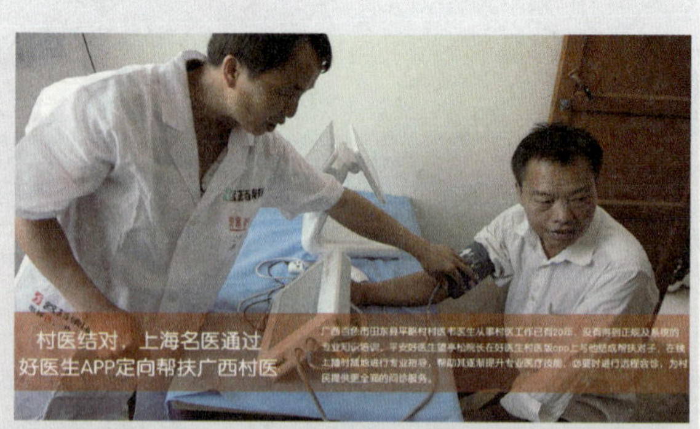

图 5 上海名医通过好医生 APP 定向帮扶广西村医

图 6 望亭松与平安集团领导、帮扶村医合影

案例

平安健康（检测）中心为江西瑞金贫困村村民送去 10 场免费体检，共计 1856 位村民享受了体检服务，检测结果显示当地癌症指标呈阳性人数占 7.48%，平安联合当地卫生部门为他们制定了专项救助方案。

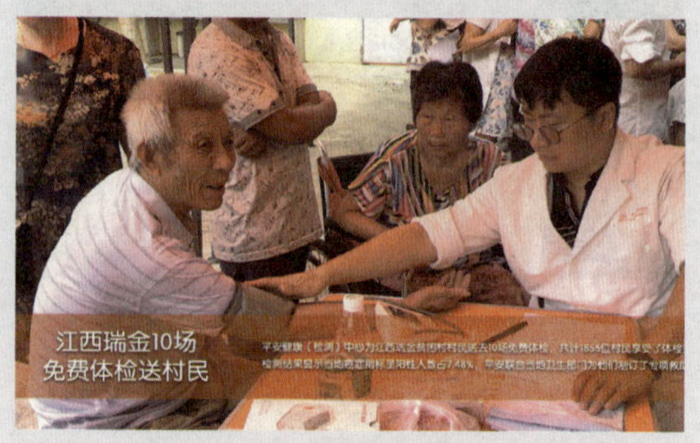

图 7 江苏瑞金 10 场免费体检送村民

案例

平安健康（检测）中心免费给广西平略村的孩子们送去他们人生的第一次体检，总计 237 名乡村儿童参与了体检。

图 8　平安健康（检测）中心免费给广西平略村的孩子送去人生第一次体检

3. 教育扶贫：开展“4+1”智慧教育综合行动

教育扶贫层面，村教项目在全国开展“4+1”智慧教育综合行动，全面启动“村小升级”“校长培训”“教师培训”“支教行动”，面向村小、村教、学生三个层面，实施立体化的教育扶贫工程。同时，依托于平安先进的 AI、大数据科技优势，开发“三村晖”线上智慧教学平台，试点打造“双师”课堂，建立“县乡中心校带动村小为主、城市名校定向帮扶为辅”的村教生态，让优质教育资源一触即达，全面提升偏远地区教育水平。

截至 2018 年 11 月，面向村小，平安向已签约四省市累计捐赠了 237 台设备，价值近 660 万元，用以实现贫困村小的远程教学，并完成了已签约四省市 259 所村小挂牌，截至 2018 年底，预计完成 330 所乡村小学升级。

面向村教，从 2018 年 7 月底至 8 月底，平安在已签约的内蒙古、江西、重庆、广西四省市，先后开展四场线下集中培训，每场次为期一周，覆盖 255 名村小校长，培训围绕课程改革、教师培养、学生培养等主题方向，获得了校长的一致好评。面向村小教师的线上培训以及跟岗实习在 9 月亦将全面展开，2018 年总计将完成 3300 名村教培训。

面向学生，先后邀请歌手李健、《百家讲坛》人气讲师于赓哲支教授课，远程连线课堂惠及 100 多所乡村小学。同时，平安还积极开展乡村小学素质教育课堂建设，导入优质外部教育资源，首批采购的 31 堂国文阅读课程已全部上线。后续，平安还将与中国教育电视台、中国科学院等单位开展课程合作，为村小学生提供更为丰富的艺术、科学等素质教育课程。

图 9　李健在广西带来“三村工程”村教第一课

案例

2018 年 5 月 22 日，平安平略村岜皓小学和深圳重点小学通过直播设备连通，村小孩子们迎来了第一堂双师课程，第一次有机会与城市少年共享优质的教师、教学资源，并通过直播与主课堂老师实时互动。这样的教学模式正在推广到 330 所平安智慧小学。

图 10　平安平略村岜皓小学和深圳重点小学通过直播设备连通，村小孩子们迎来了第一堂双师课程

案例

截至 2018 年 8 月底，平安人寿“幕天捐书”项目已累计寄送超过 208 万册书籍，覆盖 119 个国家级贫困县，帮扶近 34 万名乡村少年。

图 11 平安人寿“幕天捐书”项目

（五）“三村工程”创新举措

1. 以信息科技，赋能“智慧乡村”

作为一家科技型综合金融集团，平安集团秉承“专业创造价值”理念，以智慧扶贫为核心，借助人工智能、云平台等创新科技，在产业扶贫上，增产提效，确保扶贫工作精准到户，同时将智慧城市模式复制到农村，实现城市的优质医疗、教育资源下沉。

（1）“智慧村官”依托人工智能、大数据风控确保扶贫工作精准到户，风险可控

村官项目积极引入人工智能科技，确保扶贫工作精准到户。将人脸识别、指纹识别、声纹识别等科技技术应用于各地保险扶贫工作中，确保建档立卡农户信息的完整性和真实性，也确保此次各项保障精准到户，为“信用白户”地区贫困人口信用体系的建立提供支持。

此外，平安积极运用大数据风控技术，建立“大数据 +AI”智能风险预警平台。通过平安强大的 IT 技术支持，实现对村官扶贫项目存量贷款风险信息全天候、全方位、可视化、高效率的自动识别与扫描。依托先进的智能风控系统，使平安村官扶贫项目贷后管理可追溯、有预警，确保扶贫工作长期可持续。

（2）“智慧村医”联通城乡医疗，实现检测、问诊一体化，生成村民健康档案

村医项目借助信息化平台，打通城乡医疗，推动优质医疗资源下沉，面向村卫、村医、村民三个方面实现智慧升级。村卫方面，硬件上配置一体化检验检测设备，软件上配套平安好医生村医版 APP，实现村卫的在线化、信息化，集成基础检测数据，辅助村医及上级医院医生诊断，打通医疗的“最后一公里”，实现“智慧村卫”；村医方面，依托平安好医生村医专属 APP，全面实现医疗知识的学习、互动、分享，帮助每一个村医都成为合格的全科医生，提升村医医疗水平，实现“智慧村医”；村民方面，通过信息化系统，把健康检测一体机产生的检测结果、好医生 APP 名医远程问诊记录、APP 挂号问诊记录以及移动健康检测的体检报告等数据，全部自动对接，集成到村民的健康档案，村民可以随时随地使用手机 APP 查看，帮助进行健康管理，实现“智慧健康”。

（3）“智慧村教”联通城乡教育，实现县域内城乡教育一体化

村教项目在全国各地区援建“平安智慧小学”，为学校学生开展智慧教学。在硬件上，为智慧小学搭建同频互动直播设备，在软件上，搭建智慧平台“三村晖”APP，向智慧小学的学生们提供“平安双师课堂”“三点半素质课堂”，用远程的方式将城市名师资源链接到广西贫困地区，提升他们的教学水平，用科技的手段弥合城乡教育差距，实现教育公平。其中，“平安双师课堂”的目的是推进县域内城乡教学一体化，解决教育不均衡问题，具体实施方式是以县域为单位，通过平安援建的远程教育硬件将县中心小学或乡镇中心小学的课堂同步直播、输出给周边村小。“三点半素质课堂”的目

的是补足乡村地区素质教育资源匮乏的现状，具体实施方式是在“三村晖”APP上提供国学、艺术、科学类主题课程，乡村小学孩子们可以在放学后时间由老师组织，根据自己的兴趣来进行观看学习。

2. 结合自身业务优势，首创“平安扶贫保”

“平安扶贫保”，是国内首个全产业链保险深度介入、可让贫困户“低门槛参与，无风险经营”的产业扶贫模式。市场上用于农户个人参与农业生产的信贷资金成本高，担保要求多，往往为贫困户带来较大的压力，同时借贷用途缺乏规范，贷款回收风险较大。

一是通过“保证保险+贴息”的形式，实现扶贫资金的“免息免担保”，降低贫困人口参与的门槛，撬动扶贫资金顺畅运行。二是通过风控机制和政府监督相结合，实现保险扶贫“造血”功能，政银保三方协同龙头企业制定完善的产业基金闭环管理制度和规则，提供给挂钩贫困户与贷款金额等值的生产资料及物资，在企业技术人员的指导下进行生产活动，实现保险扶贫的“造血”功能。三是通过引入人工智能科技，确保扶贫工作精准到户。将人脸识别、指纹识别、声纹识别等科技技术应用于各地保险扶贫工作中，确保建档立卡农户信息的完整性和真实性，也确保此次各项保障精准到户，为“信用白户”地区贫困人口信用体系的建立提供支持。四是通过后端互联网平台协销支持，稳定项目销售收入。通过对接集团内外部互联网电商平台，稳定项目后端销售收入，形成产销闭环对接，打造可持续性扶贫模式。

3. 目前，“三村工程”在社会公众、各级政府部门等各层面都获得了良好反响及认可

中国平安“三村工程”自2018年年初推出后，经过不断推进发展，初步形成了三村工程的机制，实现了从0到1的突破，在社会公众、各级政府部门等各层面获得良好反响，荣获人民日报“大国攻坚 · 决胜2020”精准扶贫论坛暨案例分享活动“精准扶贫推荐案例”。

国内首个全产业链保险深度介入、可让贫困户“低门槛参与，无风险经营”的产业扶贫模式——“平安扶贫保”，荣获多项国家级扶贫大奖，包括《国际金融报》的“2017年度扶贫大奖”、《中国保险报》的“2017年度杰出社会责任传播奖”、中国保险行业协会的“2017年全国保险业主推脱贫攻坚十大典型”，获得了银保监会、各级政府的高度评价及认可。

（六）扶贫规划

在未来的3~5年，中国平安将积极落实习主席在打好精准脱贫攻坚战座谈会的会议精神，改进完善考核评估机制，促进真抓实干，确保脱贫工作务实，脱贫过程扎实，脱贫结果真实，让脱贫成效真正获得群众认可、经得起实践和历史检验。同时，进一步扎实保险扶贫工作作风建设，加大扶贫工作资源投入力度，以“真扶贫、扶真贫、精准到户、小步快跑”的原则落实扶贫工作。

1. 工作开展模式

（1）加强“三村工程”及产业扶贫各类模式的复制推广力度，持续优化、迭代

中国平安将加快“三村工程”的持续落地，复制各类产业扶贫模式至更多贫困地区，让更多贫困户受惠。一是从总公司层面总结经验，加强对分支机构的宣导工作；二是组织其他分支机构的扶贫小组成员走访学习；三是在复制推广过程中不断探索总结，持续优化、迭代。

（2）积极开发扶贫专属保险产品，为贫困地区保险业务给予核保政策的特殊倾斜

针对贫困农户多样化的保险需求，中国平安将不断探索为地方特色农产品提供更充分的保险保障。提升贫困地区人身意外险保障，满足不同人群的需求保障。同时将扩大农房保险覆盖面，为异地搬迁贫困户提供保险保障，持续推广“扶贫特惠保”等一揽子保险产品，为农户生产生活提供全方面保险保障，降低扶贫小贷险

的承保门槛，扩大受众范围。

（3）完善村镇级基层服务建设，提升贫困地区的保险服务质量

中国平安后续将加大对贫困地区的资源投入，包括健全村镇级服务体系的建设，提升承保贫困区域工作人员的服务水平，树立保险扶贫工作的服务标准，建立保险扶贫工作示范型机构，不断强化对贫困地区的服务支持。

2. 项目选择——以广西为例

中国平安计划用 3~5 年的时间，通过“三村工程”，大力促进广西的产业发展、医疗健康和教育发展，将广西打造成为保险金融行业精准扶贫的典型。

产业扶贫层面，平安将继续发挥金融业务专长，为广西的农业发展提供所需的贷款支持，扶持广西地区的产业发展，将“输血”扶贫转变为“造血”扶贫。同时，进一步发挥银行的融资支持功能，在农业企业、建档立卡贫困户人口等方面与当地企业和政府深度合作，为广西扶贫工作作出应有的贡献。

健康扶贫层面，平安计划在 3 年内，在广西升级 150 个村卫生室，为 1500 名乡村医生赋能，为 30000 名村民提供健康检测和名医义诊服务，提升贫困地区整体医疗水平。

教育扶贫层面，平安计划在 3 年内，在广西升级 150 所“平安智慧小学”，培训 1500 名乡村教师，建立“县中心小学带动乡镇中心小学、乡镇小学带动周边村小为主、城市名校定向帮扶为辅”的教学生态，全面提升乡村教育水平，弥合城乡教育差距。同时，深入开展幕天捐书项目，计划三年捐赠爱心图书 30 万册。

专家点评

我国正处于全面建成小康社会的关键时期，打赢脱贫攻坚战是全面建成小康社会的底线任务。2018 年，中国平安贯彻落实党的十九大关于打赢脱贫攻坚战的决策部署，主动肩负起扶贫攻坚的责任担当，及时启动总投入为 100 亿元的“三村建设工程”扶贫计划，针对贫困地区面临的突出问题和存在的短板，面向“村官、村医、村教”三个方面，不断提升“三村工程”所涉人员的能力素质，在产业扶贫、健康扶贫、教育扶贫领域不断实践探索，相继推出“平安扶贫保”“平安双师直播课堂”等精准扶贫模式，并积极开展多种公益捐赠活动，有所聚焦，注重实效，借助信息科技，帮扶贫困地区发展产业带动贫困人口就业增收，将智慧城市模式复制到农村，实现城市的优质医疗、教育资源下沉，真真正正帮扶到了贫困地区和特殊贫困人群。近两年是我国脱贫攻坚“啃硬骨头、攻坚拔寨”的冲刺期，中国平安应继续加大“三村工程”的复制推广力度。

——张艳丽 中国银保监会普惠金融部副处长

第十九章　中国船舶重工集团有限公司

发挥行业优势，创新帮扶模式

（一）企业简介

中国船舶重工集团有限公司（简称中船重工，CSIC）成立于 1999 年 7 月 1 日，是由原中国船舶工业总公司部分企事业单位重组成立的特大型国有企业，是国家授权投资的机构和资产经营主体，总部位于北京，主要从事海军装备、民用船舶及配套、非船舶装备的研发生产。

2017 年，集团公司实现营业收入 3002.92 亿元，利润总额 66.40 亿元。截至 2017 年底，中船重工控股拥有中国重工（601989）、中国动力（600482）、中国海防（600764）、久之洋（300516）、中国应急（300527）5 家上市公司，90 余家二级成员单位，员工 16 万人，在 2017 年《财富》世界 500 强企业排行榜中位列第 233 位，成为世界第一造船集团。

（二）扶贫历程

按照国务院扶贫办统一部署，中船重工自 2002 年定点帮扶云南勐腊县、2012 年定点帮扶云南丘北县。2017 年，中船重工认真贯彻落实习近平总书记精准扶贫战略思想，按照党中央、国务院和国资委关于中央单位定点扶贫工作要求和部署，把定点扶贫作为最大的政治任务，从讲政治、讲党性的高度统一思想认识，高位推动定点扶贫各项工作，紧紧围绕精准扶贫、精准脱贫和定点帮扶县脱贫攻坚目标，加大投入，多措并举，形成了“产业扶贫 + 教育扶贫 + 消费扶贫 + 多元扶贫”的“短中长期”立体扶贫模式，取得显著成效。

2017 年以来，中船重工在定点扶贫县直接投入扶贫资金 2.2 亿元，实施了产业扶贫、消费扶贫、教育扶贫、人才培养、就业扶贫等 30 余个帮扶项目。通过产业扶贫基金、设立公司投资等，带动本地企业增加投入和引入外地企业投资 6.5 亿元，为两县经济发展带来活力。通过实施系列帮扶项目，2018 年可带动丘北县 9216 名贫困群众、勐腊县 4628 名贫困群众增加收入，分别覆盖当地现有贫困群众的 26% 和 57%。

（三）扶贫实践和成效

1. 构建扶贫工作新格局新机制

为进一步加强对定点扶贫工作的组织领导，2017 年 6 月 10 日，印发《中国船舶重工中船重工关于调整扶贫开发领导小组组成人员的通知》（船重质安环〔2017〕830 号），调整充实领导小组成员。党组书记、董事长胡问鸣任组长，党组成员、副总经理何纪武任副组长，总部全体部门负责人和相关单位负责人为领导小组成员。领导小组办公室设在质量安全环保部，质量安全环保部负责人为办公室主任，各部门及相关单位处室负责人为办公室成员。构建了集团公司党组、总部各部门、成员单位和挂职干部高效运转、合力推进的定点扶贫工作新格局。2017 年以来，党组和班子成员主持召开 11 次党组会议、总经理办公会议、专题工作会议，研究部署加大帮扶力度、创新扶贫模式等扶贫工作新思路新举措；5 位党组和班子成员 10 次赴丘北、勐腊两县考察指导定点扶贫工作；总部 9 个部门、20 余个成员单位、30 余批次、300 余人次到两县开展扶贫项目对接，集团公司 10 万余人通过捐资助学、消费扶贫、结对帮扶等形式参与定点扶贫工作；5 位挂职帮扶干部扎根一线，吃苦耐劳、踏实做事，主动融入两县脱贫攻坚工作，发挥桥梁纽带作用，推动中船重工定点扶贫项目落实，形成了全集团协调联动、分工负责、共同推进的定点扶贫新局面。

图 1　中船重工党组书记、董事长胡问鸣在定点扶贫县调研

自 2017 年开始，中船重工根据党中央国务院和国资委对定点扶贫工作的新要求，结合定点扶贫县实际情况，每年召开定点扶贫工作会，制定工作计划，明确重点任务，落实责任单位，建立了工作有计划、过程有管控、效果有评价的工作机制。以计划统筹各项工作，推进总部各部门、成员单位、定点扶贫县、定点扶贫县挂职干部、产业扶贫基金管理公司等多方协调联动，将各帮扶工作落到实处。

为进一步加强中船重工扶贫项目和扶贫资金管理，提高扶贫项目成效，确保精准扶贫、精准脱贫，中船重工 2017 年成立定点扶贫领域监督协调工作小组，2018 年制定施行了《中船重工定点扶贫项目和扶贫资金管理办法》，组织开展扶贫领域作风问题专项治理工作。

2. 创新产业帮扶模式，发起设立首支县级央企产业扶贫基金

2017 年，中船重工发起并联合丘北县、勐腊县、太证资本管理有限责任公司，设立中船重工太证丘北产业扶贫基金合伙企业、中船重工太证西双版纳勐腊产业扶贫基金合伙企业，成为第一家在贫困县设立产业扶贫基金的中央企业，增强贫困地区造血功能和内生动力。

图 2 中船重工产业扶贫基金帮扶勐腊县蜂蜜产业

表 1 产业扶贫基金基本情况

基金名称	中船重工太证西双版纳勐腊产业扶贫基金合伙企业（有限合伙）	中船重工太证丘北产业扶贫基金合伙企业（有限合伙）
基金注册地	云南省西双版纳州勐腊县	云南省文山州丘北县
基金管理人	太证资本管理有限责任公司	
基金规模	21100 万元	22000 万元
基金期限	5 + 2（基金期限 5 年，可视情况延长 2 年）	
基金出资	中船重工：10000 万元 勐腊纳新投资：11000 万元 太证资本：100 万元	中船重工：10000 万元 丘北国资公司：11000 万元 太证资本：1000 万元
基金投向	丘北、勐腊县区域内符合国家脱贫攻坚战略，吸纳就业人数多、带动力强、脱贫效果好、具有发展潜力的项目	
投资方式	股权以及法律法规允许的其他投资方式	
投资决策	投资决策委员会为基金投资决策机构。投决会由 5 人构成，由太证资本聘任。其中，太证资本推荐 3 人，勐腊县推荐 1 人，中船重工推荐 1 人	投资决策委员会为基金投资决策机构。投决会由 5 人构成，由太证资本聘任。其中，太证资本推荐 3 人，丘北县推荐 1 人，中船重工推荐 1 人
资金托管	具备资质的银行、券商托管	
基金退出	股权转让、兼并收购、新三板挂牌、IPO 或大股东回购	

中船重工产业扶贫基金长期目标为通过支持当地产业发展，增强贫困地区造血功能和内生动力，打造可持续的产业扶贫模式；短期目标为通过向企业提供资金支持和利益让渡，挂钩扶贫任务，助力政府完成扶贫目标。

中船重工产业扶贫基金设立后，针对两县区域经济、资源禀赋，兼顾资金安全和扶贫效果，对投资项目和帮扶建档立卡贫困人口联结机制进行大量调研。目前，两支基金均已完成第一批项目投资，其中，在丘北县投资云南省丘北县云泰食品有限责任公司 2000 万元、投资丘北智博农业开发投资有限责任公司 1739 万元，在勐腊县投资勐腊县瑞祥橡胶木业有限责任公司 800 万元、投资云南滇云蜜语生物科技有限责任公司 300 万元，在第一批项目投资协议中对帮扶目标进行了约定。第二批丘北县 3 个投资项目已进入决策流程。

表 2 中船重工产业扶贫基金第一批投资项目情况

<table>
<tr><th>项目名称</th><th>项目内容</th><th>投资金额</th><th>扶贫目标</th></tr>
<tr><td>云南省丘北县云泰食品有限责任公司</td><td>丘北县辣椒品质优异，种植历史悠久，为云南著名特色农产品，是文山州最具产业发展潜力的特色经济作物之一，产品质量在对外贸易和出口中拥有明显的比较优势。云泰食品作为丘北县领先的辣椒加工企业，积极打造“山里郎”品牌，加强销售渠道建设，有望成为丘北辣椒产业龙头企业，整合区域辣椒产业</td><td>2000 万元</td><td>至 2019 年 12 月 31 日之前，公司通过雇佣、劳务购买、原材料采购、捐助等方式帮助 600 名建档立卡贫困人口脱贫</td></tr>
<tr><td rowspan="2">丘北智博农业开发投资有限责任公司</td><td>壮大村级集体经济项目：丘北全县共计 95 个行政村，收入达到 2 万元及以上的仅有 24 个村，尚有 71 个村未达到 2 万元。通过支持行政村与专业合作社、企业或种养大户合作，大力实施集体经济强村工程，发展壮大集体经济</td><td>1439 万元</td><td>至 2018 年底，71 个行政村集体经济收入均达到 2 万元及以上</td></tr>
<tr><td>小江口合作社项目：云南省作为特色柑橘生产基地，是全国特早熟柑橘优势区域。柑橘是云南省第二大果种。小江口合作社主要从事柑橘的种植和销售，主要种植沃柑、兴津、脐橙、冰糖橙等品种。目前，基地面积 1800 亩，种植各类柑橘 21 万株</td><td>300 万元</td><td>至 2019 年 12 月 31 日之前，小江口水果产销农民专业合作社通过雇佣、劳务购买、原材料采购、捐助等方式帮助 90 名建档立卡贫困人口脱贫</td></tr>
<tr><td>勐腊县瑞祥橡胶木业有限责任公司</td><td>随着经济发展和人民群众消费观念逐步升级，实木家具需求日益旺盛。勐腊县域内橡胶树正处于更新期，拥有充足的原材料供应。瑞祥橡胶主营业务为橡胶木和进口木材的收购、加工及销售，目前产品供不应求</td><td>800 万元</td><td>至 2018 年底，公司通过雇佣、劳务购买、原材料采购、捐助等方式帮助 50 户建档立卡贫困户脱贫</td></tr>
<tr><td>云南滇云蜜语生物科技有限责任公司</td><td>国内蜂蜜市场需求大、市场前景可观。勐腊县具备蜂蜜产业发展的天然优势，加之部分贫困地区地处山区，蜂蜜产业相对于其他产业发展更具有可行性。滇云蜜语产品定位高端蜂蜜市场，直接与勐腊县农户合作，通过建立专属蜜源基地实现从源头上对蜂蜜品质进行把控，在蜂蜜品质上获得竞争优势</td><td>300 万元</td><td>2018 年，公司选择 100 户参与积极性高的贫困户进行蜂群补助，每户 5 群。免费向全县进行技术培训，并优先采购县域内贫困户所产蜂蜜。2019 年，完成 1000 群蜂群补贴，让有蜜蜂养殖条件并有养殖意愿的贫困户都能养上蜂群</td></tr>
</table>

3. 扶志扶智，开展多层次人才培训

中船重工为提高领导干部服务脱贫攻坚的能力、提升贫困群众脱贫内生动力和脱贫技能，针对县领导干部、中层干部、专业技术人员和公益岗位员工四类人员开展四个层次培训，培训900余人次。自2017年起，已有42名两县领导干部参加了中船重工在清华大学和江苏科技大学举办的领导干部培训班；邀请5位旅游行业知名专家到丘北县举办140余人旅游扶贫专题培训班；邀请3位专家到丘北县举办150余人PPP项目实操及重大项目管理专题培训班；为勐腊县580多名蜂农举办养蜂技能培训。

图3 中船重工帮扶的蜂蜜加工企业组织开展养蜂技术培训

中船重工援建希望小学，改善办学条件。2017年，中船重工在两县分别启动第二所希望小学建设，其中，中船重工普者黑小矣堵希望小学于2017年3月开工，目前已正式交付使用，学校覆盖八道哨乡矣堵村周边6个自然村664户。中船重工磨憨尚岗希望小学2017年9月开工，将于2018年底竣工交付使用，学校建成后将覆盖周边13个自然村、5个农场小分队、5个茶队和2个矿区，在校学生将由原来的300人扩大到600人。

自2005年起，中船重工先后组织8期225名定点扶贫县优秀师生代表进京参观学习活动。2017年7月，利用暑假组织两县52名优秀师生赴北京、昆明、武汉开展参观学习，其中，贫困山区学生占70%以上、少数民族学生占80%以上、建档立卡户学生占30%以上。在北京、昆明和武汉，中船重工党组成员与师生们进行了座谈交流，向优秀学生发放学习用品，勉励同学们好好学习、建设美好家园。师生们参观了公司、研究所，以及天安门、伟人广场等景点。亦学亦游的旅行，让师生们感受祖国的高速发展，体验军工企业文化，增强海洋意识和国防意识，激发师生追求理想和树立远大志向的内在动力。

4. 全员参与，开展捐资助学和消费扶贫

2017年9月，中船重工党组号召党员干部发挥模范带头作用，向全体党员发起募捐活动，捐赠勐腊县丘北县、勐腊县非义务教育阶段的建档立卡贫困学生，中船重工6万余名党员积极响应，向两县捐资助学，共捐款487余万元，全部用于两县建档立卡户非义务教育阶段在校生，捐款资助自2017年开始连续实施3年，直到两县脱贫摘帽。2017年已资助两县贫困学生688人， 2018年和2019年预计资助两县贫困学生2000余名。

图4 中船重工员工自发组织开展一对一爱心帮扶

2017年，中船重工结对当地大学生创业项目云南滇云蜜语生物科技有限责任公司，围绕产品定位、发展规划、生产组织、品质管控、包装销售等方面进行持续帮扶。2018年上半年，中船重工总部、大船集团、武船集团、渤船集团、昆船公司累计组织订购蜂蜜8万斤，价值900多万元，帮助公司顺利渡过起步阶段。

5. 成员单位发挥优势，支持两县经济社会发展

中船重工充分发挥业务领域多、专业面广的优势，结合两县资源禀赋、区位优势和发展规划，组织成员单位在产业、技术、市场等方面加大帮扶力度。

中船重工物资贸易集团有限公司发挥在大宗商品贸易、物流服务和产业发展等方面的资源和渠道优势，结合勐腊县资源禀赋和区位优势，2018 年，在勐腊县磨憨开发开放试验区设立中船重工物资贸易（勐腊）有限公司（以下简称勐腊公司），注册资金 500 万元，成为第一家入驻勐腊县的中央企业。勐腊公司按照国家建设“一带一路”和云南省“打开南门、走向亚太”的发展战略，开展橡胶、机械设备、矿产资源、特色农产品等贸易业务，助力勐腊地方经济发展。2018 年投入流动资金 2 亿元，实现销售收入达 10 亿元。

中船重工昆明船舶设备集团有限公司发挥在自动化物流、环保等装备研制方面的技术优势，积极参与定点帮扶。2018 年，与丘北县政府签订智慧停车场建设及运营管理项目合作协议，在当地设立公司，开展智慧停车场建设及运营管理，项目总投资 3 亿元，解决丘北县城交通拥堵和停车难的问题；承担丘北县产业园区污水处理系统建设及污水处理服务，与产业园区管委会签订污水处理设备 287 万元采购合同。

中船重工国际工程有限公司发挥专业人才优势，与丘北县政府签订了丘北工业园“中小企业创业创新产业基地”建设项目规划设计合作框架协议，承担了“以 PPP 模式实施丘北县标准化厂房和实训基地项目”入库科研和方案设计。

中船重工第七〇二研究所和第七一四研究所发挥军工和船舶研发优势，结合丘北、勐腊旅游资源，已完成旅游观光船设计方案，探讨建立面向旅游的军事科技体验馆项目，通过互动体验航母、核潜艇、舰船、蛟龙号深潜器等海洋科技成果，开展爱国主义教育和国防教育，打造全民科普素质教育基地。

6. 靶向施策，打好精准帮扶组合拳

中船重工紧紧围绕精准扶贫精准脱贫基本方略，聚焦精准扶贫重点和难点，补齐基础设施、贫困群众增收、文化健康等短板。

2017 年 11 月，中船重工联合昆明市经开人民医院医疗专家组成医疗队，携带医疗设备来到丘北县八道哨乡矣堵村，为建档立卡户家庭成员进行健康体检和诊疗。专家组对来就诊的贫困群众进行全面检查，共为矣堵村 100 多名建档立卡贫困群众做了诊疗，发放健康宣传材料 100 多份，发放价值近 5000 元的药品，得到村委会和贫困群众的热烈欢迎。

中船重工重庆前卫科技集团有限公司通过吸纳就业促脱贫增收，与丘北县建立了招用工长效机制，定点招聘务工人员，转正后工资 4200~5200 元 / 月，基本保障了建档立卡贫困户家庭有持续稳定收入。2018 年 2 月，第一批 24 名务工人员到重庆前卫宏华科技有限公司务工，其中建档立卡贫困人口 15 人。

2018 年 10 月在丘北县启动“65111234”精准扶贫工程。主要包括新建一条路、修缮一座桥、共唱一台戏、增设两类公益岗位、改造 20 座危房、捐资四套秸秆膨化设备等项目。（1）新建一条路。蒲草塘村是丘北县唯一的深度贫困村，全村共有农户 153 人，其中贫困人口 111 人，进村道路不便影响了该村脱贫发展，中船重工出资修建 4.1 公里进村道路，解决全村出行难题。（2）修缮一座桥。水头村共有 161 户 776 人，其中建档立卡贫困户 30 户 151 人，水头村的大矣勒桥建于清代，因年久失修给村民出行带来不便，并存在安全隐患。为解决全村农户的出行问题，中船重工组织研究修缮方案，出资实施桥体修复，联通服务群众的“最后一公里”，让村民的出行安全有保障。（3）共唱一台戏。中船重工关心贫困群众精神文化生活，通过扶持具有地方特色的扶贫励志花灯歌舞戏《连心桥》，为黎家庄村出资建设便民服务中心，丰富群众文化生活，激发贫困群众摆脱困境斗志。（4）增设两类公益岗位。为帮助建档立卡贫困户实现就近就地就业脱贫，中船重工在丘北县面向建档立卡贫困户增设公益岗位 280 个，增聘护河员 90 人、保洁员 190 人，每年可为建档立卡贫困户增加近万元的劳务收入。（5）改造 20 座危房。帮助新店乡冲头村 20 户档卡户进行危房改造。（6）

捐资四套秸秆膨化设备。通过捐赠四套秸秆膨化设备，帮助养殖大户扩大养殖规模，提高产能效率，增加村集体经济收入，带动贫困群众增收。

（四）扶贫经验

1. 党组高位推动，集团全员参与

中船重工把定点扶贫工作列入重要政治任务，董事长亲自挂帅，担任定点扶贫开发领导小组组长，组织召开专题会，贯彻落实党中央、国务院和国资委关于定点扶贫工作要求，研究部署扶贫工作；通过制定滚动工作计划，明确工作目标，压实工作责任；总部各部门和成员单位分头行动，开展项目对接和论证；挂职干部发挥桥梁和纽带作用，加强与两县各部门沟通协调，推进项目落实，形成了集团党组、总部各部门、成员单位和挂职干部四位一体、高位推进、高效运转、全员参与的定点扶贫工作新格局新机制，为做好定点帮扶各项工作提供有力保障。

2. 创新帮扶思路，构建立体扶贫模式

中船重工深入贯彻落实定点扶贫工作要求，紧紧围绕精准脱贫精准扶贫，结合两县实际，形成了“产业扶贫 + 教育扶贫 + 消费扶贫 + 多元扶贫” 短中长期兼顾的立体式扶贫。短期来看，通过开展消费扶贫、捐资助学、就业扶贫、修建基础设施等措施，直接帮助贫困人口实现增收脱贫，解决“两不愁三保障”瓶颈；中期来看，通过设立产业扶贫基金、在当地成立公司、开展多层次人才培养等，开展产业帮扶，促进地方经济发展，增强贫困地区造血功能和内生动力，推动贫困人口实现稳定脱贫；长期来看，通过援建希望小学、组织师生进京等教育扶贫项目，改善教学条件，激发贫困地区师生追求理想和树立远大志向的内在动力，阻断贫困代际传递。

3. 搭建交流新平台，培养扶贫带头人

为加强两县领导干部与中船重工成员单位之间的交流，共商脱贫攻坚大计，提升两县干部脱贫攻坚能力和水平，结合中船重工培训工作计划，2017 年，两县 20 名领导干部参加中船重工领导干部培训班，2018 年将共组织四期 20 名两县领导干部参加培训班。通过培训，使参培干部开阔视野，掌握最新的专业知识，启迪发展思路，增进两县干部对中船重工的了解，加深友谊，为后续开展更广泛的多领域帮扶奠定基础。

4. 发挥党建引领作用，有效助力精准扶贫

中船重工党组号召各级党组织充分调动全体党员的积极性和主动性，发挥党员干部在党建扶贫工作中的模范带头作用，关心关注定点扶贫工作，用心帮扶、真情关爱贫困学生，向全体党员发起募捐活动，捐赠丘北县、勐腊县非义务教育阶段的建档立卡贫困学生；要求各级党委结合推进“两学一做”学习教育常态化制度化，创新支部工作方式，把“捐资助学”作为一次支部主题党日活动，使党员在参加活动中受到启发教育，为定点帮扶献计献策，形成积极投身脱贫攻坚事业的浓厚氛围。

（五）相关方评价

国务院扶贫办专刊先后两次介绍中船重工精准扶贫工作做法和成效。新华社、人民网、央广网、中国新闻社、云南日报等媒体多次从不同侧面报道中船重工开展精准扶贫、通过产业扶贫基金助力当地产业发展、带动建档立卡户脱贫增收等做法。在 2017 年对中央单位定点扶贫工作考核中，获得了国务院扶贫开发领导小组和两县最高考核等次“好”，并在国资委中央企业脱贫攻坚工作视频会议、中央企业暨国资委机关扶贫干部培训班（第一期）做交流发言。2018 年，中船重工被西双版纳州评为扶贫明星企业，中国船舶工业物资云贵有

限公司被西双版纳州评为扶贫先进单位，中船重工集团公司质量安全环保部被文山州评为扶贫先进单位，昆明船舶设备集团有限公司被丘北县评为扶贫先进单位。

中船重工自定点帮扶丘北县以来，以“教育扶贫、智力扶贫”为基本方向对丘北县实施精准扶贫、定点帮扶，多年来通过实施项目建设、捐资建设希望小学、修建进村道路、教育培训等方式进行真扶贫。特别是2017年，不断加大定点帮扶力度，中船重工及其成员单位10余批次到丘北调研对接项目，共同筹建产业扶贫基金、推动新能源建设等，极大地促进了丘北县脱贫攻坚工作开展，帮扶成效明显。

——云南省丘北县

我是一个贫困户家庭的孩子，这次北京之行让我们收益匪浅，不仅仅是一次游览放松的机会，更使我们大开眼界、增长见识。你们的帮助和鼓励，像大海中的航标，指引我们通向大海彼岸，在今后的学习中，我将鼓足勇气扬起生命的风帆，自强不息、全身心投入到学习中去，以优异的成绩回报社会。

——云南省勐腊县中船重工纳卡希望小学学生 甲秀

苦干一个月，幸福一辈子。（中船重工援建的进村道路）路通了，大家就不叫我“老康”，叫“小康”。

——丘北县曰者镇蒲草塘村村小组长 康朝林

（六）扶贫规划

中船重工将在习近平总书记关于扶贫工作的重要论述指导下，根据党中央、国务院关于脱贫攻坚工作部署，聚焦精准扶贫精准脱贫，深入开展调查研究，创新帮扶模式，根据定点帮扶的勐腊县和丘北县资源禀赋和实际需求，实施产业扶贫、人才培训、就业扶贫和消费扶贫等帮扶项目，确保贫困人口真正受益；充分发挥中船重工太证西双版纳勐腊产业扶贫基金和中船重工太证丘北产业扶贫基金的作用，大力扶持具有较好发展潜力、吸纳就业人数多、带动力强、脱贫效果好的项目，完善产业与贫困户联动发展的利益联结机制，帮助更多贫困群众脱贫致富，助力云南省勐腊县和丘北县打赢脱贫攻坚战。

专家点评

脱贫攻坚，人才是关键，选对领路人就能做到事半功倍。中船重工选派优秀干部到对口扶贫县挂职县领导、驻村第一书记和驻村扶贫工作队队长，这些干部扎根一线，肯吃苦、讲奉献，发挥了桥梁纽带的作用，既推动了扶贫政策的落实到位，又及时把贫困地区的情况需求向上反映。同时，结合自身优势，将贫困地区干部职工纳入集团干部培训计划中，培养了扶贫带头人。就业是民生之本。中船重工聚焦建档立卡贫困户，积极推进劳务输出促进就业脱贫，同对口贫困县建立招用工长效机制，定点招聘务工人员，确保了贫困户家庭有持续稳定收入，解决了贫困发生的根本问题。

——王铮键 民政部社会组织管理局社工处处长

第二十章 北京字节跳动科技有限公司

信息普惠三农，探索精准扶贫新模式

为履行企业社会责任，助推全国 2020 实现脱贫目标，从 2017 年开始，字节跳动结合自身的平台特征，启动扶贫公益项目——山货上头条。旨在利用公司的网络技术优势，实现科技为扶贫赋能，带动社会各界对扶贫工作的关注和投入，与地方党政部门一起探索贫困地区农产品外销之路，为贫困地区加快发展特色县域经济助力。

（一）公司简介

字节跳动公司成立于 2012 年 3 月，是全球第一家将人工智能应用到主产品的公司。随着大众用户的阅读行为广泛向移动设备迁移，6 年来字节跳动获得了高速发展，旗下拥有今日头条、抖音、西瓜视频、火山小视频等多款互联网产品。

截至 2018 年 6 月中旬，字节跳动旗下全线产品国内总 DAU 超过 4 亿，MAU 超过 8 亿；其中今日头条成为国内最大的移动资讯阅读 APP 之一，同时抖音国内 DAU 超过 1.5 亿，MAU 超过 3 亿，全球月活超 5 亿。

（二）扶贫理念

党的十九大报告提出扶贫要与扶志扶智相结合，字节跳动的优势在于用人工智能提升信息流动效率，我们相信通过在扶贫工作方面的探索和努力，利用字节跳动人工智能技术优势将实现扶贫需求与市场的精准匹配，充分发挥粉丝经济优势，倡导人人参与、全民扶贫，也将使更多人体验到贫困人口依靠自身力量实现脱贫致富的正能量。

随着扶贫攻坚进入决胜阶段，贫困地区已经完成农产品商品化、平台建设、配套完善等电商基础工程建设。但如何让电商平台获得流量、如何提升销售，是各地电商扶贫面临的瓶颈。

从 2017 年开始，字节跳动结合自身的平台特征，启动扶贫公益项目——山货上头条。试图利用公司的网络技术优势，实现科技为扶贫赋能，带动社会各界对扶贫工作的关注和投入，与地方党政部门一起探索贫困地区农产品外销之路，为贫困地区加快发展特色县域经济助力。

“山货上头条”扶贫公益项目主要通过直播、短视频、小视频、文图等形式，利用字节跳动全系产品为贫困地区农产品电商注入流量，借助精准传播，助力贫困地区脱贫增收。

（三）扶贫历程

2017 年 11 月，字节跳动山货上头条项目正式启动，与甘肃省网信办一起推动 10 个国家级贫困县通过直播的方式，在今日头条平台推广贫困地区的扶贫产品。

2018 年 4 月，字节跳动联合贵州省网信办、友成企业家扶贫基金会，开展山货上头条 · 贵州味道项目，通过图文、短视频、小视频、直播等内容形式，在今日头条、西瓜视频、火山小视频三个 APP 推广贫困地区的扶贫产品。

2018 年 6 月，字节跳动高度重视扶贫工作，在创新业务部下成立扶贫项目组，组建专门的团队，重点打造“山货上头条”“山里 DOU 是好风光”两个扶贫项目，开展“三农合伙人”和“扶贫达人计划”两个运营计划，整合全公司资源助力脱贫攻坚，提升企业社会价值。

2018 年 8 月，字节跳动扶贫 · 山货上头条项目帮助四川省古蔺县推广脆红李，5 天时间内帮助果农销售 30 万斤扶贫脆红李。

（四）扶贫实践与成效

1.“山货上头条”项目

“山货上头条”项目一经启动，就受到地方政府、媒体、扶贫机构高度关注。2018 年 1 月 15 日，在全国工商联专职副主席谢经荣、国务院扶贫办副主任洪天云等领导和上百名挂职干部见证下，中国扶贫基金会与字节跳动签约“山货上头条 · 百名县长推荐农产品”合作。此外，四川省网信办、安徽省网信办、广西省扶贫办以及全国数十个国家级贫困县表达了合作意向。

（1）农产品、扶贫事业宣传效果显著，明显带动销售转化

截至目前，“山货上头条”项目已完成四个阶段：

①甘肃阶段（2017 年 11 月 15 日至 12 月 7 日）

图 1 “山货上头条”甘肃阶段直播推广

“山货上头条”落地甘肃 10 个国家级贫困县共进行 22 场直播，推介 14 种当地特色农产品，推荐人数超过 5300 万，活动参与人数超过 320 万，点赞 150 万个，有效评论 1.8 万条，平均每个县得到全国 32 万人次关注，平均每场直播带来持续转化时间为 5 天，总销售额 30 多万元。其中，临潭县高原土鸡传播效果最好，单场 84.3 万人参与关注，花牛苹果日进店人数增至 2.9 万人，当日销量提升 800%；广河县羊毛制品，当日销售 14.9 万元；夏河牦牛肉当日成交 3000 次，日销售额提高 4 倍。

②贵州雷山阶段（2018 年 1 月 18 日至 1 月 20 日）

图 2 “山货上头条”贵州雷山阶段直播推广

“山货上头条”联合友成企业家扶贫基金会落地国务院扶贫办定点扶贫县——贵州黔东南自治州雷山县，通过今日头条、西瓜视频、火山小视频的直播，向用户推介短嘴黑毛猪腊肉、鱼酱酸、银球茶、青钱柳 4 种特色农产品，参与用户超过 690 万人次，24 小时销售额达 3.3 万元，单日进店人数最高涨 50 倍。随后火山小视频发起“火山腊肉节”公益活动继续引导用户参与，用户累积产出 20.9 万个小视频，播放量超过 2000 万次，成交 570 件农产品，销售额 2.9 万元。

③“贵州味道”阶段（2018 年 3 月 20 日至 4 月 20 日）

图 3 “山货上头条”“贵州味道”开屏海报

图 4 “山货上头条”“贵州味道”热卖商品

基于前期山货的项目经验，发起“山货上头条 贵州味道”计划，项目组联合贵州省委网信办，筛选出 26 个贫困县的 36 个农产品参与活动。活动一方面通过头条号后台向全国的头条号创作者发出创作邀请，让自媒体创作者们通过微头条、图文、直播、视频等多种

方式针对 36 款农产品进行主题创作，推荐给全国网友购买。另一方面在放心购频道搭建专区进行商品展示，在自媒体作者创作的内容中插入相关商品链接，用户点击可以直接转到放心购的产品购买页面，实现内容导购和日常购买的双重结合。贞丰县鲜肉板栗粽、长顺县绿壳鸡蛋、月亮河有机红米、绥阳县张氏空心面都成为深受网友喜爱的热卖产品。

“贵州味道”活动参与自媒体 8818 个，共计发表 12924 篇文章，推荐 5.9 亿人次，收获 3361 万阅读量，网友收藏 41.9 万次，分享 36.9 万次，点赞 25.6 万个，评论 8.8 万条。总计销售商品 3526 件，销售金额 149462.3 元。

④“重点打造”阶段（2018 年 6 月至今）

2018 年 6 月，创新业务部扶贫项目组成立后，为了进一步增加扶贫产品销量，提升精准扶贫效果，将“山货上头条”项目的总体目标进行了适当调整，一方面积极对接扶贫地区的扶贫产品免费入驻，利用公司各业务线的内容分发资源带动日常销量，同时提出在 1 年时间内打造出 10 款具有品牌影响力的扶贫产品。

图 5 四川省古蔺县扶贫脆红李活动海报

2018 年 8 月，字节跳动扶贫联合古蔺县政府在今日头条、抖音、西瓜视频、火山小视频四个平台同时推广扶贫脆红李，5 天时间卖出 24 万斤脆红李，帮助 3846 户贫困户提高收入。短短一周不到的时间，扶贫产品广告曝光量超过 3 亿、脆红李相关话题阅读量超过 610 万，字节跳动公司 17 个官方头条号和 84 位垂直领域的创作者参与、发布超过 200 条推广脆红李的内容，覆盖 2939 万粉丝。

值得一提的是，来自山东的头条号作者“阿兮随笔”创作的《54000 亩小红果被农大教授盯上？大山深处 60 户彝族人却心怀忐忑！》图文文章，在今日头条平台获得 66 万阅读，带动今日头条用户购买脆红李超过 7000 单，帮助提升销售额超过 20 万元，更是带动了今日头条平台消费扶贫的氛围。

截至目前，通过四个阶段的活动，“山货上头条”项目总计推荐了 40 多个国家级贫困县的 80 多种当地特色农产品，推荐人次超过 90 亿，超过 7000 万用户参与到活动中，累计销售额超过 180 万元。

（2）传播过程严格把控，各方高度评价

“山货上头条”的外景直播分别由不同的当地官员与头条号大咖搭配，在直播严格把控评论导向、避免负面舆情的基础上，用户评论均很正能量，使贫困县农产品美誉度得到提升。针对“甘肃很荒凉”“甘肃 = 沙漠”等观点误区进行了纠正，不少网友留言“原来不知道甘肃也还很美”，传播了当地旅游、民俗。

同时，在直播内容设计上加入互动问答，如提出“直播的短嘴黑毛猪在贵州哪个县”等问题，强化网友对当地的印象，让传播效果更具穿透性。

图 6 欢子 TV、雷山县县长袁刚直播杀年猪、熏腊肉

用户留言提出农产品改进意见，如广河羊毛制品款式改进等建设性意见，当地有关部门高度重视，将进行专题研究。

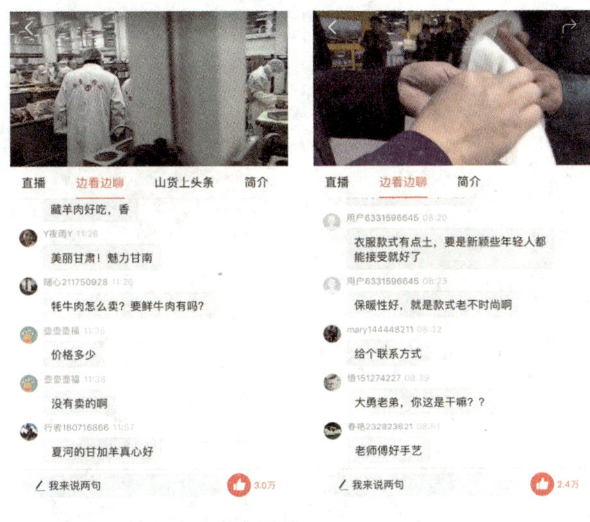

图 7 用户评论正向且有建设性

图 8 国务院参事、著名经济学家汤敏通过社交平台持续关注“山货上头条”在雷山的进展，并在个人微头条上发布“打call”视频

山货上头条活动也得到全国各级媒体相继报道，如中国农业新闻网、中新社、中国经济网、中国扶贫网等。

首页 | 新闻 | 经济 | 科教 | 社会 | 视频 | 图片 | 言论 | 法治 | 人物 | 文化 | 地方 | 专题 |

中国农业新闻网 新闻频道　首页 > 新闻频道 > 地方新闻

四川古蔺县长拍抖音为李子代言 10天卖出30万斤

2018-08-23 16:24 | 作者：杨迪 | 来源：中国农业新闻网　分享到：

本网讯（记者 杨迪）近日，国家级贫困县四川省古蔺县县委副书记、县长陈廷俊拍摄了一则抖音短视频，号召网友购买当地的特色农产品脆红李，引发了热议。

在这则抖音短视频中，陈廷俊一边试吃脆红李，一边说："小小脆红李，小果大产业。古蔺有李，扶贫有情。我是古蔺县人民政府县长陈廷俊，我为古蔺脆红李代言。"目前，该视频已经获得超过19万网友点赞。陈廷俊接受媒体时表示，"选择抖音宣传脆红李，主要是考虑到平台的受众群体广泛、发展空间大，同时也有利于电商平台的合作。"

古蔺脆红李是字节跳动扶贫和国家级贫困县打造的首款扶贫山货。截至8月22日，该项目已经帮助古蔺县通过抖音、今日头条卖出水果超过6万单，10天内，已经有超过30万斤古蔺脆红李被发往全国各地。

图 9 山货上头条活动得到全国各级媒体相继报道

（3）综合利用字节跳动内容生态，让流量可持续

为了让贵州雷山县 4 种农产品流量不“变冷”，字节跳动旗下火山小视频在 2018 年 1 月 23 日至 26 日推出“火山腊肉节”活动，发动 35 名视频作者制作优质小视频内容，引导用户在准备年货的时间节点购买雷山腊肉。

图 10 用户话题活动 # 我要吃腊肉 #

火山小视频还发起用户话题活动 # 我要吃腊肉 #，通过低门槛的 UGC 内容制作，强化雷山县及其农产品的热度。同时，活动期间还发起微头条话题 # 山货上头条 #，也为农产品带来大量流量。

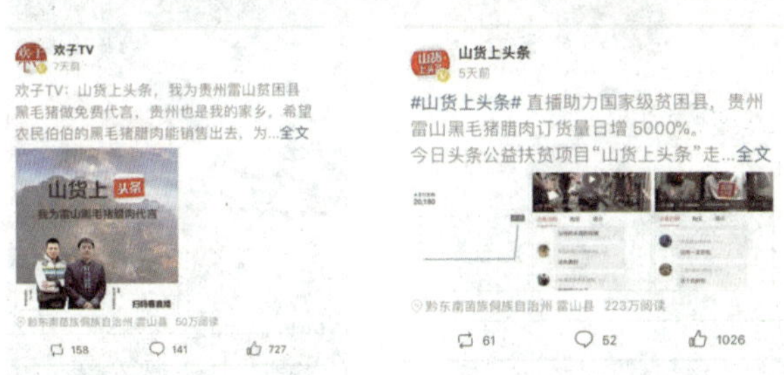

图 11 微头条话题 # 山货上头条 #

“贵州味道”活动期间，对于深受网友喜爱的热卖产品，项目组分别联合知名三农自媒体前往当地进行短视频和直播内容的拍摄，趁热打铁，实现对网红山货产品的再次创作，助推产品知名度和销量。

“我是小熙”与当地主持人一起开展直播“贞丰鲜肉板栗粽”，“型男行走乡村”“小六搞野”则分别拍摄了“长顺绿壳鸡蛋”和“绥阳张氏空心面”的特色短视频。

图 12 “我是小熙”联合贵州主持人直播现场

（4）引导网红主播深度参与扶贫，既充分释放粉丝经济红利又弘扬社会正能量

字节跳动突破性地引导网红女主播在秀场直播过程中推介雷山县农产品，提前沟通女主播，设置主题、明确话术、突出公益，充分利用主播强大的变现能力为农产品带来销售转化。

图 13 1 月 20 日，两位网红女主播在直播间推介雷山茶叶

以往，网红总会被贴上“搔首弄姿”“低俗”等标签，为了让这一带有流量的群体发挥更为积极的作用，承担相应的社会责任，字节跳动结合该群体特点，带着 90 后、00 后主播参与扶贫公益，引导其传播更多的正能量，承担起应尽的社会责任。

2.“三农合伙人”和“扶贫达人计划”

图 14 三农合伙人计划

目前，字节跳动针对扶贫工作进行了重新规划与升级，将加大在扶贫品牌打造、扶贫策略优化等方面的投入，实现“输血式”扶贫向“造血式”扶贫的质的飞跃。

2018 年 7 月 2 日，字节跳动举办了首届三农创作者大会暨金稻穗计划启动仪式，大会上，字节跳动宣布推出“金稻穗计划”，在未来一年至少投入 5 亿元，加大对三农创作者的补贴，助力三农信息普惠。

基于金稻穗计划，字节跳动扶贫工作组今年将进一步结合自身优势，继续大力推进扶贫工作。在帮助贫困地区提升“造血”能力方面，推进“三农合伙人计划”和“扶贫达人计划”，努力让贫困地区涌现出更多“巧妇 9 妹”。

（1）“三农合伙人计划”

作为金稻穗的子计划，字节跳动将向全社会公开招募 30 位致力于三农信息普惠事业的“三农合伙人”，每位“三农合伙人”在起步阶段将获得价值 100 万元的站内流量，用于扶贫攻坚。

目前，字节跳动已经签约了 4 位三农合伙人，分别是：

①通过短视频带动全村卖水果致富的巧妇 9 妹

目前，巧妇 9 妹通过头条发布的视频播放量已超过 3 亿，至今成功帮助全村卖出 300 万斤水果，销售额超过了 2000 万元，成为当地不折不扣的“致富带头人”。

②帮助农户解决一线生产问题的付老师种植技术团队

付老师种植技术团队位于河南郑州，由付永、柴现恩、张详威三位农业技术专家组建。该团队在今日头条上专门分享种植经验和高产技术，不仅帮助国内农户解决一线生产实际问题，还 42 次帮助俄罗斯、非洲、东南亚等国家和地区华人农户。

目前，付老师种植技术团队的头条号矩阵已累计了 70 多万粉丝，最热门的视频播放超过 380 万次，收到将近 4000 位农民留言。

③让 120 万人爱上湘西贫困村的青山绿水的乡野丫头

“乡野丫头”是侗族姑娘秋子和哥哥四海在今日头条开设的短视频头条号，通过西瓜视频、微头条，分享当地特色美食、自然风光和民俗风情。目前“乡野丫头”已经发布了 500 多条乡村生活短视频，粉丝数量已经达到 124 万。

秋子的家位于湘、桂、黔三省交界的“老寨村”，是湖南省 20 个国家贫困县之一。“乡野丫头”的短视频让众多的用户领略并爱上了当地美好的风土人情和独特的民族文化。

④号召更多年轻人建设乡村的公益组织黑土麦田

黑土麦田公益组织的联合创始人秦玥飞，2010 年从耶鲁大学毕业，怀着改变中国农村的热望，在 2011 年来到湖南成了一名大学生村官，并入选 2016 年感动中国十大人物。

黑土麦田主推的乡村创客项目，就是号召更多的优秀年轻人到农村去服务。黑土麦田每年选拔、培训、资助、支持一批国内外顶尖学府的中国籍优秀毕业生，到国家级贫困县的乡村开展产业扶贫和社会服务，并对这些学生提供资助、培训、深造、就业及创业等支持。

未来，更多三农合伙人将通过内容创作，以技术传播的价值、创造经济的价值和丰富农村文化的价值推动乡村建设，助力脱贫攻坚!

（2）“扶贫达人计划”

字节跳动扶贫项目组即将推出的“扶贫达人计划”，旨在通过扶持培育来自乡村的达人，传递家乡美好，打造“造血式”扶贫的可持续发展模式。

“扶贫达人计划”将把各地国家级贫困县纳入进来，联合当地政府招募来自贫困县的普通用户，让他们通过今日头条、抖音、西瓜视频等新媒体平台来传递家乡的美景美物、风土人情，字节跳动将对这些扶贫达人给予各种扶持。

“扶贫达人”可以是大学生村官、第一书记或村长，也可以是普通村民、当地的扶贫或电商带头人等。字节跳动会通过头条学院、紧急课堂等来为这些“达人”组织多种免费培训课程，教会这些扶贫达人如何通过新媒体平台发布文字、图片、视频内容，孵化他们成为内容创作者，并通过内容创作的方式，展现贫困地区的美景美物、风土人情。

同时，字节跳动还将挖掘扶贫达人成为网红 IP，实现贫困县的“一村一网红”，通过本地网红销售本地农产品的方式，带动贫困地区农产品销售，助力贫困地区产业的可持续发展，真正实现“造血式”扶贫。

图 15 参与“扶贫达人计划”的无臂青年陈兹方

目前，“扶贫达人计划”在前期的实验阶段初见成效，如来自国家级贫困县湖北恩施州的无臂青年陈兹方，在今日头条上开通账号销售当地的农产品，入驻不到一个月，就积累了 7.6 万粉丝，并获得不错的销售数据；另一位来自广东梅州市平远县的头条号作者“我是马小坏”，通过发布微头条推荐自家的玉米，短短两小时便销售玉米 800 斤。

（3）扶贫产品 PUSH 机制

除了上述的两个长效运营计划和两个重点打造的项目，同样字节跳动扶贫工作也制定了应急机制。

当有政府或者新闻媒体反馈，某贫困县农产品出现季节性滞销或产品灾害等紧急情况时，字节跳动将启动要闻 PUSH 推进，通过精准定位实现强 PUSH、强曝光，让更多用户了解并参与到扶贫中来，从而解决紧急需求和政府特殊需求。

图 16 扶贫产品 PUSH 机制

目前，扶贫产品 PUSH 机制在广东省得到率先试用，收效非常显著。2018 年 5 月 26 日，广州海珠区的扶贫干部为结对帮扶的梅州大埔农产品代言，今日头条利用精准地域定位技术，重点推送了这条信息，得到政府与用户的良好反馈。

（五）扶贫经验

1. 提升企业大局意识，要把扶贫工作和企业社会责任紧密联系在一起。脱贫攻坚作为国家重要战略，是极具社会价值的事业，字节跳动公司作为一家致力于成为全球创作与交流平台的科技企业，也是希望能够在国家战略中体现企业的社会价值。

正如今日头条的愿景是信息产生价值、抖音的愿景是记录美好生活，一个优秀的企业本身就应该具备为社会创造价值的能力，因此企业参与扶贫工作不仅能够体现企业社会责任，更是企业本身应该追求的目标之一。

2. 扶贫工作要结合企业自身特点，发挥企业最大优势，提升精准扶贫工作效率。每个企业在参与扶贫工作过程中，要找准自己的定位，字节跳动作为以智能分发为基础的科技公司，更应该尝试着使用科技的手段参与到社会扶贫中来，比如更加精准地推送扶贫对接信息，让更多的普通农民能够通过信息智能分发的方式提升收入等。

3. 扶贫工作要联合共赢，在扶贫过程中要保持开放合作。扶贫工作是全社会的共同目标，因此在扶贫过程中，企业应该砍掉围栏，只要能够促使扶贫工作切实有效，都应该合作起来，共同致力于社会价值的最大化。比如在字节跳动帮助古蔺推广销售脆红李时，因为当地物流基础不好，京东派冷链车快速解决物流问题，体现了在扶贫工作中，互联网企业心往一处想、智往一起聚、劲往一处使。

（六）相关方评价

以头条为代表的新兴互联网“独角兽”平台流量巨大，在此之上，内容电商、场景电商、网红电商已初现精彩；而流量，正是当下电商扶贫平台最缺少的资源，电商扶贫也需要不断创新。期待头条可为“互联网＋扶贫”探索出一条新的成功之路！

——中国社会科学院教授 汪向东

今日头条勇担社会责任，助推精准扶贫，为打赢脱贫攻坚战贡献力量。利用自身网络资源优势，把互联网与贫困县农产品推销有机结合起来，运用平台大咖优势，用网红粉丝经济来促进贫困农村电商发展，引导贫困群众融入电商产业链条，为甘肃这些贫困县优质农产品插上了腾飞的翅膀，开创了信息技术扶贫新模式。

——静宁县副县长 刘桂香

图 17 “山里 DOU 是好风光”扶贫县景区开展抖音挑战赛

（七）扶贫规划

总的来看，字节跳动扶贫工作是对电商扶贫、消费扶贫、社会扶贫的有益尝试和积极促进，利用人工智能实现扶贫需求与市场的精准匹配，充分发挥互联网公司的科技优势、粉丝经济优势等，实现“输血式扶贫”向“造血式扶贫”的跨越式改变，使得技术传播的价值、创造经济收入的价值和丰富农村文化的价值，在字节跳动扶贫工作中得以真正体现。

下一步，字节跳动会与更多的党政部门紧密联动，将“造血式”扶贫模式继续深化，同时扩大到更多的贫困县，覆盖更多的贫困人群，让更多的贫困户受益。2018 年下半年，字节跳动扶贫正式启动“山里 DOU 是好风光”文旅扶贫项目。

“山里 DOU 是好风光”是字节跳动围绕抖音平台打造的文旅扶贫项目。文旅扶贫是精准扶贫的重要手段，可为当地带来有效且持久的长期效果。

字节跳动将利用平台优势资源，联合明星、抖音达人、头条达人等通过创意短视频的方式推广贫困地区的自然美景、民俗文化，让贫困地区也能成为下一个网红打卡旅行地。项目主要依托抖音平台的短视频创新形式，配合抖音挑战赛等站内外资源，并借助字节跳动全系列产品矩阵和媒体资源，助力目标景点品牌影响力的快速提升。

应该说，该项目是高度响应国家扶贫战略，深度联合各级政府部门的扶贫举措，并可对国家重点扶贫区域进行集中性、高流量传播，打造贫困县的文化旅游“爆款”。

专家点评

字节跳动高度重视扶贫工作，在创新业务部下成立扶贫项目组，组建专门的团队，重点打造“山货上头条”“山里 DOU 是好风光”两个扶贫项目，开展“三农合伙人”和“扶贫达人计划”两个运营计划，充分发挥企业最大优势，通过直播、短视频、小视频、文图等形式，利用字节跳动全系产品为贫困地区农产品电商注入流量，借助精准传播，提升精准扶贫工作效率，助力贫困地区脱贫增收。

——汪杰 中国社会科学院企业社会责任研究中心副主任

第二十一章 国家开发投资集团有限公司 携爱扶贫，筑梦小康

（一）扶贫实践

多年来，国家开发投资集团有限公司始终秉承服务国家战略的投资理念，以创新的思路，用最朴实的行动真正解民忧、利民生，结合自身在投资管理方面的专长，协同政府各部门、社会及集团上下资源，倾力支持扶贫事业，进行产业扶持、智力帮扶，开展集善工程，并形成了国投公司提升贫困地区“自主造血”能力的特色扶贫工作模式，全面助力国家脱贫攻坚战略的实施。

1. 定点扶贫：全面帮扶，普惠民生

2017 年，国投继续承担甘肃省宁县、合水县，贵州省罗甸县、平塘县的定点扶贫任务，实施基础设施建设、危旧房改造、三改补助、产业支持、农户资助、保险支撑等 8 项 28 个帮扶项目，改善民生福祉，助力提升当地经济社会发展水平。

（1）援建设施，强基固本

基础设施薄弱是制约贫困地区发展的突出瓶颈。国投将援建基础设施作为定点扶贫工作的重点之一，从建设饮水工程、修缮乡村道路到修建安居住房、援建村级阵地，一个个民生项目的落地实施，切实帮扶贫困地区解决吃水难、出行难、文化活动难等问题。

（2）“造血”帮扶，增强动力

国投采取“有偿使用，滚动投入”的方式，帮扶定点扶贫县发展支柱产业，增强贫困地区自我发展能力。2017 年，国投创新产业帮扶方式，利用金融手段，调动村民致富积极性，增强“造血”功能。为定点扶贫县捐助资金，注入互助基金、农村信用基金，发放硫酸钾肥，帮助贫困村民发展种植养殖产业。

（3）精准帮扶，脱贫致富

2017 年，国投积极参与定点扶贫县易地搬迁、危房改造，以及待缴老人新农合保险等精准帮扶项目，将扶贫资金精准使用在建档立卡贫困人口身上，助力贫困地区脱贫致富。

图 1 2018 年 5 月，国投董事长王会生在甘肃调研精准扶贫工作，在田间地头与贫困户进行交谈

2. 教育扶贫：助学育人，圆梦起航

扶贫必扶智。国投始终将支持贫困地区教育事业的发展作为扶贫开发工作的重中之重，从援建学校及配套设施、资助贫困学生等方面帮扶贫困地区提升教育水平，培育智力资源，同时发动员工献爱心，帮扶贫困学生，让他们的梦想飞得更高，为他们的未来点亮希望。

（1）援建教育设施，改善办学条件

国投在定点扶贫县及其他贫困地区积极援建希望

小学、青少年活动中心及梦想中心等，不断改善教育基础设施，努力提高当地办学条件，为当地教育事业的发展贡献力量。2017 年，在贵州省罗甸县，新建特殊教育学校一所，解决 370 名残疾儿童入学问题，在甘肃合水县修建一所梦想中心教室。

（2）传递关爱共温暖，结对帮扶奔小康

2017 年，国投组织“传递关爱共温暖，结对帮扶奔小康”结对帮扶活动，带动 1025 名员工结对帮扶贫困学生 400 余名、贫困家庭 100 余户，截至目前，已累计捐赠帮扶资金超过 300 万元。通过活动开展，关爱贫困学生的同时，有助于进一步增强广大员工的社会责任感，彰显广大员工的爱心善举。

（3）情系学子，“爱心助梦”在行动

2017 年，国投向中国扶贫基金会“新长城”基金捐助资金 159.2 万元，资助贫困高中生 300 人，设立“国投自强班”6 个，资助贫困大学生 209 人；开展“结对帮扶”“爱心助梦”活动，动员员工力量献爱心。

（4）志愿服务，关爱农民工子女

多年来，国投在北京市石景山华奥农民工子女学校举办“三五”学雷锋活动，累计组织 210 名青年志愿者为两个班级 120 余名学生连续讲授人文课、科学课以及声乐课，授课多达 100 余节。

案例 寻雷锋足迹 · 扬志愿精神

2017 年 3 月，60 余名国投青年志愿者走进北京石景山区华奥农民工子女学校，组织开展“寻雷锋足迹 · 扬志愿精神 2017 年国投志愿者在行动”学雷锋日主题活动。志愿者们按照不同年龄段学生的特点，自主研发课程，制作课程讲义，开设了从国学到中医，从竖笛到五线谱，从计算机原理到趣味英语，从矿产资源到海外留学等 28 节内容迥异、风格多样、活泼欢快的新鲜课程，深受孩子们的喜爱。

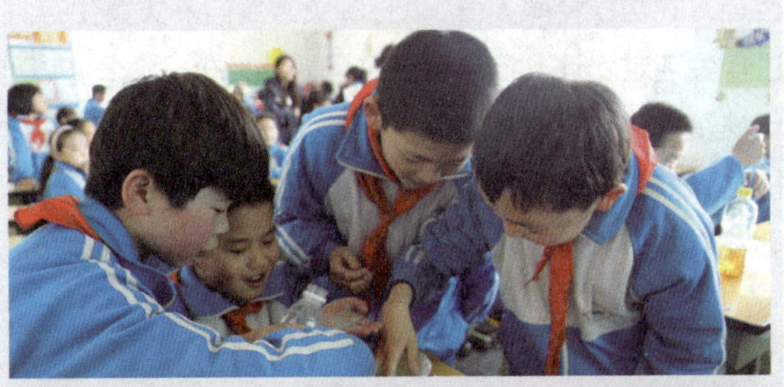

图 2 国投志愿者开展志愿服务

青年志愿者心声

如果说一个志愿者是一把泥土，那我们国投的志愿支教活动就是无数把泥土聚集在一起，成就一座山峰。

——国投高新志愿者

以修建红旗渠的故事为切入点，为孩子们讲述水的用途和意义，并且通过咱们雅砻江水电的照片生动地介绍了国家伟大的水利工程，孩子们都被深深地吸引。我们也相信，在他们幼小的心里埋下了为祖国贡献力量的种子！。

——国投电力志愿者

在没有空调，门窗有裂缝，多媒体条件很差的情况下，孩子们的求知欲让人动容，课堂上和孩子们一同分享一幅幅小鸟的照片，让他们感受到大自然的美好与活力，使孩子们明白要从现在、从点滴做起保护环境、爱护生灵，一起建设与自然和谐共生的美丽中国。

——中投保志愿者

3. 专项扶贫：扶危济困，爱满人间

国投在帮扶过程中，通过开展慰问救济、参与资助建设“母亲水窖”、支持“集善工程点启明行动”项

目等方式帮扶特殊人群，真心解决遭受自然灾害生存难、过年生活难、遇到疾病救治难问题。此外，公司积极创新扶贫模式，设立慈善信托，整合优势资源，共同推进扶贫工作，在有援疆援藏任务的地区，采取措施帮扶当地发展。

（1）慰问救济，温暖你我

自 2002 年开展定点扶贫工作以来，国投坚持春节前由公司领导带队或委托县有关部门，走访慰问贫困家庭，送上慰问金、慰问信和过年用品。多年来，公司已累计发放慰问金 254 万元，走访慰问近 8500 多户贫困家庭，帮助特困家庭过好传统的新春佳节。

（2）健康扶贫，呵护生命

为改善特殊人群就医条件，国投积极投入资金，援建基础医疗设施，开展爱心医疗救助服务等活动，为特殊人群就医看病提供便利，助力身心健康。2015 年，国投与中国残疾人福利基金会合作，捐赠资金 100万元，帮助改善甘肃省合水县、宁县残疾人康复中心的设施设备，为残疾人健康恢复性锻炼提供保障。

（3）慈善信托，聚力扶贫

2016 年，国投出资并委托国投泰康设立国内首单慈善信托，这是整合公司资源，创新扶贫模式，引导社会资金投向，推进扶贫工作转型升级的重要举措。慈善信托具有灵活、透明、高效的优势，不仅可以推进扶贫工作统筹规划，而且能够更好地根据公司的意愿实现教育、医疗、救困、乡村基础设施建设等多方面的慈善需求。

（4）支援边疆，共建和谐

国投按照国家经济发展方针、产业政策和区域规划的要求，探索通过投资引导区域经济转变发展方式的有效途径，长期投资新疆少数民族地区和四川青海藏区，通过完善基础设施、资助学校建设与贫困学生、开展贫困人口职业培训与安置就业、支援抗震安居工程等多种主题项目推进援疆援藏工作，以带动落后地区经济社会持续发展。

案例 实施医疗精准扶贫，关爱生命暖人心

在中国广大贫困地区，不少家庭因病致贫、因病返贫。为更好地解决贫困地区群众的切身之痛，国投通过与何氏眼科、华大基因等知名医疗和科技企业合作，计划在全国 100 多个贫困县建设血透中心和眼科门诊，长期为贫困地区百姓解决终末期肾病和眼科保健等实际困难。

表 1 国投医疗精准扶贫情况

2017 年 8 月	在贵州省黔南州罗甸县，开展白内障患者免费手术医疗和现场培训公益活动，帮助患者重见光明
2017 年 11 月	联合开展精准医疗公益活动——“天下无盲”遗传性眼病基因筛查项目，组织医疗专家到地处黔南州都匀市的黔南州特殊教育学校开展防盲基因筛查，累计筛查师生及家长 120 余人，其中筛查盲童 28 人，发现疑似遗传性眼病的家庭 11 个，为 13 名患有屈光不正的聋哑学生验配眼镜
2018 年 2 月	国投捐赠 200 万元，设立“爱之光 · 国投集团防盲治盲专项基金”，专项用于在贵州省联合开展的“眼科医疗 · 精准扶贫”公益项目，为贵州省贫困群众开展免费白内障手术、遗传性眼病基因筛查、青少年眼视光矫正、眼科医护培训等公益活动，防止“因盲致贫，因盲返贫”，提升群众生活质量和当地眼科医疗卫生水平

图 3 2018 年 2 月，国投捐赠 200 万元，设立“爱之光 · 国投集团防盲治盲专项基金”

4. 工程扶贫：责任开发，造福当地

国投 75% 的项目投资在西部，公司结合当地扶贫规划，做到工程建设与扶贫工作同步推进，以改善生态条件为基础，以改善路、水、电等基础设施为重点，从依法缴纳税费、帮助贫困家庭改善生产生活条件、提高就业途径、增强致富能力、建设希望小学等方面促进当地经济社会发展，造福当地百姓。

国投在雅砻江开发建设中，在凉山州共投资 900 多亿元，累计直接上缴税费 78 亿元。在雅砻江官地水电站建设中，投资达 3 亿元的官地水电站对外交通公路改造工程，打通了制约盐源、木里两县交通的磨盘山。出资建设的雅砻江中游河段卡拉、杨房沟水电站 91 千米对外交通公路，不仅打通了通往雅砻江中游河段各梯级电站的道路，而且惠及凉山州木里藏族自治县 30% 的人口，6 个乡、近 4 万名藏族群众从此有了一条从大山里走出来的致富路，感动中国人物王顺友的马班生活也从此结束。

5. 基金扶贫：扶植产业，持续发展

国投参与设立并管理贫困地区产业发展基金、中央企业贫困地区产业投资基金两只国家级产业扶贫基金，基金总规模为 182 亿元，通过“产业基金 + 企业 + 贫困地区资源 + 贫困人口”的产业扶贫模式，支持贫困地区产业发展，带动贫困人口精准脱贫。

截至 2017 年 12 月底，两只基金累计投资项目 78 个，金额 102 亿元，通过直接投资、在重点省设立子基金、发起扶贫基金联盟等方式，引领撬动社会资本超 1000 亿元投入贫困地区。已投项目涉及全国 26 个省（市、自治区），已投决及立项项目遍布 14 个集中连片特困地区，以及部分国家扶贫工作重点县、革命老区县。两只基金投资项目投产后将带动 24 万贫困人口直接或间接就业，为贫困人口提供收入 15 亿元 / 年，为地方政府提供税收 13 亿元 / 年。

案例 一片叶子脱贫一方茶农

贵州贵天下茶业有限公司（以下简称“贵州贵天下”）是贵州大型国有企业盘江集团的控股子公司，在都匀市、湄潭县设有全资子公司，是贵州省农业产业化龙头企业、省级扶贫龙头企业。然而，都匀市和湄潭县均为国家级贫困县，农户急需依靠相关产业实现脱贫。

2016 年 12 月，央企扶贫基金向贵州贵天下投资 6000 万元，支持贵州贵天下发展，旨在打造“品牌 + 渠道”的绿色健康食品销售平台，通过央企扶贫基金与贵州盘江集团联合、共同开发贫困地区优势特色资源，帮助贵州贫困地区特色食品走向全国。同时，采用“公司 + 合作社 + 基地”的合作模式，对订单种植户实行最低保护价收购，并对贫困户进行生产技术培训，提升贫困人口脱贫致富能力。

图 4 国投集团支持茶产业发展

6. 干部扶贫：真情奉献，倾心为民

国投不断创新扶贫方式，把扶贫工作和干部挂职工作结合起来。截至目前，公司已向定点帮扶县、对口援疆县、帮扶企业持续选派 38 名优秀干部挂职。2015 年以来，公司与河北省展开脱贫攻坚全方位对接，选派 5 名优秀干部到河北省贫困县挂职，助力地方实施脱贫攻坚战略。这些挂职干部坚守在扶贫前线，深入调研、了解民生、敢于担当、勇于奉献，携手当地干部、群众，将精准扶贫落到实处，谱写出一曲曲动人的扶贫凯歌。

（二）扶贫成效

自成立以来，国投积极响应党中央、国务院的号召，先后承担贵州省三都县、平塘县、罗甸县和甘肃省合水县、宁县等 9 个县的定点扶贫开发任务，以及援疆援藏任务。截至目前，集团公司累计投入扶贫资金 26.2 亿元，派出扶贫干部达 99 人次，在扶贫当地坚持负责任开发，通过援建基础设施、援建学校、带动就业等方式，切实造福当地。积极探索基金扶贫新模式，以市场化手段引导、推进产业扶贫，助力贫困地区精准扶贫、精准脱贫。持续派驻挂职干部，深入贫困地区，携手当地干部、群众，共同推进小康社会建设。

表 2　数说扶贫 2017

指标	2017 年
无偿捐赠资金（万元）	4427.13
定点扶贫投入资金总额（万元）	2541.92
惠及建档立卡贫困户（户）	996
惠及建档立卡贫困群众人数（人）	6007
捐赠教育资金总额（万元）	159.2
资助贫困高中生人数（人）	300
资助贫困大学生人数（人）	209
发放慰问金总额（万元）	40
慰问贫困家庭总数（户）	800
贫困地区产业发展基金完成项目投资金额（亿元）	16
贫困地区产业发展基金完成投资项目数（个）	37
中央企业贫困地区产业投资基金完成项目投资金额（亿元）	86
中央企业贫困地区产业投资基金完成投资项目数（个）	41
两只扶贫基金带动贫困人口人数（万人）	24
两只扶贫基金带动扶贫人口收入（亿元）	15
派出扶贫挂职干部人数（人）	5

（三）扶贫经验

1. 扶贫要有整体部署，落实中央要求，实现顶层设计与基层实践良性结合

（1）按照总书记的要求，要把扶贫作为政治责任，绝不有丝毫含糊，用心、用情、用力做好扶贫工作。

（2）党组高度重视，党组书记亲自抓，将定点扶贫工作当作一项重要的政治任务，明确机构、专人具体负责。在中央单位定点扶贫工作会议召开后，国投公司专门召开党组会议学习传达会议精神，研究部署新形势下如何举全集团之力做好定点扶贫工作。通过积极与对口帮扶的四个定点扶贫县及所在省市研究，共商各县精准扶贫计划，明确所承担的任务，落实具体帮扶的责任，切实做到底数清楚、任务清楚、目标清楚、责任清楚。同时，通过在全集团范围内选派优秀干部到四个定点扶贫县挂职工作方式，帮助定点扶贫县做好扶贫开发工作；通过加强与受托管理的产业扶贫基金协同，配合基金深入定点扶贫县开展调研，帮助定点扶贫县推进落实产业扶贫。

（3）国投通过产业扶持、智力帮扶、集善工程等形式，并结合人才支持、锻炼干部等，形成了国投提升贫困地区"自主造血"能力的特色扶贫工作模式，发挥扶贫基金优势，支持贫困地区产业脱贫；加大帮扶力度，改善定点帮扶地区乡村道路、百姓饮水等基础设施；推动教育脱贫，扶贫扶智，资助困难学生上学；实施人才

支持，选派优秀干部赴贫困地区挂职，培养锻炼干部。

2. 扶贫要加强区域、产业谋划，全面助力国家脱贫攻坚战略的实施

通过以下四种方式进行产业扶持、智力帮扶、集善工程：一是将投资业务重点投向西部地区；二是创立并负责“贫困地区产业发展基金”的管理工作；三是坚持定点扶贫，扶贫点为：贵州省黔南州罗甸县、平塘县和甘肃省庆阳市宁县、合水县；四是选派援疆援藏援冀干部挂职。通过以上方式形成了国投公司提升贫困地区“自主造血”能力的特色扶贫工作模式，全面助力国家脱贫攻坚战略的实施，发挥国投的投资优势，达到三统一。

3. 扶贫不能大而化之，要创新模式，精准扶贫，既要扶“智”“志”，也要扶“治”

从根本上看，贫困地区的长远发展必须通过发展产业、增强“造血”功能，提升其内生动力来实现。但任务仍然艰巨，贫困地区要想获得可持续的长远发展，需要提升社会经济发展的内生动力，通过发展产业来增强贫困地区“造血”的能力。在发展中还会遇到很多困难，例如贫困地区的投资环境差，难以引进社会资本，缺乏对产业发展的长期投资。事实证明，产业扶贫基金的设立和投资与中央和国家关于脱贫攻坚的最新要求不谋而合。2015 年 11 月 27 日召开的中央扶贫开发工作会议上，习近平总书记提出：要解决好“怎么扶”的问题，按照贫困地区和贫困人口的具体情况，实施“五个一批”工程。在这“五个一批”中第一个就是通过发展生产脱贫一批，引导和支持所有有劳动能力的人依靠自己的双手开创美好明天，立足当地资源，实现就地脱贫。2015 年 11 月 29 日颁布的《中共中央国务院关于打赢脱贫攻坚战的决定》中提出：坚持精准帮扶与集中连片特殊困难地区开发紧密结合；通过发展特色产业脱贫，要扶持建设一批贫困人口参与度高的特色农业基地，要加强贫困地区农民合作社和龙头企业培育，发挥其对贫困人口的组织和带动作用；要引导中央企业、民营企业分别设立贫困地区产业投资基金。而此时，国投公司已经先行先试，其独资设立的基金管理公司——国投创益公司正式开展产业扶贫基金的投资工作已有两年时间。

（四）相关方评价

扶贫不能大而化之，不能想当然地“给钱”，模式创新、产业扶贫很关键。因而国投之策，是积极寻找契机，瞄准一些国家需要、贫困地区需要，但社会资本又不愿介入的项目，并使这类项目持续、健康发展成为当地支柱产业，带动当地脱贫致富。

——国投董事长、党组书记 王会生

扶贫基金吸引各类资本共同投资贫困地区，是国投利用“基金”工具，带动社会资本投入“民生”领域的具体体现；另外，不同于“大水漫灌”，扶贫基金根据贫困地区的短板和需要，引入和整合各类发展要素，也是国投发挥国有资本投资公司的独特优势、进行精准扶贫的生动案例。

——河北灵寿县挂职干部 冯越（国投创益产业基金管理公司）

农民外出务工收入不稳定，心里更不稳定。能在安能打工，守着家门口，挣着明白钱，既能脱贫致富，幸福指数也大幅提高。这都是扶贫基金带来的效应。我们企业感谢国投和扶贫基金，贫困群众更感谢国投和扶贫基金。

——河北安能绿色建筑科技有限公司总经理 高汉章

上岗前，公司对我进行岗前培训，上岗后，还经常参加技能培训，现在我一个月能挣 4,000 多元，等技术进一步熟练后，每个月挣个六七千元不成问题。

——灵寿县北八乡朱食村贫困户 祁洋洋

十二年寒窗苦读，我终于如愿以偿地走进了多彩的大学校园。但贫困让我的求学之路步履维艰，多少次我被拉到辍学的边缘。在我一筹莫展的时候，是国投通过“新长城”对我伸出了援助之手。先辈们用双手筑成了万里长城，而国投用爱心构建了新的万里长城。作为一名贫困大学生，我认为自己是不幸的，但我又认为自己是幸运的，因为我有国投无私的关爱。

——西安科技大学学生 田祥贵（贵州省平塘县布依族）

（五）扶贫规划

国投已将扶贫工作纳入公司“十三五”发展规划（2016~2020年）的整体之中，从公司战略层面推进国投扶贫。具体在以下八方面进行细化部署。

1. 帮助四个定点扶贫县脱贫

到2018年，基本实现75个乡镇、373个贫困村脱贫摘帽，25.47万建档立卡的贫困人口越过扶贫标准线，稳定实现全县整体脱贫。

2. 大力开展教育扶贫

每年资助贵州两县困难大学生240人、甘肃两县特困高中生共300人。开展“结对助学”活动，帮扶400名学生。五年帮扶期中，力争帮助3000名贫困人口脱贫。

3. 发挥工程项目优势助力扶

发挥国投建设大工程、大项目的优势，在工程建设中，以改善生态条件为基础，以改善路、水、电等基础设施为重点。

4. 参与易地搬迁工程和农村危房改造

配合贫困县党委政府实施易地搬迁和危房改造工程，为贫困家庭安置、危房改造、安置地配套设施建设以及后续扶持等方面给予帮助。五年帮扶期中，力争帮助300户1200名贫困人口脱贫。

5. 产业基金帮扶项目落地见效

最大限度发挥产业基金“造血”功能作用，完善产业基金帮扶机制，五年帮扶期中，力争帮助20000名贫困人口脱贫。

6. 支持农村带头人发展致富项目

2018~2020年，不断扩大参与规模，力争在每县扶持10个村互助基金组织，10个“互联网+”电商。五年帮扶期中，力争帮助1000名贫困人口脱贫。

7. 组织员工开展公益帮扶活动

充分调动员工参与扶贫攻坚工作，组织开展“党员带头、团员参与、会员参加”公益帮扶活动。

8. 选派优秀干部赴定点扶贫县挂职

根据定点扶贫工作要求，选派政治上可靠、会抓项目管理的优秀干部到定点扶贫县任党委副书记或副县长，分管或协助分管扶贫工作。

专家点评

党的十八大以来，国投集团扎实履行中央企业政治责任，以习近平总书记关于扶贫开发工作重要论述为指导，探索形成定点扶贫、教育扶贫、专项扶贫、工程扶贫、基金扶贫、干部扶贫“六位一体”扶贫模式。充分发挥投资主业优势，受托管理“贫困地区产业发展基金”和“中央企业贫困地区产业投资基金”两只共计181.86亿元的产业基金，通过产业投资，引导和支持所有有劳动能力的人依靠自己的双手开创美好明天，立足当地资源，实现就地脱贫。

——钟宏武 中国社会科学院企业社会责任研究中心主任

第二十二章　国投创益产业基金管理有限公司以产业基金探索产业扶贫新路径

（一）不忘初心，坚持服务国家脱贫攻坚战略

党的十八大以来，以习总书记为核心的党中央把脱贫攻坚纳入“五位一体”总体布局和“四个全面”战略布局，摆到治国理政的重要位置，吹响了打赢脱贫攻坚战的进军号，脱贫攻坚取得了新的成就。党中央、国务院高度重视产业扶贫工作，把产业扶贫作为扶贫攻坚的重点任务全力推进，国家“十三五”规划纲要把产业扶贫工作作为脱贫攻坚的八大重点任务之首。习近平总书记强调，“发展产业是实现脱贫的根本之策。要因地制宜，把培育产业作为推动脱贫攻坚的根本出路。”

国家开发投资集团有限公司（以下简称国投）是中央直接管理的国有重要骨干企业，是中央企业中唯一的投资控股公司，是首批国有资本投资公司改革试点单位，在国民经济发展中发挥了投资导向、结构调整和资本经营的独特作用。国投拥有长期的股权投资经验、规范的企业管理机制、丰富的资本市场经验、广泛的国际合作资源、雄厚的资金实力，近年来结合自身经营特点与优势，通过发展基金投资、股权投资等方式，主动服务国家脱贫攻坚战略，出资参与设立和受托管理国家级产业扶贫基金，以国家财政和中央企业资金为引导，带动社会资本投入，对贫困地区具有特色和发展潜力的产业进行投资，以市场化路径支持贫困地区产业发展，增强贫困地区的造血功能和内生动力，带动贫困群众就业，实现精准脱贫、稳定脱贫和本质脱贫。

（二）牢记使命，加大对贫困地区产业的支持力度

党的十八大以来，根据国务院领导批示，先后由财政部、中国烟草总公司、国投共同发起设立贫困地区产业发展基金；由国务院国资委牵头，财政部参与，经过二期募资，国务院国资委监管的全部中央企业和财政部履行出资人职责的部分中央企业共同出资设立了中央企业贫困地区产业投资基金（以下简称央企扶贫基金）；两只基金规模182亿元。国投创益产业基金管理有限公司（以下简称国投创益）作为国投的全资企业和国家民生类基金管理公司，全程参与了两只基金的筹备和设立工作，并受托管理两只基金。

自受托管理两只基金以来，国投创益深入贯彻落实习近平总书记扶贫思想，坚决贯彻落实党中央、国务院关于脱贫攻坚决策部署，助力精准扶贫精准脱贫基本方略，产业基金扶贫工作取得明显成效，探索出一条以工补农的新路子。截至2018年10月17日，两只基金累计完成投决项目95个，金额139.48亿元，覆盖全部14个集中连片特困地区以及部分国家扶贫工作重点县、革命老区县，涉及全国27个省（市、区）。通过直接投资、在重点省区设立子基金、发起扶贫基金联盟等方式，两只基金已引领撬动超过1500亿元社会资本进入贫困地区，为贫困地区产业发展提供资金支持。这些项目完全投产后，预计可带动48万贫困人口就业，为贫困人口增收32亿元每年，为地方增加税收15亿元每年。

图1　中央企业贫困地区产业投资基金揭牌暨首批投放项目签约仪式

（三）发挥优势，切实发挥产业基金的独特作用

1. 发挥基金杠杆作用，撬动社会资本投入

国投创益主动对接有关部委资源，加强与地方政府、金融机构、产业龙头企业的战略合作，充分发挥国投作为国有投资公司专业委员会会长单位的优势，与宁夏固原、河南三门峡等市（地）有关部门和国有企业合作建立产业扶贫平台；与省属重点国有企业合作在贫困面广、贫困人口多、贫困发生率高的贵州、河南、江西、湖南、青海、陕西、云南、黑龙江、安徽 9 个省份设立子基金，成立了央企扶贫子基金联盟，总规模 54 亿元；与中电建、华润、中铝、中广核等中央企业和牧原股份、中鼎联合、杨氏果业、天士力等民营龙头企业合作，依托当地优势特色资源，在中西部贫困地区尤其是深度贫困地区布局现代化、规模化的生产加工基地，推动产业转型升级；吸引先进制造基金、现代种业发展基金、中国农业产业发展基金等国家基金以及鼎晖投资、金石投资、云月投资等投资机构跟投，扩大企业融资规模。两只基金通过直接投资、在重点省设立子基金、发起扶贫基金联盟等方式，将引领撬动社会资本超 1000 亿元投入贫困地区。

2. 聚焦重点急需行业，打造产业扶贫平台

为加快产业基金扶贫模式的示范、复制和推广，国投创益统筹安排在不同行业的投资布局，依托产业龙头企业在贫困地区打造了七大扶贫平台，惠及更多贫困地区和贫困人口。

图 2 国投创益打造七大产业扶贫平台

（1）依托农业供给侧结构性改革，打造现代农业平台。依托杨氏果业在中国主要柑橘产业带布局种植和加工基地，依托益客食品带动现代化肉禽养殖和高端食品生产，依托牧原股份在全国 22 个贫困县建设 60 个现代畜牧养殖项目，推动产业转型升级，吸收贫困群众就业。

（2）依托当地资源禀赋，打造资源开发平台。在贵州、湖南、河北和四省藏区投资十余个特色旅游项目，引导神农本草、陇药集团等发展中药产业链，投资山西中铝华润、云南铜业等，促进资源优势转换为产业优势。

（3）按照国家能源发展战略，打造清洁能源平台。利用贫困地区秸秆、水、光、风等资源优势，大力发展清洁能源，与国峰清源合作建设秸秆生产车用沼气项目，与中电建合作建设新疆克州夏特水电站项目，与中广核合作在 12 个县建设 17 个风力发电项目等。

（4）防止因病致贫、因病返贫，打造医疗健康平台。与北京达康医疗、沈阳何氏眼科合作，按照“一县一科”模式，规划在 150 个央企定点帮扶县分别建设 100 家血透医疗中心和 50 家眼科医疗中心，与江西九峰医疗合作通过“人工智能 + 远程诊断”方式为贫困地区群众提供全方位的远程诊疗服务。

图 3 国投创益投资项目达康医疗

（5）解决农产品销售难题，打造产销对接平台。与中国农批合作，在延安、赣南等地建设农产品批发市场，打造全国农产品流通网络；拟投资“公益中国”电商平台，通过以央企为主的客户合作模式，为贫困地区农产品销售提供快速通道。

（6）为农业产业链提供融资方案，打造产业金融平台。积极探索“基金 + 企业 + 产业链金融 + 农户 / 经销商”的股权投资与产业链金融相结合的模式，为益客食品、大伟嘉、中鼎联合等企业及其产业链上下游提供融资服务。

（7）发挥基金纽带作用，利用“绿色通道”，打造资本运作平台。引导发达地区拟上市企业和上市公司

到贫困地区投资，支持贫困地区企业通过“绿色通道”登陆资本市场。目前，已有 8 家企业成功挂牌新三板。

图 4 央企扶贫基金、中广核与 12 个县精准扶贫项目签约仪式

3. 培育产业龙头企业，增强内生发展动力

国投创益投资的企业都属于贫困地区的优质企业，管理比较规范，但与资本市场的要求相比还存在差距。国投创益按照抓重点、补短板、强弱项的原则，建立了符合贫困地区企业现状的投后管理模式，成立了独立的投后管理团队，将投后管理划分为投后协议执行、项目动态跟踪、项目法人治理、投后增值服务四大部分，建立了资金监管机制、信息收集机制、分析报告机制、定期检查机制、年度评估机制、增值服务机制六大机制，持续地专注于帮助企业在运营过程中解决各类管理问题，通过良好的投后管理，从主动层面减少或消除潜在的投资风险，提示企业自身价值，促进企业健康发展。通过健全规章制度、加强人员培训、会计师事务所提供财务顾问、推广先进的财务软件和资金支付系统、协同开发业务、梳理发展规划等，进一步帮助企业完善法人治理架构、健全财务会计管理制度、规范生产运营。同时，国投创益将投资企业党建工作作为重点来抓，制定并下发了《国投创益投资企业党建工作指导意见》，对投资企业党建工作进行督促和指导。截至目前，80% 以上的投资项目在基金进入后保持平稳健康经营，一半以上的项目实现了后续股权和债权融资。

图 5 央企扶贫基金投资企业江西杨氏果业股份有限公司

4. 扩大产业扶贫效果，建立脱贫长效机制

国投创益选择投资项目时，针对资源禀赋、产业规划、贫困人口结构等不同情况，紧紧围绕市场化机制保障产业扶贫效果的目标，将精准扶贫与区域发展协调推进，完善产业扶贫利益联结机制，确保贫困人口长效稳定脱贫。基金投资企业都是当地产业龙头，生产、加工、销售各环节利益联结机制健全，通过土地经营权入股、订单收购、信用扶贫贷款入股、订单收购、利益分享等多种方式带动大量建档立卡人口脱贫，扶贫带动能力强；企业自身实力强、效益好、管理先进，具有较大的市场竞争优势，抗风险能力强，基金投资后能够稳定健康发展，扶贫效果有保障；企业在基金投资后，财务管理进一步规范，合规经营意识进一步强化，实现了依法纳税、透明纳税，在作为地方支柱性税源的基础上进一步增加了地方财政收入，为区域经济发展和脱贫攻坚提供了坚强的资金保障，让贫困户分享到农业全产业链和价值链增值收益，实现了社会效益和经济效益的统一，做到了以产业基金实现“扶真贫、真扶贫”。

图 6 国投创益为投资企业组织培训交流

（四）强化管理，为基金投资管理提供坚强保障

国投是管理基金规模最大、类别最全的中央企业之一，在产业投资和基金管理方面积累了较为丰富的经验，摸索了一套投资项目考察分析、投资决策、投后管理直至退出的制度和流程。在产业基金扶贫之初，国投创益一方面参照国投原有的制度和流程，制订了投资策略，开展项目选择、投资决策；另一方面，结合贫困地区特点和现状，进一步总结提升，修订完善了相关制度、标准和流程，并加大了投后管理的力度。尤其是受托管理央企扶贫基金以来，为兼顾扶贫效果、投资效益和资

金安全、投资速度，国投创益认真学习贯彻习近平扶贫思想，按照国投党组要求，坚持精准扶贫精准脱贫基本方略，在实践中总结形成了“一二三四五”产业基金扶贫管理模式。一个目标：探索市场化的产业基金扶贫方式，促进贫困地区区域经济发展；两个原则：坚持产业基金扶贫效果，坚持产业基金保值增值、有效退出；三个保障基金治理结构、风险控制体系、稽核监控系统；四个主体：产业基金 + 企业 + 贫困地区资源 + 贫困人口；五个标准：投资决策规范化、团队建设专业化、运作管理信息化、投后管理增值化、对外形象品牌化，探索了一条以产业基金带动本质脱贫的全新路径。

加强党建工作。国投创益坚决贯彻“党要管党，从严治党”的理念，深入学习贯彻党的十九大精神和习近平新时代中国特色社会主义思想，坚持改革发展与加强党建同步推进，坚持加强党的领导和完善公司治理有机统一，落实国投“卓越党建管理模式”，发布国投创益企业文化大纲，积极探索加强基金投资的混合所有制企业党建工作的有效路径，将党组织建设有关要求融入企业文化，充分发挥党支部战斗堡垒作用，发挥党员的先锋模范作用，统一共识，凝聚力量，为落实各项重要决策部署提供了政治保障和组织保障。

完善体制机制。开展“竞聘上岗、双向选择”，建立市场化方向的薪酬体系及激励约束机制，完善各项管理制度，优化管理流程，提升投资管理水平；出台了全面风险管理办法、投后管理制度，突出做好建立健全法人治理结构、定期组织财务监督检查、协助推动资本运作和债权融资、打造业务培训和交流平台等增值服务。

加快信息化建设。用友财务系统通过畅捷支付实现基金资金监管，提升财务核算水平，实现所有投资项目网上报送报表的目标；卓沃系统通过对投资流程的优化，实现对项目投资投前、投中、投后及退出的全生命周期管理；BI 系统整体提升公司业务管控能力、风险管理能力、财务及资金分析效率；EMP 系统利用大数据平台，打破公司各系统的信息壁垒，集约整合各信息系统数据信息，实现信息共享共通，助力经营管理决策。

面向未来，国投创益将在充分总结现有投资、管理经验教训基础上，进一步扩大基金规模，建立一个以央企扶贫基金、贫困地区产业发展基金、央企扶贫子基金为核心层，以国资委和财政部履行出资人职责的中央企业公益性基金为紧密层，撬动上千亿元社会资金的央企扶贫基金联盟，为 2020 年实现全面脱贫目标贡献更大的力量。

专家点评

国投创益深入贯彻落实习近平总书记关于扶贫工作的重要论述，坚决贯彻落实党中央、国务院脱贫攻坚决策部署，助力精准扶贫精准脱贫基本方略，受托管理规模达 182 亿元的贫困地区产业发展基金和中央企业贫困地区产业投资基金。在实际工作中，国投创益以国家财政和中央企业资金为引导，带动社会资本投入，依托产业龙头企业在贫困地区打造七大扶贫平台，对贫困地区具有特色和发展潜力的产业进行投资，以市场化路径支持贫困地区产业发展，探索出了一条以工补农的新路子，为打赢脱贫攻坚战作出了积极贡献。

——孙家琛 国务院国资委综合局社会责任处干部

第二十三章　浙江吉利控股集团有限公司

构建长效机制，助力脱贫攻坚

（一）公司简介

浙江吉利控股集团有限公司（以下简称“吉利控股集团”）始建于 1986 年，总部设在杭州。1997 年进入汽车行业，一直专注实业，专注技术创新和人才培养，坚定不移地推动企业健康可持续发展，连续七年进入世界 500 强。目前旗下拥有沃尔沃汽车、吉利汽车、领克汽车、Polestar、宝腾汽车、路特斯汽车、伦敦电动汽车、远程新能源商用车等汽车品牌，资产总值超过 2700 亿元。规划到 2020 年实现年产销 300 万辆，进入世界汽车企业前十强。

吉利控股集团旗下汽车企业在中国上海、杭州、宁波、瑞典哥德堡、英国考文垂、西班牙巴塞罗那、美国加州建有设计、研发中心，研发设计、工程技术人员超过 2 万人，拥有大量发明创新专利，全部产品拥有完整知识产权。在中国、美国、英国、瑞典、比利时、白俄罗斯、马来西亚建有世界一流的现代化整车工厂，产品销售及服务网络遍布世界各地。

吉利控股集团秉承“快乐人生，吉利相伴”的核心价值理念，在产品、经济、环境以及社会四个领域全力投入，不断提升企业竞争力，推进可持续发展。

（二）扶贫理念

吉利控股集团坚持“让世界感受爱”的吉利公益理念，积极践行可持续发展和社会责任，大力支持社会力量办学，努力践行产学研结合，技师、技工培养，积极投身慈善事业。

2016 年 3 月正式启动“吉时雨”精准扶贫项目，秉承“生产基地建设到哪里，就要把精准扶贫工作开展到哪里”的指导思想，投入超过 6 亿元，精准帮扶 9 省 17 地区超过 20,000 个贫困家庭，将党和政府的关怀、温暖，通过企业这一载体，精准地送到千家万户，为推动乡村振兴贡献力量。

图 1　精准扶贫帮扶地区

（三）扶贫历程

2016 年 3 月，正式启动“吉时雨”精准扶贫项目，6 月完成立项并决定在河北张家口，陕西宝鸡，贵州贵阳，四川成都、雅安、南充，浙江淳安、台州、景宁等 5 省 9 地区开展精准扶贫。

2016 年，总计投入 17,200,917 元，直接帮扶人数达 3,190 人，直接帮助 551 人实现就业脱贫。其中投入 12,760,100 元，帮扶建档立卡户学生 2,639 人；投入 1,660,000 元，在四川雅安、南充两地启动残疾人居家就业技能培训项目、双店乡生猪养殖项目、七宝寺镇生态养殖循环休闲产业项目，帮扶建档立卡户 418 人；投入 607,865 元，采购贫困村合作社农产品。

2017 年 2 月，决定增加对山西晋中、湖南湘潭两地的精准扶贫工作。下半年新增贵州黔东南州、陕西汉中、湖南永州、福建宁德、江西上饶等地的精准扶贫工作，并确立了“生产基地建设到哪里，就要把精准扶贫工作开展到哪里”的指导思想。

2017 年，总计投入 69,684,100 元，资助建档立卡户 6,716 户，帮助建档立卡户 2,745 人实现就业，在全国 11 县区 20 个村启动 13 个农业扶贫项目，带动建档立卡农户 857 户 2,707 人。

2018 年，计划投入 350,000,000 元开展精准扶贫工作，重点推进贵阳精准扶贫工厂、贵阳精准扶贫培训中心、湖南精准扶贫培训中心的建设。

（四）扶贫实践与成效

1. 扶贫组织健全

吉利控股集团扶贫工作由李书福董事长亲自挂帅，统一领导，严密部署，督查落实。由集团党委指导实施、企业社会责任部负责落地，并联合董事局办公室、李书福公益基金会、人力资源部、财务部、8 家制造基地、5 家吉利院校，成立项目推进组和执行组，分工明确，同心协力开展精准扶贫工作。

2. 扶贫目标明确

计划用“十三五”期间的 5 年时间，从“产业扶贫、教育扶贫、就业扶贫、农业扶贫”四个方面入手，投入超过 600,000,000 元，精准帮扶河北张家口，山西晋中，陕西西安、宝鸡、汉中，湖南湘潭、永州，贵州贵阳、黔东南，四川成都、雅安、南充，福建宁德，江西上饶，浙江淳安、台州、景宁等 9 省 17 地超过 20,000 个贫困家庭。

3. 扶贫机制完善

建立完善的“集团牵头、基地主办、伙伴协同、全员参与”的企业内部扶贫工作机制，以及构建“政府搭台、企业出资、合作社执行、社会组织监管”的多方参与、农户受益的扶贫工作格局，坚持“输血”更“造血”，坚持实地调研、制定规划、项目实施、考核评价的科学扶贫流程管控，扎实推进精准扶贫。

4. 扶贫工作有序开展

两年多来，“吉时雨”精准扶贫项目取得了较好成效，得到了中央及地方各级党委政府的肯定，2018 年 7 月，中央政治局常委、全国政协主席汪洋同志对吉利精准扶贫的经验作了批示并给予充分肯定，材料已转发全国；9 月，被民政部授予第十届“中华慈善奖”；2017 年 10 月，被全国工商联、国务院扶贫办授予“全国‘万企帮万村’精准扶贫行动先进民营企业”荣誉称号。截至目前，该项目已累计投入资金超过 3.5 亿元，帮扶建档立卡户家庭超过 13,000 户，帮助 3,705 人实现就业，在全国 17 县 32 村启动了 20 个农业扶贫项目。

（1）产业扶贫，积极助力脱贫攻坚

秉承“吉利生产基地建设到哪里，就要把精准扶贫工作开展到哪里”的指导思想，吉利投入上千亿元在开展精准扶贫的地区稳步推进新基地建设、合规运营现有基地，同时引入汽车零部件、物流等配套企业，直接带动当地经济的发展，并为当地提供大量的就业机会。同时，吉利将在贵阳新建精准扶贫制造工厂，除必要技术人员外全部招收建档立卡户就业，确保实现“一人就业，全家脱贫”。工厂的盈利部分也将全部捐赠给贵阳市慈善总会，持续用于精准扶贫、乡村振兴。

图 2 产业扶贫 – 领克汽车张家口工厂落成

（2）教育扶贫，斩断贫困代际传递

扶贫先扶智，实施教育扶贫是斩断贫困代际传递的“百年大计”。吉利投入资金超过 2 亿元，充分利用旗下 5 所院校的教育资源优势，围绕职业教育、硬件设施建设、师资培养、建档立卡贫困户学生资助等方面，制定了教育扶贫的完整体系，帮扶学生近万人次。

①建设技能培训中心，探索教育扶贫和就业扶贫相结合的精准扶贫模式。2017 年，吉利投入 3000 余万元在张家口建设“吉时雨”精准扶贫技能培训中心，为贫困家庭有志青年免费开展产前技能培养；2018 年，吉利继续投入 1.1 亿元，在贵阳和湘潭两地建设“吉时雨”精准扶贫技能培训中心。

②整合集团旗下 5 所院校，在扶贫地区招收建档立卡户学生，学费、住宿费全免，报销家校往返火车票，

毕业后优先招聘进入吉利工作，目前往届在校建档立卡户学生583人，2018年新增建档立卡户学生超过1,000人，补助资金已超过3,500,000元。

③在扶贫地区与当地76所职业技术学院进行合作，开设132个“吉利成才班”，面向就业招收建档立卡户学生1,554人，并投入10,690,000元用于教学设备采购、师资培养及教学方案的提升，既帮扶合作院校，又让建档立卡户学生直接受益。

图3 教育扶贫－吉利成才班

④持续资助雅安民建彝族自治乡中心小学的70位彝族小学生，每人每年1,600元，解决其早晚营养餐。此外，还通过开展“一对一”帮扶活动，动员吉利员工帮扶来自四川雅安、凉山州、甘孜州的98名建档立卡中小学生。特别是在四川凉山彝族自治州，联合州教育局，在西昌市月华乡西昌绿荫学校成立30人的吉利女生班，由员工一对一进行资助，每人每年3,000元，直至中学毕业。

图4 教育扶贫－吉利开展“一对一”帮扶，动员员工积极参与

（3）就业扶贫，盘活农村劳动力资源

扶贫更扶志，盘活劳动力资源，根据建档立卡户生活实际提供就业资源，这是解开贫困症结的金钥匙。

①动员配套厂商共同参与就业扶贫，要求整车厂及配套厂商在招聘蓝领工人时，同等条件下优先招录建档立卡贫困户人员，在招录绿化、保洁、食堂等后勤保障人员时，优先招聘贫困家庭人员，力争建档立卡户占当年新入职员工比例达到10%。截至2018年8月，共帮助建档立卡户2,384人实现就业，力争建档立卡户人员占当年新入职员工总数的10%。

②吉利在各地的农业扶贫项目中，都要优先招聘当地建档立卡户，目前共帮助1,430位建档立卡户实现就门口就业。

图5 就业扶贫－吉利宝鸡公司精准扶贫专场招聘会

（4）农业扶贫，让贫困户生活幸福更有尊严

扶贫也暖心，要让建档立卡贫困户脱贫更有尊严，吉利因地制宜通过扶持特色农业项目、定向责任消费等举措，投入5,534万元，积极推进“万企帮万村”定点帮扶工作。

①截至2018年8月，针对重点帮扶村实际情况，在全国17县32村开展农业项目20个，投入资金3,683万元。截至2017年底，农业帮扶项目惠及建档立卡户857户2,707人。

②“让扶贫更有深度，让消费更有温度”，集团及下属企业要优先考虑和常态采购贫困村合作社的农产品，作为食堂原料、职工福利。目前，投入消费扶贫的资金已超过2,500万元，且规定从2018年起集团全年员工福利总额的50%必须用以采购贫困村农产品。

图 6 农业扶贫－张家口叶家辛窑果蔬合作社分红大会

5. 扶贫实践案例

（1）吉利农业扶贫三阶段

企业如何更好地参与到精准扶贫当中？在精准扶贫中企业承担怎样的角色？如何在“万企帮万村”中链接建档立卡户？吉利自 2016 年 3 月正式启动精准扶贫项目以来就一直在思考，深入实践，并不断总结，探索出一定经验。

①第一阶段：以责任消费的名义，敲开留守老人致富门。

四川雅安名山区建山乡飞水村（省级贫困村），地处蒙顶山区，云雾环绕、风景优美，宛如仙境，是世界茶文明的发祥地，孕育了具有千年历史的蒙顶山茶。因为位处山区，村里的年轻人都外出打工，留在家中的大多都是年过五旬的空巢老人和留守儿童，种茶、采茶这些繁重高强度的工作，他们已经不能胜任，为了糊口他们选择了种植猕猴桃。

由于产业规模小、个体分散经营、缺乏统一的种植和品控，农户种出的猕猴桃质量参差不齐，市场竞争力有限，销售情况非常不理想。2013年的雅安芦山地震，让本就底子不牢固的猕猴桃产业遭到重创。2014 年，作为雅安灾后重建项目，中国扶贫基金会帮助雅安果农重建猕猴桃产业，以合作社为载体，深耕上游，把分散的农户组织起来，提供技术指导和专业知识培训，猕猴桃产业初具规模。

2016 年，吉利在雅安开展精准扶贫，其中就试水责任消费，对接中国扶贫基金会，以消费扶贫的名义，对接飞水村名建猕猴桃种植农民专业合作社，出资 49,996 元采购猕猴桃。

2017 年，吉利和中国扶贫基金会一起，以定点消费的形式认领飞水村名建猕猴桃种植农民专业合作社的 300 亩果园，采购 172,515 斤红心猕猴桃，总金额达 1,758,058 元，为 61 位认证农户理论增收 1,136 元。

2018 年，吉利再次采购飞水村名建猕猴桃种植农民专业合作社 330.71 万元红心猕猴桃，用于吉利员工的三季度福利发放。

截至 2018 年 8 月，吉利累计投入资金超过 2,500 万元用于责任消费，且规定从 2018 年起集团全年员工福利总额的 50% 必须用以采购贫困村农产品。

②第二阶段：资金扶持 + 消费保底，提升农户脱贫信念。

2017 年，在对农业扶贫项目的总结基础之上，在河北张家口怀安县叶家辛窑村（国家级深度贫困村）资助 840,000 元，扶持怀安县农香蔬菜种植专业合作社。

叶家辛窑村现有 64 户 123 名建档立卡贫困户，2012 年成立的农香合作社第一年就遭遇大暴雪，损失过半；第二年大棚种上西红柿又因为滞销损失 170,000 元，农户积极性受挫，合作社“名存实亡”。2017 年，吉利在实地调研后了解该情况后，决定采取“资金扶持 + 保底消费”的形式，吉利出资替建档立卡户入股，通过“入股分红”“订单种植（养殖）”和“就业带动”等多种模式进行农业扶贫。

2017 年，吉利首期投入 840,000 元，新建 10 个大棚，更换大棚保温顶 12,000 平方米，硬化棚内通道 500 平方米，新建消毒室 1 个。此外，吉利张家口工厂食堂每月出资 25,000 元左右定点采购蔬菜，从 2016 年 12 月至今，已投入资金 44 万元用于蔬菜、禽蛋采购。通过 1 年的帮扶，收益翻番，合作社的每个大棚增收 13,000 元，年底拿出了 260,000 元用于建档立卡户分红，保证村里没有劳动力的建档立卡户也能从项目中享受 1,400 元的分红。

2018 年，吉利根据食堂、员工消费需求实际，又投入了 1,270,000 元，帮扶合作社新建家禽养殖场、肉羊养殖场，种上桃树、杏树，组织员工团建、实地采摘。

图 7 消费扶贫 - 吉利连续三年责任采购张家口羊肉

2017 年，像张家口叶家辛窑村一样的农业扶贫项目，吉利在全国共开展了 6 个，投入资金 4,570,000 元。吉利把农业扶贫项目与贫困群众紧密联结在一起，解决了“扶持谁”问题，同时也拓宽了集体经济收入渠道，大大提升贫困村打赢脱贫攻坚战的信心。

③第三阶段：资金 + 管理 + 技术 + 销售，开展全产业链扶持。

2018 年，吉利在杭州市东西部扶贫协作的统一指导下，对口帮扶贵州省黔东南州雷山县茶产业项目。项目落户雷山县望丰乡三角田村，投入 20,000,000 元，流转茶园 2,000 多亩，新建茶叶精深加工厂房及配套设备，实现“当地采摘、当地加工”，项目惠及当地 17 个村 850 户贫困户，真正实现“帮扶一个村，推动一个乡，富裕一个地区”。目前该项目正在顺利推进中，第一条生产设备已于 10 月 5 日进行试生产，预计 11 月厂房建设、设备安装调试将全面落成。

在公司经营方面，和其他扶贫项目不同，吉利在雷山茶扶贫项目中引入现代化企业管理理念，充分发挥吉利控股集团在企业管理方面的经验，派出公司副总经理级人员长期驻点项目，任项目公司董事长，做好两件事，即管好资金使用、培养当地经营人才。

在技术上，由公司聘请浙茶集团的专家制定标准、提供技术培训服务，实现“三统”，即统一技术标准、统一质量检测、统一田间管理，逐步引导农户向专业化、标准化、规范化方向发展。

在日常监管及合作社孵化上，引入中国扶贫基金会，长期驻村对项目日常建设、运营进行实时监管，同时孵化、培育合作社，做好技术品控，统一进行茶园规划、管理、采摘，避免农户的固定资产投资风险，提高单亩产量。

在调动农户积极性上，除大户整体流转外，针对农户均采用土地“空流转”模式，即农户以茶园面积入股，按统一标准进行管理、采摘，公司以略高于市场价进行收购，年底再以采摘的茶叶量享受二次分红，多劳多得。

在市场风险上，着眼于解决贫困村“不知道把产品销往哪里”的难题，建立“产业 + 商业”模式，主动与全国茶叶出口量第一的浙茶集团签订战略合作协议，借助浙茶旗下“狮峰”“天香”“骆驼”等著名品牌，拓展雷山茶销售渠道，建立产品企业标准，延伸茶产业链，真正实现当地茶产业的可持续发展。同时，与中国扶贫基金会旗下电商平台“善品公社”合作，助推网络销售。

2018 年，像这样的扶贫项目还有 8 个，投入资金 8,000,000 元，助推当地农业产业化发展，打好产业扶贫硬仗。

（2）扶智 + 扶志，吉利教育、就业扶贫有机结合

吉利控股集团董事长李书福表示，建档立卡户子女改变自身现状意愿强烈，励志奋斗精神旺盛，潜在正能量巨大，吉利一定要把党中央的关怀，把习总书记的阳光雨露送进建档立卡户家庭，让他们切身感受到新时代党给予的温暖，下决心走出困境，勤学苦练，学真本领，练硬功夫，积极参与经济活动，立志回报社会，这些年轻人也是吉利未来发展的动力。吉利的未来应该发挥这些励志青年的作用，我们要从国家竞争力高度、吉利发展战略高度认识这个问题，把这件事办好，抓好落实。

扶贫先扶智，扶贫更扶志，吉利将教育扶贫和就业扶贫有机结合，形成合力。充分发挥旗下五所院校的办学优势，向贫困地区开放，免除学费、住宿费，给予路费、生活费补助，招收贫困学子圆大学梦，毕业后应聘到吉利就业。同时，和开展扶贫地区的职业院校开展校企合作，面向就业，创建吉利成才班，招收建档立卡户入学，学成后进入吉利就业。

从 2018 年开始，吉利愿意将全年新进员工总数 10% 的岗位招聘建档立卡户学生，规定一线蓝领工人招聘时同等条件优先考虑建档立卡户，在招聘保洁、安保等后勤保障岗位时优先录用建档立卡户。

6. 扶贫经验

（1）扶贫工作要有整体部署

要将企业参与精准扶贫工作作为一项重要的政治任务，在集团董事长的亲自指挥下，明确机构、专门部门、专职人员负责具体推进，构建“集团牵头、基地主办、伙伴协同、全员参与”的扶贫模式。要通过积极和扶贫地区的政府及相关部门进行沟通、调研，共议年度扶贫计划；和各参与单位建立沟通机制，共同制定年度扶贫计划，并每月以月度报告形式进行月度总结，狠抓落实。

（2）企业扶贫必须发挥自身优势

企业作为精准扶贫的中坚力量，必须要在党和政府的统一领导下，结合企业自身实际，充分利用自身的管理优势、资本优势、技术优势和市场优势，盘活扶贫地区的自然资源和人力资源，实现双赢、多赢，长效持久地开展精准扶贫。

（3）农业扶贫要一二三产齐推进

从本质而言，贫困村要长远发展必须壮大村级集体经济，在企业参与的农业产业项目中可以做到一二三产共同推进，将传统种植业提升为现代农业，把贫困村有劳动能力的建档立卡户培养成为“会劳动、会经营、会销售”的新型农户和“有技能、会操作、能持久”的专业型技术工人。

以吉利帮扶的雷山茶产业项目为例：“狠抓一产”，即抓住农村的根本，大力扶持村合作社，链接贫困户做好茶园的种植、管理；“壮大二产”，即由吉利捐资建设茶叶加工厂，变农户销售茶青，为销售成品优质绿茶，提高集体收益；“扶持三产”，即联合中国扶贫基金会善品公社、浙茶集团等，帮扶茶叶公司探索开展电商销售平台，以点带面，惠及整村其他农产品的电商销售，助推“黔货出山”；同时探索开展茶旅结合乡村旅游产业建设，引导苗寨围绕传统苗乡文化特色，发展农家乐、民俗观光等。

（4）消费扶贫让消费更有温度

消费扶贫是一个行之有效、立竿见影的精准扶贫模式，真消费、实扶贫。一是要启发消费者的公益心。吉利在食堂原料采购、员工福利采购、内部商城购物等日常消费过程中，通过购买和消费来自贫困地区的产品，帮助建档立卡户通过销售增收摆脱贫困，从而“让消费更有温度，让扶贫更有深度”，不增加企业生活成本的同时，又能让全体吉利人参与到看似离得很远的“精准扶贫”中来。二是发掘和宣传贫困地区产品的优点，尤其在现在消费者对农产品和食品安全高度关注的情况下，来自贫困地区的产品因工业污染少，一般符合绿色、生态的要求，但“藏在深闺人未知”。通过消费扶贫，让贫困地区的优质农产品送到城市人的家中，帮助贫困户稳定持久脱贫。从2016年中试水消费扶贫以来，两年时间，吉利已投入了超过25,000,000元用于责任消费。

（五）相关方评价

吉利南充项目对南充汽车汽配产业转型升级、振兴发展具有重要的引领带动作用，为南充实现经济社会全面发展，加快脱贫攻坚步伐发挥了重要作用。希望吉利南充项目加快建设进度，通过自身发展创造更多就业岗位，从源头上解决贫困问题，为驻地脱贫攻坚作出更大贡献。

——浙江省委副书记、省长 袁家军

吉利响应国家号召，积极承担社会义务，参与到脱贫攻坚，在十三五期间拿出六七个亿的资金来扶贫，这个作为一个企业，尤其是制造业，能够做到这种程度很好。但吉利结合企业实际，把产业扶贫、就业扶贫、教育扶贫有机地统一起来，积极地帮助贫困地区产出发展的路径办法，这个我认为更重要。

——国务院扶贫办副主任 陈志刚

吉利不仅是在资金上投入，而且还配合管理、技术、市场等各方面的支持，这样的脱贫攻坚举措不仅充分体现了吉利高度的社会责任感，更值得我们学习的是吉利参与脱贫攻坚的创新做法和模式。

——中国扶贫基金会理事长 郑文凯

吉利的扶贫，董事长挂帅、党委主抓，基地依托，伙伴协同，全员参与，包括产业、就业、教育、农业、消费等全方位扶贫，可以说是中国式企业扶贫的典范。对口帮扶贵州省黔东南州雷山县茶产业项目便是其中吉利开展全产业链扶持的一个很好的案例。

——杭州市对口支援办公室

慈善学校自2016年和吉利结缘后，校企双方逐步开展了各种层次、多种模式的合作，捐赠现金、教学设备，开设定向班、派老师驻校教学，我校已有162名学生进入吉利就业。吉利的爱心善举，不仅实现了贫困学子“用技能养家、改变家庭命运”的理想，也为学校的未来发展注入了强大能量。

——山西省太原慈善职业技术学校校长 任原生

吉利动员我们参与“吉时雨”精准扶贫项目，我们非常意外，更被吉利的社会责任感所感动，当即决定在今后员工招聘时优先招聘建档立卡户入职，2017年共招聘建档立卡户65人。

——晋中市远天物流供应链管理有限公司总经理 张文良

因为残疾，大学毕业后在成都找了很长时间工作，都不要我。吉利帮扶我们村，教我们磨制手串，还指导我们成立了合作社，我还成为了合作社负责人。拿到第一笔5000元订单的那天，是我最开心的日子。

——雅安市芦山县大爱残疾人手工艺农民合作社负责人 马云润

我们全家4口人，老头子（丈夫）胳膊肌肉萎缩加上严重腰椎间盘突出，不能劳作，多亏“吉时雨”帮扶我们村，不仅出资让我家入了村合作社，我也在合作社里务工，我的女婿、儿子也被吉利招进工厂里上班，日子一天天好起来了。

——张家口市叶家辛窑村村民 张绍珍

高考之后，以我的家庭情况，完全没有条件读大学，吉利的“吉时雨”给我带来了继续求学的机会，学院不但全免了我的学费、住宿费，而且还给我们发了棉衣棉被，今天，又领到了3000元的生活困难补助，这里充满温情和爱！

——湖南吉利汽车职业技术学院学生 吴巧玲

拿到吉利发的第一笔工资，我就往家里打了4000元，这差不多就是我家一年的收入了。那时特别兴奋，觉得自己终于长大了。

——山西吉利汽车部件有限公司员工 张旭平

（六）扶贫规划

坚决打赢脱贫攻坚战，是党中央、国务院作出的重大战略部署，是构建社会主义和谐社会的重要前提，是实现小康社会的重要保证，更是中国共产党向全国人民作出的庄严承诺。

吉利控股集团“吉时雨”精准扶贫项目将按照党中央、国务院扶贫开发工作部署，紧密联系各地政府，增加在精准扶贫项目上的资金、人力投入，加大扶贫力度，围绕“产业扶贫、教育扶贫、就业扶贫、农业扶贫”，积极探索企业参与扶贫的新思路、新模式，立足贫困村，以建档立卡户为对象，精准扶贫、精准脱贫，力求实效，为贫困地区经济发展和民生改善，为决胜全面小康社会再发新力，再立新功。

专家点评

生产基地建设到哪里，就要把精准扶贫工作推进到哪里。吉利汽车的扶贫理念既符合企业社会责任中社区参与和发展的要求，又贯彻了“精准扶贫”的政策要求。“吉时雨”项目的推出，体现了吉利对于扶贫工作的顶层设计与系统思考，也是吉利精准扶贫工作的重要标签。“产业扶贫、教育扶贫、就业扶贫、农业扶贫”扶贫举措的确定，既充分发挥了企业优势，又把握了精准扶贫的精髓。6亿元真金白银的投入，是确保实现2万个贫困家庭脱贫的基本保障。“集团牵头、基地主办、伙伴协同、全员参与”的内部机制和“政府搭台、企业出资、合作社执行、社会组织监督”的外部机制，是吉利精准扶贫工作持续开展、高效开展的制度基础。而消费扶贫的率先实践和显著成效，与当前扶贫政策主线的高度契合，则体现了吉利扶贫工作的远见卓识。

——汪杰 中国社会科学院企业社会责任研究中心副主任

第二十四章 东风汽车集团有限公司

尽锐出战，精准发力，打赢打好脱贫攻坚战

东风汽车集团有限公司（以下简称“东风公司”）始建于1969年，是中央直管企业，中国三大汽车集团之一，总部位于“九省通衢”武汉。五十年来，因军而建、因军而兴的东风，责无旁贷地扛起发展中国汽车工业的重任，为实现强国强军梦和中国梦不懈奋斗。另外，东风时刻不忘作为中央企业的责任与使命，坚持以“润色国计民生，与国家共繁荣”为宗旨，为实现全面建成小康社会贡献东风力量。

（一）统筹布局，协调推进，构建“1+6+N”扶贫模式

确保到2020年全面建成小康社会，是我们党的庄严承诺。近年来，东风积极响应国家号召，以“润色国计民生，与国家共繁荣”为宗旨，大力推进实施精准扶贫。目前，东风公司共承担着5省9市县的帮扶工作。在国家层面，2002年至今，东风公司按照国务院要求，积极对口西藏昌都市贡觉县、江达县开展扶贫工作；2013年，公司启动援助新疆柯坪县、广西马山县两个新的国家对口扶贫点；2017年，公司正式开始对河北邢台长征汽车制造公司展开结对帮扶。在湖北，东风积极通过“润楚工程”，帮扶恩施、房县、五峰、兴山等地，努力发挥驻鄂央企在构建“富强湖北、幸福湖北”进程中的积极作用。

为统筹推进扶贫工作，东风公司强化政治责任，创新实施以“润”计划为引领的“1+6+N”的扶贫模式。即：坚持按照东风“润”计划的总体部署，重点推进党建扶贫、民生扶贫、医疗扶贫、产业扶贫、教育扶贫和文化扶贫六大领域；同时，凝聚全社会力量，完善扶贫参与机制，动员东风员工、合作伙伴、社会组织等利益相关方参与到脱贫攻坚中，构建上下联动、内外结合、广泛参与的“大扶贫”格局。

（二）压实责任，狠抓落实，“六个到位”夯实扶贫基础

党的十八大以来，在国务院扶贫办、国务院国资委的领导下，东风公司认真贯彻习近平总书记精准扶贫、精准脱贫的基本方略，坚决落实党中央决策部署，把精准扶贫工作作为重要政治任务抓紧抓好，通过多措并举，狠抓落实，努力实现“六个到位”。即，确保扶贫工作认识到位、领导到位、规划到位、干部到位、资金到位、督查到位，推进各项工作落到实处，努力开创东风精准扶贫工作新局面。

1. 认识到位，凝聚思想成共识

一直以来，东风公司党委高度重视扶贫工作，深入贯彻落实习近平总书记扶贫开发战略思想，努力为全面建成小康社会贡献东风力量。公司通过召开精准扶贫工作会、社会责任工作委员会会议等，学习贯彻相关会议精神，专题研究部署东风精准扶贫工作，以更加坚定的决心、务实的举措、精准的思路推进脱贫攻坚。此外，公司还在国家扶贫日、东风社会责任月期间开展东风扶贫成果巡展等系列活动，营造扶贫氛围，凝聚责任共识。

2. 领导到位，统筹协调谋全局

东风公司成立社会责任工作委员会，由公司董事长、党委书记，公司总经理担任主任，指导社会责任（精准扶贫）工作的实施，审议决策年度扶贫工作计划和资金预算等。2017年，公司先后3次在党委常委会、社会责任工作委员会会议上，对扶贫工作进行专题研究、统筹指导和科学决策，确保项目合规有序推进，为扶贫工作开展提供强有力的组织领导。

3. 规划到位，明确目标准发力

东风公司根据社会责任“润”计划——履责“政

治责任”的总体部署，结合受援地实际，制定年度精准扶贫工作计划。此外，公司专门研究制定《精准扶贫项目管理办法》，对项目申报、审批、立项、实施、验收及资金拨付进行全过程管理，确保项目开展科学化、规范化和制度化。

4. 干部到位，驻村帮扶见真情

东风公司认真做好扶贫挂职干部的选拔、考核和管理工作，制定出台相应制度、流程，选派业务能力强、作风过硬的优秀干部深入受援地开展工作。2017 年，公司共派出 8 名扶贫挂职干部（西藏 3 名，新疆柯坪 1 名，广西马山 2 名，湖北 2 名），他们发扬东风人艰苦创业的“马灯精神”，深入乡镇，走村入户，把先进的党建理念、管理方式和产业发展思路带到受援地，努力带领百姓脱贫致富。

5. 资金到位，加大投入促成效

2017 年，东风公司不断加大扶贫资金支持力度，实现投入资金翻番；对贡觉县、江达县的援藏资金达 1,800 余万元，对口柯坪县的扶贫资金由 200 万元增至 500 万元，对马山县扶贫资金由 120 万元增至 240 万元。与此同时，东风公司与扶贫点签订年度《扶贫资金捐赠协议》，就资金拨付节点和援助项目等进行明确，保证扶贫资金的专款专用和使用效益。

6. 督查到位，完善机制抓落实

为全面掌握精准扶贫工作开展情况，确保帮扶项目落实到位，东风公司认真开展扶贫工作督察，对帮扶成效和资金管理使用情况进行监督。2017 年，东风公司领导分赴西藏昌都、广西马山县、新疆柯坪县、河北邢台、湖北房县等地开展扶贫工作调研，了解地方脱贫成效，查看项目落实进展，慰问当地贫困百姓。此外，公司还通过召开结对帮扶工作座谈会，专项审查扶贫资金，实地考评工作绩效等，努力做到扶贫督察工作常态化。

（三）因地制宜，精准发力，强化扶贫“造血”功能

在精准扶贫的实践过程中，东风公司发挥汽车行业企业特点，紧紧围绕“精准扶贫、精准脱贫”的基本方略，不断总结经验，探索符合受援地实际的精准路径，不断总结经验，取得显著成效，形成了自身的特色。

1. 结合主业，开展特色扶贫

虽然我国整体上已经进入汽车社会，但是受援地区仍然交通不便，现代交通工具匮乏。汽车是东风的主业，也是东风精准扶贫的优势所在。以汽车为扶贫载体，针对受援地的实际需求，东风向受援地捐赠了清洁用车、校车、母婴用车及客车等，大大改善了当地用车难的状况。例如：通过湖北房县“村村通客车”活动，使四个村庄实现了村村通客车，且线路、班次固定，路况、车况良好；通过东风“爱心车”项目，向湖北贫困地区捐赠 42 辆“母亲健康快车”和 18 辆“家庭教育流动宣传车”，支持贫困地区医疗、教育事业发展，向昌都、柯坪捐赠东风自主品牌汽车，改善了地方政府公务用车和扶贫用车紧张的现实难题。此外，东风公司还紧密结合边疆维稳形势，发挥自身产业优势，积极协助当地政府选配东风优质产品，组建警务巡逻处突车队，为一方和谐稳定贡献力量。在对口支持河北长征汽车制造公司项目中，东风公司发挥汽车行业优势，制定并实施“1+1+0.5”商品项目方案，选派工作组入驻，支持项目组运营模式为协助日常管理和经营，导入技术及扶持长征公司自主开发新商品，帮助在业务进行过程中建立制度、体系及流程，建立目标导向和激励机制，恢复长征公司自我长久发展的内生动力。

鉴于汽车产业具有对上下游产业带动作用大、拉动就业人数多、辐射范围广等特点，自 1994 年至今，东风还在宜昌市兴山县建设东风汽车服务站、东兴汽车配套厂、油漆生产配套厂等项目，帮助三峡库区移民落地生根，帮助贫困群众就近就业，促进了经济发展和社会稳定。

图 1 向湖北省妇女儿童发展基金会捐赠“母亲健康快车”

2. 创新思路，开展产业扶贫

“授之以鱼，不如授之以渔”。东风坚持“输血”与“造血”并重的援建模式，因地制宜，充分发挥受援地的资源禀赋优势，积极探索产业帮扶之道。

针对西藏贡觉县以农牧业为主，盛产青稞、核桃、荞麦、藏香等农特产品的基本情况，经过实地调研和多方沟通，东风先后投资 230 万元，在贡觉县莫洛镇援建了糌粑加工厂、藏香加工厂。仅 2013 年，糌粑加工厂年产值达到 300 万元，利润接近 80 万元，新创造就业岗位 44 个。此外，还支持丈中村 15 户建档立卡户成立了阿旺绵羊合作社，投资建设 8 个养殖点，发放 315 头阿旺绵羊，带领农牧民群众搭上“东风”致富快车。

图 2 西藏糌粑加工厂

在对口帮扶马山县立星村的工作中，按照“资源变资产、资金变股金、农民变股民”和“入股合作社，扶持村集体”的思路，工作组开创性提出了“二种三养一平台”的村庄产业发展规划，动员贫困户参与土地流转，入股合作社。东风还投入项目资金 180 万元，重点扶持当地特色产业发展，帮助贫困户实现增收。

在对口房县五台乡金牛寺村的扶贫工作中，东风积极引入以养殖黑山羊为主业的养殖公司，培养当地村民自主“造血”能力，从根本上帮助解决该村的贫困问题。目前，金牛寺村黑山羊养殖基地存栏量达到了 600 只，2017 年金牛寺村被列为房县山羊产业扶贫示范村。此外，还积极培育壮大“跑跑鸡”养殖产业，出台土鸡喂养激励措施，拿出专项扶贫资金鼓励动员所有农户积极喂养，还建设了专业化的鸡苗脱温房和标准化的土鸡屠宰中心，建立土鸡销售渠道，解决了集中宰杀、真空包装、储备运输、统一销售的问题。

图 3 五台乡金牛寺村黑山羊养殖基地

3. 关注民生，开展医疗扶贫

针对受援地普遍存在的就医难问题，通过援建医院、派遣医务工作者、远程医疗培训及义诊等形式，提升了当地的医疗水平，为保障受援地群众生命健康作出了重要贡献。

从 2003 年开始，东风充分利用东风总医院资源优势和技术优势，并先后选派 9 批共 30 多名业务精湛的医务工作者到西藏贡觉县人民医院开展医疗援藏，协助建立现代化的、完备的医疗科室，建立远程医疗系统，提升医务人员水平，深受藏民欢迎。医疗援藏已成为东风援藏的一张名片。

图 4 东风援藏医生为当地群众看诊

在湖北兴山县，东风公司还积极参与昭君镇滩坪村卫生室的修建工作，改善了村级医疗卫生服务条件，让农民群众实现“小病不出村”。

4. 重视文教，开展智力扶贫

扶贫先扶智，把贫困地区孩子培养出来，才是根本的扶贫之策。为解决贫困地区小学生读书难的问题，东风积极开展“润苗行动”，打造“衣、食、住、行、学”“五位一体”的助学模式，累计投入资金 2,000 余万元，在湖北省贫困地区及云南、四川地震灾区援建 15 所东风希望小学，推动了当地义务教育事业的发展。

图 5 通过“东风润苗行动”，东风援建 15 所东风希望小学，助推当地教育事业发展

同时，东风通过积极开展文化、艺术及职业教育培训等，努力挖掘和培育智力资源。如在西藏贡觉县开展医疗技术、艺术团、乡镇干部和职业教育的培训，不断为当地培育优秀专业人才。在湖北五峰，支持东风高级技工学校与恩施市中等职业技术学校开展联合办学，免费为地方培养高级技能人才；在湖北房县，积极推进“一个孩子就业一个家庭脱贫”工程，开办“房县精准扶贫学生”职教专班，以就业促脱贫。

（四）突出重点，逐个击破，稳扎稳打决胜扶贫攻坚战

一直以来，公司始终秉持“东风化雨，润泽四方”的责任理念，坚持以贫困地区，尤其是深度贫困地区脱贫攻坚为目标，按照“1+6+N”精准扶贫模式，重点推进党建扶贫、民生扶贫、医疗扶贫、产业扶贫、教育扶贫和文化扶贫六大领域。2013 年至今，东风公司共直接投入扶贫资金 1.75 亿元，实施援助项目 360 余个，为打赢全面建成小康社会的扶贫攻坚战贡献东风力量。

1. 兴藏有责，倾力援藏

2013 年至今，东风公司始终保持“兴藏有责”的积极姿态，围绕“保稳定、促发展、惠民生”的总体目标，按照“向民生倾斜、向基层倾斜，突出智力援藏、医疗援藏、产业援藏”的工作原则，通过资金帮扶、智力帮扶、项目帮扶等多维度的帮扶措施，推动西藏昌都地区贡觉县、江达县稳定发展。“十三五”以来，平均每年捐赠扶贫资金 1,600 万元。在教育援藏上，东风以扶志与扶智为重点，设立“东风润苗”教育基金，开展农牧民培训，进一步激发内生动力；在产业援藏上，积极推动贡觉县丈中村农牧民合作社建设，拓展特色农产品营销渠道，带领农牧民群众增收致富，得到受援地干部群众好评。

图 6 贡觉县东风幼儿园

2. 维稳为责，大力援疆

自开展新疆阿克苏地区柯坪县对口帮扶工作以来，东风公司秉承“带动一片经济、致富一批百姓、促进一方稳定”的理念，切实把社会稳定和长治久安作为援疆工作的首要任务，完善社会治安综合管理体系，推动地区长治久安。“十三五”以来，平均每年捐赠扶贫资金 500 万元。援疆期间，东风公司因地制宜发展“庭院经济”，有效实现农户增收。同时，公司在维护稳定、基础建设、庭院经济、教育帮扶等多个领域开展援助，促进了柯坪县经济社会发展和民族团结。

图 7 庭院经济：柯坪县盖孜力镇帕松村 4 组吾术尔 · 库尔班家的菜地

3. 聚焦产业，努力援桂

根据国务院扶贫办、国务院国资委“百县万村”活动统一部署，东风公司于 2013 年正式启动对口广西南宁市马山县的精准扶贫工作。“十三五”以来，平均每年捐赠扶贫资金 280 万元。在南宁市及马山县各级党委、政府的支持下，东风公司以民生为导向，改善群众生活环境；坚持产业扶贫，培育致富带头人，发展“种桑养蚕合作社”和“养羊合作社”，发展集体经济拓宽增收渠道。5 年来，东风公司通过民生扶贫、特色扶贫、产业扶贫和文化扶贫等一系列精准扶贫举措，在推进当地经济社会发展和民生改善上，取得一定成效。

图 8 广西马山县东风羊栏

4. 情系湖北，强力润楚

作为驻鄂央企，东风公司以“润楚工程”为载体，五年来开展驻村帮扶，基础设施援建，拓宽产业发展路径，带领群众增收致富。“十三五”以来，平均每年捐赠扶贫资金 400 万元。在恩施市、五峰县，东风通过“616”工程，深入推进东风碳平衡精准扶贫产业基地项目和职业教育帮扶；在兴山县，东风立足民生基础，积极支援三峡库区移民工作，以实际行动促进湖北贫困地区经济社会发展，赢得了良好口碑，进一步树立了在鄂央企负责任的企业形象。

图 9 古桥村东风路

5. 全面支持，极力助冀

2017 年，经国务院国资委协调，东风公司根据“最优惠、非营利、无障碍、最高效、全方位”的开放支持的原则，制定并实施了长征支持项目计划，对河北长征汽车制造公司展开帮扶工作。该计划截至 2019 年 8 月 31 日，派驻项目组及涉及项目的所有费用均由东风公司支付，合计 5,527 万元。目前，“1+1+0.5”项目启动已一年时间，总体进展顺利，并扩展了燃气车开发项目；在东风公司的支持下，于今年上半年优化了组织机构，完成了对全体员工的岗位匹配、调整。

下一阶段，东风公司将继续深入贯彻落实党的十九大精神和习近平总书记扶贫开发战略思想，发挥东风在参与脱贫攻坚战中的骨干表率作用，清醒认识把握存在的突出问题和解决这些问题的紧迫性，不放松、不停顿、不懈怠，提高脱贫质量，聚焦深度贫困地区，扎扎实实把脱贫攻坚战向前推进，确保到 2020 年东风公司受援地区同全国一道高质量迈入全面小康社会，为实现中华民族伟大复兴的中国梦贡献东风力量。

东风汽车按照东风“润”计划总体部署，重点推进党建扶贫、民生扶贫、医疗扶贫、产业扶贫、教育扶贫和文化扶贫六大领域；同时，凝聚全社会力量，完善扶贫参与机制，动员东风员工、合作伙伴、社会组织等利益相关方参与到脱贫攻坚中，构建上下联动、内外结合、广泛参与的“1+6+N”“大扶贫”格局。不断完善扶贫认知体系、组织体系、制度体系、投入体系和监督体系，坚持精准、创新、持续扶贫，践行“东风化雨、润泽四方”企业社会责任理念。

——钟宏武 中国社会科学院企业社会责任研究中心主任

第二十五章　中国旅游集团有限公司“教育＋产业”一体两翼精准扶贫

按照安排，中国旅游集团与黎平（滇贵黔石漠化区、贵州）、西盟、孟连（滇西边境山区、云南）三个重点县确定了定点扶贫结对关系。2016 年 8 月，中国港中旅集团与中国国旅集团实施战略重组成立中国旅游集团后，原国旅在云南省迪庆州香格里拉市、德钦县的定点扶贫工作整体并入中国旅游集团。目前，集团承担在贵州、云南共两省五县（市）定点扶贫工作。为深入学习贯彻党的十九大精神和习近平新时代中国特色社会主义思想；严格落实以习近平同志为核心的党中央关于坚持大扶贫格局，确保到 2020 年我国现行标准下农村贫困人口实现脱贫，贫困县全部摘帽的工作要求；中国旅游集团与扶贫点各级党委、政府、群众牢记使命，勠力同心开展脱贫攻坚工作。在工作实践中，集团逐渐摸索出了“教育＋产业”一体两翼精准扶贫开发工作模式，在部分扶贫点取得了较为明显的经济效益和社会效益，扶贫开发模式初步具备了可复制性，在扶贫点的全面落地有了坚实的制度自信。

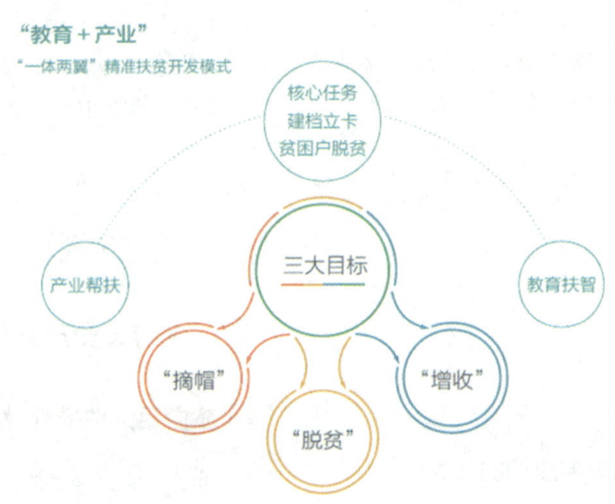

图 1　中国旅游集团“教育＋产业”一体两翼精准扶贫开发模式

（一）扶贫组织

中国旅游集团于 2016 年 12 月正式成立了集团脱贫攻坚工作领导小组。领导小组由集团董事长担任组长、集团总经理担任副组长，集团其他领导任小组成员。领导小组办公室设在集团办公厅，办公厅主任兼任领导小组办公室主任，办公厅分管定点扶贫工作的副主任兼任办公室副主任，各板块、事业部主要负责人任办公室成员，明确落实了具体工作机构和责任人专项跟进集团脱贫攻坚工作。

集团每年从项目调研、资金管理、问题挑战、解决方案四方面制定扶贫工作计划并报集团脱贫攻坚工作领导小组审定后实施。2017 年 7 月，经集团党委会审议通过，《中国旅游集团有限公司“十三五”脱贫攻坚工作规划》正式发布，明确了推进“教育＋产业”一体两翼精准扶贫开发模式在两省五县（市）的全面实施是集团打赢脱贫攻坚战的核心，并从旅游、产业、教育、人才、保障五大方面详细阐述了“十三五”期间集团脱贫攻坚的工作任务、时间节点和细化措施，为集团系统性开展脱贫攻坚工作提供了可靠的策略支撑。

集团重视脱贫攻坚工作开展，形成“一年两看、两验”的扶贫调研工作机制。2017 年，集团董事长带队赴云南省西盟、孟连、德钦、香格里拉四个定点扶贫县共进行了 4 次调研考察；集团总经理助理兼脱贫攻坚工作领导小组办公室（办公厅）主任带队赴贵州省黎平县进行 1 次扶贫项目工作调研；集团脱贫攻坚工作领导小组办公室或各业务板块另行组织赴五个扶贫点项目考察调研共5次。2017全年集团赴扶贫点考察调研共117人次。

（二）扶贫成效

1. 资金保障

集团年度扶贫资金拨付计划根据本年度集团扶贫规划和扶贫点报送资金需求相结合的方式制定。扶贫资金预算须经集团党委会和董事会审定后实施，资金拨付严格按照集团《捐赠管理办法》的相关规定进行统筹支付。为保证定点扶贫专项资金使用安全、合规，集团所有扶贫资金一律只拨付至扶贫点政府财政、扶贫办专户或国家5A级公募基金会专用资金接收账户，并积极配合国家和地方审计部门做好扶贫资金的专项审计工作。

2017年，集团共投入定点扶贫资金1,021.74万元，物资折款85万元，合计1,106.74万元。主要用于两省五县（市）地区旅游主业帮扶、特色农产业扶持、教育、兜底保障四个方面工作。

2. 扶贫点减贫成效

（1）建档立卡贫困人口减少完成情况

2017年，各省下达集团扶贫点的脱贫指标共36,732人（其中：黎平10,000人、西盟4,048人、孟连4,149人、香格里拉18,326人、德钦209人），根据最新的脱贫退出标准和要求，扣减低保收入后，2017年集团定点帮扶的两省五县（市）可实现12,669户49,480人稳固脱贫（其中：黎平4,248户23,171人、西盟3,704户12,082人、孟连4,424户12,973人、香格里拉248户1,045人、德钦45户209人）。

（2）贫困村退出完成情况

2017年，各省下达给集团扶持扶贫点的贫困村退出计划共69个（其中：黎平59个、西盟5个、孟连5个、香格里拉无退出计划、德钦无退出计划），贫困人口退出扣除低保后，2017年能稳固脱贫的人口减少，69个村均申报脱贫。

（3）贫困乡退出计划完成情况

2017年，各省下达给集团定点帮扶五个扶贫点的贫困乡退出计划是9个（其中：黎平6个、西盟1个、孟连2个、香格里拉无退出计划、德钦无退出计划），对照各省贫困乡镇退出标准，退出考核指标全部达标。

（4）贫困县退出计划完成情况

集团帮扶的五个扶贫点有四个计划在2018年提前实现脱贫脱钩（其中：黎平2019年退出、西盟2018年退出、孟连2018年退出、香格里拉2018年退出、德钦2018年退出）。据各扶贫点统计局提供的数据，2017年两省五县（市）农村常住居民人均可支配收入分别为：黎平7,934元、西盟8,949元、孟连8,226元、香格里拉8,034元、德钦4,825元；增幅分别为：黎平10%、西盟10%、孟连9.9%、香格里拉12%、德钦8.5%。

（三）扶贫经验

1. 发挥旅游央企产业优势

（1）旅游目的地推介计划

2017年底，中国旅游集团下属中旅总社、国旅总社赴云南西盟、孟连两县调研旅游资源线路并协助普洱市政府在北京成功举办普洱旅游目的地专场推介会，吸引超过50家国内知名媒体争相报道，集团还针对普洱旅游资源禀赋设计推出“天赐普洱、世界茶源”主题旅游线路，在两社全球2,200家分社同步上线销售，助推普洱旅游产业井喷式发展。

集团发挥自身业务优势，旗下旅游精品杂志品牌《旅行家》2018年投入200万元制作推出“三区三州”地区云南省迪庆州（香格里拉、德钦）旅游目的地长篇推介专题。专题从历史、文化、景观、人文等角度图文并茂地刻画了当地全域旅游、乡村振兴和国家扶贫政策给当地群众生活带来的重要变化。专题推出后，集团串联旅行服务产业链要素资源，协同旅行社板块同步打造两地民族文化和精品旅游线路产品，在全球2,200家旅行分社网点和线上渠道进行销售，利用《旅行家》高端旅游杂志的媒体渠道和旅行社网点广泛分布的双重业务优势，不断提高两地旅游目的地知名度，盘活传统文化资源，增加旅游服务收入水平，带动当地脱贫致富。

图2 《旅行家》杂志推介迪庆州专刊封面

（2）“美丽乡村”休闲旅游项目

集团与中国扶贫基金会、黎平县政府共同打造黄岗村“美丽乡村”整村旅游村改造项目，发力旅游主业扶贫，项目建设周期约3年，集团配套资金预计为人民币1,000万元。目前已完成2017年项目基地的挂牌、可研、设计及第一年、第二年合计项目资金700万元的拨付工作。此外，集团与黎平县高屯乡现代高效农业园联合打造“中国旅游集团公司桂花台茶旅体验园”，通过传统茶园采摘体验和当地传统茶文化有机结合，推出“农文旅”乡村休闲体验项目。

（3）旅游文化扶贫项目

集团于2017年投入资金230万元作为云南省西盟县《阿佤人民唱新歌》歌舞史诗节目出品单位，并协助节目的编排与宣传推广工作。此节目是云南省向党的十九大献礼节目，云南省委、省政府高度重视，是提升西盟知名度、美誉度，推动西盟文化产业和民族文化旅游业发展的优质机会，也为集团探索文化旅游扶贫项目的开展提供了宝贵的经验。

2. 盘活扶贫点产业优势资源

（1）茶叶和中药产业帮扶

2015~2017年，集团捐资108万元与黎平当地企业合作建立“中国旅游集团茶叶种植示范基地”，以建设优质茶园种植基地为切入点，通过帮扶优秀企业树立标杆，调动当地农户种植茶叶积极性，助力黎平特色农产业规模化发展。截至2017年底，集团茶叶项目基地当年名优茶增加鲜叶2.3万斤，带动相关农户增收32.6万元；大综茶鲜叶增加12万斤，干茶加工吞吐量增加702斤。覆盖就业乡、村从2016年的12个村扩展至2017年的14个村，就业人员由2,350人次扩大到3,120人次。项目基地出产的白茶和雀舌茶产品已获得国家质检总局的有机产品认证，其中白茶类产品获得欧盟有机食品128项认证，符合欧盟有机食品标准。

（2）“善品公社”电商扶贫项目

集团与中国扶贫基金会战略合作，每年投入200万元在扶贫点云南省西盟县开展普洱茶、德钦县霞若野生蜂蜜“善品公社”电子商务平台项目，通过挖掘两省五县（市）特色农业产品资源，集结集团业务群力量，开展“1帮1公益中旅心”电商平台上线结对帮扶工程，全面加强各板块参与到集团脱贫攻坚战役中来，善用电子商务销售渠道优势，扩大集团公益力量、传播集团公益好声音。

3. 创新教育和兜底帮扶方式

（1）教育帮扶

集团推出全新的“希望之星”系列教育主题帮扶工程。针对当地学校图书馆、电脑室、操场等教学设施进行重点建设，加快改善教学基础设施条件，并联合中国扶贫基金会设立启动了“希望之星自强班”捐资助学计划，该班全部由品学兼优、家庭经济困难的学生组成，每人每年获得集团全额学费的资助。2017 年，集团共投入资金 329.28 万元，在两省五县（市）地区开办 3 届共 7 个“希望之星自强班”、捐建 9 间“希望之星电脑室”、发放贫困学生助学金等项目，受益学生近 20,000 人。“十三五”末期，集团计划在定点扶贫地区实现“希望之星”系列项目全覆盖。

（2）“同舟工程救急难”和扶危救困

作为国务院国资委和民政部联合下文“同舟工程救急难”项目的试点单位，集团 2017 年拨付 50 万元作为行动资金，联合扶贫地区民政部门制定了完善的救助审批机制和行动实施方案。集团除了积极完成贵州黎平县作为救急难行动试点县的工作，还主动在其他四个扶贫点开展救急难项目，实现了五个扶贫点救急难项目全覆盖。

（3）参与组建央企扶贫产业基金

为落实《中共中央关于打赢脱贫攻坚战的决定》精神，集团积极参与组建“中央企业贫困地区产业投资基金”工作，拓宽扶贫工作资金渠道，探索产业化、市场化扶贫路径承担企业责任。目前集团已出资 5,000 万元，加入基金第二期组建工作。

4. 动员社会力量参与、宣传推广典型

集团注重建立常态化的对外扶贫工作沟通机制。2010 年至今，集团连续 7 年发布《企业社会责任报告》，创新制作发布了 H5 简版、网页版报告等多种媒体形式加强向社会大众宣传集团履行社会责任、开展定点扶贫工作情况，在集团官网、微信公众号分别开设“社会责任——定点扶贫”专栏，在集团内刊《中旅月刊》以专题形式报道集团脱贫攻坚工作情况。集团定点扶贫工作多次受到国内重要媒体关注，《中国政协报》在 2017 年 10 月 17 日以《探索广覆盖的全业态旅游扶贫新特色——中国旅游集团公司“旅游 + 定点扶贫”纪实》为题，全版刊登报道集团近年来发力旅游主业扶贫的相关情况。

集团积极调动资源，聚全集团之力开展脱贫攻坚。集团派驻云南省孟连县挂职干部王文魁副县长主动作为，积极与国家海洋局沟通联系，将孟连县争取为海洋知识进内陆云南省内第一个试点县，并于 2018 年 11 月在孟连民族中学成功举办海洋知识进内陆活动。活动上，国家海洋局为孟连县 34 所中小学校共捐赠 1.3 万册海洋图书、1,000 份《中国海洋报 · 亲海特刊》和 6 套海模，总价值合计 48 万余元，受益学生 19,000 余人。

专家点评

旅游产业的特点是具有龙头带动性，旅游产业的发展直接可以带动下游多个产业的发展。中国旅游集团有限公司在扶贫过程中，充分发挥自身产业优势，聚焦推动当地旅游发展，串联旅行服务产业链要素资源，打造扶贫地民族文化和精品旅游线路产品，不断提高扶贫地的旅游知名度，盘活传统文化资源，并结合电商服务平台推广扶贫地特色产品，既增加了旅游服务收入水平，又推动了产业发展，实现了全面带动扶贫地脱贫致富。

——王铮键 民政部社会组织管理局社工处处长

第二十六章　中国第一汽车集团有限公司

创新扶贫模式，激发内生动力

作为中央企业，中国一汽积极响应党中央、国务院的号召，认真贯彻落实“六个精准”“五个一批”等国家扶贫开发政策和方针，承担国家对口支援及定点扶贫开发任务。2002年以来，中国一汽共承担西藏、吉林、广西3省(自治区)，5县(市)7村的扶贫开发任务。

中国一汽秉持“人·车·社会和谐发展”的社会责任理念，以“学习、创新、抗争、自强”为企业精神，因地制宜，精准扶贫，创新帮扶，经过持续有效的帮扶，切实让贫困地区实现了“输血”向“造血”的转变，加快了贫困地区脱贫致富奔小康的进程。

（一）扶贫实践与成效

1. 扶贫组织

中国一汽把扶贫开发工作纳入集团公司“十三五”总体战略，引领全集团在“十三五”期间践行央企责任，争做卓越企业公民，实现可持续发展；集团公司还将扶贫开发工作融入《中国一汽“十三五”社会责任工作规划》，明确扶贫开发工作指导思想，树立扶贫阶段目标、落实扶贫责任、规划精准扶贫措施，确保圆满完成“十三五”脱贫攻坚目标。

中国一汽成立了由党组领导担任组长的对口支援及扶贫工作领导小组，负责扶贫工作的总体决策和部署。同时还设立了专门机构“社会责任办公室”，新增2名专职人员负责组织调查研究扶贫项目，拟订帮扶计划，加强项目资金管理，协调解决扶贫开发建设中的相关问题，并总结集团公司扶贫经验。

2. 扶贫机制

中国一汽强化集团领导统筹、责任部门负总责、责任科室抓落实的工作机制。为切实保障脱贫攻坚各项工作稳妥有序向前推进，集团公司实施精准扶贫“双覆盖”，扶贫调研对象覆盖全部对口帮扶县、乡（镇）、村、贫困户；扶贫调研带队领导覆盖集团公司全体班子成员，每一位党委班子领导成员都要亲赴对口帮扶县开展调研工作。

2017年6月1日，时任一汽董事长、党委书记徐平到镇赉县实地考察调研；7月26日，一汽党委副书记、副总经理秦焕明到和龙市南坪镇就扶贫攻坚工作开展实地考察调研；6月15日，一汽党委常委、副总经理王国强到左贡县、芒康县进行实地考察调研；5月17日，时任一汽党委常委、副总经理董春波率队深入凤山县进行实地考察调研。他们通过实地考察扶贫项目、与贫困群众深入交流、召开座谈会等方式，进一步加强了对扶贫任务的跟踪掌握和督促检查，确保扶贫工作得到扎实推进。

此外，中国一汽认真落实党中央、国务院关于打赢脱贫攻坚战三年行动的决策部署，按照重大决策事项占比、党建工作绩效考评占比两项综合折算，扶贫工作在集团所属各单位绩效和高级经理人员绩效考评中的占比均不低于3%，确保有关部门和负责人扎实有效开展扶贫工作。

3. 扶贫成果

中国一汽坚决落实精准扶贫精准脱贫基本方略，坚持“精准滴灌”，找准“穷根”、明确靶向、量身定做、对症下药，盘活当地特色资源，因地制宜解决实际问题，真正做到扶贫扶到点上、扶到根上。十六年来，中国一汽先后派出10批28名干部人才，到帮扶的边疆、少数民族、革命老区等深度贫困地区挂职扶贫；累计投入帮扶资金4.5亿元，开展帮扶项目169个，直接帮扶建档立卡贫困群众22,662人实现脱贫，35.5万贫困人口间接受益，有力地促进了深度贫困地区特色产业发展、基础设施完善、居民生活水平提高。

（1）援建“一汽小镇”，实施新农村和基础设施建设项目

中国一汽从最急需的民生问题入手，通过援建“一汽小镇”，实施异地扶贫搬迁、整村推进示范点等项目，改善当地基础设施和公共服务条件。2017 年，中国一汽共投入 812 万元，实施 4 个基础设施建设和新农村建设项目，集中解决了和龙市和凤山县缺水、缺电、缺路等突出问题。

在和龙市柳洞村，中国一汽启动建设“一汽小镇”以来，一期项目已投入 600 万元，易地搬迁房屋主体工程全部结束，入住率达 91%，新建房屋已实现通水、通电，百姓们的基本生活及居住环境得到了极大改善。2017 年 7 月，和龙市“一汽小镇”二期项目开工建设，计划投资 1,300 万元，建设金达莱“一汽小镇”主题公园、朝鲜族特色民宿、房车营地等设施，以餐饮、娱乐、休闲度假会议为一体的模式经营，既能够改善当地居民生产生活条件，又将带动当地产业发展，进一步促进居民增收，该项目预计 2018 年可投入运营。

图 1 中国一汽在吉林省和龙市柳洞村建设的“一汽小镇”

像柳洞村一样的“一汽小镇”不仅在和龙市村屯落地建设，还在镇赉县、凤山县的村落、西藏左贡乌雅村、美玉乡俄龙村中不断建设。这些“一汽小镇”，如同中国一汽在这些贫困地区播撒下的种子，渐渐在脱贫攻坚的岁月里生根，成长为深度贫困地区的幸福和希望。

图 2 中国一汽在吉林省镇赉县建设的解放社区

此外，为繁荣藏区农牧民文化生活，中国一汽先后投入资金 2,310 万元，在“三区三州”深度贫困地区左贡县，建设建筑面积为 4,956.98 平方米，集体育赛事、知识宣讲、电影院及会展功能于一体的综合体育场，进一步丰富了藏区同胞的文化生活。

（2）开展特色产业扶贫，激发贫困地区内生动力

中国一汽深入实施贫困地区特色产业提升工程，因地制宜加快发展对贫困户增收带动作用明显的种养殖业，带动帮扶地区贫困群众成立农村合作社，发展林下核桃鸡养殖、雪山种貂养殖等项目，积极培育和推广有市场、有品牌、有效益的特色产品，激发贫困群众产业发展积极性，真正实现“输血”向“造血”转变，加快贫困群众脱贫致富步伐。

在镇赉县，中国一汽实施肉牛养殖产业扶贫基地建设项目，采取“政府 + 企业 + 合作联社 + 合作社 + 贫困户”的运行模式，带动了 59 个非贫困村中的贫困人口，项目已经达产，共 13,186 名建档立卡贫困人口从中获益。在镇赉县新立村，中国一汽协调帮扶单位，为全村无偿提供价值 3 万余元果树，每年可为每户带来 300 元以上收入；同时还引领贫困户开展庭院种植，2017 年庭院非玉米种植面积达 191,680 平方米，户均增收 571 元；此外，还协助当地村民创建 5 个县级种养殖合作社，开展“合作社 + 贫困户”模式，帮助合作社申请贷款，壮大产业。

图 3 一汽帮扶镇赉县开展棚膜经济

在和龙市，2017 年，中国一汽投入定点帮扶资金 300 万元，用于扩大高岭村养貂项目规模，拟新建貂笼 7,714 个，惠及贫困人口 933 人，带动了当地贫困户产业脱贫。在往年产业帮扶的基础上，中国一汽还继续帮扶高岭村、车厂村脱贫合作社项目建设，一期拨付资金 281.5 万元，二期 281.5 万元待项目稳步推进后，再次按照比例进行持续投入。

在广西凤山县，中国一汽投入 500 万元，制定实施贫困地区集体经济薄弱村发展提升项目，盘活集体资源。期间，中国一汽帮扶 5 个贫困村成立村（居）民合作社，入股龙头企业，发动贫困户入股合作社，一同发展林下核桃鸡养殖产业。按照合作社养殖利润 8% 的固定比例分红作为集体经济收益，各村及贫困户可享受“坐地分红”，极大程度地促进了群众收入和村集体经济收入。

图 4 一汽帮扶凤山县开展核桃鸡养殖产业

（3）开展教育扶贫，推进贫困地区教育公平发展

自 2017 年开始，中国一汽投入 1.5 亿元人民币设立“红旗扶贫梦想基金”，为对口援藏扶贫的 5 个县(市)、吉林省内扶贫的村屯以及红军长征沿线 105 个国家级贫困县开展关爱助学活动，提升贫困地区教学水平，推动我国教育公平发展。

图 5 红旗品牌开展的“红旗扶贫梦想艺术课堂”美术课

针对镇赉县学生因上学不便而辍学问题，2017 年，中国一汽开展森雅慈善镇赉行暨第六届“共青团 · 我的大学”公益助学活动，共为 100 名贫困高中生毕业生发放公益助学金 20 万元。截至目前，中国一汽已连续 6 年开展“共青团 · 我的大学”活动，累计捐助助学金 242 万元，资助 925 名贫困学生成功圆梦大学。目前，该项目已成为镇赉县极具影响力的社会扶贫品牌。

图 6 中国一汽为吉林省镇赉县贫困学生发放助学金

针对凤山县贫困学生上学难问题，2016~2017 年，中国一汽共帮扶 947 名学生完成学业。在改善当地教学设施方面，中国一汽投入 40 余万元对学校进行修缮和投入，极大提升了学校办学条件。中国一汽还引入社会力量携手中国儿童艺术基金会开展“艺教工程”，对乡村音、体、美教师进行培训，两期共培训 154 人，一定程度上改善了当地艺术教育落后的局面。截至目前，中国一汽在“圆梦助学”和“育才行动”上共投入 757 万元，受益学生 1,053 名。此外，中国一汽还在凤山县开展爱心包裹项目，先后捐赠两批共计 200 万元的文具，使全县 19,491 名小学生领到中国一汽捐赠的装有美术文具的书包；每年中国一汽还组织一汽子弟学生与凤山学生开展丰富多彩的冬令营、夏令营活动，培养学生全面发展能力，进一步建立两地深厚友谊。

图 7 中国一汽为广西凤山坡心村小学捐赠电脑，改善当地小学教学环境

在左贡县、芒康县，中国一汽建立了教育扶贫基金，先后投入 140 万元，帮助农牧区贫困群众解决子女上学难问题，其中 2017 年中国一汽共投入教育奖励资金 35 万元，援助了 231 名贫困升学学生。中国一汽还投入 563 万元在左贡县田妥镇修建一汽希望小学。目前，学校总占地面积 5,500 平方米，建筑面积 1,200 平方米。经过历届挂职干部的努力付出和一汽帮扶资金的大力投入，中国一汽希望小学已成为当地声誉最高的学校，解决了周围 7 个村、280 名（2018 年是 262 名在校生）农牧民子女的就学问题。

图 8 中国一汽在左贡县田妥镇援建的一汽希望小学

（4）开展医疗扶贫，促进贫困地区医疗事业发展

中国一汽在 2017 年“同舟工程——中央企业参与‘救急难’行动”中，为凤山县、和龙市、镇赉县 3 个县设立专项救助资金，投入 50 万元用于帮助解决特困家庭主要劳动力大病就医、学生继续求学、残疾人康复出行等问题，一定程度上缓解了城乡特困群众就医难问题，减轻了部分贫困学生家庭负担。

在“三区三州”深度贫困地区左贡县、芒康县开展帮扶过程中，一汽除开展基础设施建设、产业扶贫、挂职交流技术扶贫外，还以医疗帮扶为抓手，为当地医疗事业发展捐赠医疗设备、派出专家医疗队伍、加强当地人才技能培训，填补了当地医疗空白。多年来，中国一汽累计投入 440 万元帮助左贡县建设完善乡村卫生服务场所，同时先后派出 3 批医疗队伍为农牧民义诊送药，进一步提升了当地医院管理和医疗水平，不仅架起了地企之间的友谊桥梁，还进一步巩固和发展了平等、团结、互助、和谐的民族关系，谱写了新时代民族团结进步事业新篇章。

图 9 中国一汽开展医疗帮扶

（5）创新消费扶贫，促进贫困增收脱贫

2017 年以来，中国一汽创新扶贫举措，多渠道拓宽对口帮扶地区农产品营销渠道，推动旅游企业、电商企业、大型超市等市场主体与贫困村建立产销关系，并推广以购代捐的扶贫模式，多次组织开展贫困地区农产品定向直销企业和交易市场活动。中国一汽以发展乡村旅游、优质农特产品为载体，深入挖掘贫困地区乡村旅游发展及优质农特产潜力，该举措是中国一汽响应党和国家《乡村振兴战略规划（2018 - 2022 年）》和《关于打赢脱贫攻坚战三年行动的指导意见》的积极行动，也是履行企业社会责任的创新之举。

2017 年以来，中国一汽连续两年携手帮扶县（市）亮相全球第一大农业博览会——长春农博会，借助长春农博会为对口帮扶县（市）牵线搭台，进一步推介当地特色农产品及旅游资源，开拓市场，拓宽销路。

图 10 中国一汽在长春农博会上为帮扶地区搭建推介平台

2017 年展会期间，对口帮扶县镇赉县借助展会促成农产品 500 万元订单，当地矿泉水企业与集团公司员工达成了企业合作订单。广西凤山县借助展会促成 128 万元订单，展销收入近 20 万元；和龙市 14 户名

优企业参展，和龙市的特色农产品在集团公司内购会中达成初步合作意向，拓展了帮扶县市参展企业发展前景；左贡县的糌粑、獐子菌、碧土松茸、拉茸蜂蜜，芒康县的美酒在展会上深受众人青睐，有力地促进了当地特色农产品的销量，也进一步拓宽了产品销售市场。

图 11 2017 年，昌都市左贡县、芒康县相关部门参加 2017 中国一汽精准扶贫推介展

在 2018 年开展的精准扶贫推介会上，中国一汽在原有工作的基础上，首次通过农博会为对口帮扶地区企业、合作社与知名企业、旅游公司、商超搭建沟通平台，并就未来合作发展进行座谈交流，积极促进了两地企业间的合作交流，进一步为当地的产业扶贫发展指明了方向。

图 12 2018 年中国一汽开展精准扶贫推介会项目意向签约

（二）扶贫经验

1. 提高政治站位

一直以来，中国一汽认真学习领会习近平总书记扶贫开发重要战略思想，坚决贯彻落实党中央脱贫攻坚决策部署，全力以赴做好定点扶贫开发工作，并把这项工作作为一项十分庄严、十分严肃的政治任务，把扶贫开发工作纳入集团公司“十三五”总体战略，引领全集团在“十三五”期间践行央企责任，争做卓越企业公民，实现可持续发展。

2. 树立阶段目标

中国一汽认真贯彻落实“六个精准”“五个一批”等国家扶贫开发政策和方针，将扶贫开发工作融入《中国一汽“十三五”社会责任工作规划》，明确扶贫开发工作指导思想，树立扶贫阶段目标、落实扶贫责任、规划扶贫措施，确保圆满完成“十三五”脱贫攻坚目标。

3. 落实帮扶举措压实责任

首先，中国一汽集中力量，派出干部人才，投入资金，技术全力支持深度贫困地区脱贫攻坚。其次，中国一汽依据对口帮扶地区实际情况，因地制宜开展基础设施建设、产业发展、教育扶贫、医疗帮扶等项目，精准帮扶，精准施策。最后，中国一汽还积极开展扶贫领域作风专项整治行动，把作风建设贯穿脱贫攻坚全过程，集中力量解决扶贫领域“四个意识”不强、责任落实不到位、工作措施不精准、资金管理使用不规范、工作作风不扎实、考核评估不严不实等突出问题，确保脱贫攻坚取得明显成效。

专家点评

从一汽集团的成功经验来看，像这样大规模的企业要做好定点扶贫工作，必须做到以下三点。一是一定要把这项工作作为政治任务来抓，要把扶贫工作纳入到单位的整体工作布局中去，一把手亲自抓，统筹协调，才能取得较好的效果。二是一定要坚持“精准扶贫”，找准根源、量身定做、对症下药，充分发掘贫困地区的特色资源，因地制宜解决实际问题，真正做到扶贫扶到点上、扶到根上。三是一定要狠抓作风建设，加强对扶贫任务的跟踪掌握和督促检查，压实责任，杜绝责任不清晰、作风不扎实、宽于考核等现象。

——王铮键 民政部社会组织管理局社工处处长

第二十七章 华夏幸福基业股份有限公司

涞源一家亲，扶贫显真情

华夏幸福始终秉持“打造产业新城，建设幸福城市，使所开发的区域经济发展、社会和谐、人民幸福”的企业使命，坚持“产业新城助力幸福生活”的责任理念。作为一家负责任的河北企业，华夏幸福深入贯彻国家脱贫攻坚战略部署，对河北省内国家级贫困县涞源县进行整县帮扶，坚持诚意正心干好涞源扶贫工作，确保打好精准脱贫攻坚战，助力乡村实现幸福生活。

（一）扶贫实践

1. 项目背景

2017 年 3 月，在河北省推进深度贫困地区脱贫攻坚工作座谈会上，省政府确定了 10 个深度贫困县。华夏幸福认真落实脱贫攻坚战略部署，将贫困县数量较多的保定市作为调研对象，抽调专人、组成专班，先后进入顺平、唐县、涞源、曲阳 4 个贫困县进行调研。“要啃就啃最硬的骨头”。2017 年 6 月初，在河北省领导和各级有关部门的指导帮助下，在涞源县委县政府积极争取下，华夏幸福最终选择了贫困程度深和贫困发生率相对较高的涞源县作为帮扶对象。

涞源精准扶贫项目面临着艰巨性和长期性的困难。一方面，涞源县是国家确定的第一批贫困县，是河北省十个深度贫困县之一，属于燕山——太行山集中连片特困区域，自然环境恶劣、地质灾害频发，贫困人口比例高，贫困程度深；另一方面，涞源产业基础薄弱，精准扶贫既要解当务之急，更要久久为功，要导入产业，才能够真正帮助贫困人口重塑脱贫信心，进而推动扶真贫、真扶贫。

面对困难，华夏幸福充分发挥自身在规划设计、土地整理、基础设施建设、公共配套建设以及产业发展等方面的经验及优势，与涞源县贫困人口的搬迁安置、危旧房改造、基础设施建设、光伏产业发展有机结合，助力涞源县扶贫开发项目建设与产业发展，带动当地贫困居民脱贫，为国家的扶贫事业贡献力量。

2. 项目规划

华夏幸福与河北省涞源县政府签订《华夏幸福对口帮扶河北省涞源县整县脱贫框架协议》，将结合涞源县的实际情况，从消除贫困、改善民生的角度出发，因地制宜，全方位支持涞源县扶贫开发项目建设。计划通过三年时间，对河北省涞源县 188 个村庄实施安置房建设、危旧房屋改造提升，以及贫困地区的基础设施与公共服务设施建设等帮扶工程，彻底改善群众生产生活条件，惠及贫困群众 1.6 万余户。与此同时，华夏幸福计划助力涞源发展光伏产业，通过增强贫困群众“造血”功能，使其获得长期稳定收益，最终实现“两不愁三保障”。

3. 项目管理

2017 年，华夏幸福正式成立对口帮扶涞源县整县脱贫工作领导小组，领导小组下设指挥部。指挥部办公室抽调高级管理人员、专业技术人员 60 余人组成搬迁安置组、规划建设组、产业发展组、行政保障组进驻涞源精准扶贫一线。2017 年底，华夏幸福组建涞源扶贫项目部，注册成立华夏幸福（涞源）扶贫开发有限公司，明确帮扶工作组织架构。

在涞源县委县政府统一规划和具体安排下，双方成立专班充分对接，团结协作，通过每周召开的工作协调会和每半月召开一次的联席会，认真谋划项目，合理安排工期，明晰工作职责，严格督办落实。

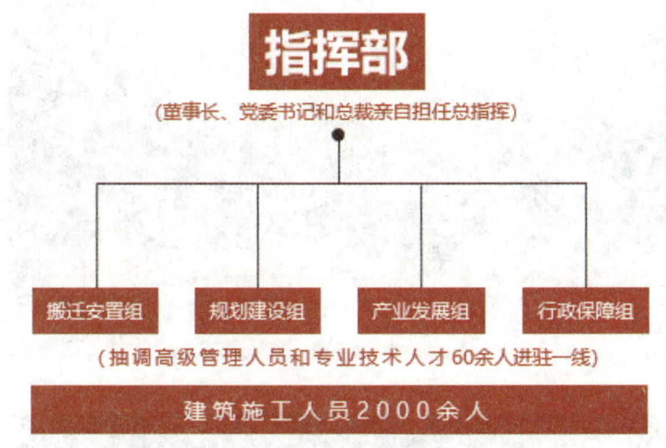

图 1 华夏幸福对口帮扶涞源县整县脱贫项目组织架构

4. 项目实施

为更好地推动涞源县扶贫工作，2017 年，组织召开“华夏幸福对口帮扶涞源县整县脱贫”项目工作部署暨启动动员大会，正式打响华夏幸福在涞源县的脱贫攻坚战。

2018 年 4 月，华夏幸福对口帮扶涞源县整县脱贫项目陆续启动建设，包括整村搬迁安置项目、危旧房屋改造和基础设施提升项目、道路改造提升项目以及光伏扶贫电站项目等。

（1）安置房建设项目

根据涞源县脱贫攻坚计划，结合贫困村的实际情况，充分征求贫困群众的意见，参照国家易地扶贫搬迁政策，有针对性地谋划实施第一批整村搬迁安置项目，通过入户调研、签订协议、过渡安置、规划设计、启动实施等方式，首批推进了 4 个幸福新村安置区建设。

（2）危旧房屋改造项目

按照国家精准扶贫、精准脱贫的政策要求，由涞源县住建局牵头，精准识别鉴定贫困村四类人员 C 级、D 级危旧房屋，以人均 25 平方米的标准，签订改造协议，实施危旧房屋修缮和改造项目。同时，对部分贫困落后村庄推进垃圾集中收集、配套公共服务、街巷绿化亮化等基础设施提升工程。

（3）村庄道路改造升级项目

修建留家庄乡留家庄村至水石塘村段道路总里程 6.8 千米，将原破损严重的混凝土单车道路面进行重新勘察设计，高标准道路施工，改扩建为沥青双车道路面，局部增设错车带和安全防护设施，使道路的通达性、安全性、舒适性大幅提升。

图 2 幸福路通车

（4）村级光伏扶贫电站项目

受涞源县政府委托，按照河北省《关于积极推进村级光伏扶贫电站建设的指导意见》，利用涞源县贫困村荒山荒坡等未利用地，严格参照相关技术标准进行选址、设计和建设，由电网企业完善配套设施并达到并网条件。

图 3 南坡底光伏电站实景

（二）扶贫成效

华夏幸福对口帮扶河北省涞源县首批帮扶项目已取得显著进展。截至2018年6月底，华夏幸福已投入帮扶资金4602万元，涞源扶贫项目组人数达60余人。截至2018年8月底，在安置区建设方面，已完成十八盘幸福新村安置房建设并竣工交付，安置贫困群众56户，惠及贫困群众217人；在危旧房改造方面，已完成改造四类人员C/D级危房153户，惠及贫困群众459人；在基础设施建设方面，已完成幸福路建设及竣工通车，道路全长6.8千米，惠及沿线5个贫困村，约2000名村民的交通便利；在光伏产业方面，已安装太阳能组件4兆瓦，预计并网发电后能够覆盖贫困户达570户，帮助贫困人口达1300人。

图4 华夏幸福对口帮扶涞源县斜山幸福新村安置房鸟瞰实景

图5 华夏幸福对口帮扶涞源县十八盘幸福新村安置房鸟瞰实景

图6 华夏幸福对口帮扶涞源县十八盘幸福新村村庄实景

（三）扶贫经验

1. 四位一体，全面保障

华夏幸福科学制定帮扶计划，探索实施独具特色的“四位一体”精准扶贫方法，将幸福蓝图、幸福承诺、幸福方法和幸福保障四大方面充分结合成一个整体：

幸福蓝图：华夏幸福积极构建政府、社会、市场协同推进的大扶贫格局，一张蓝图绘到底，助力涞源按期实现整县脱贫。

幸福承诺：华夏幸福承诺扶贫资金全部用于帮扶项目，完工后全部移交政府管理和运营。

幸福方法：华夏幸福通过基建帮扶和光伏产业带动，充分激发涞源百姓脱贫的内生动力。

幸福保障：华夏幸福专门成立涞源扶贫发展公司，严格把控项目建设标准和资金预算，为“扶真贫、真扶贫”提供有力保障。

2. 规划先行，多措并举

华夏幸福充分发挥在项目整体规划、基础设施建设、综合配套服务等方面的优势，积极探索精准扶贫新思路，实现涞源物质与精神双脱贫，打好精准脱贫攻坚战。

（1）科学规划强化顶层设计，让村民生活更安心

通过科学规划安置房建设、危旧房屋改造，以及贫困地区的基础设施建设，华夏幸福扎实推进基建帮扶，着力改善村民生活环境，让村民生活更安心。华夏幸福的科学规划与顶层设计能力主要体现在两大方面：一是因地制宜，尊重乡土文化；二是村民参与，激发乡村活力。

①因地制宜，尊重乡土文化。

华夏幸福坚持“不搞千篇一律、不搞挪用照搬”的设计理念，因地制宜对村庄聚落的风貌和基础设施进行设计。

华夏幸福认为，乡居建筑与地形设计要尊重原有的村庄肌理，尽可能少破坏原始的村庄形态。例如在十八盘村调整安置房选址时，设计团队就按照当地风土民俗，避开了村落的风口区域以及不愿意动土的庙址区域。不仅如此，项目团队还专门识别与甄选了一些具有涞源县当地风土人情的本土元素，为村庄聚落景观设计提供必要的设计符号，给村民带来最直接、最密切的积极感受。

②村民参与，激发乡村活力。

华夏幸福对涞源村民民居改造升级以“尊重村民生活习俗习惯”为根本原则，让广大村民切实参与到项目调研、诊断、设计及实施的全流程环节，确保解决老百姓最迫切的居住和生产问题。

华夏幸福认为，新民居建设不是一般意义上的修房建屋，更不是形象工程，它与乡村经济、社会、文化发展息息相关，是让村民摆脱贫困的生活状态，长久、可持续地建设美丽家园的基础。

华夏幸福在进行涞源新民居建设时，一方面积极引导村民转变落后的住房观念，通过统一规划、科学设计、专业施工，从布局结构、功能质量、外观效果等方面切实提升村民住房感受；另一方面充分考虑乡里和村里老百姓的意见，保留符合村民生活习惯的生活方式，比如日照、居住习惯（睡土炕）、道路选择尽量能汇集更多的老百姓常用的路线等，确保让老百姓在享受到现代化住房带来的便利与好处的同时，生活得舒心、满意。

（2）速度与质量并重，让村民生活更放心

华夏幸福与涞源县政府密切配合，在整村搬迁安置、危旧房屋改造和基础设施建设工作中，以村民满意为最终目标，兼顾速度与质量，为村民生活提供坚实保障。

①聚众力推进，快速度建设。

针对涞源县自然条件恶劣、基础设施薄弱的实际情况，华夏幸福进行了密集的走访调研，广泛宣传动员，精准、高效改善村民生活条件。

华夏幸福坚持目标引领，倒排工期，分阶段、有侧重地推动工程开展，通过关键节点推动实现首批安置房的交付。

②高标准定位，高质量发展。

华夏幸福为涞源百姓提供的安置房，具有高质量的建设标准，让村民居住、生活更加放心。

（3）精神与物质双脱贫，让村民生活更舒心

华夏幸福在精神文明、文化建设方面多措并举，助力脱贫攻坚。除安置房外，华夏幸福还为涞源当地百姓提供丰富的配套设施，包括医务室、村民活动中心、活动广场等，实现涞源精神与物质双脱贫。

（四）扶贫规划

华夏幸福将继续积极响应国家精准扶贫号召，充分发挥自身资源优势，不断探索更精准、更专业、更有效的扶贫模式，助力乡村实现幸福生活，推动县域经济发展，确保打赢打好精准脱贫攻坚战。

1. 首批帮扶项目竣工

2018 年下半年，华夏幸福对口帮扶涞源首批帮扶项目陆续竣工，助力涞源县部分贫困群众脱贫出列。

表 1 华夏幸福对口帮扶涞源县整县脱贫项目指标表

华夏幸福对口帮扶涞源整县脱贫项目总指标（到 2020 年）		
指 标	单位	绩效数据
计划投入资金总额	亿元	2
扶贫村庄数量	个	188
惠及贫困群众	万户	1.6
光伏电站覆盖	个	106
道路提升改造	千米	202
基础设施工程建设覆盖	个	138

华夏幸福对口帮扶涞源首批帮扶项目指标（2018 年 12 月底）			
指 标		单位	绩效数据
安置区建设	覆盖村庄数	个	6
	安置贫困群众	户	741
	惠及贫困群众人数	人	3,011
危旧房改造	覆盖村庄数	个	15
	改造四类人员 C/D 级危房数量	户	718
	惠及贫困群众人数	人	2,154
基础设施建设	道路提升改造	千米	6.8
	惠及沿线贫困村	个	5
	惠及居民人数	人	约 2,000
产业帮扶	帮助建档立卡贫困人口脱贫数	人	3,618
	光伏电站装机容量	兆瓦	11.22
	覆盖贫困户数	户	1,603

2. 第二批帮扶项目启动

根据涞源县的脱贫出列计划，华夏幸福拟谋划启动第二批帮扶项目，推动东团堡乡汤子岭幸福新村安置区建设，以及养老河幸福新村安置区规划方案设计，实施杜家台村、双坨村等 47 个村庄四类人员 C 级、D 级危房改造，确保 2018 年底前涞源县当年计划脱贫出列贫困村顺利通过国家验收。同时，新开工建设北黄土岭村、牛栏村等 15 个光伏扶贫电站（装机容量 31.1 兆瓦，覆盖 75 个村，4,450 户贫困户），已完成选址并启动勘察设计。

3. 扶贫与扶志、扶智相结合

华夏幸福涞源精准扶贫项目将扶贫与扶志、扶智相结合，积极参与涞源教育扶贫工作，坚持脚踏实地“真扶贫、扶真贫”，帮助贫困地区的学生提供更多改变命运、实现梦想的机会。自 2018 年初，华夏幸福员工对河北省涞源县涞源一中 50 名成绩优异的贫困学生开展长期助学行动，以每学期发放奖学金的形式表彰激励贫困学生努力求学，同时，承诺对这 50 名贫困学生持续资助三年，助力他们考上理想的大学，其中成绩优异的学生还将定向资助至大学毕业，提供实习以及交流学习的机会。

华夏幸福把对口帮扶涞源县整县脱贫工作纳入企业发展的重要内容，要求公司内部上下统一思想，凝心聚力，因地制宜，以更大的决心、更明确的思路、更精准的举措，打赢涞源扶贫攻坚战。同时，华夏幸福积极探索脱贫攻坚新思路，注重激发贫困户自我发展的内生动力，实现贫困户从“要我脱贫”到“我要脱贫”的思想蜕变，在“贫一代”顺利脱贫的基础上，持续发力，质量兼顾，全面提升教育、医疗等公共服务水平，让涞源脱贫群众有更强烈的获得感、幸福感，和全国人民一起共享国家发展的成果。

秉持“打造产业新城，建设幸福城市，使所开发的区域经济发展、社会和谐、人民幸福”的企业使命，坚持“产业新城助力幸福生活”的责任理念，贯彻国家脱贫攻坚战略部署，对河北省内国家级贫困县涞源县进行整县帮扶，坚持诚意正心干好涞源扶贫工作，确保打好精准脱贫攻坚战，将扶贫与扶志结合在一起，助力乡村实现幸福生活。

——师曾志 北京大学新闻与传播学院教授

第二十八章　内蒙古蒙牛乳业（集团）股份有限公司“产业扶贫＋营养扶贫＋定点扶贫”助力精准扶贫

作为一家富有社会责任感的企业，蒙牛全面贯彻落实全国扶贫工作会议精神，在习近平总书记精准扶贫思想的指导下，以“聚焦产业、授人以渔、精准带动、共赢共享”为理念，立足乳企 From Grass to Glass（从牧草到奶杯）的超长产业链、业务全国广泛分布的优势特点，定位蒙牛特色的“产业扶贫＋营养扶贫＋定点扶贫”模式，打好蒙牛特色的扶贫攻坚战。

（一）扶贫实践

1. 扶贫模式：“产业扶贫＋营养扶贫＋定点扶贫”三位一体

精准扶贫不仅是蒙牛的重要发展战略之一，也是蒙牛面向未来的长效机制。蒙牛构建以集团党委书记主抓，企业社会责任部门牵头，各业务部门为支撑的扶贫工作管理机制，整体部署扶贫工作的“时间表”“任务书”和“路线图”，形成“产业扶贫＋营养扶贫＋定点扶贫”三位一体精准扶贫模式，推动蒙牛扶贫攻坚工作创新发展。

2. 产业扶贫：立足可持续脱贫

作为行业龙头企业，蒙牛担负着产业链合作伙伴共同发展之重任。蒙牛始终站在扶贫攻坚的前沿，聚焦乳业全产业链可持续发展，通过奶业发展带动扶贫减贫，通过资金支持、技术帮扶等手段助力国家贫困县牧场向现代化、规模化、集约化、信息化转型升级，促进牧业和地区经济向可持续的方向规范化发展。

（1）管理提升，为脱贫夯基石

蒙牛通过多种合作模式帮助牧场提升精益管理水平，带动上游养殖业降本增效、转型升级及农牧民就业增收。与牧场开展“乳企＋参控股牧场＋社会化牧场＋农牧民”的多元化合作模式，通过参控股牧业公司，与上游结成利益共同体，一方面保证上游优质原奶供应，另一方面带动上游养殖业增收就业及可持续发展。

（2）资金帮扶，为脱贫筑保障

蒙牛通过直接资金支持和供应链金融解决上游牧场融资难和融资贵的问题，为牧场发展注入资金活力。

2011 年起，蒙牛借助供应链金融模式，引入外部银行资金，为养殖业提供融资支持。蒙牛与国有大型银行、股份制银行、地方性商行建立了战略合作关系，利用自身授信，打通上游牧场的融资渠道，上游牧场可获得低于市场平均利率 2%~4% 的融资产品，解决牧场“融资难、融资贵”的难题。

2014 年起，蒙牛启动建设 300~3,000 头规模的牧场项目，即“中小型家庭牧场”，这种规模的牧场能够保证牛舍空间充足，为奶牛提供较为舒适的生活环境。蒙牛对符合条件的家庭农场提供从资金到技术的全方位支持。资金扶持采取“蒙牛＋银行＋牧场”三方联合筹资模式，牧场自筹 1/3 以上资金，蒙牛与银行扶持 2/3 资金，其中蒙牛资金不收取利息，银行资金由蒙牛负责协调，与蒙牛资金捆绑，共扶持新建、扩建 100 个中小型家庭牧场建设。

2017 年，随着金融市场的不断发展，蒙牛运用互联网模式搭建融资平台，为上游牧场打造出“数据网贷”产品。通过“银行＋企业”数据对接，以大数据“授信”的创新模式，为牧场提供方便快捷的一站式融资服务。

（3）技术帮扶，为脱贫添羽翼

技术帮扶是蒙牛对牧场提供的又一项重要帮扶。自 2013 年开始，蒙牛与农业农村部奶业管理办公室、国家奶牛产业技术体系等方面合作，开展“牧场主大学”“金钥匙技术示范专场”项目，开展牧场“战略委员会”“大牧业互学”等活动构建乳业共赢生态圈，通过技术帮扶、人才培养等方式帮助牧场降本增效、提升品质，提升牧场运营水平和能力。

①技术指导

蒙牛将各大牧区进行划分，每个大区都配备专家和讲师团队，每天走访牧场进行技术指导；并有专业技术员对牧场采取责任承包制，即技术员深入牧场浸入式工作，对区域内牧场的情况进行有针对性的诊断、改善。

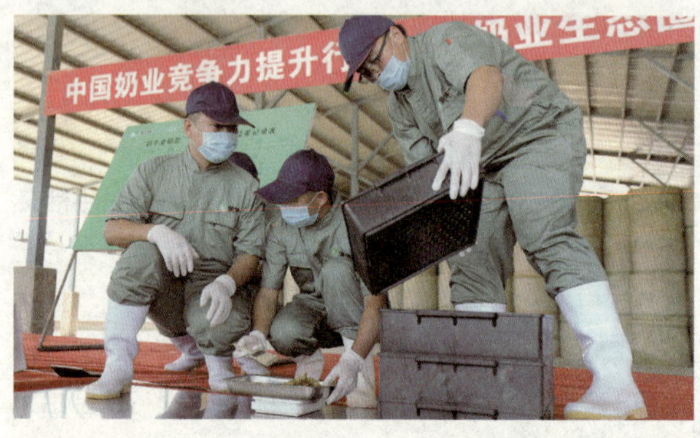

图 1 蒙牛牧场主大学邀请中国奶牛产业技术体系专家为牧场开展诊断、技术指导

②高端培训

蒙牛联手中国农业大学共同打造全球产业链条校企合作，打造专项培训课程，实现牧场主进入中国农牧业最高学府求学的愿望。

③创新“互联网 +”

蒙牛携手中国独家奶牛产业卫星服务平台——荷斯坦卫星大讲堂，以先进科技为依托，打造高端学习的平台，网点覆盖百万奶农，帮助牧场主全面学习奶业尖端养殖技术、管理模式，共享奶业方针、政策和行业发展信息。

同时，积极探寻数字化扶贫，积极推动“牛人说”“爱养牛”等线上平台的建设，利用大数据平台创新精准扶贫。“牛人说”牧业知识分享平台将线下成果信息化，实现牧场主、养牛人、专家线上沟通及互动。牧场主可向平台传送实时牧场数据向专家问诊，获取一对一的诊断报告，甚至接受多名专家“会诊”；也可以系统获取专业的技术、管理知识，进行在线学习、测试、认证，学习；学习牧场标准化操作规程；获取最新的牧业宏观、微观资讯。“爱养牛”互联网平台通过“畜牧业 + 互联网”的模式，打造智慧的一站式综合服务平台，解决牧场交易不透明等行业痛点问题，并依托核心企业为产业链提供“供应链金融服务”“技术服务”“产业再教育”等相关服务，帮助牧场提升运营效率及盈利能力。

2018 年，为积极贯彻落实国务院办公厅《关于推进奶业振兴保障乳品质量安全的意见》提出的推广应用奶牛场物联网和智能化设施设备，提升奶牛养殖信息化、智能化水平，蒙牛计划分期实施“数字奶源”项目，通过“精益 + 平台 + 技术”的设计思路，为奶牛养殖插上“互联网 +”的翅膀，促进传统奶牛养殖业转型升级。

3. 营养扶贫：诠释行业使命

满足国民营养健康需求、提高国民营养健康水平是我国乳业发展的重要使命。目前，全国 1.4 亿小学生中只有 2,200 万人在坚持饮用学生奶，在我国集中连片贫困地区，约 4,000 万农村儿童存在严重的早期营养缺失、营养不良等现象，很多儿童很少或从未喝过牛奶。

2017 年全国两会上，习近平总书记在四川代表团参加审议时强调，脱贫攻坚全过程都要精准，这一精准扶贫的内容在经济、教育扶贫之外，也包含贫困地区儿童的营养扶贫；2017 年 6 月，国务院印发并实施《国民营养计划（2017~2030 年）》，专门将营养扶贫作为重大专项行动进行部署，明确将营养干预纳入健康扶贫工作，要求因地制宜开展营养和膳食指导；2018 年《政府工作报告》强调，近年来认真贯彻决策部署，全面推进精准扶贫、精准脱贫，其中营养改善计划惠及 3,600 多万农村学生。

蒙牛将提升国民营养健康的行业使命和关爱贫困地区儿童营养健康结合起来，主动担当、主动作为，自 2002 年以来连续 16 年为贫困地区儿童提供优质学生奶。2017 年，蒙牛率先响应农业部与中国奶业协会发起的“中国小康牛奶行动”，将蒙牛每年的牛奶助学行动升级成蒙牛“营养普惠计划”，用“营养扶贫 + 扶智”提升贫困县儿童营养，干预儿童早期发展，打破多维贫困。

蒙牛先后与陕西省佛坪县、四川越西县、昭觉县、河北康保县等签订营养普惠行动项目协议书，向这些地区的小学捐赠学生奶，让扶贫能够惠及更多的地方、惠及更需要的人。在营养扶贫的过程中，蒙牛开展科普教育等扶智工作，策划开展“特色课堂”“营养知识伴我行”等活动，深入普及健康营养的重要性，增强贫困学生健康饮食和健康生活习惯的素养。

图 2 蒙牛营养普惠行动项目

4. 定点扶贫：助力乡村振兴

习近平总书记指出，做好新形势下定点扶贫工作，要深入贯彻中央扶贫开发工作会议精神，切实增强责任感、使命感、紧迫感，坚持精准扶贫、精准脱贫，坚持发挥单位、行业优势与立足贫困地区实际相结合，健全工作机制，创新帮扶举措，提高扶贫成效，为坚决打赢脱贫攻坚战作出新的更大贡献。

蒙牛积极响应定点扶贫号召，用心做好呼和浩特市和林县羊群沟乡圪洞坪村的对口扶贫工作，积极为扶贫村修建蓄水池、道路、水井等基础设施，保障村民的基本生活；关爱建档立卡贫困户，计划为村里的 22 户贫困低保人员（基本属于老弱病残）上大病医疗保险；持续做好困难群众的节日慰问和帮扶。

同时，蒙牛积极参与中粮在广西南宁市隆安县和西藏山南市洛扎县的定点扶贫工作，在隆安县采购当地生产厂家铂洋的香蕉浆作为产品原料；在洛扎县开展学生奶营养普惠计划项目，为县里的贫困小学生及 3~6 岁学龄前儿童免费赠送学生奶。

（二）扶贫成效

截至 2017 年，蒙牛累计发放奶款 1,600 多亿元，以预支奶款和低息贷款的方式累计投入牧场扶持资金近 90 亿元，辐射全国所有合作牧场，为牧场解决了“购牛、青贮、硬件改造、转型升级”等多方面融资难题；合作金融机构为上游牧场提供了约 20 亿元的资金支持。2017 年，“数据网贷”全国产品覆盖率 100%，成功为蒙牛 40% 的牧场授信近 3.6 亿元，融资成本较市场利率低 3%-5%，实现高效快捷信贷服务，降低牧场融资成本。

迄今为止，“金钥匙技术示范专场”已经开展 17 期，行程超过 50 万千米，辐射了 1,000 多个牧场，受益人群超过 4,500 人；“牧场主大学”项目免费培训牧场人员超过 10,000 人，卫星大讲堂传播覆盖 3.7 万人次，累计开展 470 项牧场实用技术创新课题，帮扶 1,000 多家牧场从牛群结构、饲喂管理等 24 个维度提升；蒙牛供方牧场现已实现 100% 规模化、集约化、100% 机械化挤奶，100%TMR 科学饲养，100% 青贮全覆盖；奶牛单产平均提升 2 千克，公斤奶成本平均降低 0.2 元，2018 年三季度累计帮扶牧场降本增效、提升效益 8 亿多元。在蒙牛牧场主大学系列帮扶活动的引导带动下，广大牧场主不仅从资金上解决了牧场基础建设问题，更是习得了科学饲养和可持续发展的管理方法，树立起社会责任意识，从以前的粗放无序管理逐步转变为现代科学管理，牧民的生活从解决温饱走上长效可持续发展正轨。

截至 2017 年，“爱养牛”平台注册牧场用户 3,000 余家，其中包括供应商 400 家，其余均为养殖场户或合作社（80% 以上为中小养殖场户）。产品 10,000 个，累计订单金额 11.04 亿元，累计交易笔数 9,726 笔，日人均访问平台人数 500 人以上。同时，“爱养牛”成为行业内首家以核心企业为主，携手中粮信托正式打通牧场与供应商供应链金融业务的平台，促进牧场及供应商提升资金流转率，盘活现金流，已累计成功发放融资款近 8,000 万元。“爱养牛”平台的建立使得乳品产业链通过“互联网 +”的方式重构了行业需供关系和结构，直接促进牧场生产采购成本下降和效率提升，间接提升消费者对产业的认知度，最终提振国产奶消费信心。

“营养普惠计划”牛奶助学公益行动 2018 年将继续完成 20 万提的捐赠目标，截至 2018 年 10 月 28 日，活动覆盖全国 18 个省 1 个直辖市，包括湘西永顺、龙山、黑龙江同江，安徽砀山、涡阳等贫困县在内的 91 个县区，137 所学校，受捐赠学生 21,880 人，捐赠蒙牛学生奶数量 16.8 万提，切实提高贫困儿童营养健康水平。

（三）扶贫经验

1. 完善“时间表”“任务书”和“路线图”，提升扶贫实效

扶贫是一项系统工程，蒙牛构建由集团党委书记主抓，企业社会责任部门牵头，各业务部门为支撑的扶贫工作管理机制，发挥各部门的优势资源，明确各部门扶贫责任，确保公司各部门协调、有序参与合力攻坚，如奶源部门负责执行牧场主大学扶贫公益项目、学生奶部门负责执行营养普惠计划的实施，生产、采购等负责业务部门执行各地投资、技术支持、采购项目等，让最专业的人做专业的事，提升扶贫工作质量和效率。

扶贫贵在精准，重在精准，成败之举在于精准。蒙牛整体部署扶贫工作的目标及规划，分类施策精准帮扶，在每个阶段制定详细的扶贫规划和具体项目实施计划，确保每个项目专款专用，并有专人贯彻执行，保证扶贫项目取得良好效果并能发挥长期连贯作用。

2. 打出“帮”“转”“扶”“合”组合拳，激发贫困群众内生动力

贫困群众既是脱贫攻坚的对象，更是脱贫致富的主体，激发贫困人口脱贫致富的内生动力是确保打好脱贫攻坚战的关键所在。蒙牛在推进脱贫攻坚工作中，打出“帮”“转”“扶”“合”组合拳，充分调动贫困人口的积极性和主动性，构建可持续脱贫的长效机制。

“帮”：蒙牛积极帮助改善基础设施条件，为内生动力提供支撑，帮助贫困牧区提供资金、技术指导，帮助加强蓄水池、道路、水井等基础设施建设等，让贫困农牧民拥有直接的获得感，激发了致富愿望，为产业发展、持续脱贫提供了必要条件。“转”：蒙牛高度关注贫困群众的精神建设，培养贫困群众的发展意愿，为脱贫致富提振“精气神”。牧场主大学注重对牧场主的培训，通过《牧场主社会责任守则》等措施重塑牧场主价值观，增进对可持续发展的意识，增强自身能力。“扶”：扶贫先扶智，蒙牛着重智力扶持，阻碍贫困的代际传递，营养普惠计划以“营养扶贫 + 扶智”的方式，在为贫困儿童直接提供牛奶供应的同时，更是通过科普教育提升其健康意识，提升对美好生活的向往，打破多维贫困。“合”：蒙牛通过有效整合内外资源，凝聚激发内生动力的力量，通过整合银行资源，为牧场提供资金支持，通过整合行业资源，让君乐宝乳业和现代牧业等参与到营养扶贫中，通过与 WFP（联合国世界粮食计划署）等国际机构合作，调动更多的力量参与到扶贫攻坚工作中。

3. 扶贫与企业发展相结合，保障可持续脱贫

扶贫是一项攻坚战，需要长期的、共同的努力。只有将经济效益和社会效益相结合，构建扶贫对象、企业和社会的利益共同体，才是打赢扶贫仗、实现可持续发展的必由之路。蒙牛的扶贫项目始终围绕着企业的可持续发展、贫困群众的可持续脱贫目标展开，构建企业与扶贫对象共生共赢的命运共同体，健全与贫困农牧民的利益联结机制，为牧民提供资金、技术帮扶，带动牧场向现代化、规模化、集约化、信息化转型升级，让贫困群众获得实实在在的收益，在解决贫困地区生存问题的同时，也成就牧业的可持续发展，更有力促进蒙牛产业链前端的良性发展，带动整个产业升级，实现蒙牛自身和帮扶对象的双赢，实现产业扶贫的可持续性。

精准扶贫工作是一场攻坚战，是一场持久战，目前，扶贫工作已进入攻坚克难的重要阶段，为助力 2020 年“确保我国现行标准下，农村贫困人口实现脱贫，贫困县全部摘帽”脱贫目标的实现，蒙牛将继续响应精准扶贫号召，在推进乳业转型的基础上，强化可持续的精准扶贫模式，在继续推进落实现有扶贫公益项目的基础上，推进生态扶贫基金项目和百亿可持续示范带项目，以务实、前瞻的行动开展社会公益，助阵全面小康社会建设的宏伟愿景。

专家点评

企业社会责任日益成为企业参与扶贫和社会慈善公益的重要路径之一，蒙牛乳业依托自身的产业优势，通过向贫困地区捐赠优质学生奶，实施“营养普惠计划”，提高贫困地区儿童营养状况；通过定点帮扶等形式为贫困地区奶牛养殖业的发展提供技术、资金和市场等方面的支持，重点培育新型农业经营主体，提高奶牛养殖户的技术水平，将奶牛养殖业的发展和贫困户的减贫增收有机结合，综合立体地践行了企业责任，体现了一个企业的社会担当。

——李小云 中国农业大学教授

第二十九章　唯品会（中国）有限公司

首创“电商扶贫＋非遗”模式，唯爱工坊助力精准扶贫

唯品会成立于2008年，并于2012年成功在美国纽交所上市，目前已成为全国前三的综合电商平台，并创造了电商行业连续23个季度盈利的记录。作为国内知名时尚电商，唯品会积极响应和落实国家精准扶贫的政策，发挥自身优势，打造“唯爱工坊”电商公益平台，聚焦非遗手工艺，将非遗与扶贫开创性结合，探索出“电商＋非遗＋扶贫”的非遗扶贫新经济特色化路子，在精准扶贫的同时实现非遗活化传承，创新践行电商精准扶贫。

唯爱工坊开通至今，已踏访12个省份，上线27种非遗技艺产品，精准对接到14个国家级贫困县，为超5000名手艺人带去1000多万元劳动报酬。

图1　唯品会“唤醒千年之美”非遗扶贫新经济圆桌论坛暨唯品会非遗万物立春公益专场启动仪式

（一）唯品会非遗扶贫背景

2015年11月，中共中央、国务院发布《中共中央国务院关于打赢脱贫攻坚战的决定》，提出了我国脱贫攻坚的目标，确保到2020年农村贫困人口实现脱贫。2016年11月，国务院扶贫开发领导小组办公室、国家发展和改革委员会、农业部等16部门联合出台了《关于促进电商精准扶贫的指导意见》，要求进一步创新扶贫开发体制机制，将电商扶贫纳入脱贫攻坚总体部署和工作体系，实施电商扶贫工程，推动互联网创新成果与扶贫工作深度融合，带动建档立卡贫困人口增加就业和拓宽增收渠道，加快贫困地区脱贫攻坚进程。

唯品会积极响应国家号召，充分发挥电商优势资源，通过互联网先导力量和驱动作用，深入开展精准扶贫工作。2017年，唯品会探索电商扶贫＋非遗创新模式，全力打造专注于非遗活化和传承的电商公益平台“唯爱工坊”，通过行业联合指导、非遗人才培养、非遗时尚产品打造、电商公益售卖等举措，推动非遗现代生活化、时尚商品化和发展可持续化，并实现对手艺人的帮扶。

（二）唯爱工坊非遗扶贫新经济模式

1. 唯品会“唯爱工坊”电商扶贫模式

“唯爱工坊”于2017年5月底启动，通过行业指导、非遗人才培养、手艺人帮扶、设计师重构和联合品牌重塑等举措，推动非遗现代生活化、时尚商品化和发展可持续化，促进非遗的活化与传承，改善非遗手工艺女性及其贫困家庭的生活质量，以此实现精准扶贫的目标。唯品会用唤醒、激活、赋能、服务“四步曲”，以“产学研售秀”全链条来实现非遗的保护与传承。

（1）建立“唯爱·妈妈制造合作社”，为非遗手艺人提供技能培训

培育非遗手工艺者是非遗传承的核心，唯品会通过投入经费捐建“唯爱·妈妈制造合作社”，为非遗手艺人提供技能培训。合作社将为当地有意愿学习非遗工艺的女性提供全面培训，发掘她们的手工艺特长，培育更多非遗匠人，壮大生产队伍。自2017年5月至今，唯品会已在全国6个省份捐建了10家“唯爱·妈妈制造合作社”，助力9种非遗技艺进行时尚活化。

举例来说，唯品会在贵州织金地区成立了两家“唯爱 · 妈妈制造贵州苗族蜡染合作社”，当地政府以两家合作社为基点，组织规范化生产管理以促进上千名苗家妇女积极投身到苗绣和蜡染的生产制作队伍中，形成区域规模效应，带动织金地区的非遗保护、传承和发展，成为有质保量的非遗生产基地。

此外，唯品会还与中国妇女发展基金会、北京服装学院、友成企业家扶贫基金会等达成战略合作，持续帮助非遗手艺人参加培训、学习以提高技艺水平、进行产品设计和开发等，保证项目的可持续运营。

图 2 唯品会“唯爱 · 妈妈制造织金蜡染合作社”带头人蔡群与绣娘们进行蜡染制作

（2）知名设计师浸入式体验和创作，创作定制式非遗时尚产品

唯品会引入时尚设计资源，对非遗产品进行美学重构与时尚产品化设计，推出兼具时尚性与实用性的定制化产品，助力非遗扶贫新经济的发展。

唯品会目前已与多家品牌方、设计师前往海南、云南、贵州、新疆、青海多地进行采风，邀请设计师在了解非遗制作特色的基础上，结合自身时尚视角，与非遗手艺人共同创作定制式非遗时尚产品，从多维度演绎匠心技艺与大众审美碰撞交融下的现代生活美学，为非遗产品开拓更大的市场发展空间，推动非遗产品市场化、时尚化和产业化。

（3）电商平台全链条推动产品市场化及产业化

通过开通电商扶贫平台唯爱工坊，唯品会在保护和传承非遗的过程中积累了一定的经验，以非遗保护为核心内驱，运用信息网络等现代技术和电子商务平台运营，推动设计、生产、管理和营销模式变革，重塑产业链、供应链、价值链，改造提升传统链条，使之焕发新的生机与活力。

唯品会为产品提供包装设计制作、商品质检、线上营销运营、物流配送等支持，让消费者从产品到服务及体验都享有全面的品质保障。

以“唯爱 · 妈妈制造”系列的产品为例，贫困手艺人从中获得的劳动报酬约占售价的 30~60%，这些非遗商品的销售所得将帮助有传统手工技艺的贫困阿妈们获得有尊严且持续的收入，同时带动外出女工返乡，有效改善留守儿童和空巢老人等社会问题，从而构建“造血式扶贫”的长效机制。

2. “非遗万物品牌联合计划”发挥平台优势撬动品牌力量

市场上各大时尚品牌不仅是潮流的打造者，也最了解消费群体品质生活需求。因此，“唯爱工坊”在 2018 年 3 月底与城市画报和广东时装周达成战略合作，携手 16 个时尚品牌（飞亚达、卡宾、生活在左、品立、裂帛、Artka、罗莱、洁丽雅、周大福、曼古银、VMe 等）共同合作 2018 年“唤醒千年之美—非遗万物品牌联合计划”，强力打造多元化品牌矩阵，唯品会希望通过整合品牌雄厚的设计实力和市场营销资源，通过设计师资源引入、非遗手艺人帮扶、非遗时尚产品开发、营销推广资源整合等努力，用现代审美和电商运营促进非遗的活化和传承，不断推出高品质的非遗时尚产品，共同推动非遗的现代生活化、时尚商品化、发展可持续化。

唯品会携手品牌方前往海南、云南、贵州、新疆等多地进行非遗采风，深入探访黎锦、蜡染、彝绣、艾德莱斯绸、花丝镶嵌等 7 项非遗技艺，邀请设计师在了解非遗文化和制作工艺的基础上，结合自身时尚视角和品牌的风格，对传统工艺进行美学重构和时尚设计，与非遗手艺人共同创作品牌定制化非遗时尚产品。16 个品牌精心设计的所有定制化非遗产品于 2018 年 6 月及 9 月的“唯爱工坊——非遗万物品牌联合计划专场”全面上线。此次非遗万物品牌联合计划可为非遗手艺人带来 200 余万元的劳动报酬。

3. 传播推广非遗，助力文化保育及提升文化自信

为了进一步传播非遗文化，为非遗发声，唯品会带着唯爱工坊的项目成果走出国门，走向世界。在连续参加了两年的女性可持续发展国际论坛上，唯品会向各国展示了勤劳、智慧、坚忍的中国女性形象，共同见证“她”力量的崛起。

2017 年 6 月，唯品会受邀参加在美国纽约的联合国总部举行的“女性公益可持续发展国际论坛”，唯品会副总裁黄红英做“唯爱前行，赋能‘她能量’”的主题演讲，重点推广非遗扶贫赋能女性的举措。

2018 年 2 月，唯品会与伦敦时装周达成战略合作，用时尚打开传统，让非遗传承“活起来”，帮助非遗传统文化走出国门。

2018 年 6 月，唯品会邀请非遗匠人和时尚品牌设计师共同参加在伦敦举办的女性手工艺创新展和伦敦时装周，搭起了一座文化沟通桥梁，让文化说话，我们把中国的传统技艺从田间带到国际，也弘扬了博大精深的中华文化，促进世界文化共同繁荣。

（三）从输血到造血：贵州毕节织金县非遗扶贫案例

1. 贵州织金案例背景

贵州织金蜡染被誉为“世界上最精细的蜡染”“指尖上的芭蕾”，具有两千多年的历史，但是随着时代的发展，蜡染产品因为缺少设计感和生活实用性，很难打开市场，而祖祖辈辈传承蜡染的苗家妇女由于难以以此谋生，渐渐放弃了蜡染手艺，选择外出打工。

经过全国工商联、织金工商联的推荐，唯品会唯爱工坊项目前往织金进行多次实地走访摸查，据与当地初步沟通后了解到，织金的 574 个行政村区中，约有 4 万个会蜡染的绣娘，其中有 7000 个建档立卡的贫困户，而在全织金县 13.3 万的建档立卡贫困户，半数为女性。如果能以蜡染扶贫为切入，可以有效带动女性当地就业、创收增收并实现对建档立卡贫困户的精准帮扶和脱贫工作。

2. 实际问题和困难

项目真正在当地落地时，大家遇到了比预期更多的多重困难。

首先，绣娘分散在村落中，以家庭作坊的模式进行生产，没有集中管理，政府对于真正可以组织起来进行生产的绣娘的人数、生产效率、工艺水平等信息也没有详细调查过，难以在短时间的铺开规模。

其次，贵州织金县目前的生产水平和订单体量不匹配，会蜡染的绣娘中，真正达到技术标准，可以投入生产的人并不多，整体的生产水平较低。

再者，当地缺乏相关龙头企业，仅有的家庭作坊还未建立起一套科学合理的管理机制和发展机制，管理上处于起步的阶段，给工作推进增加了很大的沟通成本。

3. 破局

针对此问题，唯品会结合自身优势，对于织金县的蜡染扶贫进行了定制化扶贫三部曲：

（1）“输血”式订制，打开织金市场视野与思维

2017 年 11 月 1 日，唯品会联合中国妇女发展基金会在织金官寨乡小妥倮村捐建一间唯爱 · 妈妈制造蜡染合作社，作为当地蜡染扶贫的试点。贵州蜡染传承人蔡群作为合作社带头人，合作社依托中国妇基会妈妈制造项目为苗族绣娘们进行技能和知识培训，帮助她们更好地制作蜡染。

2017 年 11 月，唯品会邀请国内外三名时尚设计师，曾为 ARMANI 等多个奢侈品牌担任设计顾问的 Petros，CICICHEUNG 熙上创始人、北京服装学院客座教授蒋熙，时尚品牌两三事新锐设计师代表 JEVO 大君，到当地浸入式体验和采风，进行蜡染创作，将苗族蜡染进行美学重构，为非遗文化注入国际时尚元素，对蜡染与时尚实用的产品进行再设计结合，提高蜡染的实用价值，并由当地手艺人进行制作，获得相应的报酬；然后唯品会为产品提供免费的包装设计、质检、运营和物流等系列支持，并通过唯爱工坊频道对所有产品进行纯公益零利润的售卖，由此带动更多年轻妈妈返乡就业、提高收入。

图 3 唯品会邀请曾担任 ARMANI 奢侈品牌设计顾问的希腊设计师 Petros 到贵州织金进行采风

通过此次三位设计师的合作，在 2 个月内共为以蔡群为代表的几十名手艺人带去共计 25 万元的劳动报酬。社员杨光美告诉唯爱工坊的工作人员，自己原先在外打工一个月能赚 2000 元，目前在家做蜡染可以一个月赚 3000 元，而最重要的是可以陪孩子和老人了，当孩子跟她说自己不用做留守儿童的时候，她流下了心酸和幸福夹杂的眼泪。

在第一家唯爱 · 妈妈制造蜡染合作社成立和试点成功后，唯品会希望通过大体量订单激活当地蜡染生产力，于是成立了第二家唯爱 · 妈妈制造苗绣与蜡染合作社，并在启动仪式现场与当地政府签订了 1000 万元的年度生产订单。借此机会，织金政府对当地的实际生产能力进行了彻底摸查，建立贫困绣娘数据库，据统计在 574 个行政村区的 4 万名会蜡染的绣娘中，当下真正可以投入生产的其实只有 3000 名左右，经过初步推算，唯品会 1000 万元的生产订单至少可以覆盖到 1000 多名绣娘，其中建档立卡的贫困绣娘约 300 名。基于贫困绣娘数据库的建立，可以依托生产订单分批精准实现脱贫帮扶。在实际正式投入生产后，截至 9 月 29 日，统计到首笔合同订单已覆盖 1783 名绣娘，其中贫困户 568 名，占比 31.9%。

除了唯品会自身的订单帮扶，唯品会还撬动品牌力量联合做定制化非遗扶贫，在“唤醒千年之美 - 非遗万物品牌联合计划”的 16 个品牌中，唯品会将 7 个品牌（飞亚达、天王、品立、生活在左、裂帛、罗莱、洁丽雅）及一个设计师品牌 Sherny Counter 引入织金做蜡染和苗绣项目，根据协议，每个品牌将通过生产订单为当地绣娘提供至少 10 万元的劳动报酬，全部品牌预计将为当地绣娘提供近百万元的劳动收入。目前，7 个品牌已全部完成产品设计和生产，并于 9 月 7 日在唯品会唯爱工坊非遗万物仲秋专场上线，织金蜡染的非遗定制产品受到热捧，其中蜡染棒球帽、生活在左的真丝蜡染长裙等几款产品在短时间内售罄。并且，飞亚达品牌还通过代言人高圆圆的明星效应，极大提高了织金蜡染的知名度。

图 4 唯品会唯爱工坊开发的贵州织金蜡染蝴蝶手拿包，每件唯爱价 255 元，其中手艺人收入 120 元

（2）“造血”式帮扶，构建织金产业体系与规模

唯品会的合作社以及大批量订单的输入在当地产生了非常好的激活效应，带动当地的蜡染扶贫从输血向造血转变。

首先，因为有了前期两家合作社社员创收增收的示范，妇联着力打造的锦绣计划暨织金绣娘帮扶计划有了实质性的推进，各街道和村子纷纷自发成立起各自的合作社或是注册蜡染刺绣公司，在短短几个月内，织金已经在 32 个乡镇里成立 66 家蜡染合作社。

其次，因为有了订单的支撑，织金的蜡染产业也得到了全国工商联的支持，全国政协副主席、全国工商联主席高云龙同志到织金考察时，了解到织金目前的生产水平和订单体量不匹配的情况后，由工商联向织金捐赠 200 万元扶持资金专项用于蜡染培训，提高整体蜡染水平，实现可持续发展。

据当地妇联主席黄英介绍，到 2020 年，织金县妇女特色手工企业、专业合作社将达到 200 家。从事特色手工产业的妇女将达到3万人，带动6万人脱贫。预计从201年到2020年，全县培训妇女手工技能3万人次，其中县级妇联定点培训妇女0.6万人次，各乡镇（街道）、村合作社培训2.4万人次。

“蝶变”式发展，打造织金织绣金字招牌，在唯品会一系列动作的助推下，促成了“织金县蜡染刺绣商会”的成立，将全县优质的蜡染合作社悉数纳入并将全部蜡染绣娘进行统一管理，建立科学合理的发展机制、咨询机制、议事机制、造血机制和回馈机制，切实发挥商会在促进经济社会发展方面所具有的独特优势和作用。立足长远，共同打造织金蜡染刺绣品牌。除此之外，唯品会对蜡染产业进行持续性的支持并鼓励织金经过几年发展在成熟后注册蜡染品牌、入驻唯品会及其他电商平台进行产品商业化运作，由量变形成质变，让绣娘们从脱贫真正实现致富。

“蝶变”式的发展，吸引了更多苗家妇女积极投身到苗绣和蜡染的生产制作队伍中，形成区域规模效应，带动织金地区的非遗保护、传承和发展，成为有质保量的非遗生产基地，为苗家妇女带来可持续的收入，更带动贵州地区的非遗保护、传承和发展。

（3）“绽放”非遗精彩，让世界见证中国女性力量

作为全球时尚电商，唯品会希望能为非遗搭建舞台，向世界展现中国文化的博大精深，推动世界文化交流，让世界感受东方魅力，也让非遗匠人感受全球时代脉搏，获得更多创意灵感。

2018年6月，2018年女性可持续发展国际论坛暨女性手工艺创新展在伦敦剑桥大学嘉治商学院举办，唯品会携手国内外知名时尚设计师和品牌合作设计的非遗单品，在女性手工艺创新展上正式亮相。唯品会同时邀请了来自贵州织金县的苗族绣娘杨林先在活动现场向中外来宾、媒体展示高超的蜡染技艺，引来全场与会者的热烈反响。苗绣、蜡染等非遗技艺与潮流的碰撞，不仅刷新了国内外时尚界对中国的非遗文化的认知，更为非遗手工技艺的传承和发展、助推脱贫攻坚开辟了一条新路。

图5 2018年6月，唯品会“唯爱·妈妈制造合作社”苗绣、彝绣合作社带头人，跟随唯爱工坊前往英国剑桥参加国际女性手工艺创新展并前往观看伦敦时装周，在国际论坛上展示了高超的非遗技艺。

未来，唯品会将继续充分发挥自身平台优势，联合非遗扶贫新经济生态圈各方，通过唤醒、激活、赋能、服务四部曲，从行业指导、人才培养、手艺人帮扶、设计师和品牌资源引入等方面，形成“产、学、研、售、秀”的结合，帮扶更多贫困手艺人，并努力做到“见人见物见生活”，让非遗代代相传生生不息。

专家点评

唯品会打造“唯爱工坊”电商公益平台，聚焦非遗手工艺，将非遗与扶贫开创性结合，通过行业联合指导、非遗人才培养、非遗时尚产品打造、电商公益售卖等举措，推动非遗现代生活化、时尚商品化和发展可持续化，并实现对手艺人的帮扶。在贵州省织金县，为实现蜡染文化保护传承和贫困绣娘脱贫增收的目标，唯品会对当地绣娘进行培训，邀请国内外时尚设计师实地创造改造蜡染产品，给予订单，为产品提供免费的包装设计、质检、运营和物流等系列支持，并撬动品牌力量联合做定制化非遗扶贫。项目的不断推进吸引了更多苗家妇女积极投身到苗绣和蜡染的生产制作队伍中，形成区域规模效应，带动织金地区的非遗保护、传承和发展，成为有质保量的非遗生产基地，为苗家妇女带来可持续的收入，更带动贵州地区的非遗保护、传承和发展，探索出“电商＋非遗＋扶贫”的非遗扶贫新经济特色化路子。

——汪杰 中国社会科学院企业社会责任研究中心副主任

第三十章　中国兵器工业集团有限公司
开展电商扶贫，助力脱贫攻坚

促进社会和谐发展是新时期中国兵器工业集团有限公司（以下简称“集团公司”）四大责任之一，积极参与国家扶贫开发工作是集团公司履行社会责任的具体体现。根据党中央、国务院扶贫开发工作的总体安排和部署，集团公司定点帮扶云南省红河县（2002 年起）、黑龙江省甘南县（2013 年起），累计投入扶贫资金 3.638 亿元，其中出资 3 亿元参与发起中央企业贫困地区产业投资基金，定点帮扶红河县和甘南县 6,380 万元。按照“有所为有所不为”的原则，根据自身能力，结合贫困县实际，紧紧围绕打好脱贫攻坚战这一核心，坚持做成、做好、做优扶贫工作的传统，围绕产业扶贫、智力扶贫、基础设施建设、新农村建设等方面持续投入大量人力、物力和财力，有力地促进了两县经济社会发展，为当地群众摆脱贫困作出了积极的贡献。

（一）电商扶贫项目实践

1. 项目背景

红河县位于云南省南部哀牢山区，是一个典型的集“边疆、民族、山区、贫困”为一体的国家扶贫开发重点县。2017 年 9 月，红河县被列为云南省 27 个深度贫困县之一，其中，共有 6 个乡镇（洛恩乡、架车乡、车古乡、垤玛乡、三村乡、阿扎河乡）被确定为深度贫困乡镇、12 个乡镇的 60 个行政村被确定为深度贫困村。经统计，60 个深度贫困村中，50 户以上的自然村共 356 个。

针对红河县经济基础薄弱、资源不足、观念较为落后等实际问题，集团公司制定了产业上积极打造梯田立体生态经济链，以教育扶贫为抓手带动观念转变的工作思路。“十三五”以来，集团公司把精准脱贫工作重点转到产业扶贫上，创新扶贫模式，引入互联网 + 电商扶贫项目，与红河县人民政府、中国扶贫基金会签署三方战略协议，以红河县尼美村作为梯田品控管理示范基地，运用新常态下“互联网 +”先进理念，支持梯田红米产业体系性提升、带动农户脱贫增收。

2. 扶贫工作管理

集团公司高度重视定点扶贫工作，将帮扶工作当作一项重要的政治任务抓好。集团公司设立扶贫工作领导小组，组织夜视集团、华安集团、北方公司、北方车辆研究所等 20 余家子集团参与实施扶贫项目，其中，夜视集团承担红河县定点扶贫具体组织工作。

集团公司明确领导分管扶贫工作，社会责任部负责定点扶贫工作，并指导、监督、协调子集团和直管单位的扶贫工作。社会责任部下设节能环保与社会责任处具体负责定点扶贫工作。为更好助力深度贫困县完成脱贫攻坚工作，集团公司在选派一名处级干部担任红河县挂职副县长的同时，增派一名干部担任驻村第一书记。

集团公司注重扶贫项目的针对性和精准性，每年开展扶贫调研，通过调研贫困村、召开专题座谈会，详细了解贫困人口基本情况以及扶贫工作实际需求，使得定点扶贫工作计划更能贴近县情民意，能真正解决老百姓急需解决的问题，保证扶贫效果。通过年初调研确定年度扶贫计划、年中调研跟踪项目实施情况、年末调研开展项目验收以及跟踪项目使用情况，确保项目实施取得脱贫实效。

3. 项目实施过程

集团公司坚持精益扶贫，引入电商扶贫新理念，创新推动贫困地区脱贫攻坚与产业发展。2017 年 4 月以来，集团公司邀请中国扶贫基金会电商扶贫项目团队多次到红河县调研。2017 年 9 月 24~26 日，时任集团公司董事长、党组书记尹家绪以及主管扶贫工作的副总经理、党组成员贾宏谦一行到红河县考察定点帮扶工作，并与中国扶贫基金会、红河县正式签订“互联网 + 扶贫”示范县建设实践战略合作协议，共同推动在红河县尼美梯田红米示范基地建设智慧农业系统试验系统。在签约仪式上，集团公司向红河县人民政府捐赠电商扶贫款 130 万元，为示范县建设提供资金和技术支持。

图 1 战略合作协议签约仪式

图 2 电商款捐赠

作为“互联网 +”时代推动贫困地区脱贫攻坚与产业发展的创新和探索，电商扶贫项目按照“以点带面、稳步推进”的原则，充分发挥各自优势并整合各类资源，以红河县梯田红米产业为切入点，选定乐育镇尼美村的尼美梯田为品控管理示范基地，通过农业经营主体孵化、产品品质深耕管理、地域农产品公共品牌培育等系统性工作，支持梯田红米产业体系性提升、带动农户脱贫增收。尼美梯田品控管理示范基地位于红河县乐育镇尼美村，离县城 37 千米，下辖 12 个自然村，18 个村民小组 1,306 户 5,889 人，其中建档立卡户 362 户。

图 3 “互联网 + 扶贫”红河县尼美村梯田品控管理示范基地揭牌仪式

电商扶贫项目通过组织培育、品控管理、渠道拓展、品牌塑造、人才培养等方式全面推进运营管理，围绕组织体系、渠道体系、品牌体系和人才体系全面提升农村发展竞争力，以此在生产者、消费者之间建立一个完整、有效的通道。

（1）组建合作社

培育新型农业经营主体有利于形成科学、合理、可行的治理体系并实现有效运转。2017 年 9 月 6 日，在集团公司与中国扶贫基金会帮助下，尼美村正式组建红河县木美云田种植专业合作社，截至目前，共发展社员 151 户，其中建档立卡户 78 户。项目计划分期发展社员，最终将全村 362 户建档立卡户吸收入社。2018 年 7 月 26 日，红河县善品良田产业专业合作社联合社正式组建成立，成员合作社 12 家，社员超过 1,000 户，其中建档立卡贫困户超过 500 户。

（2）加强品控生产管理

深耕产品品控管理、确保产品优质品质是关键，尼美梯田品控管理示范基地基于实践形成了《善品公社梯田红米生产技术规范》《善品公社合作社生产小组工作记录手册》《善品公社梯田红米认证农户生产记录手册》及相应管理工具。目前，基地 3,000 亩土地通过认证，基地灌溉水、土壤和梯田红米样品分别通过全球第三方专业检测机构 SGS 通标标准 265 项专项检测，全部指标达到国家绿色食品标准。

（3）整合优质渠道

为最大程度推广营销红河梯田红米，依托优质互联网平台、电商渠道推广，以全渠道策略为原则，“传统主流 B2C 平台 + 社群电商平台”结合的方式整合渠道资源，主要通过移动电商平台开展营销推广，向各自优质用户、粉丝推荐红河梯田红米。集团公司与金辉集团、阳光保险集团等优质企业开展产品推荐或企业团购。

（4）共享品牌培育

中国扶贫基金会善品公社梳理提炼“兴农有善稻”作为项目年度营销主题，实地拍摄主题宣传片并在优酷、腾讯、秒拍等平台分发推广；依托企鹅优品协调百万级自媒体大号前往现场实地探访。以“事件营销 + 跨界整合 + 线下推广”为一体的“海陆空”组合策略，向全国推广红河梯田红米，塑造区域公共品牌。结合国际粮食日和国家扶贫日开展事件营销，获得企鹅优品、京东商城等平台节日专场活动流量支持；跨界整合以企业责任消费团购、明星代言为主。先后有 50 余家媒体报道，全网传播量达 1.03 亿人次，视频播放量达 1,000 多万。

（5）倡导责任消费

以产品为情感链接、传递的有效载体，一方面通过有温度的故事挖掘、交互式的包装设计和有情感的客服售后，提高用户对产品及整个理念的认识、共鸣，全年累计产生消费者逾 3 万人、消费者综合满意度逾

98%；另一方面通过内容、美食、社群、众筹等多种营销、推广渠道，进一步倡导责任消费，呼吁消费者通过消费优质农产品支持诚信生产和助农增收。

（6）培养专业人才

一方面邀请有关专家到社区座谈和开展专题培训班提升农户思想意识和经营管理能力，同时在梯田红米推广活动过程中，合作社经营团队及社区骨干积极参与，进一步提升合作社组织动员能力及社员互动频率；另一方面以社区合作社负责人为主要对象，培养农村发展的带头人外出考察交流学习。与此同时，依托现有合作通过主题培训、学习交流等方式加强与政府部门的协调对接，从发展理念、发展思路和发展模式等方面进行引导和影响。2017 年累计参加培训近 200 人次。

（二）扶贫成效

2017 年，集团公司帮助当地红米成交 80,236 斤，实现交易额 107 万，帮助 78 个建档立卡贫困户实现户均年增收 3,500 元。红米收入增幅约占去年的 57%。2018 年 1 月 26 日，木美云田种植专业合作社举行 2017 年度分红大会，项目取得了明显示范效果。集团公司全年开展的电商扶贫、稻田养鱼、生猪养殖、沃柑种植等 4 个产业扶贫项目，均取得很好效果，直接帮扶红河县建档立卡贫困人口 1,560 人脱贫，取得了“真扶贫、扶真贫”的效果，受到了当地政府和贫困户的热烈欢迎。

图 4 梯田红米丰收

项目实施不仅促进农户增收，而且通过主题营销推广等活动，打造了红河梯田红米社会影响力。

2017 年 11 月 22~23 日，在广西玉林市举办的“第十七届全国村长论坛”上，尼美村荣获“中国村庄 2017 特色村”。

2018 年 1 月 15 日，在北京举办的“社会力量参与脱贫攻坚协作交流会”上，集团公司社会责任部刘岩龙副处长对红河县“互联网 + 扶贫”示范县建设实践经验做了专题分享。

2018 年 1 月 18 日，在重庆举办的“阿里巴巴第三届年货节暨脱贫战略发布会”上，中国扶贫基金会会长郑文凯对红河县“地方政府 + 大型企业 + 社会组织”电商扶贫模式给予了充分肯定。

2018 年 1 月 29 日，在成都举办的“决战深度贫困 · 助力乡村振兴电商扶贫伙伴大会暨善品公社‘深度优鲜’战略发布会”上，红河县“互联网 + 扶贫”示范县建设实践经验作为大会案例重点推介，同时红河县获得中国扶贫基金会颁发的“年度政府合作伙伴”奖。

2018 年 2 月 22 日，普然图作为哈尼族代表和红河县梯田红米代言人，入选中央网信办网评局指导拍摄制作的三集系列微纪录片《百姓说新年》梦想，并在中央电视台、央视网等全网发布传播。

2018 年 3 月 13 日，新华网云南频道为红河县“互联网 + 扶贫”示范县建设实践模式制作的视频和新闻专题报道通过全网发布推广。

（三）扶贫经验

集团公司在多年的定点帮扶工作中，不断总结经验，找准定点帮扶的切入点，及时调整工作思路，规范操作程序，使得确定的定点帮扶项目符合县情民意，为顺利完成各项定点帮扶工作任务打下了良好的基础。

1. 党组及主要领导高度重视是扶贫工作的政治保障

集团公司党组及主要领导始终高度重视脱贫攻坚工作，专题学习习近平总书记和李克强总理关于打赢脱贫攻坚战三年行动的重要批示，研究部署集团公司扶贫工作贯彻落实党中央国务院要求，主要领导和分管领导多次带队赴定点扶贫县考察调研，现场办公推进扶贫工作深入开展，为集团公司扶贫工作提供了坚强的政治保障和组织领导。

2. 强化针对性是扶贫工作取得成绩的前提

集团公司坚持实事求是开展扶贫工作，每年组织相关领导人员赴红河县实地调查，带着问题走，拿着方案来，研究制定年度扶贫项目计划，确保扶贫项目符合实际需要。针对红河县经济基础薄弱、资源不足等实际情况，集团公司制定了产业上积极打造梯田立体生态经济链，以教育扶贫为抓手带动观念转变的工作思路。由于问题找得准，措施针对性强，扶贫项目发挥了较为明显的作用，也得到了广大人民群众的认同。

3. 注重可持续性是扶贫工作不断扩大成效的有效途径

集团公司始终坚持扶贫项目的可持续发展，采取了统筹规划、持续投入、分期实施的办法，在项目选择上充分考虑远期效应，在实施过程中采取分步实施持续推进的方式。如课桌椅、计算机教室、学生食堂等，采取长期持续投入模式，一方面减轻了企业扶贫资金一次性投入的压力，另一方面避免了因项目频繁更换而产生的华而不实。

4. 突出精准性是扶贫工作切实发挥作用的保证

集团公司始终贯彻党中央精准扶贫精神，扶贫工作从计划到实施都突出精准和精细。首先，在项目论证阶段要对实施效果进行评估分析，确保项目能对当地发展起到积极作用。其次，在实施过程中跟踪实施情况，发现问题及时调整，确保项目实施符合实际情况避免走形式。最后，在项目实施完成后收集信息数据对实施效果进行评价，与预估情况进行对比，查找不足、总结经验。如计算机教室和学生食堂均按“一校一策”配置设备，既最大限度满足了学校需求，又最大程度地发挥了投入资金的作用。

5. 提升扶贫模式创新性是扶贫工作取得突破的法宝

2017 年，集团公司在原有的产业扶贫模式下创新帮扶方式，引入互联网 + 电商扶贫项目，与红河县人民政府、中国扶贫基金会签署了三方战略协议，以红河县尼美村作为梯田品控管理示范基地，运用“互联网 +”的先进理念，更好地为红河县特色农产品品牌打造、质量提升、营销渠道扩展及社区化营销发展提供有利条件，通过合作社的模式增加村集体经济，帮助建档立卡户从思想上和收入上脱贫。同时继续在增加村集体经济上持续探索和改善，努力在乡村振兴战略的指导下深入开展扶贫工作，为脱贫攻坚作出央企应有的贡献。

一年来，电商扶贫项目运营良好，增加了贫困户经济收入，并起到了试验、示范、推广作用。2018 年，集团公司在扶贫工作中将进一步放大电商扶贫效应，继续与中国扶贫基金会合作，陆续开展民宿旅游、稻田鸭蛋、沃柑等项目，努力为红河县确保完成 2019 年脱贫目标作出更大贡献。

专家点评

兵器工业贯彻落实党中央、国务院扶贫开发工作的总体安排和部署，在扎实做好产业扶贫、智力扶贫、基础设施建设、新农村建设等工作基础上，创新开展电商扶贫，通过组织培育、品控管理、渠道拓展、品牌塑造、人才培养等方式全面推进运营管理，围绕组织体系、渠道体系、品牌体系和人才体系全面提升农村发展竞争力，在生产者、消费者之间建立一个完整、有效的通道。项目实施不仅促进农户增收，而且通过主题营销推广等活动，打造了红河梯田红米社会影响力。

——钟宏武 中国社会科学院企业社会责任研究中心主任

第三十一章　牧原实业集团有限公司

主业做成扶贫产业，贫困户嵌入实现增收脱贫

牧原集团是一家以生猪养殖为核心业务的农业产业化国家重点龙头企业，目前，总资产 400 亿元，员工 3 万余人，遍布全国 17 个省（市、自治区）子公司 120 余家；养猪规模全国第二，全球第三；旗下牧原股份年出栏生猪 1100 万头，总市值超千亿元。

作为一家生在“三农”、长在“三农”的大型农业龙头企业，牧原集团与农民有着密切的联系和深厚的感情。党中央提出脱贫攻坚战略以来，牧原集团坚定政治站位、增强责任意识、担当历史使命，秉承“四个坚持”，即坚持听党话、跟党走、以人民为中心的政治信念；坚持企业“创造价值，服务社会”的核心价值理念；坚持服务“三农”的根本理念；坚持“智志双扶”，供血与造血有机结合的扶贫方法，充分发挥龙头企业、上市公司的资源优势和产业带动能力，积极投身脱贫攻坚主战场，主动在地方党委政府的脱贫攻坚战略框架内寻求作为，探索实施切实可行的扶贫方法，致力面向全国将优势主导产业做成全国最大的扶贫产业，将越来越多的贫困户嵌入扶贫产业，实现稳定增收而加快脱贫攻坚步伐，产生了巨大的经济和社会效应，实现了脱贫攻坚和县域经济发展的齐头并进，赢得了地方党委政府的信任，获得了社会的广泛尊重。

（一）扶贫实践与成效

1. 扶贫组织

牧原集团扶贫工作领导小组：

组　长：秦英林

副组长：曹治年、王华同、秦军、王宪华

办公室主任：潘金万

副主任：刘伟、秦明华、蒋晓冬、胡茹楠、郭昆、张明毫

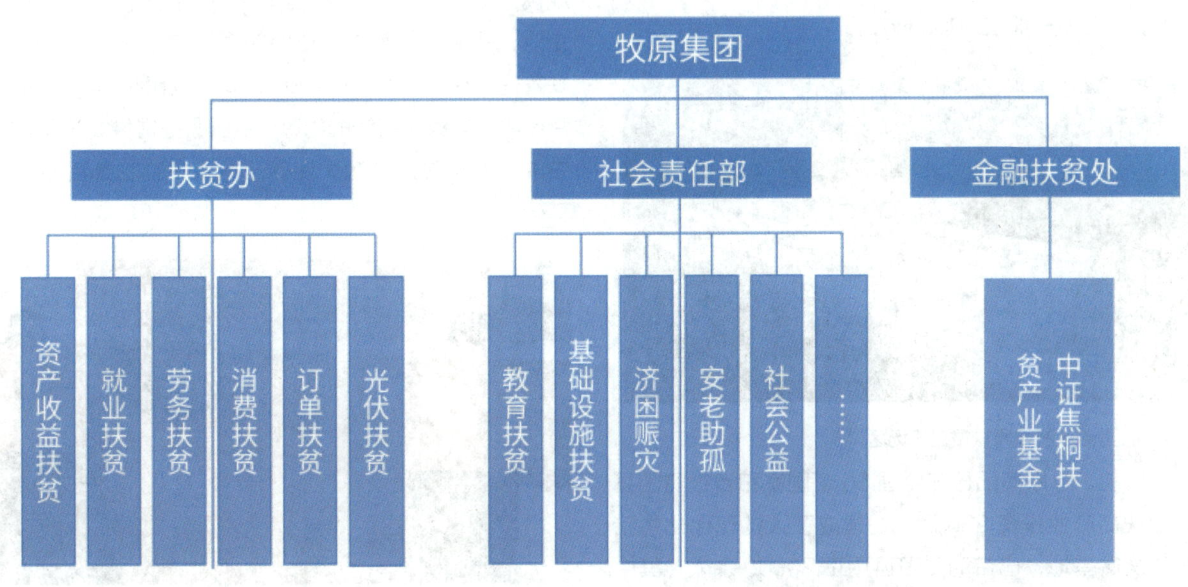

图 1　牧原集团扶贫工作组织架构

2. 扶贫制度

制定《牧原集团五年扶贫规划》，明确十三五期间的扶贫方向和目标。

制定《牧原集团扶贫建设工程实施管理办法》，严格执行扶贫场区项目招标、工程监督、质量检查、工程验收等全过程监督机制，确保扶贫产业工程“质量第一”，发挥永久效益。

制定《牧原集团扶贫办工作人员绩效考核管理办法》，建立一套完善的绩效考核和激励机制，像考核企业经营一样严格考核子公司脱贫攻坚工作，奖优罚劣，激发员工投身脱贫攻坚的积极性和创造精神。

3. 扶贫开展与成效

（1）面向全国将企业养猪主业做成扶贫产业，将更多贫困户嵌入优势产业链就业增收

牧原集团坚定把脱贫攻坚与主业紧密结合，优先选择并加大在国家级、省级贫困县的投资力度，带动更多有劳动能力的贫困户嵌入到企业的产业链中就业增收。紧密结合当地党委政府，开展面向贫困村、贫困户的用工招聘和培训，通过培训和实践，帮助他们掌握生产技能，实现“一人上班，全家脱贫”的小目标。对有正常劳动能力的贫困户，直接培训安排就业转化为养猪产业工人，月工资 4000 元左右；对不完全劳动能力的贫困户，优先安排在企业的门卫、绿化、后勤等公益性岗位就业，月工资一般在 2000 元左右。

图 2　山西省永济牧原扶贫在建场区

目前，牧原集团已在全国 55 个国家和省级贫困县完成扶贫产业投资 230 亿元，建成了大批现代化生猪养殖扶贫基地，已带动贫困县用工 20000 余人，其中 1271 人为建档立卡贫困户。

图 3　牧原集团开展内乡县精准扶贫专场招聘会

在积极实行转移就业扶贫的同时，牧原集团还大力实施场内劳务外包扶贫，进一步激发贫困户劳动脱贫的热情。企业将养殖场内的环卫、绿化、沼液还田、安保等对劳动技能要求不高的工作，外包给当地的扶贫合作社，扶贫合作社采用“定岗不定人”的方式组织贫困户力所能及地参加劳务、按劳取酬，不但解决了贫困户“不劳动有收入”的“养懒汉”问题，而且有针对性的解决了部分贫困群众“劳动能力弱、不能离家远、无法全天上班”的困境，最大程度的激发贫困群众的劳动意愿和内生动力。

（2）资金变资产，奠定贫困户发展基础，直接帮扶贫困户 12 万户 32 万人

2016 年，牧原集团携手内乡县委政府、国开行河南省分行，探索实施了“党委政府 + 金融机构 + 龙头企业 + 贫困户 + 合作社”的“5+”资产收益扶贫模式。把贫困户分散的资源汇集起来，与社会资本相结合，形成优势资本，投向优势行业，形成优质资产，租给优秀企业，采取合现模式，有效解决贫困户缺资金、缺技术、缺管理、缺项目的难题，降低贫困群众的市场风险和经营风险，可稳定持续的为每个贫困家庭提供 3000 元左右的家庭再生产资金，涵养了贫困户脱贫致富的发展基础。

图 4　贫困户领取季度分红资金

同时，该模式坚持用有形之手遵循市场规则办事，实现了多方共赢，可以说是共享经济理念在扶贫领域中的运用，凡是有优势资本、优势企业存在的地方，无论是贫困县还是非贫困县都可复制。截至目前，该模式已经复制到全国 10 省 37 县，帮扶建档立卡贫困户 12 万户 32 万人，带贫户数多、带贫能力强、覆盖区域广受到了各级各地党委政府的高度认可和肯定。

两会期间，国务院扶贫办主任刘永富在北京听取了牧原集团脱贫攻坚工作的详细汇报，给予“5+”扶贫充分肯定，并对该模式进行丰富，增加了转移就业和劳务外包等内容，目前已在南阳 13 个县市区进行“整市推进”。该模式还吸引联合国开发计划署两次到内乡考察，决定在内乡建设国内唯一的县级联合国减贫和可持续发展示范区。目前该项目已在内乡启动建设。

（3）主导建立规模 50 亿元的扶贫产业基金“中证焦桐”

牧原集团主导设立了总规模 50 亿元的中证焦桐扶贫产业基金，面向 832 个国家扶贫开发工作重点县和集中连片特殊困难地区县，专注于投资全国贫困地区的企业以及能为贫困县提供产业协同的企业，通过产业引导和龙头企业发展带动扶贫，增强贫困地区的造血能力，带动地方经济发展。目前，已经与河南省内乡县、江西省莲花县、甘肃省渭源县等 34 个贫困县签订了扶贫战略合作协议；发起设立总规模为 2 亿元的扶贫产业子基金——井冈山中证焦桐扶贫产业基金；累计完成对外项目投资 1.87 亿元，认购完成内乡县河南宝天机电科技有限公司、多氟多化工股份有限公司等股权投资项目。

（4）设立牧原教育基金，捐资助教 10 亿余元，致力阻断贫困代际传递

图 5 牧原集团董事长秦英林到黑龙江林甸牧原调研扶贫工作

牧原集团自创立伊始，就把支持教育事业发展、提升教育质量视为己任。自 2007 年起设立牧原教育基金，面向贫困家庭扶贫助教。

图 6 内乡牧原 2018 年“聚爱助教计划”受奖励教师合影

从 2017 年起，牧原将牧原教育基金上升到政府层面，董事长秦英林和企业每年捐助 5,000 万元，连续 20 年，共计 10 亿元，帮助地方政府开展教育扶贫，并逐步将企业教育扶贫模式推向全国。目前，教育基金正走向全国，已累计资助贫困大学生 13,230 名、中小学生 76,370 名，奖励 470 所学校优秀农村教师 3,000 余名。

（二）扶贫经验

1. 运用企业绩效管理工具，落实扶贫责任

脱贫攻坚贵在精准，重在落实。牧原运用企业绩效管理工具，将扶贫成果纳入子公司的业绩考核指标，通过定期举行子公司经营分析会、不定期举行精准扶贫培训会、考核和重奖扶贫先进等方式，不仅能够及时、充分掌握公司在全国的扶贫情况，更能压实扶贫责任，督导和激励各地子公司将扶贫工作做到实处。

2. 围绕公司主业打造扶贫生态，带动更多企业扶贫

近年来，牧原集团在自身做好扶贫工作的同时，发挥产业优势，通过给予上下游客户优先采购和供应链金融扶持的方式，带动上下游客户积极投身扶贫事业，打造扶贫生态，让更多企业参与扶贫事业。如天曼制衣、寅兴农牧、梨威风机、现代人等牧原供应商，因为参与

了扶贫事业，牧原集团在采购和资金方面给予优惠政策，帮助他们做大做强，让他们有能力、有意愿开展扶贫工作。在他们的示范带动下，有越来越多的供应商参与扶贫，做大做强的供应商，也参照牧原的做法，带动其上下游参与扶贫，形成全社会更大范围的扶贫合力。

3. 就业扶贫要做到精准对接，授人以渔

牧原集团主动结合贫困地区党委政府，对建档立卡贫困户劳动力进行逐户筛选，梳理出具备正常劳动能力、非完全劳动能力、贫困大学生三类劳动力情况，分类施策、精准服务。通过直接吸纳成为养猪技术工人、安置公益性岗位、开辟大学生就业绿色通道等方式，使劳动者就业技能与就业岗位精准对接，激发贫困户内生动力，通过劳动致富脱贫。

为助推党和国家全面决胜脱贫攻坚，牧原集团制定了明确的 5 年扶贫规划，在未来三年时间里，牧原将继续发挥日益显现的产业扶贫优势，完成扶贫产业投资 200 亿元，带动 20 万个贫困户、60 万贫困人口脱贫，为全面建成小康社会，实现伟大复兴的中国梦而努力奋斗。

专家点评

作为一家典型的“三农企业”，牧原集团与农业、农村、农民拥有天然的密切联系，将扶贫当作企业回馈社会的重要责任。企业坚持扶贫与扶志、扶智，供血与造血有机结合的有效方法，围绕公司生猪养殖这一主打产业，探索实施了“县委政府 + 金融机构 + 龙头企业 + 贫困户 + 合作社”的“5+”资产收益扶贫模式。该模式坚持用市场规律办事，实现了多方共赢，而且该扶贫模式具有可持续性和可复制性。

——葛均泊 北京师范大学中国公益研究院慈善研究中心研究员

第三十二章 浙商期货有限公司

“保险 + 期货”业务让阿克苏棉农吃下“定心丸”

（一）公司简介

浙商期货有限公司 1995 年 9 月在杭州成立，由浙商证券股份有限公司全资控股，目前公司注册资本 5 亿元，净资产 14.7 亿元。公司组织架构完善，风控体系严谨，业务结构合理，是一家集商品期货经纪、金融期货经纪、期货投资咨询、资产管理、境外业务和风险管理业务为一体的综合类期货公司。公司经过 20 多年的发展，经营规模持续扩张，目前有分公司 2 家、营业部 25 家、全资子公司 2 家，营销网络覆盖浙江省内 13 个重点城市以及北京、上海、天津、广州、武汉、大连、济南、江苏等全国经济发达地区。

2013 年，公司出资 1 亿元设立全资风险管理子公司 - 浙江浙期实业有限公司，2016 年增资至 3 亿元。作为行业首批风险管理子公司，浙江浙期实业有限公司经过五年多的发展，打造了一支专业的期现业务团队，体现了良好的风险管理能力及渠道建设能力，在期现业务领域内确立了“浙商”品牌，在橡胶、PTA、焦炭、热卷、铁矿石、铁合金和棕榈油等品种方面建立了稳定的销售渠道和盈利模式。

20 多年来，公司秉承规范经营、为机构投资者服务、为高端客户服务的理念，在期货行业内赢得了良好的口碑，连续多年被三家商品交易所评为“优秀会员”，荣获多项品种优胜奖项，综合排名全国第十一位，部分指标稳居行业前十位。

（二）扶贫理念

常年以来，运用金融工具开展服务“三农”、精准扶贫工作一直被中央政策文件提及。2016~2018 年，中央一号文件连续三年提及“把更多金融资源配置到农村经济社会发展的重点领域和薄弱环节”“深入推进农产品期货期权市场建设，稳步扩大‘保险 + 期货’试点”。中国证监会发布了《关于发挥资本市场作用服务国家脱贫攻坚战略的意见》，提出“支持符合条件的贫困地区优先开展‘保险 + 期货’试点，提高涉农企业、农民专业合作社等新型农业经营主体化解市场风险的能力”。党的十九大报告中明确提出要“增强金融服务实体经济能力”，“坚持精准扶贫、精准脱贫”，这对新时代期货市场服务“三农”、服务实体经济、开展扶贫工作提出了新的要求。

对此，浙商期货积极履行社会责任，发挥专业优势，结合实际，精准产业定位，运用金融工具创新扶贫方式，与贫困地区政府建立长效帮扶机制，确保扶贫工作的精准性和针对性，使扶贫项目真正落地，加快推进了当地脱贫致富进程。

其中，在政府及期货交易所的支持下，浙商期货创新推出了“保险 + 期货”扶贫模式。“保险 + 期货”模式下的价格保险试点，可以有效整合金融市场资源，将期货行业和保险行业有机结合起来，形成金融服务于实体经济的模式，实现多赢的局面。农户能够通过参保获得价格风险保障，保险公司通过期货公司降低风险敞口，期货公司通过保险业务拓展业务领域。新试点业务的开展，为农业保险拓宽了产品线，在农业灾害保险基础上，形成了价格保险机制，让农民可以多项参保、多项受益，降低了农民的经营风险。

（三）扶贫历程

1.2012~2013 年：成立场外期权团队，开始设计场外期权产品。

2.2014 年：与黑龙江省嫩江县政府合作，实盘试点。

3.2015 年：在嫩江县进行了小范围推广大豆价格保险试点，试点规模 2,000 吨，真正实现了收费和赔付，其中获赔最多的一位农户通过点价获得了 360 元 / 吨的理赔。

4.2016 年：嫩江大豆价格保险项目规模扩大至 1.45 万吨，成功入选农业部金融支农服务创新试点项目。

5.2017 年：“保险 + 期货”试点开展地区包括黑龙江省、新疆自治区、云南省，涉及品种包括大豆、棉花、橡胶，覆盖面积超过 20 万亩，总保额近 2 亿元，惠及 2,207 户贫困户和 22 个现代农业合作社及农场，共投入资金 1,700 万元，其中补贴农户保费 524.2 万元，共产生赔付款 573.5 万元，参与大豆价格险、大豆收入险、棉花价格险的农户分别增收 120.3 元 / 吨、71.6 元 / 亩、180 元 / 吨。

6.2018 年：浙商期货预计开展农业“保险 + 期货”项目 8 个，地区包括海南、黑龙江、吉林、新疆，涉及天然橡胶、大豆、玉米、棉花等多个品种，规模量约 70,000 吨，名义本金约 3 亿元，预计覆盖农户超过 5,000 户。

表 1 棉花“保险 + 期货”精准扶贫试点项目进展时间表

时间	项目进度
2016 年 10 月中旬	第一次赴阿克苏调研，走访当地政府和轧花厂
2016 年 12 月 4 日	第十二届中国（深圳）国际期货大会专场活动上，与阿克苏柯坪县政府签署合作意向书
2016 年 12 月 27 日	第二次赴阿克苏走访阿克苏地委农办，介绍项目方案
2017 年 4 月	与太保产险接触，确定合作意向
2017 年 5 月 21 日 -24 日	第三次赴阿克苏调研，走访当地农户和轧花厂，采集数据
2017 年 6 月 14 日 -16 日	参与郑商所 2017“保险 + 期货”申报答辩，成功立项
2017 年 7 月	确定项目总体方案
2017 年 8 月 14 日	第四次赴阿克苏，在当地举办项目签约仪式，并设立“三农”服务站
2017 年 8 月 28 日	浙商期货补贴第一批保费 40 万元
2017 年 9 月 11 日	太保产险支付权利金 160 万元
2017 年 10 月 8 日	项目全额出单，规模 5,000 吨，承保面积 2.7 万亩，1,187 户贫困农户参保
2017 年 11 月 30 日	项目了结，确定市场价格为 15,212.08 元 / 吨，根据保险协议，赔偿农户 90 万元
2017 年 12 月 30 日	第五次赴阿克苏，项目理赔仪式在柯坪县启浪乡举行
2018 年 2 月 8 日	棉花“保险 + 期货”交流研讨会在杭州举办
2018 年 5 月 22 日	第六次赴阿克苏，落实 2018 年项目资源
2018 年 6 月 7 日	第七次赴阿克苏，筹备 2018 年项目

图 1 2017 年 8 月在阿克苏柯坪县启浪乡设立三农基层服务站

（四）扶贫实践

1.“保险 + 期货”模式介绍

在助力农产品价格改革方面，期货市场进行了积极的实践和创新，其中“保险 + 期货”模式近两年成为热点。“保险 + 期货”模式将保险和期货两种市场机制有机结合，分散了农业生产者的价格风险，起到了稳定基本收益的作用。

“保险 + 期货”服务“三农”的基本原理是：保险公司基于期货市场上相应的农产品期货价格，开发农产品价格险 / 收入险；农民或农业企业通过购买保险公司的农产品价格险 / 收入险，确保收益；保险公司通过购买期货公司风险管理公司的场外看跌期权产品进行再保险，以对冲农产品价格下降可能带来的风险；期货公司、风险管理公司在期货市场进行相应复制看跌期权的操作，进一步分散风险，最终形成风险分散、各方收益的闭环。

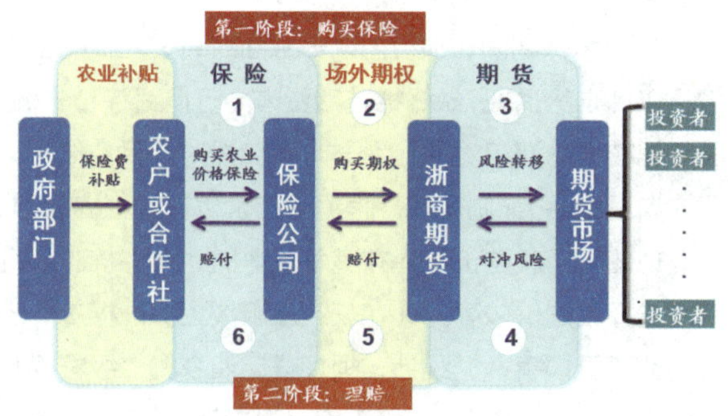

图 2 “保险 + 期货”操作流程

2. 在阿克苏推动棉花“保险 + 期货”精准扶贫的必要性

（1）中央推进“保险 + 期货”、金融扶贫工作开展

2016 年、2017 年中央一号文件都提出“深入推进农产品期货、期权市场建设，积极引导涉农企业利用期货、期权管理市场风险，稳步扩大‘保险 + 期货’试点”，推动模式迈入更深层次。在《中国证监会关于发挥资本市场作用服务国家脱贫攻坚战略的意见》的文件指导下，浙商期货积极响应期货市场“服务三农”及“精准扶贫”的号召，探索利用金融衍生品工具保障农民收入、切实服务三农的业务模式。

（2）新疆阿克苏地区棉花产业面临的问题

棉花目标价格政策积极推动了新疆棉花产业的发展，但同时，政策也存在弊端：财政成本和风险巨大；政策执行成本高昂；影响地方政府的日常中心工作；容易滋生腐败现象和引发社会不稳定。

另外从实际操作来看，棉花参考价格取自全疆棉花平均价格，新疆各个地区的收购价格有高有低，收购时间有前有后，质量好、售价较高的地区获得的补贴少，反之获得的补贴多，造成区域间不平衡和“养懒汉”现象。加之轧花厂有压低收购价格的天然驱动，棉农获得的实际收入与预期差距较大。柯坪县曾在 2016 年开展了棉花目标价格改革试点评估工作，在两乡三镇选择不少于 30% 的村进行问卷调查。调查结果显示，24% 的调查对象认为 2015 年棉花收入（含补贴）不能保本，这说明传统的目标价格补贴不仅因为层层下发的补贴形式导致效率低下，也因为行政化的目标价格而导致补贴与实际损失存在较大差异。

（3）阿克苏当地棉农存在风险管理需求

新疆阿克苏地区是国家级优质商品棉生产基地，被誉为“中国棉都”和“长绒棉之乡”，试点地柯坪县位于新疆阿克苏地区最西端，属国家级贫困县。柯坪县位于新疆南疆西北部，阿克苏地区最西端，辖三镇两乡，总人口 5.5 万人，有维吾尔族、汉族、回族等 9 个民族，棉花是当地主要农作物，2017 年种植面积约 117,252 亩，近年来棉花价格波动不断加大，稳定棉农收入成为当地政府面临的重大难题。

因此，从棉农的利益保障出发，为棉农直接提供价格保险，是保障棉业健康持续发展、有效降低棉农种植风险、确保种棉农户权益的重要举措。

图 3 项目团队走访贫困棉农

3. 阿克苏棉花“保险 + 期货”精准扶贫试点情况

（1）筹备情况

早在2016年9月，浙商期货即始探索“保险+期货”的项目，初步选定了全国贫困县柯坪县作为棉花保险+期货的试验田。当年12月4日，在第十二届中国（深圳）国际期货大会的郑商所、浙商期货“打通期货支农的最后一公里”专场活动上，浙商期货与柯坪县政府就棉花“保险+期货”试点签署了合作意向书。2017年3月，国家发改委、财政部联合下发《关于深化棉花价格改革的通知》（发改价格〔2017〕516号），明确2017~2019年新疆棉花目标价格水平为每吨18,600元。同时，鼓励“积极研究探索新型棉花补贴方式，合理利用保险、期货等金融工具，择机开展目标价格保险、‘保险+期货’试点，探索建立期货和保险联动机制，也可开展补贴与质量挂钩试点，不断积累经验，为进一步完善农业补贴政策提供参考”。2017年4月，郑州商品交易所下发《郑州商品交易所关于2017年“保险+期货”试点建设工作的通知》（郑商发〔2017〕120号），以“扩大覆盖范围、助力精准扶贫，丰富试点内涵、贴近农户需求”为工作原则，对2017年棉花“保险+期货”试点建设工作予以立项、资金支持。两个文件的政策与资金支持，坚定了项目团队创新试点的步伐。

近一年时间里，项目团队多次进疆，着手棉花目标价格“保险+期货”精准扶贫项目的调研和方案设计，数易其稿，并最终获得了当地政府、农户、轧花厂等多方面的肯定与认可。2017年7月，该项目通过了郑州商品交易所组织的专家评审答辩会，获得立项支持。

图4 棉花种植考察

（2）承包情况

2017年8月，本项目签约仪式在阿克苏举行。同日，启浪乡“保险+期货”项目服务站揭牌。

项目服务机构太平洋产险新疆分公司组织近20人团队，在柯坪县农办协助下，开展了宣传、培训、验标、测产等工作，历时一个月，8月31日承保棉田全部完成测产并签单起保。按照保险业助力精准扶贫的工作要求，项目为试点地柯坪县启浪乡215户建档立卡贫困户的4,600亩棉田全部承保、972户基本种植户棉田比例承保，合计为试点地柯坪县启浪乡1,187户棉农的2.74万亩棉田提供基于期货合约的棉花目标价格保险，承保现货量5,000吨，折合籽棉12,000吨左右，保障金额近1亿元。

项目承保期间，项目团队一方面时时关注标的合约CF1801走势情况，做好棉花期货市场行情跟踪和分析，进行棉花场外期权对冲；另一方面加强对项目合作轧花厂的沟通联络，鼓励轧花厂根据约定价格进行籽棉收购，当发现轧花厂收购价不具有竞争优势时，允许棉农随行就市选择收购价较高的轧花厂，从源头上保证棉农的经济利益不受损害。据统计，柯坪县启浪乡的二级籽棉收购价格维持在6.9~7.5元/千克，平均价为7.2元/千克，相较阿克苏地区平均水平要高。

图5 项目团队调研轧花厂采集数据

（3）项目模式及要素

该项目的参与方有地方政府、参保农户、轧花厂、保险公司、期货公司。

浙江省援疆指挥部、阿克苏地委农办、柯坪县人民政府负责项目统筹协调及相关政策落实；当地棉农销售棉花，并购买保险。若棉花价格上涨，保险产品可提供赔付；轧花厂根据政府文件和合作协议收购籽棉，保证棉农预期收入。若价格下跌，保险公司提供赔付；太保产险负责提供农业保险产品及服务，并向浙商团队购买场外期权，将风险转移；浙商团队为保险公司提供价格赔付，并利用期货市场复制期权对冲风险。

表 2 2017 年项目要素介绍

标的名称	郑州商品交易所棉花期货合约（CF801）
保险期限	9 月 1 日 ~11 月 30 日
试点规模	5,000 吨，2.7 万亩，在保险需求强烈的启浪乡先行试点，待成熟后推广
参保农户	1,187 户，其中建档立卡 215 户
目标价格	15,600 元 / 吨（折合籽棉价格为 7.6 元 / 千克）
市场价格	15,212.08 元 / 吨（以 9 月 1 日 ~11 月 30 日的郑州商品交易市场棉花 CF801 期货合约收盘价的算数平均值作为理赔结算价）
理赔方式	当市场价格低于目标价格时，赔付轧花厂低价收棉的损失；当市场价格高于目标价格时，则补贴棉农的实际收入
理赔结果	市场价格低于目标价格，根据协议，项目团队赔付棉农 90 万元

（4）项目赔付方案

该保险以 9 月 1 日 ~11 月 30 日的郑州商品交易市场棉花 CF801 期货合约收盘价的算数平均值作为理赔结算价，以 1,000 元 / 吨为一档分梯度进行赔付。

保险期结束后，以 1.56 万元 / 吨为基准，当保险期间内棉花平均市场价格等于或高于棉花目标价格时，保险人按下列标准向棉农给予补偿。

表 3 棉花平均市场价格等于或高于棉花目标价格的补偿标准

棉花市场平均价（元 / 吨）	棉花补偿金额（元）
≥ 15,600 元 / 吨	1,000 元为一档。上涨不足 1,000 元为一档，补偿 120 元 / 吨；依次等递增加补偿额 120 元 / 吨，直至达到 18,600 元 / 吨棉花目标价改补贴指导价，最高补偿不超过 480 元 / 吨

注：棉花平均市场价为郑州商品交易市场约定期货合约日平均收盘价。

当保险期间内棉花平均市场价格低于棉花目标价格（不含）时，保险人按下列标准给予跌价赔偿。因轧花厂实施了托底价收购，保护和稳定了棉农实际收入，该部分跌价赔偿金额根据保险合同约定或政府文件要求由保险人补偿给轧花厂。

表 4 棉花平均市场价格低于棉花目标价格的跌价补偿标准

棉花平均市场价（元 / 吨）	棉花补偿金额（元）
< 15600 元 / 吨	1,000 元为一档。下降不足 1,000 元为一档，补偿 180 元 / 吨；其他档位等递增加 180 元 / 吨，以此类推，下不封底

注：棉花平均市场价为郑州商品交易市场约定期货合约日平均收盘价。

（5）项目理赔情况

保险期间结束后，浙商期货团队积极启动项目理赔程序，协调各方做好了赔付准备。2017 年 12 月 30 日，在湖州援疆指挥部副指挥长许行峰、柯坪县副县长库尔班 · 买买提的支持下，本项目赔付仪式在柯坪县启浪乡举行。项目结项，根据保险协议，市场价格为 15,212.08 元 / 吨，低于目标保险价 15,600 元 / 吨，参保农户获赔 90 万元，1,187 户棉农受益，其中建档立卡贫困户 215 户，获得赔款 15.33 万元，占总金额的 1/6。

表 5 棉花“保险 + 期货”项目赔款情况

参保对象	参保户数（户）	种植面积（亩）	赔偿金额（万元）	平均每亩赔偿金额（元/亩）
贫困户	215	4,636.3	15.33	33.07
非贫困户	972	22,769.96	74.67	32.79
合计	1,187	27,406.26	90	65.86

项目赔款按照项目方案设计应赔付给轧花厂，但在实际操作中，轧花厂以市场价（6.9~7.5 元 / 千克）收购籽棉现货，未按照协议履约，因此保险公司将 90 万元支付给棉农，作为售棉损失的补偿。相对应，2018 年国内棉花市场受供需影响，涨势疲弱，阿克苏当地的籽棉收购价较往年大幅回落，跌至 6.9~7.5 元 / 千克左右。而通过价格保险项目，平均为棉农籽棉生产增加 0.07 元 / 千克的收入，一定程度上保障了棉农种植收益。

图 6 新疆阿克苏棉花价格保险精准扶贫项目理赔仪式

（五）扶贫成效

1. 试点项目取得理赔，农民实现风险管理需求

阿克苏柯坪县棉花“保险 + 期货”精准扶贫试点共承保了启浪乡 1,187 户棉农的 2.74 万亩棉田，其中建档立卡贫困户 215 户的 4,600 亩棉田全部承保，972 户基本种植户棉田比例承保，通过期货市场对冲现货量 5,000 吨，折合籽棉 12,000 吨左右，保障金额近 1 亿元。

项目方案为阶梯式亚式期权，最终赔付 90 万元，其中建档立卡贫困户占赔款的 1/6。平均每户获赔 758 元，最多一户获赔 3 万多元，从制度上保障了多产多得。当年，整体的农产品价格波动虽然不大，但这笔资金对于贫困人口来说，也是非常重要的一笔收入，也是当年棉农扶贫资金中比较大的一笔资金，该项目让棉农得到了实惠，真真切切地做到了精准扶贫。

2. 社会各界关注，取得积极的社会效益

该项目受到国务院办公厅、国家发改委价格司、原中国保监会财产险部、省发改委、省金融办、浙江保监局、浙江证监局等部门高度关注，同时获得了浙江省委常委、常务副省长冯飞，分管金融副省长朱从玖的重要批示和高度肯定。

项目自开办以来，新华社、中新社、浙江日报、新疆日报等权威媒体和中国保险报、期货日报等行业主流媒体广泛报道。该项目还入选了中国期货业协会“2017 年度期货经营机构服务实体经济优秀案例”。

图 7 2018 年杭州棉花“保险 + 期货”研讨会

3. 完善棉花目标价格补贴政策的补贴方案

2017 年 3 月，发改委发布《关于深化棉花目标价格改革的通知》，2017~2019 年新疆棉花目标价格为 18,600 元 / 吨。新疆棉花参考价格取自全疆棉花平均价格，各个地区的收购价格有高有低，导致对应地区的棉农获得的实际补贴也各有不同。

轧花厂作为生产企业，有压低收购价格的天然驱动，如果阿克苏地区的收购价格相对新疆其他地区较低，而棉农是按均价获得补贴，则实际收入未达到预期。阿克苏当地收棉从 8 月末开始，较新疆其他地区较早，如果在保险期间内，棉花价格上涨，则尽管有棉花目标价格补贴政策，阿克苏当地棉农的实际收入还是未能达到目标水平。该方案将棉花目标价格补贴政策这一潜在问题考虑在内，在设置了托底价收购的基础上，又向农户提供了看涨期权，完善了棉花目标价格补贴政策，农户的实际收入得到保障。

4. “保险 + 期货”与精准扶贫相结合

在《中共中央国务院关于打赢脱贫攻坚战的决定》的文件精神以及《中国证监会关于发挥资本市场作用服务国家脱贫攻坚战略的意见》的具体指导下，国内期货公司积极对接陕西、青海、甘肃、重庆等省市贫困地区，开展扶贫工作，如捐献书籍及教学设备、发放贫困助学金、提供农业生产资料等。相对于传统的扶贫工作形式，期货公司运用“保险 + 期货”业务开展扶贫工作是一种创新，通过“保险 + 期货”业务，将当地农业产业有效引导到期货市场，激发生产者参与风险管理的动力，真正将扶贫工作和期货市场相结合，可复制、可持续、针对性强，起到了精准扶贫的效果，彰显了期货行业的独特价值。

（六）扶贫经验

1. 紧跟政策要求，做好金融创新

当前，国内农业政策趋向供给侧改革，价补分离，农产品价格为市场定价，这意味着价格波动加大，各利益主体，特别是种植户承受更大的风险，利益难以得到有效保障。而如果采取传统的目标价格补贴，财政负担将很重。从 2014 年开展棉花目标价格直补政策以来，2014~2016 年已经累计支出约 350 亿元，且补贴金额波动较大。若棉农籽棉交售价格较低，则补贴金额会大幅增加。

对此，期货市场通过自身的专业优势，创新出了“保险 + 期货”工具，通过为农民量身定制个性化的价格保险产品，规避了农产品现货销售的价格风险。如果能利用“保险 + 期货”作为手段，创新出更合理的农业补贴政策，将很容易推广到其他地方及其他品种，具有很高的可复制性和推广价值。

2. 结合地区实际，开展产业扶贫

对于棉农来说，种植棉花的物化成本在 1,500~1,600 元 / 亩，1.56 万元 / 吨的托底收购价格折算到棉花种植收益为 1,950 元 / 亩，棉农销售棉花现货可以保证收益，不用担心轧花厂压价，激发棉花种植的积极性，加大优质棉生产投入。对于轧花厂而言，参与该项目获得了基本的籽棉来源，减少了营销成本，若遇市场跌价周期，可以获得保险公司一定比例的赔付。

该方案将棉花目标价格补贴政策中棉农实际收入可能未达到目标价格水平这一潜在问题考虑在内，在设置了托底价收购的基础上，又向农户提供了看涨赔付，完善了棉花目标价格补贴政策，农户的实际收入得到保障，有效提高棉农种植积极性，稳定农民收入，充分发挥了精准扶贫的作用，增强了产业“造血”的功能。

图 8 柯坪县当地乡镇实景

3. 成立工作小组，明确责任分配

试点项目的主要参与方有地方政府、种植棉农、保险公司及期货公司，通过成立项目工作小组，明确了各参与方的责任分配。地方政府进行项目统筹协调，过程监督管理，项目考核评估，并在项目试点结束后，进行全方位总结工作。种植棉农进行棉花的正常生产种植工作，保证生产产量和质量，在政府及期货公司补贴下，向保险公司购买价格保险，规避价格风险。保险公司进行土地验标测产，及时承保单，向期货公司购买场外期权，支付权利金，规避价格风险；保险到期了结后，根据保单及时发放理赔款项，保证落实到每个参保农民。浙商期货根据项目实际及当地需求，设计合理可行的期权产品，保证农民种植收益，同步开展对冲交易工作，及时结算资金。

图 9 项目团队合影留念

（七）相关方评价

“保险＋期货”化解棉花价格波动风险，既有利于保障棉农利益，助推脱贫致富，也有利于促进产业援疆，是可以实现多赢、可持续的方式。

——浙江省常务副省 长冯飞

这是精准扶贫的一个好的案例。

——浙江省副省长 朱从玖

该项目开展有三大亮点：一是响应了十九大报告当中提出的“精准扶贫、精准脱贫”政策精神，是扩大援疆成效、创新援疆方法的一个很重要的举措；二是为棉花价格改革提供了政府购买社会化服务的新思路；三是探索了棉花产业、保险、期货等跨行业合作的新路径。

——浙江省援疆指挥部副指挥长 陈建忠

去年在启浪乡的试点是成功的，争取做到全县覆盖。

——阿克苏地委副秘书长 常诚

棉花“保险＋期货”是一种对棉农基本收入保障搭建可持续、可预期的运行模式，最大程度降低价格波动给棉农带来的损失，给产业发展带来的损失，整合凝聚各种调控手段，健全激励约束机制，让市场在资源配置中更好地发挥决定性作用。

——新疆维吾尔自治区发改委主任助理 李常青

从总体来看，项目成功为农民规避了价格风险，农民得到了实惠。接下来，整个项目的实施方案要明确，要有一整套标准的操作流程，让更多的县领导干部了解项目的开展逻辑和实施过程。

——柯坪县副县长 库尔班·买买提

通过棉花“保险＋期货”，浙江保险业跳出浙江，走向全国，走向新疆，我觉得这是一个非常成功的尝试，为我们浙江保险业脱贫攻坚提出了一个新的思路和一个新的方向。

——浙江省保监局副局长 汤学斌

该项目实现了期货行业和保险行业的跨界合作，利用期货市场解决了农业价格保险的再保险难题，是新探索，有一定的可复制和可推广性。

——郑州商品交易所新闻信息部总监 施利敏

积极探索“保险＋期货”，就是解决政府的资金不足的问题，从原来直接贴补给农民变成去贴补保险企业，同时通过期货市场来保证农民的既得收益，当农民的实际交货价格低于目标价格的时候由保险公司来进行赔付，减少损失，也符合市场经济国家的相关规定和要求。

——新疆财经大学工商管理硕士学院院长 杨新顺教授

在产业扶贫方面，主要是支农资金活血造血，阿克苏“保险＋期货”精准扶贫项目是一个经典的案例。

——浙江保监局财产险监管处处长 陆勤

“保险＋期货”，未来它产生的作用真正是要把财政资金的实用有效性提升到一个高度，解决我国农产品的价格机制，这个特别重要。

——太保产险农险事业部总经理 陈元良

从社会效益上看，“保险＋期货”模式有助于提高扶贫工作的针对性和精准性，打通了期货市场支农惠农的最后一公里。

——太保产险新疆分公司农险事业部总经理 周青勇

从产品创新到政府的支持，包括政府、企业、种植户多方联动助推了产业发展，实现了精准扶贫。

——太保产险浙江分公司农险事业部总经理 曾建宁

在农业供给侧改革的大背景下，如果能利用“保险＋期货”作为手段，创新出更合理的农业补贴政策，将很容易推广到其他地方及其他品种，具有很高的可复制性和推广价值。

——浙商期货研究中心总经理 徐文杰

项目团队共同开发阿克苏棉花"保险＋期货"试点，就是领头羊的角色，咱们在今后的项目当中能不能共同总结经验？把我们之间的衔接机制要进一步的完善，让这个项目做的越来越好。

——原柯坪县农办副主任 师洋

在完善供给体系和促进农业保险创新方面，我们一直在寻求新的思路，那么这次太平洋保险还有浙商期货在新疆棉花这样一个保险产品项目上又是走在了前列。

——浙江省发改委 毛访蒲

保险公司和期货公司要提高赔付金额或保障水平，一旦棉农从期货保险方面获得的赔款高于价改直补资金，棉农会自愿投保。

——柯坪县启浪乡乡长、棉农代表 孙红堂

（八）扶贫规划

党的十九大报告中明确提出要"增强金融服务实体经济能力"，"坚持精准扶贫、精准脱贫"，这对新时代期货市场服务"三农"、服务实体经济、开展扶贫工作提出了新的要求。接下来，浙商期货将继续通过专业技能优势，发挥期货市场服务实体经济的基本功能。

1. 优化阿克苏试点方案，扩大试点规模

2018 年，浙商期货拟在 2017 年试点项目成果的基础上，进一步优化产品方案和工作方案，提高赔付比率，扩大试点范围，深度聚焦柯坪、乌什两个国家级贫困县，惠及更多的建档立卡贫困户，为扶贫援疆工作作出应有的贡献。

2. 继续扩大"保险＋期货"试点规模，增加试点品种

借助农业供给侧改革的东风，在现有农产品"保险＋期货"试点规模上，积极参与农产品价格市场化的进程，为国家农业目标价格制度提供借鉴和参考，探索解决其中潜在问题，为产业援疆贡献力量，使更多的贫困农民受益。

3. 加深产业链合作，提供风险管理工具

浙商期货将与大型农业龙头企业展开合作，利用期货期权等金融衍生品工具积极参与农业种植、成品库存、产品销售等各项环节，为全产业链提供风险管理工具，达到打通上下游，锁定各方收益预期的效果。

专家点评

浙商期货积极响应国家脱贫攻坚号召、积极履行企业社会责任，积极创新金融扶贫方式，积极对接贫困地区发展需求，通过"保险＋期货"的模式，将农业产业有效引导到期货市场，激发生产者参与风险管理的动力，真正将扶贫工作和期货市场相结合，让贫困群众吃下"定心丸"。浙商期货在阿克苏地区实施的棉花"保险＋期货"精准扶贫试点项目，从项目的前期调研、项目方案的设计、项目合约的履行，充分考虑贫困地区的实际情况，充分尊重贫困群众的利益，项目精准性、针对性强，有效降低了农民的经营风险，切实保障了农民获得收益的稳定性。

——张琦 北京师范大学中国扶贫研究院院长

第三十三章 招商局集团有限公司

探索“三维”模式，促进精准脱贫

作为一家具有百年公益传统的中央企业，招商局集团从 2003 年开始把定点扶贫的重任扛在肩头，不断为扶贫攻坚贡献力量。在十几年来的扶贫过程中，坚持以人的发展为核心，探索出了增强“三维资本”（物质资本、人力资本、社会资本）的立体式精准扶贫模式，通过外力帮扶，激发贫困群体的内生动力，内外互动共振，发挥人的积极性和创造性，促进以人为中心的社会和经济全面发展。

反贫困是现代社会面临的重大课题。而个体贫困的成因，与生产要素有着直接关系。在“三维资本”视角下，从理论发展到扶贫实践，我国对贫困成因及各要素在反贫困中的作用认识愈加全面，逐渐从单一物质资本向多维度的物质资本、人力资本和社会资本转变，为新形势下多元主体参与扶贫的路径选择提供了参考和借鉴。

20 世纪 80 年代中期起，我国开始实施专项开发式扶贫。早期扶贫政策从物质资本减贫范式出发，瞄准贫困者缺乏维持基本生活的物质基础，注重发展贫困地区自然资源、完善基础配套设施，支持农业和非农业生产等创收活动，来提高贫困人口的收入水平。

90 年代以后，中国农业经济由全面短缺走向相对过剩，卖方市场逐步转化为买方市场，我国适时提出走农业产业化的发展道路。而针对贫困地区人才匮乏的问题，扶贫开发中的人力资本范式逐步得到重视，加强新型农业劳动者的教育和培训成为反贫困的主要手段之一。

党的十八大以来，反贫困机制进一步完善和创新，我国以精准扶贫为基本方略，在区域发展格局下，将扶贫单元瞄准贫困农户，因贫施策，注重当地资源挖掘和贫困农户的主体性，实现“三维资本”同步有机结合。其中，社会资本作为联结各种减贫要素的“链条”和“粘合剂”，增强了个体间的社会联系、信任以及行为规范，有利于提升物质资本及人力资本的产出效益，进一步提升扶贫工作的效率。

按照党中央国务院的统一部署，招商局集团分别在 2003 年、2012 年接手了贵州省威宁、湖北省蕲春县的定点扶贫工作，新疆叶城和莎车县的定点扶贫工作也于 2015 年中外运长航集团整体并入招商局集团后纳入统一管理。截至 2018 年底，招商局集团在四个定点帮扶县投入扶贫资金共计 3.98 亿元，开展扶贫项目 100 余项，派出挂职和驻村干部 30 多名。

在十五年的扶贫实践中，招商局集团深入贯彻精准扶贫的战略思想，始终聚焦于“人”，立足贫困群体“三维资本”存量不足的问题，精准滴灌，打造立体扶贫模式，发挥物质资本的基础性作用、人力资本的智力支持作用以及社会资本的效应倍增作用，坚持以“人的改变”为核心，促进人的发展，在探索“三维资本”扶贫模式过程中，积累了丰富经验。

（一）保障人的基本生存需求，增强物质资本

物质资本的积累是脱贫致富的基础。而基础设施落后、产业基础薄弱是贫困群众无法积累物质资本的主要原因，更是始终制约着贫困群众脱贫的瓶颈因素。

湖北蕲春地处大别山集中连片特困地区，是国家扶贫开发重点县之中的革命老区县，经济实力弱，基础设

施缺乏，虽有中药材种植等资源优势，但产业开发不足。2012 年底，蕲春全县共有重点贫困村 100 个，贫困人口 21.948 万人。

自 2012 年来，招商局集团结合自身创业经验和管理实践，不断助力蕲春改善基础设施和产业条件，优化经济结构，拓宽致富道路。

2013~2016 年，招商局集团在蕲春建成幸福新村 5 个，累计投入 1435 万元，共帮助 522 户贫困户从环境艰苦的大别山区搬迁至平原地区，改善了蕲春贫困群体的生活条件。2017 年至今，在蕲春革命老区贫困人口多、贫困程度深的 15 个村实施滴灌式精准扶贫，修桥修路、建设中药材产业基地等基础设施，并通过探索“公司 / 合作社 + 基地 + 贫困户”的模式，带动贫困户通过租金和基地就业增加收入，帮助贫困村、贫困户持续积累物质资本。

“我活了 73 岁，做梦都没有想到每年能拿到一万多工资”，蕲春革命老区石板岩村 16 组贫困户汪学汉说。汪学汉 73 岁，家有年幼孙子和病媳，生活十分困难，以前靠种田，一年收入只有 1000 多元。现在通过招商局集团支持建设的蕲艾产业基地，把土地流转给合作社，每年收取土地租金就有 1000 多元。同时在合作社务工，每月收入在 1200 元以上，年收入达 15000 元，全面实现了增收致富。2018 年，蕲春县刘河镇石马山村作为精准扶贫的贫困村之一，在招商局集团的援助下，建设了党群服务中心、自来水厂和道路安全等工程，贫困面貌得到极大改善，实现了 2018 年如期脱贫出列。

在蕲春，招商局集团不仅帮助贫困个体积累物质资本，还通过推动县域经济发展，扩大可持续增收基础。瞄准蕲春地处长江经济带和中药材产业资源的优势，招商局将改革开放初期建设深圳蛇口“前港 - 中区 - 后城”的成功模式推广到蕲春，帮助建设一个码头、打造一个开发区、培育一个产业，实现港、产、城联动，为蕲春经济发展奠定基础。自 2014 年开始，陆续为蕲春捐建拥有 2 个 5000 吨级泊位的件杂货现代化长江码头，推动蕲春更好地融入长江经济带；立足蕲春中医药产业资源，与蕲春县委县政府共建蕲春大健康产业园区；通力打造一个“宜居”“宜业”的招商局蕲春健康产业新城等，全面助力蕲春健康产业走向兴盛。

在贵州威宁、新疆叶城和莎车，招商局集团同样瞄准当地实际问题及需求，积极改善基础设施和产业条件，集中解决贫困村环境卫生条件差、贫困农户缺乏产业发展资金等问题，使村庄资源得到有效利用，努力夯实产业发展基础，为实现贫困人口“不出村能就业”创造机会。

（二）提升人的发展能力，增强人力资本

人力资本是劳动者知识积累、技术水平、工作能力及健康状况等价值的总和，人力资本的增强有助于贫困人口稳定脱贫和人的全面发展，对预防贫困和提高社会竞争力具有根本性作用。为打破贫困群体因教育、就业、医疗等社会公共资源不均衡而陷入能力弱、收入低、身体差的恶性循环，招商局集团重点关注民生领域，特别是医疗服务资源的短板，从医疗、教育、扶贫干部能力建设等多方面入手，以长效机制保障人的发展。

威宁县属于乌蒙山集中连片特殊困难地区，是少数民族聚居地，全县总人口 151.3 万人，2017 年底贫困人口 13.44 万人。由于威宁地处高寒山区，地广人多，医疗公共服务资源覆盖严重不足、服务落后，偏远农村村民疾病得不到及时治疗，因病致贫、因病返贫情况严重。为了让大山里的贫困人口早日实现“强身子”愿望，招商局集团撬动政府资源，积极促成远程医疗诊治和保健咨询服务向贫困地区延伸，从 2016 年开始援助建设“招商局 • 幸福乡村卫生室”，助力县、乡、村三级医疗卫生服务网络标准化建设，提升贫困群体的身体素质。

“招商局 • 幸福乡村卫生室”每间村卫生室面积 153.5 平方米，具备治疗、预防和宣教等功能科室，附

属设施配套完善。截至目前，已建成标准化乡村卫生室 50 间，覆盖全县 30 个乡镇 50 个贫困村，直接受益人口 16.05 万人，其中建档立卡贫困户 18504 人。到 2020 年计划帮助威宁实现标准化卫生室全覆盖，覆盖威宁县 153 万人口。

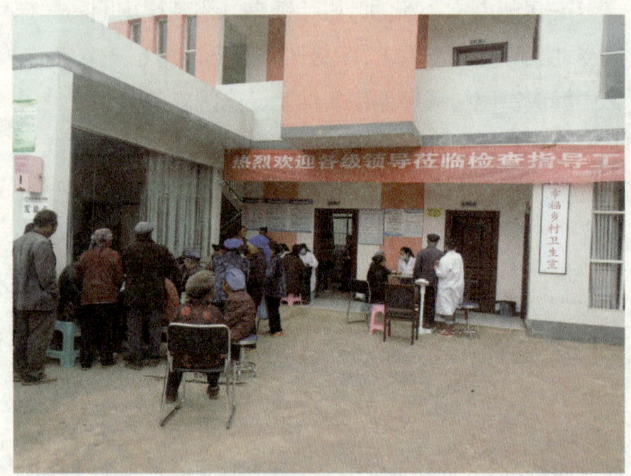

图 1 现村卫生室外观——村民体检现场

图 2 现村卫生室室内情况

家住黑土河镇坪山村的文荣品，患慢性支气管炎近 20 年，气候一转凉必须要输液，以前到镇卫生院或者隔壁村卫生室看病，要走一个多小时的路。自从新的卫生室建成投入使用后，走路只需要十几分钟，输完液轻轻松松回家。文荣品说："招商局帮我们建了条件这么好的卫生室，不但我一个人便利了，整个村还有周围村的老年人都来这里看病。"

小小村卫生室帮助贫困群众实现了"小病不走远""慢病有人管""优生有保证"，有效降低了因病致贫和因病返贫发生率，获评为威宁县"2017 年十件民生实事"之一、迎接党的十九大专项成果之一。

针对贫困乡村教育资源普遍缺乏的问题，招商局集团依托招商局慈善基金会这一专业平台，广泛引入行业内的专业社会组织，与互满爱人与人（中国）、世界宣明会、北京歌路营慈善基金会等机构合作，开展乡村儿童教育全面发展、师资创新引进等项目，解决贫困人口的代际阻断问题。

招商局相信，只有当地干部的力量凝聚起来了，精神面貌昂扬起来了，才能形成自身的"造血"能力。为此，集团高度重视扶贫县群众干部的能力建设，积极链接社会资源，立足改革开放初期创办工业园区的经验，依托场地、区域开发运营管理及人才培养的资源，为贫困地区干部开办培训班 21 期，培训副科级及以上干部 820 余人，有效帮助扶贫干部开视野、拓思路，提高思想认识，掌握精准脱贫方法论，培养起研究攻坚问题、解决攻坚难题的能力。

（三）提升人的互信合作，增强社会资本

"三维资本"视角下，社会资本的高存量有助于增强个体间的互信与合作，能有效构建贫困群体获取资源和机会的渠道，缓解贫困个体和贫困地区的脆弱性所带来的负面后果，是影响扶贫物质及人力投入效果的重要因素，也是决定扶贫有效性和持续性的关键因素。

近年来，招商局集团进一步聚焦帮扶地区自身资源禀赋和产业特长，积极促进人与人之间的互信合作，持

续增强贫困地区和贫困人口的内生动力和自我发展能力。

一方面，以“组织化”为抓手，着力提升贫困农村内部的互信与凝聚力，坚持将农民专业合作社等多元化的新型农业经营主体作为产业脱贫的新方向。瞄准当前产业扶贫中贫困户参与效能差，农产品生产销售过程中效益低下的问题，从技术能力、组织管理能力、市场营销能力等方面着力促进贫困村建立农民专业合作社，以村干、返乡创业的青年、农村致富能人等为重点，带领广大农户特别是贫困户共同发展。在产业扶贫项目中建立健全贫困户利益联结机制，采取“合作社牵头带动贫困户”的方式，力争扩大受益面，发展壮大产业辐射力，提升贫困户自主发展意识。

在此基础上，着力构建贫困地区新型合作网络，打通贫困群体获取资源和机会的重要渠道，降低市场交易成本，不断改善地方发展环境。2018 年，招商局集团积极调动旗下企业和员工资源，助力产业扶贫和消费扶贫，积极搭建特色农产品销售平台——27° 农。该平台重点打造扶贫产业价值链，全面链接贫困地区农产品生产主体（合作社、村委会、农业企业等），构建了贫困地区与外界市场的联系通道。有效打破制约贫困地区发展的时空瓶颈，促进贫困村、贫困户与先进生产要素和社会力量有效对接，降低市场交易成本。产业价值链的打通，增进了个体、区域的发展机会，为具有丰富农产品资源的边远贫困地区实现快速脱贫、改善民生作出创新探索。

另一方面，瞄准乡村治理议题，广泛动员专业社会力量参与扶贫，提高村民参与公共事务的主动性和积极性。比如与四川海惠助贫服务中心合作开展的社区生计综合发展项目，以互助组形式将贫困户组织起来，建立自治机制，构建起互助信任网络。在约定时间内，项目农户将通过“礼品传递”的方式，将受助品传递给其他贫困农户，由“受助者”变为“助人者”，提升贫困群众在社区公共参与中的意识和能力，不断推动乡村治理对脱贫攻坚的良性促进作用。

15 年的扶贫历程中，招商局集团始终坚持精准扶贫、精准脱贫方略，围绕人的物质资本、人力资本和社会资本，不断开拓脱贫攻坚的新路子、新模式，帮助贫困人口创造价值，促进人的全方位发展和持续增值。这套“三维资本”立体式帮扶的“组合拳”，有效实现了外部多元帮扶与内部自我脱贫的互动共振，保证了反贫困协同机制下脱贫致富效果的稳定可持续。

脱贫攻坚的号角已经吹响，这是关键一战。招商局集团将积极落实党的十九大要求，牢固树立四个意识，坚定四个自信，发挥自身专长和优势，立足贫困社区，“团结人、激发人、为了人”，不断提升贫困群众的“三维资本”，帮助他们早日脱贫，过上富足、幸福、有尊严的生活。

专家点评

招商局集团经过十几年的扶贫实践，逐步探索了一条以人的发展为核心，注重贫困地区物质资本、人力资本、社会资本“三维资本”的立体式精准扶贫模式。最难能可贵的是，招商局集团在扶贫过程中，不是大包大揽，而是遵循精准扶贫的客观规律，通过外力帮扶，激发贫困农户的内生动力，内外互动共振，发挥人的积极性和创造性，促进以人为中心的社会和经济全面发展。

——邓国胜 清华大学社会创新与乡村振兴研究中心主任

第三十四章 中国南方电网有限责任公司

电亮小康梦

南方电网公司发挥大型国有骨干企业的政治、组织、资源和人才优势，积极打造“责任——制度——工作——监督——考核”协调统一的联动管理体系，立足贫困地区实际，引入精益管理理念，协同推进电力行业扶贫和定点扶贫，“农网改造、供电服务、党建扶贫、产业扶贫、基础设施建设、教育扶贫”多管齐下，探索出一条电力企业参与扶贫的新路，积极打造“电亮小康梦”的扶贫公益品牌。

（一）扶贫实践

1. 项目背景

党的十八大以来，以习近平同志为核心的党中央以高度的政治责任感和使命感，把脱贫攻坚摆到治国理政的重要位置，纳入“五位一体”总体布局和“四个全面”战略布局进行决策部署，加大扶贫投入，创新扶贫方式，以前所未有的力度推进扶贫工作。习近平总书记在党的十九大报告中指出，让贫困人口和贫困地区同全国一道进入全面小康社会是我们党的庄严承诺。

作为关系国计民生的中央骨干能源企业，南方电网公司认真贯彻落实习近平总书记关于扶贫工作系列重要讲话精神，按照国务院国资委脱贫攻坚的决策部署，发挥大型国有骨干企业的政治、组织、资源和人才优势，立足贫困地区实际，协同推进电力行业扶贫和定点扶贫。

2. 项目管理

南方电网公司领导高度重视公司扶贫工作，由党组书记、董事长担任公司扶贫工作领导小组组长，统筹扶贫工作方向，负责扶贫工作重大事项的决策；在重大会议上发表扶贫工作重要讲话，提出具体要求，指导扶贫工作领导小组办公室开展工作。董事长、总经理等领导班子成员每年带队参与扶贫点一线调研与考察，以确保项目高效、快速、有序推进。

南方电网公司立足行业特征，建立了“责任——制度——工作——监督——考核”协调统一的联动管理体系，通过总公司的统一决策部署，各分子公司、各地市供电局、各县公司（供电局）的协调配合，员工的志愿服务，在地方政府与村民的共同参与，社会力量的广泛支持，确保扶贫工作精准到位，取得精准成效。

3. 项目实施

南方电网公司秉承“精准、质量、长效”理念，以农网改造升级为基础，以精准扶贫示范村创建为抓手，以产业扶贫、教育扶贫、基础设施建设和党建扶贫四项行动为着力点，全方位助力供电区内贫困地区脱贫攻坚。

（1）立足主业，电力扶贫

南方电网公司积极响应党和国家的号召，全力开展电力行业扶贫工作，印发《南方电网公司关于全力做好电力行业扶贫工作的通知》，立足电网企业自身行业特点，积极开展“农网改造”“供电服务”，优化资源配置，助力脱贫攻坚。

农网改造：针对当前农村电网整体水平与全面建成小康社会目标仍有差距的现状，公司积极贯彻落实国家发展改革委《关于“十三五”期间实施新一轮农村电网改造升级工程意见的通知》，计划于“十三五”期间投资653亿元用于贫困地区农网改造升级，提升贫困地区供电能力与质量。根据各地脱贫计划，优先满足低电压治理、通动力电、机井通电、公司各单位的定点扶贫村、专项扶贫项目等电网建设需求，加快推动独立供电区体制改革和农网改造升级。

供电服务：易地搬迁、生态移民扶贫是党和国家实施精准扶贫的重大举措，也是解决我国“三农”问题、实施新农村建设和全面建成小康社会的重要举措。南方电网公司积极对接政府扶贫部门，掌握易地搬迁、生态移民等计划，按照“实施一个搬迁项目、安置好一方群众、实现一方人脱贫”的要求，确保电网配套设施做到同步规划、同步实施、同步建成，促进各省易地搬迁任务顺利推进，为搬迁群众提供用电保障，确保搬迁群众用电需求，切实做到“脱贫攻坚，电力先行”。

2016 年以来，南方电网公司在南方五省区 216 个贫困县投入 402 亿元，完成了 7,665 个小城镇、中心村电网改造升级，实现了 4,709 个机井通电，262 个贫困村通动力电，为 3,200 个易地搬迁点及时完成电网配套，让贫困地区群众有电用，用好电。对经营范围内的 49 个深度贫困县，公司切实投资倾斜力度，在 2010~2017 年累计投入 220 亿元开展农网改造升级，大幅提升深度贫困村电网供电能力和供电质量。

（2）把握精准，定点扶贫

自 2013 年以来，南方电网公司认真承接国务院安排的深度贫困地区广西东兰县、云南维西县以及五省区各级党委政府安排的 761 个村定点扶贫，投入资金 3.5 亿元，派出扶贫干部 1,301 人次，因地制宜、因人因户因村精准施策，深入推进产业扶贫、教育扶贫、基础设施建设和党建扶贫四项行动，以点带面助力深度贫困地区扶贫工作。

产业扶贫：南方电网公司根据对口帮扶贫困村的实际情况，开展“造血”式扶贫，发展了农产品种养殖、农产品加工、光伏扶贫电站等一系列特色产业项目，优先吸纳贫困地区劳动力作为主力，为实现贫困地区脱贫致富再添新力量。以新型农业合作社、大型龙头企业、生产基地为平台，优先发展粮食、蔬菜、瓜果等经济作物种植及科学养殖，形成规模化效应，倡导公司采购向扶贫点倾斜，依托互联网平台拓宽农产品销售渠道；在不具备发展规模化种养产业的地区，探索农产品加工、

图 1 云南维西县，南方电网公司成立维西县特色农业扶贫开发有限公司，因地制宜培育发展羊肚菌、土鸡养殖等集体产业项目，整合维西 6 大类 24 个农特产品，累计销售额达 1,600 万元；同时组织贫困户以资金、土地、劳动力等不同形式，完善“公司 + 基地 + 农户（合作社）”的模式运作，带动 40 个农村新型经营主体，覆盖 3,000 户农户，每年可为每户贫困户带来超过 3,500 元的收益

项目入股分红等其他产业项目形式；在自然条件适合、经济效益优的地区，探索出“企业＋慈善机构＋政府”“企业＋政府”以及“企业自建”三大模式发展光伏扶贫电站。

教育扶贫：扶贫必扶智，南方电网公司通过支持贫困地区学生接受职业教育并协助就业、援建当地教学设施、结对帮扶等形式提升贫困地区教育水平。以电力学校为平台，面向对口贫困地区招收贫困学生并发放助学金，以两年学历教育与一年实习，毕业分配工作的模式，开展供用电技术和输电线路专业的中专学历教育扶贫；加强与教育部门的沟通，征集公司志愿者参与支教，捐资兴建一批“温暖澡堂”“幸福厨房”“光明学堂”等教育扶贫项目。

图 2 广西东兰县，南方电网公司捐资建设国清中学教学楼，解决当地 2,519 名学生就读问题，并在乡镇中心小学建设“南网温暖澡堂”5 座，解决 3,490 多名寄宿小学生洗热水澡问题

基础设施建设：南方电网公司将基础设施建设工作作为加快贫困村发展的重要“引擎”，积极争取各行业政策和资金支持，大力推进贫困村村道、农田水利设施、饮水工程、危房改造、垃圾污水处理、文化室、卫生室、信息网络等基础设施建设，提升贫困村基础设施服务水平，改善居住环境。

党建扶贫：南方电网公司从人才和技术入手，持续开展“三个培养”，即把农村致富能手培养成党员、把党员培养成农村致富能手、把优秀党员致富能手培养成村组干部和“五个一”，即提供一条致富信息、解决一笔启动资金、教会一门实用技术、联系一个就业岗位、落实一个脱贫项目等致富党支部创建活动，从基层组织建设、党员队伍建设、“两学一做”学习教育、党内关爱帮扶四方面加强贫困村党组织建设，同时改善党员活动场所条件，更好地发挥村党支部的战斗堡垒作用，确保扶贫目标顺利实现。

（3）培育典型，示范推进

南方电网公司在各级单位帮扶点中，选取 12 个村作为精准扶贫示范村创建点，通过培育精准扶贫、精准脱贫典型，致力于打造一批可看、可学、可借鉴、可复制的先进扶贫典型，以点带面推动扶贫工作取得新成效。公司结合当地扶贫规划及贫困村、贫困户的实际，因地制宜、因贫施策，制定“一村一策”“一户一法”，每个示范村由一名省级电网公司负责人对口联系、挂点帮扶；编制精准扶贫示范村创建工作实施计划，把示范村的创建作为各单位扶贫工作考核的重要内容，并动态监控跟踪实施进度，定期开展现场督察，确保按期按质完成创建任务。通过示范村创建工作，精准扶贫示范村将实现“三个一百”的目标，即农网改造完成率达 100%、动力电覆盖率达 100%、贫困户建档立卡率达 100%，同时实现“两不愁三保障”，即不愁吃、不愁穿，保障义务教育、保障基本医疗、保障住房安全。目前，两个深度贫困村广西东兰县坡索村、贵州台江县阳芳村，以及广东揭西县井美村、广东五华县西湖村共 4 个村，被正式命名为南方电网公司首批精准扶贫示范村，为公司其他扶贫点树立了标杆，起到示范带动作用。

（二）扶贫成效

经过扎实工作，南方电网公司扶贫工作取得了四方面的突出成效。

1. 实现了农村用电“两不愁一保障”

加大农村电网改造力度，投入行业扶贫资金 1,166 亿元，基本解决了南方五省区贫困地区供电区域，尤其是乌蒙山区、滇桂黔石漠化区、滇西边境地区、武陵山区和云南迪庆藏族自治州五个集中连片贫困地区存量低电压、卡脖子、不通动力电等突出问题，基本实现贫困人口生活用电不愁、动力用电不愁、供电质量得到保障。

2. 直接帮助 214 个贫困村脱贫摘帽，13.3 万人实现脱贫

向 699 个贫困点投入定点扶贫资金 3.5 亿元，派出扶贫干部 1,301 人次，帮助 214 个贫困村脱贫摘帽，13.3 万人实现脱贫，其中 2016 年脱贫 4.18 万人，约占南方五省区脱贫人数的 1%。

3. 提升了帮扶点基层组织治理能力

充分发挥第一书记作用，加强基层党建，贫困村党组织服务脱贫攻坚能力显著提升，集体经济持续壮大。

4. 扶贫工作获各方认可

在国资委首次组织的 2017 年中央单位定点扶贫工作考核中，南方电网公司荣获最高等次“好”，并连续两年获得广东省扶贫最高奖项红棉杯金杯，多次获邀在国资委相关会议上做典型经验发言。同时，战斗在脱贫攻坚一线的龙梅、周晨同志等扶贫干部分别获得“中央企业优秀党务工作者标兵”称号、中央企业 2017 年“最美扶贫人”、全国电力行业 2017 年“十佳最美电力人”等称号。

（三）扶贫经验

为确保各项脱贫攻坚工作取得实效，南方电网公司着力构建了扶贫工作“五大体系”。

1. 建立了纵向到底、横向到边的责任体系

南方电网公司成立以公司主要领导为组长的扶贫工作领导小组，下设领导小组办公室，明确各级党组织主要负责人为扶贫工作第一责任人。

2. 建立了清晰全面的“1+N”制度体系

“1+N”制度体系中，“1”即《关于做好公司供电区域电力行业扶贫和定点扶贫工作的实施意见》，对扶贫工作的总体思路、工作任务和内容加以明确；“N”是系列配套制度，包括《公司定点扶贫工作管理办法》《关于全力做好电力行业扶贫工作的通知》《公司定点扶贫驻村干部管理办法》等。

3. 建立了上下联动、点面结合的工作体系

定期召开党委会、定点扶贫工作组会、电力行业扶贫工作组会和扶贫工作领导小组会等专题会议，研究、统筹部署扶贫工作重大事项。每季度召开扶贫办例会，研究推进重点扶贫工作，分片区组织召开扶贫现场交流会和工作推进会。

4. 完善了全面覆盖的监督体系

成立由公司扶贫工作领导小组办公室各专业部门组成的检查组，对扶贫政策落地、资金来往、项目管理、脱贫成效、扶贫对象满意度等进行检查，逐项督促整改。

5. 健全了务实管用的考核体系

承接国务院扶贫办、国务院国资委组织的中央单位定点扶贫工作考核，逐项对照考核。把扶贫纳入党建责任制考核，同时作为年度党组织负责人述职内容，逐级进行考核。

专家点评

南方电网公司将参与脱贫攻坚当成企业义不容辞的政治责任和社会责任，以农网改造升级为基础，以精准扶贫示范村创建为抓手，以产业扶贫、教育扶贫、基础设施建设和党建扶贫四项行动为着力点，建立了扶贫工作体系。尤为可贵的是，企业建立了自己的扶贫顶层设计，针对深度贫困地区形成了“五个结合、构建五大体系”的扶贫模式，点面结合，整体和局部结合，将个体脱贫和地区性贫困问题的整体解决方案结合起来，确保脱贫效果的可持续。

——葛均泊 北京师范大学中国公益研究院慈善研究中心研究员

第三十五章 中国石油天然气集团有限公司

坚守为民情怀，聚焦精准施策，为脱贫攻坚贡献石油力量

中央企业投身扶贫开发事业，是我国政治优势和制度优势的重要体现。作为国有重要骨干企业，中国石油天然气集团有限公司秉承央企本色，坚持把扶贫开发作为履行社会责任的具体体现和有益实践。自1994年定点扶贫新疆维吾尔自治区5县开始，中国石油坚决响应党中央、国务院关于扶贫开发指示精神，认真落实国务院扶贫办、国务院国资委工作部署，深度参与并见证了我国扶贫开发事业发展。中国石油至今在全国7省区13个区县（对口支援西藏双湖县、青海格尔木市、重庆开州区，定点扶贫新疆尼勒克县、察布查尔县、托里县、青河县、吉木乃县、巴里坤县，河南范县和台前县，贵州习水县以及江西横峰县）开展对口支援和定点扶贫工作，累计投入帮扶资金8.9亿元、援建项目850多个、选派挂职干部130多人次，定点扶贫县数量在央企排第一位。截至2018年11月底，中国石油定点扶贫10个贫困县中，8个已实现脱贫摘帽。

（一）扶贫理念

中国石油深入贯彻落实中央精准扶贫精准脱贫基本方略，坚持从解决贫困地区和群众最急需、最迫切的实际问题入手，发挥自身优势，探索实践具有石油特色的扶贫路径模式，以改善民生保障、生存基础、生活质量为出发点和落脚点，以创新扶贫方式为根本动力，以实施帮扶项目为主要抓手，以基础建设、产业发展、智力科技、教育医疗、乡村旅游等为主要途径，努力促进贫困群众脱贫致富和受援地经济社会发展，为全面打赢精准脱贫攻坚战贡献石油智慧、石油方案和石油力量。

（二）扶贫实践

1. 提高政治站位，抓好顶层设计

党的十八大以来，以习近平同志为核心的党中央把脱贫攻坚工作纳入“五位一体”总体布局和“四个全面”战略布局，对打赢脱贫攻坚战作出一系列重大部署。党的十九大再次把脱贫攻坚战作为决胜全面建成小康社会必须打赢的三大攻坚战之一，出台一系列超常规举措，构筑全党全社会扶贫强大合力。中国石油把脱贫攻坚作为重要政治责任，党组高度重视、精心谋划扶贫工作，王宜林董事长、章建华总经理多次对扶贫工作作出重要指示，专门成立集团公司层面工作领导小组。2018年以来，集团公司共有8名党组成员到定点扶贫县逐一进行深入调研，现场查看扶贫进展，组织座谈交流，与地方政府对接扶贫方案。中石油各帮扶地企业也组织各级扶贫干部300多人次，到扶贫地区开展专题调研，看望贫困群众，检查帮扶效果，从严从实抓好扶贫工作顶层设计，定期召开会议推进扶贫项目落实。

图1 2018年9月，中国石油集团董事长王宜林同志在新疆察布查尔县对定点扶贫工作开展调研，看望贫困群众

2. 完善体制机制，层层传导责任

健全完善的体制机制，是扶贫工作稳定顺利开展的重要保障。中国石油对扶贫项目管理环节进行认真梳理，结合帮扶地政府和合作伙伴意见，陆续下发系列制度，强化挂职干部队伍建设、规范项目和帮扶资金管理、明确各帮扶项目对口管理单位职责，有力推动项目实施。

（1）下发《关于调整集团公司定点扶贫与对口支援挂职干部相关待遇及费用核销标准的通知》（扶贫〔2017〕1号），按照中央八项规定及中组部文件精神，参考兄弟单位相关标准，提高挂职干部伙食补助，规范办公费用核销项目。

（2）修订《中国石油天然气集团有限公司定点扶贫与对口支援项目管理办法》，对集团公司扶贫领导小组、扶贫办、项目对口管理单位及挂职干部的职责进行划分，明确领导小组统筹决策、办公室组织衔接、项目对口管理单位监督负责、相关单位支持配合、挂职干部具体承担任务的“统一管理、分级负责”工作机制，梳理从项目立项、过程监管到完工验收的工作流程，细化“交支票”与“交钥匙”项目管理区别，实现帮扶工作的科学化、合规化、程序化。在整套运行程序和系列管理制度具体支撑下，有效推动帮扶工作合规化、程序化，形成齐抓共管、合力共进的“大扶贫”格局。

（3）制定《中国石油天然气集团有限公司定点扶贫与对口支援工作评价办法》，从帮扶成效、组织领导、干部管理、项目管理和工作创新等方面对各项目对口管理的工作情况进行评价，发挥指挥棒作用，进一步压实各单位的帮扶责任，推动加大帮扶力度，切实助力帮扶地经济社会发展。

3. 坚持问题导向，推进精准扶贫

中国石油帮扶地区致贫原因千差万别，各地特色产业和经济发展情况不尽相同。公司把扶贫与地方需求和政府规划相结合，因地制宜开展精准扶贫，提高帮扶成果可持续性。

（1）基础设施建设

中国石油积极响应国务院国资委“百县万村”活动，投入2,800余万元修建江西横峰县旅游公路、河南范县自来水厂等重点项目，助力乡村旅游发展，解决群众安全饮水问题；投入1,500万元建设新疆青河和尼勒克县节水灌溉工程，辐射耕地面积近2万亩，受益贫困人口近8,000人。如，2017~2018年在新疆尼勒克县投入1,000万元援建机井27眼，并配备相关机电设备安装、配电工程及附属设施，分布在6个乡镇近40个村，辐射耕地面积37,000余亩，大幅提高贫困地区农业灌溉率，使农副产品增收达到以前的3倍，土地生产力水平大大提高，受益建档立卡贫困户927户、6,725人。

图2 2018年，中国石油投入1,200万元援建江西横峰旅游公路项目，打通致富最后一公里

（2）产业扶贫

中国石油始终把提高脱贫质量放在首位，不断强化产业帮扶，带动就业，帮助贫困群众实现稳定增收、可持续脱贫。

聚焦提高脱贫“含金量”，在新疆 4 县投入资金 5,500 万元，采取合作社模式，实施红花产业园、食品加工厂、枸杞种植、草畜联营合作社、奶酪加工厂等项目，推动当地特色经济发展。如，2016 年以来中国石油在新疆察布查尔县陆续投入 1,000 多万元援建红花产业园，当地政府招商引进红花籽油龙头企业，2018 年该企业预计收购红花籽 2,500 吨，生产红花油 500 吨，受益贫困户达到 800 人，每户平均增收 2,000 多元。

中国石油十分重视农民合作社建设，与中国扶贫基金会等机构合作，努力构建符合现代农业发展的新型合作社机制，通过土地流转、社内就业、绑定股份等方式，推动乡村集体经济发展，实现贫困群众增收。2017 年集团公司联合中国扶贫基金会在新疆巴里坤县实施“互联网 + 扶贫”合作社援建项目，优选三塘湖镇中湖村“小兵甜瓜种植合作社”进行扶持（计划分批投入资金 100 万元，目前已投入 19 万元）。合作社共 70 户社员，其中妇女 35 人，辐射带动周边农户 50 户。项目围绕村民组织化、生产标准化、产品品牌化进行系统打造，引导合作社发挥经营主体和参与市场运作的能力，打造特色品牌，让品牌溢价带来的效益惠及广大社员，助力贫困户实现脱贫增收。2018 年，合作社通过中国扶贫基金会平台销售蜜瓜共 1 万公斤，交易额近 20 万元（集团公司职工购买约 1 千公斤，交易额近 2 万元），同时带动合作社线上线下实现交易 20 万公斤，预计社员人均增收 1,000 元左右。

图 3 巴里坤甜瓜上市发布会

利用产业、技术和市场优势，先后在闽西革命老区福建长汀投资兴建催化剂厂，向国家级贫困县河南台前无偿转让四临氢芳构化项目，帮助当地石化企业发展，推动贫困地区相关产业发展。

传承发扬石油援青、援藏优良传统，将对口支援与扶贫工作有机结合，积极转变援助投入方式，在西藏双湖县累计投入 3.9 亿元、在青海冷湖行政区和格尔木市累计投入 7,800 万元，大力推进基础设施、农业种植、牧民安居和教育卫生项目，2017 年启动实施的唐古拉山镇长江源村综合服务中心、双湖步行街等文化旅游项目，将有效提高帮扶精准度，进一步促进贫困人口脱贫和经济社会发展。

积极做好脱贫攻坚与乡村振兴的衔接，将合作社建设与乡村旅游相结合，探索合作社模式和股权分红机制，投入 1,500 万元在定点扶贫 3 县开展乡村旅游扶贫示范项目，实现资源流转、社内就业，提升村容村貌，助力村民致富，接续推动脱贫地区经济可持续发展。

充分利用加油站便利店网络，为贫困地区销售特色产业，有效拉动地方经济发展。可以说，经过几年努力探索，中国石油扶贫工作已成功实现从“大水漫灌式”向“精准滴灌式”的转型升级。

（3）智力帮扶

扶贫实践中，中国石油深刻认识到智力帮扶的重要性。扶贫必扶智，公司始终将实现帮扶对象自我发展能力提升作为精准扶贫、激发脱贫内生动力的重要举措。通过多年探索，中国石油建立了清晰的干部能力提升、电子商务、乡村旅游、合作社建设、益师计划、医护等培训框架和品牌项目，打出了基层干部、致富带头人、教师、医护等人才培养的“组合拳”。

①开展特色产业培训，增强贫困地区造血功能。公司先后与阿里巴巴、苏宁、京东、携程等电商平台合作，开办 10 期电子商务扶贫和乡村旅游扶贫培训班，培训 500 多人次，带动各地特色农副产品上行和乡村旅游经济发展。中国石油 10 个定点扶贫县全部

成为商务部电子商务示范县。贵州习水县更是借培训契机，与阿里巴巴村淘项目进行合作，获得阿里巴巴投资2.37亿元，开办58个淘宝村级服务站。2016年年货节习水县以613万元交易总金额名列贵州前三。2018年，中国石油又组织专家到河南台前县实地调研电商发展现状，寻找制约瓶颈，为当地电商发展制定规划，精准解决实际问题，促进电商扶贫上新台阶。

图4 中国石油新疆定点扶贫县电子商务扶贫培训班在苏宁集团参观

②开展经营管理人员培训，培养脱贫致富“领头雁”。多年来，公司先后与中国扶贫基金会、国家行政学院、农村党支部学院等机构合作，开办了现代农业、合作社管理、党建扶贫、基层干部履职能力提升等培训班，受训政府干部、致富带头人近9,000人次。

③开展贫困群众技能培训，提升自我发展能力。为增强贫困群众就业能力，拥有一技之长，提高工资收入，公司与职业培训机构合作，陆续免费为贫困群众开办汽车维修、电焊、烹调、畜牧养殖、家电维修等专业培训班，培训农牧民2,000多人次，帮助贫困群众实现“一人就业，全家脱贫”。

④开展医疗人员培训，减少贫困地区因病返贫现象。针对各地区基层医疗水平普遍较低的情况，中国石油组织所属廊坊中心医院自2010年起，每年在帮扶地区开展医疗巡诊，期间与当地医护人员开展学术交流，累计培训基层医护人员1,200多人次；同时每年安排部分地区医护人员在廊坊中心医院长期实习培训，累计培训医护人员200多人次。

⑤开展教师培训，斩断贫困代际传递。为提高各帮扶地区教学水平，公司自2015年起，与北师大教育基金会、北京史家胡同教育集团、北京171教育集团合作，实施“益师计划”教师培训项目。累计安排扶贫县100多名教师，在北京等名校进行整学期跟班培训，并安排北京名校到帮扶地学校进行交流，开办公开课，培训当地教师4,000多人次；在北京开办教学管理人员培训班，培训校长和教务主任200多人次。在西藏双湖县，公司投入近500万元建立教育基金，用于资助贫困学生，奖励扎根双湖基层教师。

图5 中国石油"益师计划"，171位中学老师走进江西横峰

（4）健康扶贫

中国石油组织所属医疗机构定期到帮扶地区开展医疗巡诊，摸索出一套完善的巡诊模式，在有限时间内实现诊疗人数最大化，有效减少因病返贫现象，受到帮扶地病患群众广泛好评。每年中国石油都安排所属医院组织由内科、外科、妇科、骨科等科室的专家组成医疗小组，到帮扶地区开展巡诊，捐赠药品。同时，积极开展“同舟工程”项目，在江西横峰援助资金100万元，救助脑瘫、白血病等危重病症患者148人，为贫困病

患核销部分自费药品，减轻贫困家庭压力；在贵州习水县投入 100 万元，同时募集社会捐赠 105 万元，与蚂蚁金服、泰康保险合作，为当地 76,528 名建档立卡贫困户购买健康医疗保险。2017 年完成理赔 263 人，理赔金额 63.36 万元，有效减少因病返贫现象。

在医疗援藏方面，根据双湖县群众普遍健康质量不高，风湿病、高原心脏病等普遍存在的现状，针对县医院还无法进行正常手术，当地群众孕妇难产、急性阑尾、突发高反等致死频繁发生的情况，中国石油将医疗援藏模式由原来的巡诊式“看病”转向以手术为突破方向的“治病”，同时采取三项措施：一是将 20 名双湖医生送到内地开展针对性培训，按照不同种类手术的要求，培训主刀医生、助理医生、麻醉师、巡回护士、器械护士等；二是对现有医疗设备进行全面梳理，对多年未开封的设备重新调试安装，对缺少的设备进行补充，购置呼吸机、监护仪、腹腔镜等；三是积极开展手术，充分准备，完成了双湖史上第一台，也是有记载的医疗史上 5,000 米海拔的第一台剖宫产手术，为在双湖常态化开展相关手术奠定基础，积累经验。

图 6　中国石油医疗小分队在“人类极限试验场”平均海拔 5,100 米的双湖县巡诊

下一步，中国石油将继续以习近平新时代中国特色社会主义思想为指导，深入贯彻习近平总书记重要指示和李克强总理批示精神，全面落实《关于打赢脱贫攻坚战三年行动的指导意见》，把脱贫攻坚作为重大政治任务扛在肩上，以更强的责任感、使命感和紧迫感，进一步发挥中国石油资源、市场等特色优势，全力以赴推进扶贫工作，为国家坚决打赢脱贫攻坚战，为实现全面建成小康社会奋斗目标作出更大贡献。

专家点评

中国石油秉承央企本色，坚持把扶贫开发作为履行社会责任的具体体现和有益实践。坚持从解决贫困地区和群众最急需、最迫切的实际问题入手，打出了一套扶贫攻坚的组合拳。在基础设施方面，着力改善了贫困地区农业的灌溉问题，为农业发展积蓄了力量；在产业扶贫方面，通过支持贫困地区农产品种植加工，利用加油站作为销售网络，拉动当地经济发展；在智力扶贫方面，通过特色培训，综合提高当地的发展能力；在健康扶贫方面，通过巡诊和保险等手段，有效预防因病致贫、因病返贫现象的发生。

——葛均泊　北京师范大学中国公益研究院慈善研究中心研究员

第三十六章 腾讯为村（北京）科技有限公司

以网络扶智促乡村脱贫攻坚

（一）项目背景介绍

1. 为村平台简介

“腾讯为村”项目，是一个用互联网助力党建引领精准脱贫、乡村社会治理、乡村振兴的工作平台，是基于互联网企业核心能力，面向中国乡村对移动互联网的应用需求，以“互联网＋乡村”的创新模式，围绕“党务、村务、商务、服务、事务”五大功能版块而设计开发的智慧乡村平台，也是腾讯践行企业社会责任的具体实践。

为村是腾讯基于加强基层党组织领导、帮助脱贫致富取得实绩，根据乡村使用场景开发的微信公众号。为响应总书记提出“领导干部要学会使用网络走群众路线”的号召，将为村公众号设计为包括党务、村务、服务、商务、事务五大版块70多个功能，为党员干部服务村民群众提供了丰富的沟通工具，也是手机上的“党群服务中心”。

平台以“为乡村连接情感、连接信息、连接财富”为宗旨，致力于乡村移动互联网能力建设，鼓励每一个村庄打造属于自己的互联网名片。村两委可以在这里进行党务公开、村务公开、财务公开，撰写村委日记；村支部书记可以在书记信箱回复村民提问，党员可以在这里亮身份、亮承诺、在线为群众服务亮实绩；村民可以在这里实名认证加入自己所属村庄公众号，随时随地参与村庄事务；村集体和村民还可以通过为村平台展示风土人情，卖出村庄土特产品，进而脱贫致富。

图1 为村平台宗旨

2. 为村平台全国总况

截至2018年9月底，全国共有24个省份的7086个村庄上线“为村”平台，覆盖16个省市的57个国家建档立卡贫困县，464个贫困村，超223万位村民实名认证加入自己的村庄，用户互动超2.5亿次。

腾讯向中组部和深圳市委组织部承诺，全国所有革命老区和边疆的民族地区村庄（约11.6万个），加入为村均免收开发费，同时在以村组织机构代码证申请微信服务号时，可选择“政府”主体以获取微信年审费减免。同时，腾讯对国务院扶贫办承诺，面向国家建档立卡贫困村（约12.4万个），同样提供以上费用减免服务。腾讯与深圳市委组织部和广东省委组织部签署协议，2018~2020年，粤东西北14个市16455个村，同样享受以上费用减免服务。

（二）项目主要做法

以网络“扶智”“扶志”，助力乡村振兴。在“乡村振兴”战略的引领下，腾讯为村平台持续发挥“互联网＋”的连接力量，以网络扶智助力贫困村庄脱贫攻坚。“为村”平台通过指导村庄建立属于自己的微信公众号，指引村民、村两委、基层党员等实名认证加入，搭建起外出务工村民与家乡的情感连接渠道，密切基层干群关系，推动村集体凝心聚力谋发展，激发村庄内生动力，从而为贫困乡村“扶志”。

“为村”平台为村庄搭建起“连接信息”的便捷通道，并面向乡村基层干部和村民开展各类移动互联网能力培训活动，挖掘培养乡村互联网人才，从而为贫困乡村“扶智”。平台通过指引村两委在手机上发布党务、村务、财务，指引村支书及基层干部通过手机及时回应村民的提问及需求，指引基层党员线上亮身份、亮承诺、亮实绩，指引村民通过平台积极参与村庄集体事务，让基层信息公开更透明，让党群服务及乡村扶贫工作更高效。

“为村”为村庄提供一个连接地方政府、优质企业、社会资源的平台，助力乡村获取更多综合发展机会，从而为乡村“连接财富”。

图 2 为村平台为村庄搭建起“连接信息”的便捷通道

图 3 贵州省黔东南黎平县铜关村

（三）项目主要成效

当前，已有不少村庄通过“为村”平台凝聚人心，连接村庄发展信息资源，展示乡村风土人情和特产，逐渐借助互联网脱贫致富。

1. 贵州省黔东南黎平县铜关村：中国深山里的首个移动互联网村

铜关村是“为村”平台第一个上线村庄，也是中国穷乡僻壤里的首个“移动互联网村”。2014 年，腾讯基金会选址铜关村，投入资金、整合设计师资源、组织村民用传统的建筑风格和技术，建造了一组占地 46 亩，建筑面积 5600 平方米的“铜关侗族大歌生态博物馆”，协助打造成铜关村的“一村一品”，吸引更多人来村里旅游，为村民们创造家门口的收入。项目团队以博物馆作为乡村移动互联网培训基地，整合运营商资源，示范光纤宽带及 4G 通信基站进村；连接资源方为村民捐赠智能手机，并教会村民使用；帮村庄搭建起宣传村庄品牌的微信公众号和讨论村务的微信群；连接多方资源打造村庄茶叶、大米、侗布等乡村产业品牌……

自从村里连上了互联网，铜关村的空巢老人也学会了用智能手机和在外打工的孩子视频聊天；村民丢了牛通过微信群调动 30 多位村民一起提供线索，顺利把被盗的耕牛找了回来；村民们通过微信群联络感情，组建起了“大寨侗歌队”，大力宣传这项深藏大山中的非物质文化遗产……不到三年时间，这个仅有 460 户人家、深藏黔东南大山之中的侗族村落，以线上带线下的方式，成立合作社、推广新项目，人均年收入从不到 1800 元提高至 5000 元。

图 4 铜关村村民学习使用网络工具

图 5 铜关村村民学习使用网络工具

2. 湖南省湘西州龙山县比耳村：全村打造脐橙品牌，登央视新闻联播头条

比耳村是一个坐落于湘西边陲的小村庄，全村种植四千多亩脐橙，品质极佳，却因知名度不高一直都卖不出好价钱。2016 年，比耳村加入了“为村”平台，村里一群年轻人自发组建了比耳“为村”团队，带领全村村民合力打造比耳脐橙品牌，从教乡亲们学会上网，到教果农做品控，为脐橙设计包装和网络推广方案，借助村庄公众号把比耳脐橙名号打得越来越响亮。

短短一年时间内，比耳村内从无到有发展了 110 多家微店，更吸引全国各地商家前来采购，果农议价能力提升，橙子价格不再由收购商来定，而是果农自己说了算。以前一斤橙子最多只能卖 2 元钱，如今果农通过网络对接市场，除去包装盒、快递等成本，橙子可卖到 5 元钱一斤，每斤价格足足比原来多了 3 元钱，一年内全村卖橙价格增收 500 万元。2017 年，村里的脐橙大户石宗林，种植销售脐橙的年收入甚至超过百万元。

图 6 比耳村村民采摘脐橙

图 7 比耳村得到央视新闻联播头条报道

这个原本在贫困线下的小村庄，借由互联网逆袭成为网红村，得到了不少主流媒体的报道，还登上了央视新闻联播头条和《人民日报》。

3. 湖南省湘西州泸溪县小能溪村：贫困村借助互联网凝心聚力，带动产业建设

小能溪村全村总面积有 11.5 平方千米，总人口 338 户共 1368 人，现有贫困户达 146 户共 547 人，低保 76 户共 152 人，全村经济结构单一，无任何集体经济来源，村里空巢老人和留守孩子情感无依，是一个典型的山区深度贫困村。

2017 年 8 月，小能溪村“为村”平台上线了。小能溪村村委会借用“为村”平台提高村务工作效率，组织村庄活动，密切干群关系，带动村集体凝心聚力一同谋求新发展。村委选举会议出现差错时，村干部在“为村”平台公开致歉，赢得村民理解；村庄管理员拍下留守儿童放学的照片，孩子妈妈看到后特地打电话致谢；80 多岁的老人专程跑到村委，请村委干部帮忙拍照片发上平台给在外打工的儿子看；村里的贫困大学生向菊参加“为村”平台上的乡村 K 歌大赛，凭借实力和全村村民的支持一举夺冠、一唱成名；村里举办新年“为村”故事会，村民们一起为村发声，收获了满满的感动……

图 8 小能溪村举办“全民 K 歌”比赛

通过“为村”平台连接信息，小能溪村还获得了不少政府领导和企业的关注和支持。已有企业与小能溪村签订杜仲种植用工协议和土地流转协议，全村新开发杜仲 2000 余亩，将为村民带来实际增收 50 余万元，让 80 余户建档立卡户年增收 3000 余元。除此以外村里还在申报 6000 亩生态油茶项目。如今，小能溪村的产业建设形势一片大好！

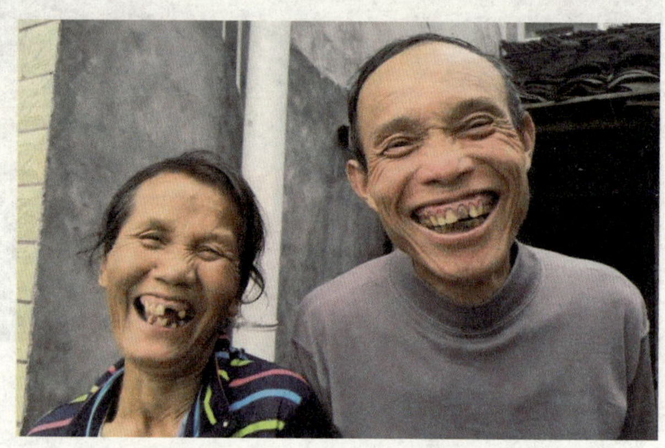

图 9 小能溪村村民通过产业帮扶获得实际收益

4. 四川省邛崃市大同乡陶坝村：灾后重建村庄，借互联网迎来新发展

在 2013 年的芦山大地震中，陶坝村因灾致贫。灾后重建中，全村村民在政府的引导下，种植了 400 多亩佛手瓜。终于等到村里的佛手瓜成熟了，却因村庄地处深山，信息不通而大量滞销。丰收的喜悦成了村民们心头挥之不去的愁云。

2017 年 4 月，陶坝村成为四川省首批“为村”上线村庄之一。返乡大学生郑小琴成了村里的“为村”管理员。拥有多项技能的她，借助“为村”平台充分施展才能，组织起外出村民也能参加的线上村庄活动，维系乡邻感情；带动村两委在线上发布重要通知，及时回应村民需求；在网上帮村民宣传农家特产，推广村庄产业。

图 10 陶坝村村民通过“为村”举行投票

这一年，陶坝村村民通过“为村”平台把产业信息发了出去，佛手瓜还没挂果就吸引了不少批发商前来实地探访和订购，短短一个月内就被订购一空。而眼看佛手瓜快成熟，批发商的运输车辆就要来了，唯一通往村里的公路却发生地基垮塌，村民们赶紧到“为村”平台的书记信箱反映情况，村支书看到后，当天就着人去现场查看及安排修路。现如今，陶坝村原本滞销的佛手瓜不再愁卖，价格还翻了两倍。借力互联网，重建后的陶坝村更加欣欣向荣了！

图 11 陶坝村村民通过“为村”平台发布产业信息

5. 广东省河源市龙川县珠塘村：扶贫工作队巧破谣言，为村引资超千万元

珠塘村是广东省第一个“为村”上线村庄。该村两委及驻村扶贫干部，通过“为村”平台传递村庄正能量，在推动信息公开和基层党建，招商引资及村庄扶贫等工作上，都取得了良好效果。通过“为村”平台，村民们更加了解村内基层组织架构建设情况和办事流程，在村里办理事务更方便快捷，跟村两委的沟通更紧密后，对乡村基层工作少了误解，多了体谅。

2018 年，村里获得了一笔精准扶贫资金，不少村民没看到真实钞票进入自己的口袋，便私下谈论村委干部伙同扶贫干部私分了国家资金。听到这一消息，扶贫工作队及时将所有扶贫资金的使用和结余明细公开在“为村”平台上，让村民及时了解扶贫资金使用情况，很快便击破了谣言。

图 12 珠塘村利用“为村”平台宣传林下走地鸡产业

同时，珠塘村也利用“为村”平台宣传村庄产业发展，带动农民合作社参与扶贫产业开发。如今已有两个大型农业企业，通过珠塘村“为村”平台发布的信息连接进村投资。其中一家为省农业龙头企业，计划 5 年内注资千万元在村里开发 100 万只林下走地鸡项目，已完成第一期 10 万只规模。另一家牛蛙养殖大户，和村庄合作社达成深度合作，开发了 100 亩牛蛙基地。目前牛蛙还养在池塘里，但通过网络宣传，养殖户收到的订单和订金，就已收回了近千万元的投资！

图 13 珠塘村利用“为村”平台宣传产业发展

6. 四川省邛崃市临邛街道考棚社区：互联网让扶贫工作更精准、更及时

考棚社区居民顾忠华，现年 45 岁。家中夫妻二人均为失业人员，无社保、无医保、无固定收入，哥哥智力残障，大儿子刚上小学二年级，小儿子出生不久。顾中华本人在 2014 年借钱开了一家按摩店，因生意不好，每月收入仅够全家五口人的租房及其他生活开支，无法节余，也未能购买社保。2018 年年初，他的妻子患上了颈部淋巴结核，刚出生的小儿子也被查出胆黄素偏高，家庭经济负担太重。母亲患有帕金森综合症，不愿借钱给他为孩子治病渡过难关。难负重担的他，称“不知道如何面对生活”。

为此，顾忠华到“为村”平台的书记信箱上向社区求助，请社区协助做调解工作，并承诺每月由居委会公证还钱给他母亲。社区办公室在看到这个求助帖以后，当天晚上立刻安排人员上门进行调解，并调查核实了顾忠华家中情况，立即上报为他申请临时救助款，解决孩子的住院医疗费。及时得到帮助的顾忠华深受感动，在“为村”平台上向社区办公室致谢，重燃生活信心，并承诺此后将开始为社会做一些力所能及的贡献。自此以后，尽管顾忠华经营着的小按摩店依然收入微薄，却坚持着为社区老人院提供公益服务，免费为孤寡老人修脚按摩。

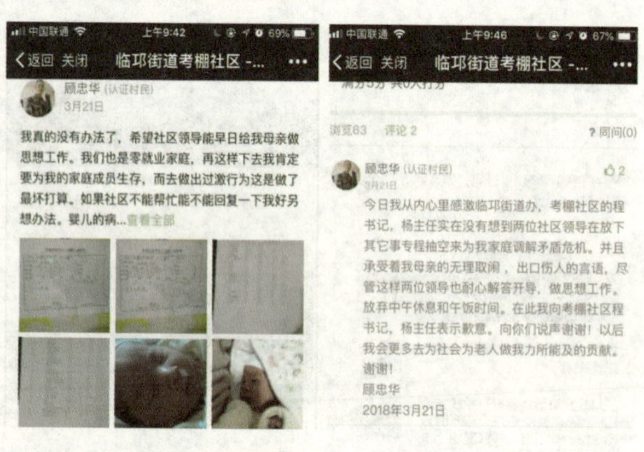

图 14 临邛街道考棚社区利用“为村”平台扶贫

考棚社区借助互联网及时了解到村民的困难，并将帮扶措施落实到位，真正做到了扶贫先扶志，并将扶贫工作及时、精准落实到个案。

7. 甘肃省陇南市康县冯家峡村：一夜筹齐全村修路费，单身汉 K 歌讨老婆

冯家峡村是西部典型的蛮荒山村，深受古代氐羌民风影响，以前村民好勇斗狠，不服管教，村里赌博风气盛行，公共意识薄弱，人情淡薄，甚至有老人在家去世三天才被发现，种种问题一直很让政府头痛。

后来，在各级领导的推动下，冯家峡建起了“冯家大院”微信群，又开通了微信公号，加入“为村”平台。冯宝贤和多位村民组成团队，在线上聚集村民一起关心家乡事，便利村内事务通知和办理，带动村民们一起争创“美丽乡村”，也慢慢地改变了村民的思想和行为。

图 15 冯家峡村举办移动互联网使用技能培训班

当村里需要修公路时，冯宝贤在群上一发倡议书，当晚就筹齐了 3 万多元的修路款；原本是刺头的村民冯胜贤，也开始受周围人感染变得有礼貌，积极参加村庄活动，变成了正能量青年，并担任起了“为村”管理员；村里的懒汉贫困户冯关贤和冯定贤，原本不招人待见，在被邀请到村庄“为村”平台后，通过唱歌才华重新获得村民认可，融入了村集体，并且真正地改变了精神面貌。如今，单身的冯关贤用歌声成功讨到了老婆。冯定贤则成了村里乐于助人的热心村民，并在全村支持下参加“为村”平台的乡村 K 歌赛，成功获得了人生中第一次坐飞机、第一次走出大山的机会。

8. 贵州省黔东南黎平县岑纪村：从“一人为村”，到“人人为村”

岑纪村坐落在湘、黔、桂三省交界的大山深处，是黎平县域内最偏远的一个村，从村里到县城山路坐车要将近五个小时。村民们思想传统封闭，原本对互联网这个新鲜玩意儿一点都不懂，也不感兴趣。“为村”平台的到来，让这个偏僻乡村终于搭上了互联网快车。

龙小兰原本是一位初中毕业的乡村女青年，当上了“为村”管理员后，找到了一份为家乡谋发展的事业。为了让村民们接受互联网，龙小兰在中秋前夕用为村发起“村内众筹”，带村民们为留守儿童和空巢老人筹款购买礼品送温暖，活动一下得到了乡亲们的支持。此后，小兰又号召村民们一起争取由为村平台提供的“为村加油基金”，实现了大家多年来想办一场篮球赛的愿望。

村里“为村”越来越火热，乡镇领导看到后，特地拨给村里一台“为村”专用电脑，村委会也给村子接入宽带网络，让村民们可以享用免费WiFi。那年春节，岑纪村举办了一场“为村杯篮球赛”，而比起实现愿望，更让小兰开心的是，终于从“一人为村”，变成了“人人为村”。而原来的牧羊女，也因“为村”工作出色，被选为当地的政协委员，并持续为村庄发展出力，通过招商引资带村民们发展集体产业，实现村庄脱贫。

9. 湖南省湘西州凤凰县大坡村：村支书领头打造村庄互联网名片

大坡村拥有秀美风景，是湖南省美丽乡村示范村。但山里交通不便，年轻人外出打工，留下老人小孩，连基本生活都难以保障。

为带领村民摘除贫困这顶帽子，村支书杨清华带领村委班子，反复研究探索，才找到了一条适合大坡村的致富之路——引进高山野生刺葡萄产业，办野生葡萄合作社。经过多年精心培育，大坡村开始依靠葡萄产业走上脱贫攻坚道路，还被誉为“凤凰葡萄第一村”。村里有物产了，但人气还是冷清。怎么凝聚人心，带大坡村更上一层楼？

借为村平台上线，杨书记召集村里有志青年成立了“大坡村为村团队”。有一回上级领导到大坡村调研，著名主持人汪涵也来了，为村团队第一时间发布消息，立刻成了村里的“新闻头条”。后来在杨书记规划下，大坡村村两委主内搞村庄建设，为村团队主外搞宣传。村里举办了葡萄采摘节、广场舞联赛、春节国庆活动等等，都在网上发出去，村民反应热烈，也让更多人看到了大坡村的互联网名片。

10. 山东省菏泽市巨野县舒王庄村：大学生村官施展才华，助推村庄发展

舒王庄村大部分青年外出务工，留守村庄的村委会成员和村民们年龄较大，和大部分村庄一样，都面临乡村移动互联网能力建设匮乏的困境。大学生村官张宁宁来到村里后，恰好遇上了“为村”平台，才华有了“用武之地”。

通过“为村”平台，宁宁协助村委开展村务，教村民们合力打造村庄互联网品牌。村里的樱桃采摘节、村民王士培养殖生产的乌鸡以及绿皮鸡蛋、村民舒玉兰三姐妹创作的工笔画，都被宁宁带着村民们一起发到“为村”平台做宣传，经过口口相传，外地客户咨询量和订单量都多了起来。

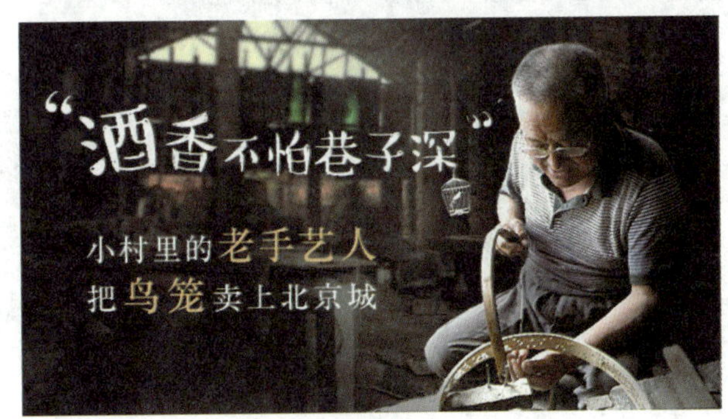

图16 舒王庄村老手艺人侯学文被打造成“网红”

而村里的鸟笼老手艺人侯学文，则被宁宁打造成了“网红”。她把大爷的鸟笼发上网，带他玩起了直播，吸引到当地媒体关注。如今，大爷的鸟笼从小村庄卖到了北上广，就连《百家讲坛》主讲人荣宏君也买去收藏。而侯大爷原本在外打工的儿子，也终于看到老手艺的发展前途，返乡继承手艺。已过古稀之年的侯大爷，不懂得什么是互联网，也不会使用智能手机，

如今却彻底接受了“为村”这个新鲜玩意儿。只要旁人问起“‘为村’是什么”，侯大爷就会告诉他：“‘为村’就是帮我卖鸟笼的，靠谱！”

图 17 大学生村官通过“为村”平台助力村庄发展

（四）案例启示

创新网络扶贫模式，全民实时记录乡村脱贫轨迹。“为村”平台致力于提高乡村移动互联网能力水平，创新了乡村网络扶贫模式，用互联网助力数千位扶贫干部记录村庄脱贫轨迹和扶贫心得，提高扶贫工作效率，拉近扶贫干部与贫困户的距离，让基层扶贫工作赢得村民的信任和支持。

在“为村”平台的“精准扶贫”版块，驻村扶贫干部、村两委成员、基层党员等，均可书写扶贫工作日记，分享扶贫政策，记录扶贫大事记，实时分享乡村扶贫工作动态，为村民们科普国家各项扶贫举措，带动村民们一同参与村庄脱贫和产业建设工作，公开扶贫资金使用情况，也让各级政府及村民们能够更快捷、更直观地监督扶贫工作开展情况。

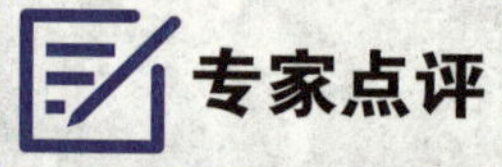

专家点评

为村，是腾讯把移动社交互联网用于中国乡村的场景，面向基层农村开展党务、村务、服务、商务、事务的需求，专门开发的网上应用系统平台与业务。在网络扶贫过程中，腾讯为村为贫困村的用户制订了免费帮扶的优惠政策，以帮助贫困村利用互联网加快脱贫。为村业务上线以来，通过为乡村连接情感、连接信息、连接财富的各种应用，发挥出助力基层党建、改善农村治理、和谐村民关系、脱贫致富和乡村振兴的作用，也赢得了为村业务自身覆盖范围的不断扩大和用户的持续增长。

——汪向东 中国社会科学院信息化研究中心教授

第三十七章　顺丰速运（集团）有限公司
顺丰莲花助学，精准助力教育扶贫

高中是连接九年义务教育和高等教育的关键环节，为了帮助高中贫困学生完成学业，顺丰公益基金会于2012年发起了“莲花助学”项目，旨在通过为高中阶段贫困学生提供经济资助、陪伴关怀、暑期夏令营、梦想分享会等，全面支持和陪伴这群孩子的成长。

（一）扶贫理念

参与脱贫攻坚，既是顺丰公益基金会的重要责任，也是基金会服务国家、服务社会、服务群众、服务行业的重要体现，更是给基金会发展壮大提供了重要舞台和现实途径。顺丰公益基金会按照党的十九大关于动员全党全国全社会力量参与脱贫攻坚的要求，深入学习贯彻习近平总书记扶贫开发的重要战略思想，领会精髓实质，与以习近平同志为核心的党中央同心同德、同向同行，从帮助贫困人口解决最直接、最现实、最紧迫的问题入手，在实施帮扶项目方面主动作为，希望在打赢脱贫攻坚战中能贡献基金会的力量。

顺丰公益基金会的扶贫理念是真扶贫、扶真贫，希望在举国脱贫的时候，不仅实现生活上的脱贫，与此同时开启精神上的脱贫，这是扶贫的终极目标和意义。

（二）扶贫历程

改革开放以来，我国的扶贫工作经历了三个阶段：体制改革推动扶贫阶段、有机会有组织大规模的开发扶贫阶段和扶贫攻坚阶段。顺丰公益基金会的扶贫工作紧跟党和国家的步伐。2012年12月基金会在民政部的批准下成立，至此开启了扶贫的第一阶段，在这个阶段围绕国家特定贫困三区三州开展项目，甘肃省永靖县是基金会莲花助学的第一个项目地，在这里有首批受到资助的120名学生。2012~2014年是基金会扶贫工作开展的初步阶段。2015~2017年，扶贫工作进入快速发展阶段，顺丰莲花助学项目县由2014年的6个新增至42个，遍布全国15个省市，资助人数达10,458人，这是一个量变到质变的过程及新阶段的开始，因此2017年末至2018年，基金会进入了扶贫的第三阶段，开始反思扶贫模式，准备在原有的基础上深耕，放慢脚步只为更加扎实地前进，为此在顺丰莲花助学项目下新增小项目，比如班主任计划、反哺计划，希望这些小项目的开展可以更好地辅助莲花助学项目，并且能够使整个项目有完善的闭环，莲花助学——反哺计划便是这个闭环的最终环节。基金会相信公益是人与人之间的影响，希望莲花助学的学生在未来的成长道路上能够成长成自己喜欢的样子，同时还能够懂得去反哺自己的家乡和社会，当脱贫摘帽从生活脱贫到精神脱贫，才是扶贫的终极意义。

（三）扶贫实践

1. 项目背景

当前中国，大部分地区实施九年制义务教育，孩子们的受教育权利在初中阶段基本能够得到保障；大学阶段，随着国家助学贷款制度的完善，贫困学生们也基本能够找到解决问题的途径；唯有高中阶段，贫困学生能够获取的资助渠道相对有限，而高中又是连接义务教育和高等教育的关键环节。所以，对高中阶段的贫困学生的资助变得尤为重要与迫切。

2. 项目目标

（1）通过资助，让更多的孩子享有平等的受教育权利；

（2）辅以全面的成长支持和陪伴，让每一个受助学子的成长得到全面的关怀及促进。

3. 项目内容

（1）经济资助方面

①高中生助学金：每年助学金为3,200元，至高中毕业；

②大学奖学金：每年奖学金为3,000元，大一、大二两年。

（2）成长支持和陪伴方面

①心梦欢乐行夏令营：全额资助暑期夏令营；

②梦想分享会：企业高管及优秀大学生分享成长经历、学习经验；

③陪伴人：对有需要的学生，提供一对一的成长指引与陪伴；

④反哺计划：大学阶段引导学生承担社会责任，组织参与公益反哺社会；

⑤班主任计划：项目学校设立虚拟班并设置班主任，通过每月开展主题班会形式，陪伴学生成长。

4. 项目影响力

（1）目前莲花助学项目已持续在全国15省43个市、县开展，并且在每个项目地均是较长期的合作，对当地的教育扶贫工作具有重要影响，并得到当地政府的肯定；

（2）传统的助学仅限于经济资助，莲花助学提倡全面的支持和陪伴，给予学生成长的全面支持与赋能，对受助学生的发展以及未来产生深远影响。

5. 项目贡献度

（1）具有一定规模

截至2017年12月，在全国15省43个市、县，累计资助贫困学生10,458人，累计支出约3,789万元。

（2）项目可持续

每一个学生均为长期资助，保障了贫困学生能够顺利完成高中学业，对于升入高等院校继续学习的学生提供大学阶段奖学金。

（3）精准扶贫到户

43个项目地中37个县为国家扶贫开发工作重点县，在资助学生的选择上，对于精准扶贫建档立卡学生给予重点考虑，精准支持到建档立卡困难户，实事求是帮扶到最需要的家庭。

6. 项目创新性

（1）全面结合企业优势，挖掘志愿者资源，保障项目实施

作为企业型基金会，项目在设计之初充分与顺丰企业的优势结合，将企业遍布全国的40万员工作为项目潜在志愿者，在企业各分公司成立志愿者协会，截至2018年5月已成立17个志愿者协会，联动各地员工充分参与项目的走访调研工作、夏令营活动组织、一对一结对陪伴，保障活动质量的同时，也增强企业参与公益的积极性。

（2）项目活动方式多元，注重志愿者专业提升及权益保障

项目的每一个环节均向志愿者开放。在项目设计中，通过利用互联网思维举行益行捐步活动，降低企业员工参与公益门槛，极大提升了参与度。同时又在走访环节，对志愿者进行专业系统培训，并为每位参与活动的志愿者购买人身意外保险，志愿者在参与志愿服务的过程中得到成长，并成为公益理念、专业知识的积极倡导者。

（3）系统化、数字化管理，节约管理成本

为支持项目发展，研发志愿者管理系统及资助学生管理系统，系统化地管理志愿者的项目参与，跟进学生的资助与成长。平台实名注册人数18,456人，累计服务时长133,037小时，志愿者管理系统记录和管理每

位参与顺丰公益活动的志愿者的公益足迹及服务时长，提升志愿者参与公益的积极性。资助学生管理系统实现了对资助学生信息、成长档案的数字化管理，极大地节约了工作人员管理时间成本。

7. 项目持续性

（1）项目稳定的捐赠来源保证了项目发展的可持续性；

（2）经济资助与成长支持和陪伴结合的项目设计，保证了项目对每一个学生的成长过程提供持续性的支持；

（3）项目成立了系统化的管理、标准化的操作流程，使项目可持续、可复制；

（4）项目注重对资助学生的社会责任意识培养，大学阶段众多学生参与到自发组织的“反哺计划”之中，以实际行动反哺社会，使得公益理念得以传承。

8. 项目透明度

项目在开展的过程中，注重公平性及透明度，主要体现在以下环节：

（1）宣传

新媒体运用：通过官网、微信公众号面向全社会发布项目合作方及引荐人招募；常规方式：项目在各地、各校的宣传阶段，通过向学生发放宣传资料、班会宣讲、学校集会等方式，全面向学生传达项目资讯，保证潜在需求学生能够了解项目。

（2）申请：申请阶段全面开放，学生自主申请、班主任老师推荐及班级推选结合，保证了有需求的学生均能有机会申请。

（3）初审：对于学生提交的申请，学校及当地教育局进行初审，确保所有申请基本符合项目，初审结果报送基金会项目组。

（4）逐户走访调研：基金会组织志愿者对所有申请学生家庭进行逐户走访调研，充分了解申请学生家庭情况及需求，并进行审核，确定资助与不资助的建议名单。

（5）复核：将走访确定的资助及不资助名单反馈至各校，学生及学校对于名单可以提出申诉及补充意见，基金会进行复核并确定最终名单。

（6）签署协议：每一批资助的学生均签署资助协议。

（7）直接拨款：学生的资助款均由基金会通过银行账户直接拨付至学生个人银行账户，直接、透明，保障助学金确实到达学生本人手中。

9. 资金规模

2014 年 -2016 年三年累计支出 1,380 万元，2017 年项目支出达 2,409 万元，4 年累计 3,789 万元。

（四）扶贫成效

顺丰莲花助学启动于 2012 年，项目主要为贫困高中生提供 3,200 元每人每年的经济资助，以及夏令营、梦想分享会、“班主任计划”“陪伴人计划”、反哺计划等陪伴支持，项目学生通过首次高考升入本科以上大学后，可继续在大一、大二期间获得 3,000 元每人每年的大学奖学金。

截至 2018 年 5 月，顺丰莲花助学已在全国 16 省 46 县（市）开展，项目累计资助贫困高中生 10,458 名，其中 2,301 人完成高中学业，约 2,000 人通过高考升入高等院校，677 人获得莲花助学大学奖学金。

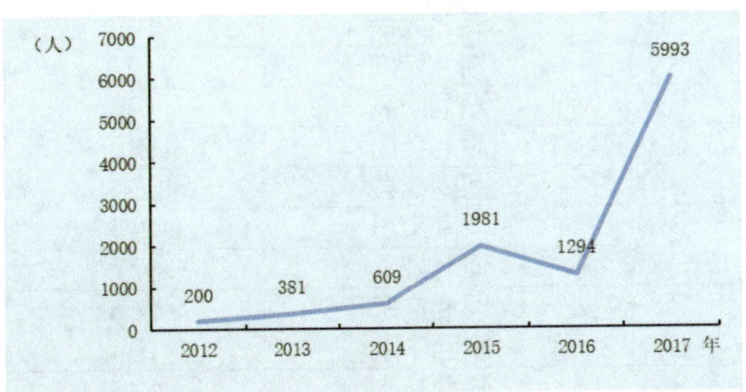

图 1 历年新增资助贫困高中生人数

表 1 历年新增资助贫困高中生人数

年份	2012	2013	2014	2015	2016	2017	累计
新增人数	200	381	609	1,981	1,294	5,993	10,458

表 2 顺丰莲花助学高中学生分布（统计截至 2017 年 12 月）

序号	项目区域	资助总人数
1	吉林白城	486
2	吉林通榆	246
3	吉林洮南	239
4	安徽太湖	482
5	安徽金寨	198
6	江西崇义	406
7	江西永新	190
8	江西广昌	188
9	江西南康	60
10	湖南中方	225
11	湖南怀化	274
12	湖南沅陵	197
13	湖南邵阳	169
14	贵州天柱	424
15	广西都安	457
16	广西隆林	198
17	广西隆安	186
18	云南双江	423
19	云南巍山	198
20	云南永平	186
21	云南龙陵	192
22	云南镇雄	198
23	甘肃永靖	491
24	甘肃甘谷	436
25	甘肃陇西	198
26	甘肃通渭	201
27	甘肃渭源	195
28	湖北竹溪	195
29	湖北咸丰	194
30	湖北大悟	197
31	湖北红安	199
32	湖北团风	190
33	湖北英山	188
34	河南嵩县	200
35	河南栾川	194
36	河北威县	177
37	河北广宗	185
38	陕西宁陕	194
39	陕西柞水	186
40	陕西丹凤	200
41	广东紫金	153
42	内蒙巴林左旗	194
43	四川宣汉	199
44	麦田麦苗班（四川会理）	36
45	麦田麦苗班（湖南古丈）	22
46	HUB 丰翊（杭州）	12
小计	10,458	

图 2 莲花助学公益行走访

（五）扶贫经验

通过顺丰莲花助学项目的开展，顺丰公益基金会对国家和党的扶贫政策有了深刻理解与认识，开展的公益项目注重公平性及透明度，项目进一步对自身管理流程进行了梳理和规范，对项目合作伙伴进行了评估及激励，项目管理及活动组织更加清晰。

2012 年至今，随着公益项目的发展及完善，基金会对公益扶贫有了独到见解并且形成了特有的公益模式，顺丰莲花助学扶贫项目通过组织志愿者到边远山区的学生家里走访、通过实际调研才能够落实真扶贫、扶真贫。

图 3 莲花助学——夏令营

顺丰莲花助学项目旨在通过为高中阶段贫困学生提供经济资助、陪伴关怀、暑期夏令营、梦想分享会等，全面支持和陪伴这群孩子的成长。

通过夏令营，让边远山区的小朋友有机会到大城市看看，基金会希望通过夏令营不仅能够开拓小朋友们的视野，更希望他们从中受益和获得启发，在他们的心中播撒希冀未来的种子并且感受不一样的成长体验。

在顺丰莲花助学项目下设立班主任计划子项目，通过该项目设置了虚拟班主任，每月虚拟班主任聚集莲花助学学生一起开班会、与学生沟通和交流、了解学生的学习情况和生活情况，通过班主任计划基金会不仅与各个项目县的老师产生了联结，还与莲花助学的学生有了紧密的联系，项目得以更加扎实地开展。

与此同时，基金会还开展了莲花助学——反哺计划的公益项目，莲花助学高中生通过高考进入本科院校后可以申请反哺计划奖学金，这笔奖学金旨在帮助莲花助学学生们进入大学之后少些经济与生活上的压力，能有更加充分的时间投入到大学这个浩瀚的学海中去，也希望他们在大学时期加入反哺计划，在莲花助学学生能够很好地成为他们自己之外，寄希望于他们能够反哺家乡和社会，为家乡和社会变得更加美好添砖加瓦。

基金会的扶贫经验告诉我们，只有真扶贫、扶真贫才能将扶贫工作做好。

顺丰莲花助学项目从成立之初仅仅资助 120 人至今资助 10,000 多人，从一个项目地到如今 42 个项目地，从单一的项目拓展至多个小项目协同发展，基金会探索的不仅是量的发展，而且是质的飞跃，这个质是扶贫项目的完美闭环，是先富带动后富，大家共同富裕。

（六）相关方评价

1. 基金会获得的社会认可和荣誉

2018 年 3 月，荣获“感动深圳—2018 深圳关爱行动表彰晚会”——“十佳公益机构”的荣誉称号。

2017 年 9 月，获中共陇西县委、陇西县人民政府“2016-2017 学年捐资助学先进单位”。

2017 年 7 月，深圳市民政局深圳市慈善捐赠榜——2016 年度深圳慈善社会组织捐赠收入榜排名第 20 位。

2016 年 12 月，顺丰莲花助学项目被中国扶贫基金会、中国社会科学院企业社会责任研究中心评为 2016 年企业扶贫优秀案例。

2016 年 9 月，获中共双江拉祜族佤族布朗族傣族自治县委、双江拉祜族佤族布朗族傣族自治县人民政府“捐资助学，大爱无疆荣誉证书”。

2016 年 9 月，中共崇义县委、崇义县人民政府“尊师重教先进单位”。

2016 年获得第五届中国公益节公益项目奖、品牌责任奖，并入选中国社科院 2016 年中国企业 CSR 经典案例（全国仅 6 例）。

2. 基金会的社会影响力和传播力

（1）连续多年中基透明指数 FTI 得分：100 分。

（2）界面新闻＆头条新闻 2017 年中国最透明慈善公益基金会排行榜第 50 名（注：全国 6,376 家基金会参评）。

（3）志愿者影响力：2017 年，顺丰公益志愿者平台拥有实名注册志愿者 18,461 人，在线发起活动 179 场次，可追溯志愿者服务时长 133,607 小时，注册志愿者平均志愿服务时长 7.23 小时。

（4）顺丰公益志愿者善行捐步数量占腾讯益行家第一位，累计 35,763,521 人次参与捐赠步数 4,906 亿步。

（七）扶贫规划

2018 年 ~2020 年，顺丰公益基金会将加大对贫困学生的资助力度，在原有项目的基础上每年新增资助 4,000 名贫困生；倡导志愿扶贫，倡导企业志愿者加入公益扶贫的队伍，发挥企业志愿者自身的专业特长，支持贫困地区培育发展志愿服务组织，鼓励志愿服务组织到贫困地区开展扶贫志愿服务。

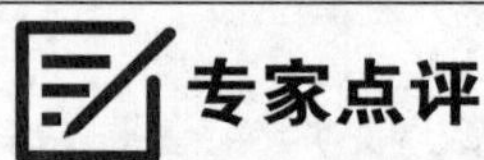

该公司通过开展“顺丰莲花助学”项目，将教育扶贫和顺丰企业遍布全国的优势相结合，开展多元化项目设计，注重志愿者参与，采用可靠的信息化管理，提高工作效率。项目自开展以来，在持续性方面，注重项目资金的来源、资助对象的持续性关注、项目系统化标准化的管理，在透明度方面，采取了新媒体运用、与当地教育部门合作、邀请学校教师和学生共同参与、由志愿者负责全流程、被资助对象家庭全程了解等方式，扶贫对象精准，扶贫效果显著。

——柯晓山 民政部社会组织管理局涉外办处长

第三十八章 国家电力投资集团有限公司 高质量脱贫，一个不能少

（一）扶贫管理

国家电投承担了13个省区的扶贫与援助任务，遍布整个中西部地区，其中河南商城县、四川美姑县、陕西延川县为国家级定点扶贫县，贵州纳雍县、四川喜德县、云南泸水县、河北丰宁县、湖南武冈市、江西赣州市、广东兴宁市、青海贵南县、内蒙古通辽市、新疆哈密为省级定点扶贫县，并在青海玉树市、西藏察隅县、新疆和田和阿克苏进行无电区建设。

1. 规划先行，谋定后动

国家电投将扶贫援助工作与贯彻落实党的十九大及中央企业扶贫开发工作会议精神紧密结合，旗帜鲜明地将坚决打赢脱贫攻坚战与履行央企社会责任、实现人民对美好生活向往的奋斗目标紧紧绑定。

2016年8月，国家电投编制了《“十三五”定点扶贫与对口援助规划》，明确了“十三五”期间脱贫攻坚工作的指导思想、基本原则和总体目标。《规划》指出，国家电投要坚持精准扶贫，深入调查研究、因地制宜施策，以保障增收、阻止返贫、切断贫困代际传递等为出发点，多措并举，确保成效。

2. 真抓实干，责任到人

国家电投深入贯彻习总书记新时期“精准扶贫、精准脱贫”战略要求，始终把扶贫工作作为重大政治任务来抓，成立了由主要领导任组长，总经理和分管副总经理任副组长的扶贫与援助工作领导小组，对集团公司扶贫与援助工作进行决策、指导、协调、管理和监督。领导小组下设办公室，由战略规划部归口管理，负责领导小组的日常工作以及扶贫与援助的具体工作，包括内外工作联络、扶贫项目督查督导等。

3. 阳光监管，道行致远

为保障扶贫资金精准用于扶贫项目及建档立卡贫困户，保证扶贫措施切实用于精准脱贫，国家电投结合各地实际，指导有关单位做好扶贫资金监管工作，做到从措施立项、人口识别、资金发放到脱贫认定的全过程监管。扶贫资金做到专款专用，委托县财政、扶贫办实施专户管理，建立专门台账，经选派挂职干部签审后支出，确保每一笔扶贫资金在阳光下得到合理、有效运用。

2017年，国家电投通过进村入户调查、召开座谈会、随机抽查、比对核查等方式，对扶贫项目实施落实情况开展全面督查，重点检查国家方针政策、法律、法规、规范性文件以及有关规章制度、通知精神的贯彻执行情况，管理人员履行岗位职责及扶贫资金的使用效能等情况。2017年，国家电投共开展扶贫调研118次，入户调查7,228次，调查贫困村32个。

（二）扶贫实践

国家电投注重精准施策，因地制宜确定帮扶重点方向，整合各类资源，采取有力举措，更加集中地支持，更加精细地工作，统筹推进产业扶贫、民生扶贫、智力扶贫和教育扶贫，以“组合拳”助力全面建成小康社会，聚力打好打赢脱贫攻坚战。

1. 产业扶贫，创享持续未来

坚持“输血”与“造血”相结合，始终是国家电投扶贫开发的基本原则。找准扶贫方式，优选产业项目，国家电投为贫困地区精准定位，量身定制发展之策，着力培育“造血干细胞”，增强发展内生动力，帮助贫困百姓走上可持续的自我发展之路，改变山山水水间贫困百姓的生活面貌，全力助推脱贫攻坚战役取得实效。

发挥产业优势，聚焦电力扶贫。国家电投发挥全球最大的光伏发电企业的优势，将光伏发电产业与脱贫攻坚紧密结合，打造“光伏＋扶贫＋生态”示范项目，创造扶贫、生态、经济多赢的新模式。

图 1　国家电投发挥产业优势，圆满完成西藏、青海、新疆无电区建设任务

图 2　河南商城光伏扶贫项目

因地制宜，开展精准帮扶。要实现稳增收、不返贫，关键靠产业支撑。国家电投坚持“造血式”扶贫，结合贫困地区农林渔牧业情况，紧贴村情民情，综合施策，帮助贫困地区找到适宜发展的产业项目，培育贫困群众的自我发展能力，授之以渔，培育“造血干细胞”。在四川美姑以当地特有品种黑山羊为切入点，推广黑山羊养殖和优质牧草种植。在陕西延川，立足当地实际，推广蔬菜大棚，推进农业示范园建设。

图 3　国家电投在四川美姑推广黑山羊养殖

图 4　国家电投在陕西延川为农户建设蔬菜大棚

2. 民生扶贫，守护一方幸福

安民之道，在于察其疾苦。解决贫困地区的公共服务、基础设施、基本医疗等民生保障问题，改善贫困群众的生活条件，是百姓所急所需，也是国家电投扶贫开发的发力方向。国家电投精准回应民生所求，补齐民生短板，把资金用在刀刃上，注重扶贫举措的集中效应，为贫困群众织就起基本生活保障网。

基础建设，连通民心的最后一公里。基础设施建设薄弱是贫困地区的“通病”，也是制约发展的重要瓶颈。开展扶贫工作以来，国家电投以改善贫困村基础设施为目标，牢牢抓住基础设施建设关键，着力改善群众生活环境。四川美姑建设吊桥 8 座，解决了 5000 余人出行难的问题。云南泸水的“千脚楼”就地轻钢房改造和四川美姑的彝家新寨建设，改善了当地少数民族长期以来人畜混居的恶劣生存环境。

关爱健康，从心出发的旅程。国家电投积极动员企业员工和社会各界力量参与大病医疗救助、社会公益活动、爱心捐款捐物等多种形式的扶贫援助活动，为贫困群众奉献爱心与温暖，切实为贫困群众解决“急难问题”。四川美姑县实施“救急难”医疗帮扶，至今已向基金注入 120 万元，解决了 160 余人看病难问题。青海贵南县新建和维修村卫生室 22 个，从根本上解决了近万人的就医难问题。

图 5 国家电投贵州金元在贵州纳雍县街上村修建通组公路，让村民出行更方便

图 6 国家电投四川公司在四川美姑县修建吊桥，方便村民过河

3. 智力扶贫，点亮文明之光

扶贫工作最难的任务是拔除穷根，最大的愿景是改变未来。扶贫必扶智，治贫先治愚。国家电投坚持从源头治贫，从根处阻贫，向外引进智力输入，对内提高贫困人口素质，以智力扶贫阻断贫困代际传递，防止返贫发生，不仅让困难群众“富口袋”，更让他们“富脑袋”，扶持贫困群众用自己的双手创造看得见的未来。

“映山红”爱心助学行动。让贫困地区的孩子们接受良好教育，是扶贫开发的重要任务，也是阻断贫困代际传递的重要途径。自 2003 年“映山红”爱心助学行动诞生以来，国家电投系统近百家单位每年坚持开展“映山红”爱心助学行动，资助贫困边远地区学生。

同时，国家电投积极探索“金融 + 慈善”新模式，先后开展了“百瑞仁爱映山红慈善信托”“百瑞仁爱天使基金”等项目。通过“金融 + 慈善”助力公益慈善事业发展。自 2016 年起，百瑞信托开始探索慈善信托的运作模式，将多年运作积累下来的 280 余万元“映山红”基金进行专业化管理，并以此为依托设立“百瑞仁爱映山红慈善信托”项目，这是全国首单以央企团委作为委托人的慈善信托，开创了中央企业践行公益实践的新模式。

2017 年，“映山红”爱心助学公益网站和公益基金继续健康运行，以“总站 + 作站 + 服务点”为管理架构的“映山红”工作体系进一步完善，资助贫困学生就学累计 8,359 名。建立贫困学生数据库，全体员工以“一对一”“面对面”方式，进行多种结对帮扶活动；创新开展“远方助学”项目，积极引导、动员社会资源参与扶贫。

图 7 国家电投在河南商城县援建新桥小学

（三）扶贫成效

国家电投发挥产业优势开展扶贫工作，圆满完成西藏、青海、新疆无电区建设任务，解决了无电区21.5万余人的生活用电难题，让更多人民享受企业改革发展成果。在云南、四川、甘肃、河北等10个省区的贫困地区或少数民族聚居区建设光伏扶贫项目126万千瓦，可为4万贫困户连续创造20年户均增收3,000元的稳定收入。其中，四川藏区光伏扶贫项目“扶贫＋生态”效益显著。甘孜、阿坝地区属国家深度贫困地区，目前已建成光伏扶贫项目10万千瓦，每年产生扶贫红利1,300万元，稳定惠及1.3万贫困人口20年。

结合贫困地区资源禀赋，实施特色产业扶贫，实现由“输血式”向“造血式”扶贫转变。在四川省美姑县，“山羊产业化养殖”项目帮助620户贫困户户均增收8,000元，美姑县养殖规模已达到20万只，逐渐形成了规模和品牌。在陕西省延川县，建设标准新型蔬菜大棚920座，每户贫困户年均增收2万多元，帮助延川县559户1,800名贫困人口实现脱贫。在湖南省武冈市，采用“公司＋合作社＋户”的方式种植400亩经济作物青钱柳，30年合同期内可实现保底增收1,500万元。在云南泸水，结合当地“海拔高、雨水多、温差大”的特点，积极组织村民种植生姜、山药、草果110亩，并吸引多家企业到怒江建厂深加工农产品，村民收入较2015年人均增加1,500元左右。

（四）扶贫经验

国家电投坚持“六个精准”“五个一批”等国家扶贫开发政策、方针和路线，清醒认识把握打赢脱贫攻坚战面临任务的艰巨性，不放松、不停顿、不懈怠，扎扎实实做好扶贫这项德政工程和良心工程，让脱贫成效真正获得群众认可、经得起实践和历史检验。

1. 坚持扶贫工作贵在精准，重在精准，成败之举在于精准

发挥电力产业优势，进行精准扶贫。将光伏发电产业与脱贫攻坚紧密结合，打造“光伏＋扶贫＋生态”示范项目，创造扶贫、生态、经济多赢的新模式，实现数百贫困村集体收入和县财政税收的双提高。

立足贫困地区资源禀赋，发展特色产业，实施产业扶贫，有效提高贫困地区自我发展能力，实现由“输血式”扶贫向“造血式”扶贫转变。

2. 坚持大扶贫格局，注重扶贫同扶志、扶智相结合

坚持扶贫先扶志，积极创新营造劳动光荣、就业光荣、脱贫光荣的社会氛围，引导贫困群众自立自强，奋发奋斗，变“你来扶贫”为“我要脱贫”，变“要我发展”为“我要发展”，不等不要不依靠，自立自强自己忙。从根本上改变贫困地区生产和生活面貌，助力实现产业兴旺、生态宜居、乡风文明、治理有效、生活富裕的乡村振兴宏美蓝图。

开展就业培训。一次培训、终身受益，一人就业、全家脱贫。贫困地区发展要靠内生动力。国家电投重视贫困地区群众技能培训，增加贫困群众就业机会，确保贫困家庭至少有一名劳动力掌握1~2门致富实用技术，至少参与一项特色种植、棚栽业、养殖业等增收项目。

2017年，国家电投累计投入培训资金86.55万元，提升贫困群众就业能力，助力其自身脱贫。通过建设培训中心，利用政府主管部门、高等专业院校等资源，组织培训35次，共7,267人次参与培训，劳务输出培训惠及800人，直接帮扶2,215人实现脱贫。

基层干部教育。基层干部是联系群众的桥梁和纽带，是脱贫攻坚的中坚力量。国家电投积极加大对贫困地区基层干部的培训教育力度，充分利用二级单位人才学院的培训优势，自2010年来，为贵南县、美姑县和商城县培训了共18期近800名管理人员，让他们拓展了思维视野，更新了知识体系，提升了履行职责必备的素质能力，当好脱贫致富的带头人。

图 8 在陕西延川组织开展畜牧养殖和菌草种植培训会

图 9 在四川美姑县举办干部培训班

3. 识真贫、用“针”功、显真情

国家电投坚持选派 135 人次优秀扶贫干部，坚守扶贫第一线，通过对贫困户深入现场调查，具体了解各家各户的真实情况，因户施策、因人施策，保障扶贫找到穷根，开对药方，落到实处，不断将“造血式”扶贫推向深处，为贫困地区注入持久鲜活动能。国家电投的扶贫干部在贫困地区与群众是朋友、是“战友”、更是亲人，他们在田间地头里解民之难，在狂风骤雨中解民之困，在屋檐下床榻前解民之忧。

图 10 国家电投派驻河南商城县新桥村第一书记侯晓亮

图 11 国家电投派驻河北省丰宁满族自治县老庙营村第一书记刘洪斌

2018 年是脱贫攻坚作风建设年，国家电投将再接再厉，发扬连续作战作风，做好应对和战胜各种困难挑战的准备，坚决打好、打赢脱贫攻坚战，为决胜全面建成小康社会、夺取新时代中国特色社会主义伟大胜利贡献力量。

专家点评

全面推动综合性扶贫，帮助贫困地区实现长远发展需要多方位的努力。国家电投首先聚焦于贫困地区的公共服务、基础设施、基本医疗、基础教育等民生保障；其次，坚持“输血”与“造血”相结合，结合贫困地区农林渔牧业情况，坚持因地制宜，开展精准帮扶；最后，发挥产业优势，聚焦电力扶贫。综合来看，国家电投的扶贫模式保证了扶贫工作的精准性和可持续性，形成了“全方位、多层次”的扶贫模式，而这种模式是大多数综合类扶贫企业的共同特征。此外，该公司还将扶贫工作与自己的主营业务结合，做到了“综合中有特色”，充分发挥了企业自身的优势。

——郑风田 中国人民大学农业与农村发展学院副院长

第三十九章　方正中期期货有限公司

探索金融扶贫新模式，多角度助力脱贫攻坚

（一）背景介绍

服务实体经济是期货市场的根本宗旨，加快提升服务实体经济的效率和支持经济转型的能力，是期货行业的一项重大责任。自 2015 年以来，期货行业风险管理创新业务经历了从无到有的发展，期货公司通过场外衍生品为农产品市场提供价格保险的业务模式，经过不断地探索和实践，逐步获得市场的认可，“保险 + 期货”试点更是连续三年被写入中央一号文件。

方正中期期货有限公司（以下简称“方正中期期货”）是中国期货业协会理事单位 001 号会员、大连商品交易所理事单位、郑州商品交易所监事单位、北京期货商会副会长单位。公司积极响应国家、上级单位号召，高度重视扶贫工作，在做好公司经营的同时，强化自身责任担当意识，将发挥期货行业特色服务实体经济、协助贫困地区打赢脱贫攻坚战作为公司崇高的社会责任。

为此，在传统扶贫捐款捐物基础上，方正中期期货着力金融精准扶贫项目，充分发挥期货行业特点，探索多样化扶贫方式，创新服务方式和手段，综合利用期货市场“保险 + 期货”“场外期权”、基差点价等新模式，作为帮助贫困地区企业及农户抵御市场价格风险、有效促进并优化生产经营的重要手段，加大服务实体经济力度，建立扶贫长效机制。

（二）管理情况

方正中期期货组建了专门的扶贫工作小组，并由公司总裁亲自挂帅督导，秉承“重在精准，胜在特色”的扶贫理念，对公司整体扶贫工作进行统筹规划、全面部署，建立了扶贫长效机制；与结对帮扶的贫困县、贫困企业共同组建扶贫联合工作组，缩短沟通流程、提高工作效率，积极推动扶贫工作落实。

（三）扶贫实践

1. 推行“保险 + 期货”等创新模式，降低贫困地区涉农主体价格风险

为保障农民收益、扩大农民增收途径，方正中期期货通过“保险 + 期货”和“场外期权”等金融扶贫新模式，利用自身专业优势，为贫困地区进行现货保价服务，帮助贫困地区涉农主体运用先进的金融工具抵御价格不利波动带来的风险，切实保障农户收入，创新开展扶贫工作。

图 1　云南勐腊县天然橡胶“保险 + 期货”理赔仪式现场

2. 提升贫困地区风险管理意识，优化风险管理渠道

方正中期期货充分发挥行业特有的风险管理专长，切实将扶贫工作与服务实体经济发展有效结合，帮助贫困地区企业优化风险管理渠道，利用期货市场降低生产经营风险，促进其平稳快速发展；通过期货知识普及和培训等方式为贫困地区政府、企业、农户等搭建金融知识体系，为其利用期货市场管理、抵御风险提供智力帮扶。

3. 以产业发展助推扶贫开发，切实增加“造血能力”

除了期货专业帮扶，在没有期货品种的贫困地区，方正中期期货采取了捐赠产业帮扶资金，进行“造血”式帮扶的方式。即根据贫困地区资源禀赋及环境特征，协助其引入适合的产业，并提供资金支持，用于种子购买、技术培训、大棚搭建等环节，相比以往“输血”的方式，产业帮扶更能激发贫困地区脱贫致富的内生动力，贫困户最终通过自身劳动提高致富增收能力，从而实现长效脱贫。

4. 加大教育帮扶力度，增强脱贫内生动力

扶贫先扶志，扶贫必扶智。方正中期期货时刻关注贫困地区综合文化素质，在贫困地区大力开展教育帮扶工作，覆盖幼儿园、小学、初中、高中，通过提供教育基金、改善学习生活条件等方式，带动贫困地区教育发展，直接使千余人受益，并形成长效帮扶机制，增强贫困地区脱贫的内生动力。同时，将就业与精准扶贫相结合，在招聘过程中优先吸纳贫困地区人才到公司锻炼实践，进而通过人才回流帮助其家乡脱贫，形成教育帮扶的良性循环。

5. 创新性开展扶贫工作，着力长效扶贫机制

2018 年，方正中期期货出资 100 万元，与方正证券及子公司共同发起设立省级公益基金会，主要开展扶贫、济困、赈灾、助残等活动，并由此形成长效机制，每年定向向该基金会捐赠款项，服务国家扶贫攻坚事业。

6. 加强股东方正体系内协同，提供全方位金融服务支持

方正中期期货作为券商系期货公司，一方面，积极参与股东扶贫工作；另一方面，充分发挥协同作用，利用自身大金融平台的资源优势，与体系内兄弟公司合作，通过资本市场帮助贫困地区解决资金等需求，加快贫困地区优质企业上市融资步伐，为贫困地区有需求的企业提供更为全方位的金融服务支持。

7. 多种扶贫模式并行，全力帮扶贫困县实现脱贫目标

方正中期期货通过利用自身信息技术优势与渠道帮助贫困地区进行产品推广及销售、以自有资金认购贫困地区产品等方式，多角度、多方位、多层次开展扶贫工作，全力帮扶贫困县早日实现脱贫目标。

（四）扶贫成效

1. 实现精准扶贫，助力贫困户脱贫致富

方正中期期货自开展精准扶贫工作以来，与陕西延长县、河北大名县、内蒙古突泉县、安徽金寨县、甘肃礼县、贵州普定县六个贫困县达成结对帮扶，帮助延长县安沟镇高家川村以及交口镇刘家河村共计 87 户 185 人实现了脱贫；帮助大名县建档立卡贫困户 210 户 435 人，助力大名县早日打赢脱贫攻坚战。

2. 为农户撑起价格保护伞，保障贫困地区农户稳收、增收

方正中期期货通过“保险 + 期货”“场外期权”等金融扶贫模式，为新疆、云南、河北、内蒙古、黑龙江等贫困地区涉农主体提供了累计超过 13 万吨的现货保价服务，有效帮助农户避免了价格波动带来的不利影响，对保障农户收益、促进农户稳定生产、加快脱贫步伐具有良好的促进作用。

（1）2016 年为新疆喀什地区棉农提供保价服务，公司风险管理子公司在第一批援疆棉期权保价交易中成交量份额为 40%，位列第一，名义合同金额 1707 万元，帮助贫困农户获益 12 万元。

（2）2017 年为云南省双江拉祜族佤族布朗族傣族自治县 3000 吨蔗糖提供保价服务，名义合同金额 1800 万元，覆盖双江县沙河乡 140 户蔗农，6000 亩甘蔗。

（3）2017 年为河北大名县 1000 吨玉米提供保价服务，大名县 210 户农户顺利领到了总计 11 万元的补偿款。

图2 河北大名县玉米"保险+期货"理赔仪式现场

（4）2017年为云南省西双版纳傣族自治州勐腊县1000吨橡胶提供保价服务，分别覆盖象明乡8000亩、勐伴镇2000亩橡胶种植面积。

（5）2018年为云南省西双版纳傣族自治州勐腊县3000吨橡胶提供保价服务，分别覆盖瑶区乡27101亩和易武乡3964亩橡胶种植面积，覆盖建档立卡贫困户805人。

（6）2018年为河北省大名县30000吨玉米提供保价服务，覆盖大名县玉米种植面积56000余亩，惠及建档立卡贫困户13922户。

（7）2018年为内蒙古呼伦贝尔莫力达瓦达斡尔族自治旗20000吨玉米提供保价服务，覆盖莫旗玉米种植面积40000亩，服务对象是当地2个合作社和1个家庭农场。

（8）2018年为黑龙江嫩江县27000吨玉米提供保价服务，覆盖当地玉米种植面积54000亩。

（9）2018年为内蒙古突泉县50000吨玉米提供保价服务，覆盖当地玉米种植面积100000亩，惠及建档立卡贫困户12187户。

3. 助力贫困地区产业结构优化，社会、经济、环境效益丰收

方正中期期货在陕西延长县进行了产业链帮扶试点工作，2017~2018年为延长县提供精准帮扶产业扶持资金113万元，定向用于发展当地的菌草种植产业及其产业链的延伸，实现产业扶贫到村到户，促进贫困户稳定增收。项目已产生显著的经济、社会和生态效益，辐射带动全县发展菌草3005亩，降低了菌棒与食用菌的生产成本，通过菌草栽培、食药用菌、菌草饲料、畜牧养殖等方面，加强了菌草产业链的延伸，对贫困地区畜牧产业发展、改良治沟造地土壤、生态环境保护、精准扶贫开发和农民脱贫致富等方面起到积极的推动作用。2018年再次投入30万元用于延长县苹果产业帮扶，进一步扶持延长县特色农业产业发展，推进延长县"一村一品、一乡一业"和有机农特产品基地县建设，扶持贫困群众建立长效稳定致富产业，巩固提升脱贫攻坚成效。

图3 陕西延长县菌草种植产业帮扶

4. 集中力量解决教育问题，带动贫困地区教育发展

方正中期期货在延长县开展公益助学项目，向延长县政府捐赠13.2万元，专项用于"方正中期期货郑庄镇王仓村共建幼儿园"的建设，搭建及维护校园网络，改善当地留守儿童的学习、生活与成长环境，确保学校各项工作的顺利展开。改建后幼儿园的教学、生活环境一跃达到全县先进水平。

图4 陕西延长县郑庄镇王仓村共建幼儿园揭牌仪式现场

图 5 安徽金寨县双石实验学校捐赠现场合影

2018 年，方正中期期货向安徽金寨县双石实验学校捐赠 20.033 万元，用于双石实验学校教学设备完善及学习生活环境改善，并成立专项基金，奖励教育教学方面的优秀教师、考上省重点高中及平时成绩优异的学生，助力金寨教育事业健康发展。

在中国扶贫基金会的协助下，在甘肃礼县二中、贵州普定县一中开设自强班，关注九年义务教育以外贫困生上学难的问题，通过对贫困高中生提供教育资金和成长支持，为更多家庭贫困、品学兼优的学生提供受教育的机会，集中力量解决当地的教育扶贫问题。

在新浪扬帆公益基金的协助下，在河北、湖南、甘肃、河南、贵州建立“方正中期期货爱心图书室”，帮助贫困地区的孩子们有机会读到更多的图书，增长见识，开拓视野。

（五）扶贫经验

1. 结合贫困地区需求，将“精准”扶贫落到实处

方正中期期货始终聚焦“精准”二字，科学地规划与制定扶贫工作，瞄准扶贫目标，进行重点帮扶，因地施策、因人施策、因贫困原因施策，针对特定贫困地区，通过调查、研究等方式，分析区域内“三农”特点，结合其实际需求，积极探索建立有针对性的、切实适合当地发展的扶贫开发工作长效机制，使扶贫工作落到实处。

2. 创新扶贫思路，打造期货专业特色帮扶

期货的金融工具特性，决定了其肩负服务实体经济的重要使命，在扶贫工作中“期货”也具有不可替代的专业作用。方正中期期货发挥专业优势，结合期货及衍生品特性，通过开展专业培训、“保险 + 期货”、风险管理服务等方式，一方面帮助农户规避价格风险，使其收益得到保障，另一方面帮助贫困地区企业提高风险管理意识，形成有效的风险管理模式，助力企业健康发展。

3. 形成特色帮扶模式，复制推广惠及更多农户

方正中期期货的金融服务“三农”精准扶贫项目于2016年启动，通过不断地探索与研究、学习与积累，逐步形成了具有自身特色的帮扶模式。随着多个试点项目的成功运行与帮扶工作的不断深化，方正中期期货将在全国范围内复制推广具有方正中期期货特色的金融扶贫模式，以覆盖更广泛的贫困地区、惠及更多农户，着力提升扶贫成果的可持续性。

4. 多方协同合作，促进扶贫效益最大化

方正中期期货通过加强与同为贫困地区提供服务与帮扶的体系内兄弟公司、保险公司、交易中心、公益机构等的合作，通过他们的业务平台和服务触角，更加广泛地接触贫困地区的实体企业和贫困户，为更多的贫困地区涉农主体提供帮扶。同时多方协同合作，实现优势互补，以精准扶贫为目标，以共赢机制建立为保障，以跨界创新为动力，形成多渠道、多方位的精准扶贫协作，促进扶贫效益最大化。

（六）扶贫规划

方正中期期货以金融扶贫作为践行社会责任的契机与起点，多个项目齐头并进，各具“特色”，又同为聚焦“精准”，尽最大努力为贫困地区受帮扶对象的生产生活带来切实的帮助和利好。

未来，方正中期期货将继续积极开展、推进金融扶贫项目，充分发挥行业特点与专长，从期货专业的角度，利用金融专业知识和能力服务“三农”，帮助贫困地区金融脱贫、产业脱贫。同时结合传统扶贫模式，从教育扶贫、消费扶贫等方面多角度、全方位进行帮扶，在更宽领域和更广层次上做好脱贫攻坚工作。方正中期期货会持续加大扶贫投入力度，不忘初心、不辱使命，勇于承担企业社会责任，形成具有方正中期期货特色、可推广可复制的扶贫模式，为国家打赢脱贫攻坚战贡献自己的力量。

专家点评

金融扶贫是精准扶贫脱贫攻坚战略实施以来一种新的扶贫机制，方正中期期货有限公司不仅践行企业社会责任，更是依托自身在期货、保险以及期权等方面的专业优势，为贫困地区提供现货保价服务，从而帮助农户避免了价格不利波动带来的影响，降低市场风险对农户收入的冲击和影响，增强贫困农户应对市场风险的能力，让市场具有益贫性；这为未来产业扶贫的发展提供了新的视角和工具，也拓宽了金融投资类公司参与精准扶贫的渠道。

——李小云 中国农业大学教授

第四十章　中国人民保险集团股份有限公司
金融扶贫，保险先行

（一）政策概述

2012年12月29日，习近平总书记在阜平慰问调研时指出，革命老区、贫困地区要与全国同步建成小康，提出了“精准扶贫，增强内生动力”的要求。为深入落实习近平总书记在阜平考察系列讲话精神，2014年5月，河北省委、省政府对阜平的扶贫工作进行了全面部署，同年7月，省金融办制定下发了《关于支持阜平创建金融扶贫示范县的实施意见》。为充分发挥保险的社会服务管理职能，更好地促进地方经济社会发展，尽快实现脱贫致富建小康的目标，人保公司河北分公司基于对阜平县经济情况的深刻把握，充分利用开展政策性农险与政府形成的良好合作关系，以创建金融扶贫示范县为载体，于2014年8月与阜平县人民政府签订了《保险市场助推阜平创建金融扶贫示范县战略合作协议》，成为唯一一家纳入阜平创建金融扶贫示范县的保险合作机构。

（二）总体思路

以保险机制运用为核心，融会贯通保险的经济补偿、资金融通和社会管理功能，通过“产品设计、经营模式、开办制度、功能运用”四个方面保险服务方式的创新，兜住农业生产的风险底线，解除农民生产经营的后顾之忧，进而打消金融机构贷款风险的顾虑，打通金融扶贫的突破口，使信贷资金源源不断地流入，促进扶贫产业的快速发展。经过近三年的实践，建立起“政府＋保险＋银行＋农户（企业）”的精准扶贫模式，有效解决了金融机构经营成本高、风险大导致的不敢贷、不愿贷和农户贷款难、贷款贵，抵御市场风险能力弱的问题，走出了出一条“金融扶贫，保险先行”的新路子。

图1 中国人民保险集团股份有限公司董事长看望贫困户，与贫困户交谈

（三）工作举措

1. 阜平县“金融扶贫，保险先行”精准扶贫模式实现了四个创新与突破

（1）践行供给侧改革，实现了产品设计上的创新突破。人保公司专门为阜平县设计了“阜平县金融扶贫示范县农业保险全覆盖产品方案”“阜平县农户平安保险组合方案”“阜平县政府综合责任保险方案”和“阜平县意外伤害保险方案”四组保险方案，并根据阜平县扶贫特色产业保障需要，定向开发、量身定做了适合保障贫困山区生产发展的大枣、核桃、肉牛、肉羊成本价格损失保险，引入政府职能部门深度参与保险关键环节，在前端精细化成本采集，过程覆盖灾害事故，末端价格监控与赔偿，突破性地将生产风险和市场价格风险导致的成本损失引入保险保障范围，全流程保障当地特色农业生产，填补了河北乃

至全国农业保险市场空白。该系列产品在“第十届中国保险创新大奖”评选中，荣获“最佳农村保险产品”奖。2016年3月，人保公司根据阜平县扶贫产业发展方向，集中修订开发了食用菌、肉驴、蜂业、毛皮动物、杂粮、中药材等28款扶贫保险产品，建立了完善的特色扶贫农业保险产品体系，保障农户生产收益。2017~2018年，又根据当地需求，开发了黑木耳成本价格、黑木耳成本价格补充、粮食作物产值、肉牛成本价格、肉牛成本价格补充等5款保险产品，进一步丰富了阜平农险产品库。

（2）创新保险模式，实现合作方式的突破。 在阜平，人保公司与县政府实行“联办共保”运营模式。国家政策性农业保险按有关规定执行，当地商业性保险产品农户和企业自缴保费的40%，政府保费补贴60%。保费收入和保险赔款，公司与政府按5：5分成与分担。保险理赔由人保公司、政府相关部门共同实地查勘定损，实现了优势互补，体现了公平公正。同时，阜平县政府统筹资金设立了保险风险保障基金，建立了保险保障基金补充机制。这不仅从制度层面保障了保险业务可持续经营，推动了“三农”保险保障范围与保障水平提升，而且有效提高了财政资金使用效率，以少量财政投入启动更大社会资源，有效解决了扶贫资金“血源不足”的问题。

图2 联办共保第一单

（3）创新政策支持，实现了保障制度的突破。 为破解贫困农户对农业保险缺乏需求与农业保险交易成本高的双重困境，切实兜住农业产业风险和真正做到保险普惠，人保公司在阜平县探索了“基本保障+补充”的普惠性农业保险开办制度，其核心在于“政府补助保费保基本、农户自愿参保保增量”，即由阜平县政府对基本保障全额补助保费实行统保，农户根据自身投保意愿和缴费能力可以自愿提高保障水平。通过建立普惠性农业保险开办制度，不仅可以为广大贫困农户提供有效的基本风险保障，充分体现保险扶贫的普惠性；同时通过为部分有缴费能力的农户提供更高的保障水平，实现对农户致富奔小康的精准支持，培育和提高了农民的保险意识。

（4）创新保险服务，实现保险功能的突破。 按照“政府政策支持+保险融资支农+保险风险保障”的运行模式，人保公司积极启动“政融保”金融扶贫项目，作为中国保监会首家批准试点保险资金支农融资业务的保险机构，中国人保集团将阜平县作为开展支农融资业务的首家试点地区，通过发挥保险保障、保险资金以及农村扶贫数据集合等支农优势，提供保险、项目融资、数据信息等综合金融服务。“阜平金融扶贫综合保险”在由中国保险报、中保网和新浪财经共同主办的“2016年度保险产品”评选活动中，荣获“年度创新保险产品”，并按照“政府政策支持，保险保障增信，保险融资支农，精准扶贫覆盖”的原则，实现“政融保”联动，为农户和农企提供农业保险和信贷资金支持，形成了一条完整的金融扶贫服务链。同时，不断探索新的支农融资模式，通过创新63岁以上无劳动能力的建档立卡特困户入股合作社形式，突破常规金融机构对贷款人的年龄限制，进一步扩大扶贫融资对象，解决了阜平县整体脱贫的问题，达到了脱贫工作“一个也不能少”的效果。

2. 阜平县人民政府对“金融扶贫，保险先行”给予了积极的支持，创造了良好的条件

（1）构建县乡村三级金融扶贫服务体系。金融服务网络覆盖全县 13 个乡镇 209 个村。一是成立了县金融扶贫工作领导小组，由县长任组长，常务副县长、主管扶贫工作副县长任副组长，负责政策研究，协调推动扶贫贷款担保、农业保险和诚信体系建设等工作。二是组建县金融服务中心。在县金融工作小组领导下，负责全县金融扶贫管理服务工作，指导乡镇金融工作部开展贷款和保险各项业务。三是建立乡镇金融工作部。由乡镇党委书记任组长，乡镇长任副组长，负责政策宣传培训，审核项目相关信息，开展贷款和保险各项业务，建立诚信档案。四是建立村金融工作室。由村支书或村主任负责，开展政策宣传，核实项目相关信息，监督资金使用过程，进行诚信信息采集，协助农户办理相关业务。

（2）统筹涉农资金，建立扶贫保险保障基金，完善风险保障体系。一是阜平县政府注资 3000 万元建立保险风险保障基金，建立地方财政保费补贴制度，每年将应补贴的保费纳入财政预算，直接划入基金账户，保证扶贫保险项目可持续性。二是建立巨灾风险准备金制度，由县财政部门在当年农业保险保费收入政府部分的 25% 以内提取，用于巨大灾害的赔付，专户存储、专项核算、滚动累积、定向使用，实行封顶控制。当巨灾风险准备金累计提取达到当年政府保费收入的 3 倍时，政府不再提取巨灾风险准备金。巨灾风险补偿机制提高了政府和保险公司应对巨灾风险的能力，保证了扶贫保险的可持续性。

（3）成立县惠农担保公司，建立扶贫贷款“保单质押”和“风险共担”机制。阜平县政府注册资金 1.5 亿元，成立了惠农担保公司，建立农业保险保单质押制度。农户向金融机构贷款，只要将参保的农险保单向县惠农担保公司质押，便可得到县惠农担保公司全额担保。各金融机构按照担保基金的一定比例放大贷款额度（一般按 1：5 的比例发放贷款，农业银行按 1：8 的比例，人保公司按 1：10 的比例）。在项目选择上，县政府建立了“村推荐、乡初审、县惠农担保公司和银行、保险联合审查”的贷款审批工作流程，确保了信贷资金的安全性。

（4）建立农村诚信体系，坚持激励和惩戒相结合，优化金融生态环境。一是建立农村诚信体系。县政府与人保财险公司共同通过“边采集、边办理”的方式采集农户信息，逐步建立农户电子信用信息档案，与石家庄新龙科技有限公司签订了平台开发协议，通过“云平台”实现信息共享。二是建立守信激励和失信惩戒机制，树立“信用也是财产”的社会共识。由县金融服务中心、公安、司法等部门联合组成农村诚信执法组织，采取多种措施促使农户诚信经营，严厉打击骗保、骗贷及恶意违约行为，提升社会信用管理水平，营造良好的农村信用环境。

（5）与人保财险公司建立了双向交流合作机制。由县财政局、金融办、人保财险公司互派主要干部到双方单位任职，深入参与农业保险全覆盖项目的各个环节，及时沟通相关信息和情况，建立实时沟通渠道，交流学习相关知识，培养复合型人才队伍，确保保险扶贫工作抓实、抓好、抓出成效。

3. 阜平县“金融扶贫，保险先行”精准扶贫模式取得了显著的实践效果

阜平县精准扶贫模式，既深刻把握了习近平总书记阜平讲话的精神要义，又充分发挥了保险“经济杠杆”在扶贫工作中以小撬大、定向保障、持续稳定的作用，通过农业保险全覆盖、金融服务网络全覆盖、扶贫贷款担保全覆盖、诚信体系建设全覆盖，为特定扶贫对象生产、生活提供全面的风险保障和稳定资金支持，不仅有效保护和培养了扶贫对象的农业生产力，

同时也极大地增强了扶贫对象的自我“造血能力”，实现了金融活起来、扶贫产业兴起来、贫困农户富起来，取得了良好成效。

（1）风险保障程度显著增加。一是农业保险全覆盖。保费收入由 2014 年的 418.79 万元增长到 2017 年的 3960.27 万元；赔款支持恢复生产作用明显，赔款由 2014 年的 323.71 万元增长到 2017 年的 3339.07 万元；扶贫产业保障水平显著提升，扶贫产业保障数量由 2014 年的 6 个增加到了 2017 年的 21 个；产业风险保障金额由 2014 年的 6.95 亿元增长到 2017 年的 15.84 亿元，增长了 2.28 倍。二是民生保险全方位。实施大病保险全覆盖，并不断提高贫困人口医疗费用报销比例。阜平县每年拿出 1800 万元补偿基金，对参加新农合的农村大病患者及特殊慢性病患者的医疗费用，在基本医疗和大病保险补偿的基础上，进行再次报销；在全县推广农户平安综合保险，为农户提供人身意外险保额 5 万元、家庭财产险保额 1.85 万元的综合风险保障，每户 25 元的保费由县财政全额承担，总计为农户提供 29.66 亿元的人身风险保障和 10.97 亿元的家庭财产风险保障；此外，县政府还推行“一元民生保险”，由县政府全额承担全县 22.8 万元的保费，保险金额为每人 10 万元，防止农户因意外致贫，因意外返贫，提高农户的风险管理意识和保险意识。

图 3 农户送来锦旗

（2）扶贫资金放大效应明显。与传统的“撒芝麻盐式”的扶贫方式相比，保险作为市场化机制，具有以小撬大、定向保障、持续稳定的特点，通过大数法则和风险分散原理，改变了以前“大水漫灌”式的粗放扶贫方式，通过将扶贫资金统筹整合、集中投放给建档立卡扶贫对象，提供点对点的“滴灌”服务，实现了对贫困的精准祛除，提高扶贫资源的科学性和精准性。2017 年，阜平县保费补贴资金 2382 万元，获得风险保障 16 亿元，相当于将 1 元扶贫资金效能放大了 67 倍。

（3）金融活水浸润贫困大地。2014 年以前，阜平县平均存贷比仅 30% 左右，信贷投入严重不足，当地农信社不良贷款率高达 47%，金融环境极差。之后，阜平县委县政府通过综合整治、引入保险风控机制、打造农村诚信体系、建立三级金融服务网络等一系列措施，打消了银行贷款顾虑。截至 2018 年 9 月底，农业银行、邮储银行、信用联社、保定银行、人保财险、北京银行、大商银行等多家金融机构纷纷进入阜平市场，累计投放融资贷款 18.21 亿元，其中，“政融保”项目提供资金 3 亿元。支持农业企业 165 户，融资贷款 6.44 亿元；支持农户 11961 户，融资贷款 11.77 亿元。其中，建档立卡贫困户 7080 户，融资贷款 6.65 亿元，达到了精准扶贫的效果。

（4）农户市场经济意识有较大提升。在阜平，充分利用保险这一市场化的风险分散工具，通过与种养产业项目配套提供不同类型的保险产品，兜住农民创业底线，有效地提高了农民生产合作组织和贫困农户的创业积极性和对接外部市场的自我发展能力，贫困群众发展生产的信心更足了，掀起了“依靠金融保险扶贫、实现脱贫致富梦想”的全民创业大潮。2015 年以来，阜平县培育农业规模经营主体和贫困农民创业组织数百家，新增产业投入超过 10 亿元。

图 4 金融保险扶贫政策培训会

（5）富民产业得到快速发展。2014 年以前，阜平县农业产业类型单一，以大枣、核桃种植为主，发展基础差，由于风险大，收入不稳定，农民种植面积不断下降。在农业保险先试先行、提供风险保障和融资支持后，阜平的农业产业化程度明显提升。阜平县按照宜农则农、宜林则林、宜牧则牧的指导方针，推动食用菌、核桃、大枣种植业和肉牛、肉羊养殖业等致富产业多元化发展。特别是食用菌产业，从无到有，截至 2017 年底发展到 1.6 万亩，建成 4000 多个食用菌大棚，直接参与农户 1.1 万户，其中贫困户 3800 多户，实现年产值 2.5 亿元。截至 2018 年，全县将发展食用菌种植面积 3.2 万亩，带动 3.2 万户农民增收，人均年增收 2 万元以上。初步形成了保险保企业，企业带农户的产业扶贫新模式。

（6）脱贫攻坚效果逐步显现。正是基于保险职能的充分发挥、保险服务方式的创新和当地政府的协同支持，初步形成了“政府 + 保险 + 银行 + 企业（农户）”，即：政府政策支持，保险风险保障，银行（保险）融资贷款，龙头企业带农户的产业扶贫新模式。整个阜平县的农业经济呈现出“保险引进来，金融活起来，产业兴起来，收入多起来，农民富起来”的可喜景象。脱贫攻坚成效逐步显现，2017 年，阜平县实现财政收入 5.14 亿元，其中城镇居民人均可支配收入 16072 元，农村居民人均可支配收入 7405 元，1.34 万贫困人口成功脱贫，贫困人口从 2013 年的 10.81 万人下降到 2.66 万人，贫困发生率由五年前的逾 50%降至 2017 年的 13.8%。

专家点评

中国人民保险集团在河北阜平县以保险机制运用为核心，把大力发展农业保险作为突破口，通过“农业保险——政府担保——扶贫融资——产业发展”的扶贫链条，为贫困农户发展生产提供自然灾害事故和市场价格下跌双重保障，兜住农业生产的风险底线，协助基层政府重塑信用体系，降低农户到期无法偿还贷款的风险，稳定金融机构贷款风险预期，有效解决了金融机构因经营成本高、风险大而不敢贷、不愿贷的问题和农户贷款难、贷款贵，抵御市场风险能力弱的问题。通过这种“金融扶贫，保险先行” 建立起的“政府 + 保险 + 银行 + 农户（企业）”的金融扶贫模式，将保险引进来，促使金融活起来、产业兴起来、收入多起来、贫户富起来，取得了实实在在的精准扶贫成效。该扶贫模式既具有创新性，也具有可复制性，为贫困地区脱贫致富走出了一条好路子。

——张艳丽 中国银保监会普惠金融部副处长

第四十一章　内蒙古伊利实业集团股份有限公司

伊利营养 2020 精准扶贫

伊利集团董事长潘刚认为“厚度优于速度、行业繁荣胜于个体辉煌、社会价值大于商业财富”。在此理念指导下，伊利集团秉承“平衡为主、责任为先”的伊利法则，结合战略性公益理念，探索出“立足产业、立体扶贫、精准担当”的独有模式，“精准”关注婴幼儿、孤残、老人等特殊群体；“精准”深耕“三区三州”等精准扶贫重点区域；“精准”探索健康扶贫与教育扶贫、产业扶贫等相结合的专业扶贫机制，持续帮助扶贫对象稳定脱贫、助力联合国可持续发展目标的真正实现。

（一）扶贫实践

伊利营养 2020 通过营养调研、健康教育与公益捐赠等多种形式，携手农业农村部、卫健委、中国奶业协会等国家部委、重要机构，全面聚焦贫困地区和人口的营养改善。依托伊利产业综合实力，不断进行项目优化和升级，以“立足产业、立体扶贫、精准担当”的独有模式，关注婴幼儿、孤残、老人等特殊群体；深耕“三区三州”等精准扶贫重点区域；探索健康扶贫与教育扶贫、产业扶贫等相结合的专业扶贫机制。以整合集团内外部资源，带动股东、政府部门、组织机构、媒体、产业链上下游合作伙伴所有相关方共同参与，持续帮助扶贫对象稳定脱贫、助力联合国可持续发展目标的真正实现。

1.D20 中国小康牛奶行动

2017 年 2 月，伊利集团以价值 1,200 万元、20 万提伊利学生奶的行业最高捐赠承诺，率先响应中国小康牛奶行动“D20 牛奶助学公益行动”。

红色革命老区营养关爱：伊利营养 2020 是针对红色革命老区发展而推出的一项重要公益行动，聚焦革命老区儿童的营养健康，为推动革命老区社会经济发展贡献力量。

图 1　陕西照金红军小学学生快乐地享受伊利学生奶带来的营养健康

少数民族贫困地区营养关爱：少数民族贫困地区儿童营养健康是社会关注焦点，也是国家扶贫工作的重点。伊利响应国家精准扶贫精神对少数民族地区进行物资捐赠。

图 2　四川凉山州学生在捐赠活动现场快乐合影

残障儿童营养关爱：为表达对特殊儿童的重点关注，照顾特殊教育学校学生的营养需求，伊利将捐赠活动地点选在山西晋中市聋哑职业学校，向该校学生捐赠伊利学生奶，并给予美好祝福。

图 3 伊利牛奶助学公益行动的山西捐赠在晋中市全面启动

2. 国民营养行动计划

中国进入扶贫攻坚的关键之年，国家卫生健康委员会把贯彻和落实国民营养计划，立足我国人群营养健康现状和需求，将开展营养健康扶贫作为扶贫工作的重要内容。

2018 年 7 月 25 日，伊利集团正式宣布向吕梁山集中连片特困地区（山西大宁县、永和县，陕西子洲县、清涧县）捐赠价值 1,150 万元的营养奶粉，其中包括伊利旗下金领冠婴幼儿配方奶粉、金领冠妈妈配方奶粉以及伊利中老年营养奶粉。

图 4 伊利在吕梁山集中连片特困地区开展公益活动

3. 中华红丝带母乳阻断计划

伊利联合中华红丝带基金等组织启动精准帮扶、爱心捐赠、科普教育等公益活动。活动着眼于那些因各种原因无法享受到母乳的婴幼儿群体，同时面向全社会倡导和宣传母乳喂养、科学哺育的理念和方法。精准帮扶凉山地区需要实施母婴阻断的家庭，降低艾滋病母婴传播，减缓患病家庭的经济困难，让更多无法享受到母乳的孩子们得到营养保障。

4. 扶智课堂阻断贫困代际传递

瞄准深度贫困地区，针对青少年的营养扶贫和精神引领，成为从根本上解决深度、长期贫困的有力着手点。伊利集团一方面通过关注深度贫困地区儿童身体成长上的营养需求，为他们更好的未来奠定坚实基础，另一方面通过精神层面的引导和关怀，为他们建设更好的家乡提供更多可能性。

牛奶健康小课堂：在捐赠仪式过程中，设置牛奶健康小课堂环节，向学生们讲解饮用学生奶的好处，通过提升学生的牛奶健康知识，培养饮用牛奶习惯。

图 5 河南贫困地区学生快乐地享受伊利学生奶带来的营养和健康

儿童心理成长关怀：项目特别设计“我的 2020”环节，邀请受助的贫困学生写下他们对“2020 年”的美好憧憬和梦想，投进“梦想邮筒”。鼓励学生畅想美好未来，引导学生心灵健康成长。在项目过程中，共收集到 300 多位学生的心愿卡。

图 6 河南学生在“我的 2020”环节，邮递自己的 2020 梦想

5. 群星筑梦公益行

奥运冠军关怀：在项目启动仪式和收官仪式活动中邀请奥运冠军参与活动，通过榜样的力量对孩子们起到激励作用，鼓励孩子们勇敢逐梦。

图 7 北京奥运会女子柔道冠军杨秀丽和学生们合影留念

（二）扶贫成效

1. 管理层面：输出精准扶贫综合管理创新经验

统一组织管理模型的建立：整体梳理活动中所有工作，将重点工作条理化、执行细节明晰化、人员分配层次化，所有环节和需求进行标准化处理，形成完整工作文件，即“标准化管理工具包”。项目实施前期将“标准化管理工具包”统一分发和开展针对性培训，让捐赠活动的每一站、每一地均按照统一标准管理和实施，确保全国范围内的完成质量和项目整体感。

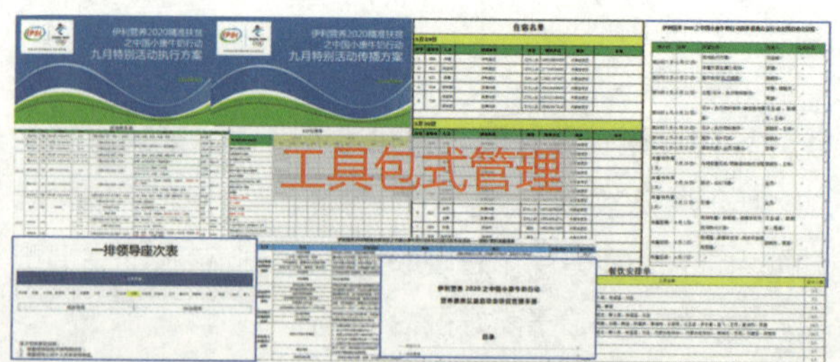

图 8 工具包式管理

项目分类管理体系构建：将全国 100 多站捐赠活动按地域特点、受捐人员数量、捐赠数额等因素划分成若干类型，将不同类型地区和不同体量活动在执行细节上差异化。进而以“标准化管理工具包”为基础，区分出每站每地的统一标准事项和可以根据实地考察进行调整的灵活事项。不同类型捐赠站点匹配不同等级的统一标准事项和灵活事项，以此保证整体品质的“全面开花”效果，同时又能因地制宜、对症下药，避免资源浪费、活动效果不理想。

2. 数据层面：覆盖中国 2/3 省市、自治区

截至 2017 年底，伊利营养 2020 累计向中国近 1/3 省份捐赠伊利学生奶 480 万盒，惠及超 12 万贫困地区学生，实现总计 1,200 万元的行业最高捐赠规模。

2018 年，伊利营养 2020 项目全国百城万校营养普惠计划启动，在提供牛奶营养与健康教育的同时，全面帮扶儿童成长。覆盖全国 25 个省区、130 个市县、1.2 万所学校，捐赠价值 2,100 万元的伊利学生奶 624 万盒以及价值 1,150 万元的伊利营养奶粉。

同时，携手红丝带基金在凉山州积极开展艾滋病的防范工作，持续三年实施“金领冠母爱计划”，为当地母婴阻断家庭 0~1 岁的孩子，免费提供价值 645 万元的 3 万罐金领冠婴幼儿配方奶粉，并面向当地医务人员以及妈妈群体开展公益讲座，提供科学育儿知识方面的援助，预计到 2020 年，将惠及包括金阳、普格、越西等县在内的 100 多个乡卫生院和近 700 个村卫生室，将有 2,000 多名医护人员、千名村医和近千名妈妈从中获益。

3. 人群层面：带动伊利 6 万员工及产业链上下游共同参与

伊利营养 2020 精准扶贫项目带动集团 6 万员工及产业链上下游共同参与，更吸引广大社会媒体对精准扶贫事业的关注，产生良好的社会公益影响。加以推广将会对号召更多企业、大众、社会组织等群体投入到国家精准扶贫事业中来发挥积极作用。

4. 影响层面：提振中国品牌的全球良好声誉

项目覆盖全国，为企业根据自身属性来响应国家全面脱贫战略提供范本。在实施过程中，项目还提供了企业在扶贫行动上的许多细节性参考，让精准扶贫变得更加具体、直观，对于后续参与精准扶贫的企业来说具有良好参考价值。在世界范围内，对于提升中国乳业的世界形象、助力中国品牌走向世界都发挥了积极作用。

5. 认可层面 ：中国乳业践行脱贫攻坚“排头兵”

项目探索出“立足产业、立体扶贫、精准担当”的独有模式，充分调动产业链上下游深度参与，对标联合国可持续发展目标并提供可借鉴的中国解决方案，促进联合国可持续发展目标“无贫穷、零饥饿”的实现。联合国全球契约组织亚洲及大洋洲总代表刘萌表示：“伊利在公益领域推出的多个项目都高度契合联合国可持续发展目标。特别是在青少年领域深耕公益实践，不断引领行业公益事业发展，极具借鉴意义。”

伊利集团联合新华网、人民日报等党媒央媒和两大基金会，结合线上线下，带动国际媒体、地方媒体强力发声，项目已入围《人民日报》优秀案例。

（三）扶贫经验

1. 多方资源整合

联合国资源：鉴于与伊利集团的可持续发展理念高度契合，联合国契约组织的官员多次亲临伊利营养 2020 活动现场，并对伊利营养 2020 行动表示高度赞扬。

政府资源：中华人民共和国农业农村部、国务院扶贫开发领导小组办公室、中国奶业协会及各级地方政府和相关部门齐心协力，对伊利营养 2020 工作给予悉心指导。

基金会资源：中国红十字基金会、中华红丝带基金、中国儿童少年基金会等社会公益组织与伊利营养 2020 展开密切合作。

经销商资源：在伊利集团带动下，伊利各地方分公司及经销商主动鼎力支持，为项目积极调配人员、产品等资源，为项目落地奠定了坚实基础。

其他资源：伊利营养 2020 还获得了欧洲足球豪门皇家马德里俱乐部的支持，在 2018 年“6 · 1”特别活动中，为孩子们送出球队功勋守门员纳瓦斯的签名足球。

2. 项目资金来源

项目为纯公益项目，具体分为伊利集团拨付专项扶贫资金和伊利集团调配扶贫资源。

集团拨付专项扶贫资金：伊利集团调拨项目专项资金，确保项目持续稳定进行。

集团调配扶贫资源：调配伊利学生奶、金领冠营养奶粉等产品，并根据受捐人群特征准备教学用具、文体用品、电子显示屏幕、座椅、生活保障六件套、米面油等物资。

3. 组织实施

伊利营养 2020 作为行业精准扶贫标杆项目，覆盖范围广，活动场次多，受捐对象差异大，投入体量大，为更加有效地推进国家精准扶贫政策，项目落地力求做到对症下药、精准滴灌、靶向治疗，不搞大水漫灌、走马观花、大而化之。项目整体统筹和组织协调，根据不同区域特征和实地情况进行最优化处理，同时解决不同区域的差异化问题。

伊利营养 2020 覆盖超过 2/3 省份和国土，触达几十万人次，项目在持续推进过程中不断总结经验、复盘分析、创新思考，摸索出一系列行之有效地解决问题的方式。具体管理方式如下：

专业团队构建机制：为持续稳定推动项目实施，成立伊利集团可持续发展委员会，汇集企业内外人才资源，并对该项目配备专门负责人和工作小组，高效管理、定期汇报，实施严格的问责制度和绩效考核制度，确保项目常态化实施。

调研分析机制：根据国家相关部门数据和资料，深入相关地区和组织，针对国内贫困现状和人群进行实地调研，以村为单位走访各类贫困人群和地方干部，摸清贫困地区及贫困人群基本情况，包括当地基本状况、产业经济、自然条件、人口结构、教育水平、健康营养等现状。此外，专门对在校青少年进行深层次调查，了解其营养情况、心理健康状态、成长困惑等重点情况。调研过程中，对调研数据进行严格记录和管理，将不同地区和人群的资料进行分类管理，对特殊地区、事件、人物的调研记录进行重点标记，定期定点进行回访。

第一是人群筛查，根据前期调研资料和项目核心目标，经过反复综合考量和认真讨论，筛选出最需要帮扶的人群和地区。第二是社会各方力量的积极整合，不但联合权威公益机构共同搭建项目执行框架，还邀请社会科学相关专家团队进行专门指导，并拉动集团内子品牌提供健康营养方向的专业支持。第三是制定项目排期，根据当地自然和人文条件等分批次实施，为各地区活动进行时间表排序，让项目有序有重点地进行，形成完整的活动执行方案。

活动执行机制：活动执行分两条主线进行实施，分别是针对青少年儿童的校园捐助和针对婴幼儿、老年人、孕妇等人群的特殊群体捐助。项目执行以省为单位，分成几十个执行分队，进行分区分片定点管理。对于特殊贫困地区不仅要连续捐赠，还针对人群特点进行科普知识援助和营养认知建设。比如，得知四川凉山目前仍有很多山区乡村妈妈缺乏必要的科学喂养知识，特邀请上海市儿童医院主任医师、儿科学博士陈津津，在捐赠现场为卫生员们上了科学喂养第一课。同时决定，未来金领冠将持续针对妈妈群体及乡村医务人员等展开科学喂养系列公益讲座，并通过在各乡村卫生室张贴科学喂养知识专栏海报，在各级医院播放科学喂养视频等方式普及科学喂养知识，将科学喂养知识进一步植根百姓心中。

项目复盘机制：项目实行每站一次小型复盘、每月一次多维复盘、半年一次综合复盘制度，每次活动结束后将活动执行遇到的问题汇总并提出解决办法，每月集合各方人员进行多维度项目总结性复盘，对过往问题进行跟踪并做全面总结，半年进行一次综合项目成果考量和进度考核，对问题进行及时调整。

4. 后续督管措施

全面管控：形成严格全面的成效监管流程，集合当地政府、红会、新华网全程参与项目成效管控，各方代表定期定点进行受捐地区和人员回访，以省为单位检查项目实施情况，走访受捐学校，严格规定回访频次和时限，回访记录保存完整。特殊受捐人员等安排相关专家领导深度回访，并对回访过程通过视频记录备案。

细化监管：伊利集团内部细化监管，成效监管由集团可持续发展委员会具体把控细节，并负责相关流程安排、人员调配、资料检查备案等。

专家点评

伊利集团实施的“伊利营养 2020”项目，注重整合政府、基金会、企业等多方资源，聚焦红色革命老区、少数民族地区、深度贫困地区，开展营养关爱、公益助学、科学哺育等形式多样的扶贫项目，精准关注婴幼儿、孤残、老人等特殊群体，探索出了“立足产业、立体扶贫、精准担当”的独有模式。该模式建立了统一的组织管理模型和项目分类管理体系，充分调动产业链上下游深度参与，对标联合国可持续发展目标并提供可借鉴的中国解决方案，促进联合国可持续发展目标“无贫穷、零饥饿”的实现。

——张琦 北京师范大学中国扶贫研究院院长

第四十二章　北京梅赛德斯 – 奔驰销售服务有限公司星愿基金助力脱贫攻坚

北京梅赛德斯 – 奔驰销售服务有限公司由戴姆勒股份公司和北京汽车股份有限公司合资建立，于 2013 年正式投入运营，主要负责梅赛德斯 – 奔驰在华进口车与国产车的市场与销售、售后服务、经销商网络发展、二手车和企业客户业务以及经销商培训等业务。

作为公益领域行动与价值观的引领者，梅赛德斯 – 奔驰始终走在创新的前沿。梅赛德斯 – 奔驰基于星愿基金平台，洞察社会实际需求，响应国家政策和时代号召，始终顺应社会需求和国家发展重点制定公益战略方向，实现企业公益发展与社会需求有效结合，切实贯彻“行动成就未来”的企业核心理念，使其更具生命力和可持续性。

（一）扶贫实践与成效

1. 探索生态脱贫新路，反哺世界遗产地居民

“自然之道 奔驰之道”中国世界遗产地保护和管理项目第三期（2017-2020）可持续生计项目秉承“坚持人与自然和谐共生”和“精准扶贫”的原则，选择文化丰富多样、生态环境优美但经济相对落后的世界遗产地作为试点，对实现联合国可持续发展目标，确保到 2020 年中国现行标准下农村贫困人口实现精准脱贫、实现人与自然可持续发展具有积极意义。

目前，首批在进行中的可持续生计项目包括：雅安片区世界遗产地的高山蜂蜜、云南石林喀斯特地貌的撒尼刺绣和丹霞赤水的赤水竹艺。

（1）四川大熊猫栖息地雅安片区世界自然遗产地——高山蜂蜜

核心区域：四川省雅安市宝兴县硗碛乡。

地理特征：该遗产地地处成都平原向青藏高原过渡地带，是世界瞩目的生物多样性热点地区和全球最大最完整的大熊猫栖息地，包括卧龙、四姑娘山和夹金山脉等区域内 7 个自然保护区及数个森林公园等其他保护地。这一地区也是世界上地震、塌方和滑坡风险最高的区域之一，2008 年以来，先后经历了 2008 年“5•12”汶川大地震和 2013 年“4•20”芦山地震，生态系统和社会经济遭受了严重的破坏。雅安硗碛乡正位于跨遗产地高海拔核心区和缓冲区。

生计情况：硗碛乡是夹金山下被遗产地核心区围绕的一个藏族乡，地处海拔 2,300 米以上的山区，人口比较少，森林覆盖率比较高，高海拔区域以草甸为主。当地居民的生计选择不多，放牧几乎成为唯一的生计来源。代代相传下来的放牧方式，伴随着市场强烈的需求和社区居民对提高收入的渴望，逐渐导致了过度放牧的问题，一部分牧民甚至开始将放牧区域延伸到国家级自然保护区境内，导致高海拔地区的草场严重退化，并且直接或间接地影响到高海拔野生动物的生存。

项目描述：经过前期科学调研而选定的高山蜂蜜项目，充分利用了当地高山植被的自然资源优势，采蜜自高山天然生长的百花，无人工栽培行为，微量元素含量丰富；每年仅取蜜 1~2 次，充分保证蜂蜜纯度；运用新式蜂箱，便于随时检查蜜蜂和蜂蜜状态，保证蜂蜜干净卫生；蜂箱放置于农田外 3 千米以上，保证无农药等化学污染，蜂蜜价位适中。

高山蜂蜜可持续生计项目对当地居民进行了养蜂培训，推广养蜂技术和新式蜂箱应用，帮助他们建立农村合作社，引入专业机构 SGS 检测产品安全，教授营销技能，协助他们搭建微店平台，创造替代生计和经济

效益，缓解植被荒漠化的问题。项目推广以可再生木材为原料的新式蜂箱，规避老式蜂箱使用原始森林树木造成的环境破坏，实现人与自然共同的可持续发展。

项目成果：在社区可持续生计发展方面，项目组参考了当前国内最先进的可持续农林产品生产体系和销售平台的标准，和社区合作社一起制定了硗碛乡遗产地生态友好型蜜蜂养殖及蜂蜜生产流程的标准，并依照该流程和标准指导现有及新增蜂农开展可持续蜜蜂养殖实践。

2017 年共培训两村 200 余人次，新发展约 20 户村民按照遗产地生态友好方式开展中蜂养殖和蜂蜜生产。截至 2018 年 5 月，共发展了超过 70 户村民按照遗产地生态友好方式开展中蜂养殖和蜂蜜生产。在 2017 年，社区合作社总产值达到 30 万元。虽然 30 万元均到每户不到 1 万元钱，但对于家庭平均年收入在 3 万元左右的硗碛藏民来说，是非常可观的收益。

2017 年 7 月创立仁娜斯巴藏蜜品牌，产出 3,000 斤完全生态友好型、流程标准的高质量高山蜂蜜，并将硗碛生态友好蜂蜜销售到雅安本地以及外地。

2018 年 1 月，仁娜斯巴养蜂合作社第一个本地销售点正式成立，其他的线下销售需要的必要工具和宣传材料也已经陆续就位。

2018 年 2 月，仁娜斯巴养蜂合作社的蜂蜜展台参与硗碛本地的上九节大会推广蜂蜜产品。2018 年 3 月，与成都冯氏蜂蜜公司洽谈达成合作意向，未来由冯氏蜂蜜公司负责工厂标准化分装，从而为合作社的蜂蜜获得食品生产许可证，进一步拓宽市场前景。

在社区保护监测、传播及意识提升方面，2017 年完成对项目地周边三处主要蜂蜜生产地的蜜蜂养殖状况调查，为制定硗碛蜂蜜的本地销售策略以及未来将硗碛的可持续蜂蜜养殖经验复制到周边社区提供了事实依据，并开辟了“夹金山下熊猫乡”微信公众号，针对硗碛地区的村民开展相关传播。

此外，还通过线上线下相结合的方式开展了社区科学养蜂及高山蜜源植物生物多样性交流会等，推动了村民对遗产地保护和社区生计发展的关联思考和认识。

图 1 硗碛蜂蜜收获季

（2）云南石林喀斯特地貌世界自然遗产地——撒尼刺绣

核心区域：云南省昆明市石林彝族自治县。

地理特征：中国南方喀斯特是全球热带亚热带喀斯特地貌中最壮观的代表。石林喀斯特坐落在云南省东部石林彝族自治县内，历经 2.7 亿年的演化，以其丰富的形态和色彩成为世界上石林地貌最奇特的景观。这里分布着 72 个自然村落，居住着约 6.77 万人口，其中大部分是彝族撒尼人。他们创造了以“阿诗玛”为代表的彝族撒尼民间文化。

生计情况：作为烤烟烟草的种植地区，石林的烟草种植业正在逐步收紧，需要寻找新的经济突破口。面对当前情况，当地居民急需寻找新的生计来源。撒尼刺绣作为当地传统文化代表，起源于唐宋时期，以明快的色彩搭配、浓郁的民族特色，凸显出独特的艺术表现力。但撒尼手工刺绣技术难度大，习艺、制作周期长，主要以母女相传、民间交流的形式得以继承，传承难度大，机器制品给传统手工刺绣品带来巨大的冲击，进一步缩小了原本就很小的手工刺绣品市场规模。因此，撒尼刺绣的价值未得到充分开发。

项目描述：项目于 2017 年 9 月开始实施，最大程度发挥当地的资源优势，创造较高的经济价值和社会效益，为当地居民增加撒尼刺绣项目收益来源，同时配合当地旅游业发展。

图 2 撒尼刺绣传承人向村民展示作品

项目成果：目前，撒尼刺绣项目与石林风景名胜区管理局、石林妇联、石林文广体局等单位于 2018 年 1 月 23 日至 29 日共同举办了云南石林彝族撒尼刺绣技能培训班，参加培训的学员共计 62 人，对培训给予了高度评价。

（3）中国丹霞赤水世界自然遗产地——赤水竹艺

核心区域：贵州省赤水市。

地理特征：赤水丹霞世界自然遗产是中国丹霞青年早期的典型代表，保持了最完整、具有代表性的中亚热带森林生态系统和物种多样性，形成“丹山”“碧水”“飞瀑”“林海”有机结合的丹霞奇观。赤水市森林覆盖率达 80.17%，其中竹林面积 130 万亩，且因竹子种类多，被评为中国“十大竹乡”之一。

生计情况：赤水地区遗产地经济实力差，当地居民对生态农业等发展意识不强，积极性不高；当地竹资源丰富，但未得到充分经营与开发利用。

图 3 赤水竹编工艺

项目描述：赤水竹艺可持续生计项目根据当地特点，培训管理者、孵化带头人、制定发展规划、充分利用竹资源，增加居民生计来源，提高居民生活水平，反哺自然遗产地的保护。

项目成果：与赤水世界自然遗产管理局和国际竹藤组织签署协议，共同确定目标社区及重点竹艺产品。

由国际竹藤组织和中国国家林业局共同举办的首届世界竹藤大会于 2018 年 6 月 25~27 日在北京国家会议中心召开。赤水世界自然遗产管理局副局长廖朝林出席“明确概念：为何通过创意联结竹子与世界遗产”平行论坛，与遗产地及非遗传承相关专家就竹产业与遗产地可持续发展进行深入交流。

2. 发展职业教育，攻坚教育脱贫

2006 年，戴姆勒中国职业教育项目启动，在全国各地与 26 所职业学院展开合作，包括上海、广州、成都、武汉、西安、烟台等地，为中国职业教育培养了 180 多名优秀教师，惠及超过 6,000 名学员，为中国汽车行业的发展作出贡献。

戴姆勒职业教育项目的最大特点是以德国双元制职教体系为基础，采取理论与实践一体的小班授课（每班不超过 28 人），对职业素养和专业技能同样重视。在中国，戴姆勒职业培训模式与德国类似，同样为期三年。一部分为理论知识培训，包括专业英语课程。另一部分，学员会有机会到戴姆勒合资生产工厂，或者梅赛德斯 - 奔驰经销商的售后部门进行实训，为迎接未来工作中的挑战做好准备。整个课程中，实践部分平均占比为 75% 左右。

2016 年毕业的学生中，有近 2/3 的学生选择加入戴姆勒在中国的合资厂，或者梅赛德斯 - 奔驰经销商就业。学生可以自由选择就业去向，不过大部分学生还是会被戴姆勒和奔驰这样的发展平台所吸引。从该项目毕业的学生，职业上升空间很大。以售后专业为例，毕业前他们就会参与初级“保养技师”考核。进入经销商店的售后部门后，有机会晋升中级的“系统技师”，甚至成为高级的“诊断技师”。

然而，经过对在校学生的统计，戴姆勒中国职业教育项目学子中家庭贫困学生比例较高，以成都学校统计情况为例：现有机修班 2 个，涂装班 2 个，3/5 的学生为农村户口，且 3/5 的学生家庭贫困。由于国家奖学金申请名额有限，难以得到有效资助。

2017 年，梅赛德斯－奔驰星愿基金依托行业资源、创新人才孵化机制，以“求学保障＋技能保障＋就业保障”三合一的模式，实现个人发展和行业发展的双赢：

• 梅赛德斯－奔驰星愿基金职教助学计划携手戴姆勒中国职业教育项目提高学生的专业技能和职业素养，提供实习机会及事业发展平台，支持寒门学子实现人生理想。

• 组织社会实践活动和社会公益活动，鼓励星愿学子在受到社会捐助的同时，积极回馈社会，成长为具有突出社会责任意识的优秀社会公民。

每年资助 140 名（约占在校生人数的 15%）品学兼优且家庭贫困的铸星项目学子，为每人提供 6,000 元人民币作为奖学金，分两学期拨付，每学期初发放 3,000 元。2017 年，项目直接和间接影响人数分别达到 1,000 人和 10 万人。

梅赛德斯－奔驰星愿基金职教助学计划坚持“以人为本”，旨在投资未来，以投资“人”的方式，培养未来中国汽车行业的高素质人才。

• 戴姆勒中国职业教育的培训内容主要面向两个方向：生产制造和售后，旨在培养出高质量汽车专业人才，学生毕业后有机会进入奔驰的工厂或经销店工作。

• 助力培育生产环节的高素质人员，为中国汽车行业提供生产后备军的同时，提高梅赛德斯－奔驰零售网络的终端服务质量，为经销商储备高素质人才，进而全方位提升客户体验。

（二）扶贫经验

1. 通过明确、完整的运作体系，建立可持续扶贫模式

梅赛德斯－奔驰星愿基金联合专业机构，从培养

图 4 职教助学计划启动仪式上，嘉宾与优秀学生代表们共同带来诗朗诵

劳动技能、资助生产资料、培养对接销售渠道能力、制定相关生产标准、支持检测认证以及提升生态保护意识等多方面，帮助当地居民走上生态脱贫之路。

联合国教科文组织通过该专业合作机构具体开展项目，包括对遗产地居民培养劳动技能、资助生产资料、培养对接销售渠道能力、制定相关生产标准、支持检测认证，并在整个过程中强化可持续发展理念。

星愿基金职教助学计划不仅为受助者提供奖 / 助学金，还依托自身的行业资源、创新人才孵化机制，通过“求学保障 + 技能保障 + 就业保障”这一完整产业链条，为贫困学生提供受教育机会，提高专业技能和职业素养，并为其提供实习机会及事业发展平台，建立可持续发展的扶贫模式。

2. 授人以渔，收入由受助者分配

高山蜂蜜项目实施的两个试点村中，帮助村民自主组建农村合作社，其销售收入由村民自主分配，进而提升他们的收入水平。

3. 制定完善监管模式，确保项目安全落地

项目引入权威检测 / 认证机构来确保产品质量和安全，尤其是对食品项目。

以雅安高山蜂蜜项目为例：高山蜂蜜项目已经接受了来自全球检验、鉴定、测试和认证机构——通标标准技术服务有限公司 SGS 的全面检测，检测报告充分证明了该项产品符合食品安全标准、生产过程无公害、蜂蜜成分天然纯正。

4. 结合企业上下游资源，形成合力

戴姆勒职业教育的培训内容包含生产制造、售后两个方向，受助学生有机会去戴姆勒合资生产工厂或梅赛德斯 – 奔驰经销商网点实习，在为中国汽车行业提供生产后备军的同时，提高梅赛德斯 – 奔驰零售网络的终端服务质量，从而为客户提供“最佳客户体验”。

星愿基金职教助学计划组织星愿学子与梅赛德斯 – 奔驰星愿志愿联盟一起，积极参与社会实践活动和社会公益活动，鼓励其在受到社会捐助的同时，积极回馈社会，成长为具有突出社会责任意识的优秀社会公民。

星愿基金职教助学计划从受助者的技能培训和教育引导两方面入手，统筹兼顾了受助者的物质脱贫与精神脱贫，真正做到“授之以渔”。

未来，梅赛德斯 – 奔驰星愿基金将继续响应国家“精准扶贫”的号召，进一步推进世界遗产地可持续生计项目及职教项目，将项目中的经验推广至更多地区，探索生态脱贫、教育脱贫的新路子。通过倡导社区参与，使受助者通过项目直接获益，实现精准扶贫。

专家点评

北京梅赛德斯 – 奔驰销售服务公司顺应社会需求和国家发展重点制定扶贫战略。在生态扶贫方面，公司为世界遗产地的传统产品建立了先进的生产标准、组织形式和销售体系，并对生产人员进行培训；将世界遗产地的传统手艺撒尼刺绣和赤水竹艺进行升级和产品化，同时解决了贫困群体的生计问题和传统手工艺的传承问题；教育扶贫方面，公司结合自身行业优势，形成了“求学保障 + 技能保障 + 就业保障”的完整产业链条，建立了可持续发展的扶贫模式，有利于阻断贫困的代际传递。

——葛均泊　北京师范大学中国公益研究院慈善研究中心研究员

第四十三章　中国华能集团有限公司

精准扶贫新时代，华能大爱暖人间

（一）规范化开展扶贫管理

为实现 2020 年全面建成小康社会的伟大目标，中国华能秉承“三色公司”使命，用足“绣花功夫”精准扶贫，着力在精准施策上出实招、在精准推进上下实功、在精准落地上见实效。从脱贫攻坚最需要、最迫切的问题出发，集中向教育、医疗等领域倾斜，扎实推进中央企业“百县万村”活动、贫困大学生救助、教育医疗设施改善等重点项目。

1. 创新扶贫模式

中国华能秉承“建设一座电站，带动一方经济，保护一片环境，造福一方百姓，共建一方和谐”的扶贫理念，作为电力生产行业的引领者，坚持“保障电力供应”，以本质责任为中心，构建制度、人才、资金三重保障的管理体系，在公司“三色文化”的引领下，专注于“带动经济、保护环境、造福百姓、共建和谐”四大实践领域，不断探索具有华能特色的扶贫模式。

制度方面，坚持顶层设计，政策先行。公司高度重视扶贫管理工作，成立扶贫帮困工作领导小组，不断完善扶贫制度体系，明确新时期扶贫工作的指导思想、总体目标、重点工作和主要措施，印发《关于深入做好定点扶贫和对口支援工作的通知》《扶贫援助工作管理办法》《对外捐赠管理办法》《关于做好扶贫帮困工作的实施意见》等政策文件，加强扶贫援助工作全过程管理，为扶贫管理工作提供制度保障。

人才方面，加强队伍建设，夯实基础。派出工作队 21 支、挂职干部 90 人、第一书记 29 人，赴扶贫一线开展工作。通过开展爱心行动、青年志愿者活动、结对捐助等方式，动员社会和员工参与，为打赢脱贫攻坚战贡献力量。

资金方面，聚焦“绣花式”精准，坚持投入。党的十八大以来（2013~2017 年），华能在扶贫领域投入累计达到 12.94 亿元。此外，公司出资 3 亿元，积极参与“中央企业贫困地区产业投资基金”的筹备、设

管理：内化于心，朴实无华显大爱

实践：外化于行，奉献所能暖人心

建设一座电站，带动一方经济，

保护一片环境，造福一方百姓，共建一方和谐

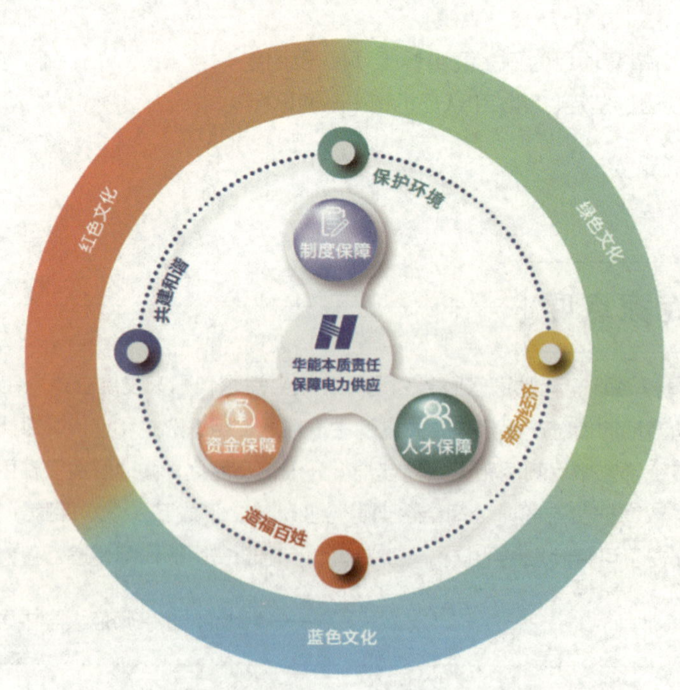

图 1　中国华能扶贫模式

立和运营，基金规模约 153.76 亿元，由包括中国华能在内的中央企业共同出资。

2. 落实专项巡察

为保证“真扶贫”“扶真贫”，中国华能认真贯彻“中央纪委扶贫领域监督执纪问责工作电视电话会议”精神，公司各级纪检监察机构切实提高对扶贫领域监督执纪问责工作重要意义的认识，做好扶贫领域工作的作风纪律保障。

2017 年 8 月，公司开展了“扶贫领域专项巡察”工作，“扶贫领域专项巡察组”先后到云南、新疆、甘肃、陕西四个代表地区开展现场巡察，确保资金落实到位、项目真正为百姓带来实惠、扶贫干部保持良好作风。

表 1 中国华能 2017 年扶贫领域专项现场巡察项目列表

负责公司	扶贫项目	开展时间（年）
新疆公司	阿合奇县边远农牧民光伏供电项目	2013~2014
	别迭里村综合服务中心	2015
	别迭里水电站项目	2009~2012
甘肃公司	平凉市庄浪县通化乡 6 个贫困村扶贫项目	2013~2017
澜沧江公司	临沧市云县栗树乡大田山村扶贫项目	2015~2017
	云南省拉祜族、佤族精准扶贫项目	2016~2017
集团公司	榆林市横山区、靖边县扶贫项目	2013~2017

通过此次扶贫巡察工作，公司对党的十八大以来扶贫领域工作开展情况进行梳理统计，摸清底数，查找问题和不足，巡察发现扶贫捐助制度不完善、资金预算和审批管理不规范等 10 项问题，及时向中央纪委、驻国资委纪检组报送监督检查情况，并制定针对性改进措施，督促被巡察单位整改落实。

图 2 巡察组在新疆阿合奇县听取当地干部介绍扶贫工作

图 3 公司在云县栗树乡大田山村的挂职干部关心农作物种植情况

3. 加强扶贫传播

2017 年 10 月，公司向社会发布《中国华能集团公司精准扶贫白皮书》及宣传片，并同期举行首届精准扶贫展览。《白皮书》是我国电力行业首部企业精准扶贫报告，以“华能大爱，情暖人间”为主题，全面梳理总结了公司在陕西、新疆、青海、西藏、云南等地区的扶贫工作管理与实践。报告以“扶贫之本、扶贫之路和扶贫之果”三大责任聚焦为开篇，从时间、空间双重维度带领读者全面回顾了华能在扶贫之路上的步履与取得成果。报告分为管理与实践上下两篇，晓之以理，动之以情，呈现出华能扶贫全景篇章。

图 4 中国华能精准扶贫白皮书发布仪式

图 5 中国华能精准扶贫展览

（二）多领域落实扶贫行动

1. 着力电力扶贫

中国华能充分发挥电力企业优势，将促进贫困地区发展与解决用电难结合起来，因地制宜实施电力扶贫，解决无电人口用电问题，使电力扶贫成为改善贫困地区生产生活条件的关键举措，成为精准脱贫的重要动力。

2012 年 5 月，新疆最大的单体扶贫惠民工程——华能别迭里水电站投产发电。截至 2017 年 12 月，该电站已累计为国家级贫困县阿合奇县缴纳利税 2.5 亿元，为当地创造就业岗位 1,000 余个，为农牧民增收开辟了新渠道。

图 6 华能别迭里水电站

西藏自治区墨脱县，曾如一座黯然沉寂的“电力孤岛”，2015 年底，华能让水电站及其线路延伸工程并网送电，各族群众就此结束严重缺电历史，墨脱进入稳定、可靠的局域电网供电时代。

2. 聚焦产业扶贫

授人以鱼，不如授人以渔。根据贫困地区资源禀赋，中国华能深入实施产业扶贫，带动周边产业发展，促进当地百姓就业，保障贫困户稳定增加收入。

在新疆，因地制宜扶持特色产业。根据阿合奇县产业发展特点和趋势，在别迭里村实施大棚沙棘育苗项目,2017 年创收 128 余万元，带领当地群众走出了一条戈壁产业的致富路。

在西藏，注重加强当地群众技术培训。与加查县联合举办农牧民工建筑施工技能培训班，共为 100 多名农牧民工进行建筑技能培训，着力增强“造血”功能，提高当地百姓的劳动技能，增加群众收入。

在陕西，努力打造品牌化扶贫模式。扶持横山区良好农业示范推广项目，培育优质杂粮、水稻、果蔬种植基地 3,500 多亩，为基地农户累计发放微生物有机肥 1,000 多吨，配套农机具、开展良好农业标准技术推广培训。

图 7 特色产业示范基地

在云南，致力探索规模化脱贫路径。自 2016 年起，每年投入 4,000 万元为翁达村培育特色产业，全村 3,300 亩“省藤”的产值达 300 多万元，大幅增加村民经济收入。

图 8 贫困村民用省藤编制出具有当地特色的民间工艺品“翁达鼓凳”

3. 坚持共建共享

中国华能着力帮助贫困群众摆脱教育资源匮乏、医疗条件落后、居住环境简陋的困境，切实提升百姓生活质量。

支持教育，解决“上学难”。比如，在陕西省横山区实施华能“栋梁工程・新长城贫困生关爱行动”，2014 年、2015 年投入资金 220 万元，资助贫困家庭大学生 99 名、高中生 203 名；在四川，公司设立“川流不息华能情”助（奖）学基金，2017 年全年共资助贫困学生 178 人，奖励优秀学生 32 人。

图 9 四川藏区羊高村学生拿到“川流不息华能情”助（奖）学金

保障健康，解决“看病难”。比如，针对青海省尖扎县各族群众居住分散、医疗资源短缺的问题，先后投入 600 万元，为多家医疗机构配备救护车、CT 机、彩超机等设备，改善了基层群众就医条件。

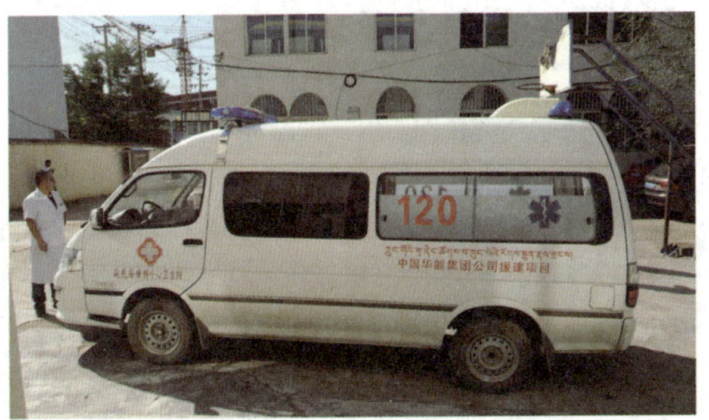

图 10 华能为尖扎县援助的急救车

援建新房，解决“安居难”。比如，资助云南省“直过民族”贫困户建设新房，让他们告别低矮、潮湿、破烂的茅草房、土坯房、石棉瓦房，住进宽敞、明亮的砖混结构小洋房。

图 11 直过民族住房条件得到彻底改变

修建道路，解决“出行难”。比如，持续帮扶尚义县红土梁村等 3 个村，先后投资 110 万元硬化了两条长达 5 千米通往自然村的道路，方便了贫困群众出行，解决了各自然村农作物运输难问题，打通了运输的“最后一公里”。

兴修水利，解决“饮水难”。比如，在云南实施两轮“百千万工程”，根据当地缺水严重程度，规划建设水利工程，投入资金 500 多万元，帮助解决 48,157 人和 20,750 头大牲畜饮水困难。

图 12 贫困村民在家中用上自来水

中国华能将继续坚持在扶贫工作的第一线，服务 2020 年全面建成小康社会的总体奋斗目标，围绕贫困人口全面脱贫的扶贫攻坚方向，结合企业实际和地方实际，发挥公司作为能源电力企业的优势，集中资金、集中项目安排，科学谋划和扎实推进在陕西榆林市横山区和新疆阿合奇县的定点扶贫工作，指导驻地企业开展形式多样的扶贫帮困，为贫困地区早日脱贫贡献力量。

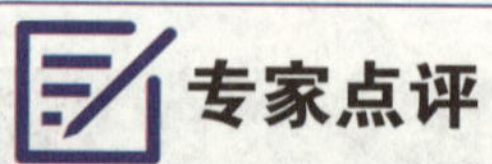

专家点评

中国华能集团积极参与脱贫攻坚，除了发挥自身电力企业的优势，在贫困地区实施电力扶贫外，还加大投入，在新疆、西藏、陕西、云南等地因地制宜开展产业扶贫、技能培训，着力提升贫困地区的“造血”能力。中国华能集团还实施了大量旨在助农、益农的社会扶贫项目，如出资捐助贫困学生完成学业、购买医疗设备方便群众就医、援建新房改善直过民族居住条件、投资修路方便群众出行、兴修水利保障人畜饮水等，很好地履行了作为央企的社会责任。

——汪向东 中国社会科学院信息化研究中心教授

第四十四章　中国煤炭科工集团有限公司

小米大业——“武乡小米”产业精准扶贫

党的十八大以来，以习近平同志为核心的党中央把脱贫攻坚摆在治国理政突出位置。习近平总书记提出的精准扶贫思想是中国政府当前和今后一个时期关于贫困治理的指导性思想，是实现“全面建成小康社会”宏伟目标的基础。中国煤炭科工集团有限公司高度重视扶贫工作，选拔优秀同志张志鹏担任扶贫干部，到武乡县挂职。他紧紧围绕“推动特色产业发展，贫困地区整体提升”这个“精准扶贫”关键点，走出了一条授人以渔、可持续发展的武乡小米产业扶贫之路。

（一）“武乡小米”产业扶贫的基本情况

武乡县位于山西省东南部，是全国著名的革命老区、国家扶贫开发工作重点县。总面积 1610 平方千米，辖 9 乡 5 镇 1 个农业开发区，328 个行政村，1044 个自然村。总人口 21 万，其中农业人口 17.8 万。全县共有贫困户 18323 户，贫困人口 52633 人，贫困发生率 25.06%。由于历史、自然和地理等多种原因，全县经济社会发展相对滞后，基础设施和民生事业欠账较大，脱贫攻坚任务艰巨。

武乡县盛产小米，但多年来不仅没有自己的小米知名品牌，而且谷子积压严重，特别是贫困户的谷子积压待售，影响了全县的脱贫攻坚工作。2016 年 5 月统计数据显示，仅 2015 年 10 月产出的“武乡小米”积压待售的谷子就高达 1785 万斤。

（二）“武乡小米”产业扶贫工作的四个阶段

1. 第一阶段：出售积压谷子，解决农民特别是贫困户的收入问题，助力全县的脱贫攻坚工作

谈“武乡小米”就不得不提起武乡县的中国煤炭科工集团有限公司挂职干部——张志鹏。他在 2016 年 4 月 18 日他到任后，了解到全县的米农竟然有 1785 万斤谷子待售。为解决积压谷子的销售难题，他赴全国 20 多个省市，参加“美味中国行”“全国秋季糖酒会”“互联君生态农品嘉年华”等上百场推介活动，行程 36262 千米，为“武乡小米”站台、代言、背书，用优质小米和对米农的真情实感打动着每一位经销商，张志鹏被亲切地称为“小米县长”。至此，开启了他为“武乡小米”鼓与呼的“小米之路”。

图 1 武乡小米

图 2 张志鹏宣传武乡小米

2. 第二阶段：组建“武乡小米”扶贫团队，创建“武乡小米”区域品牌，提高“武乡小米”品牌价值

借助自己“小米县长”的网红身份，张志鹏充分发掘和利用各方面的社会资源，组建了“武乡小米”系列扶贫团队，并由此引发了蝴蝶效应，越来越多的爱心企业、人士参与到武乡小米的推介和销售当中。国家扶贫办、山西省扶贫办和国务院国资委扶贫办的领导不仅对这样的扶贫举措表示肯定，而且还组织办里的同事爱心购买武乡扶贫小米；武乡在外地工作的老乡们更是不遗余力地帮助张志鹏推介“武乡小米”，有的直接参与“武乡小米”销售，有的介绍销售渠道商和经销商，特别是“小米之母”、晋谷 21 号的培育者陈瑛教授和“小米神厨”吴俊文的加入，为“武乡小米”提供了最优质的种子和独家烹饪秘方，增加了打造国家顶级区域品牌小米的“砝码”。

如今，张志鹏每天都能接收到来自全国各地的热线电话，“武乡小米”已经成为了一个知名的区域品牌，并成功入选“中国农业区域公共品牌 10 大案例”。据《品牌农业与市场》专家初步估计，“武乡小米”的区域品牌价值高达 5000 万元。

3. 第三阶段：加强和规范“武乡小米”管理工作，建立“武乡小米”全产业链条，制定“武乡小米”发展规划

2017 年“武乡小米”加大七个方面的工作力度：一是“两会一规”成立、出台，即组建成立武乡小米协会、武乡小米研究会，制定出台武乡小米未来五年发展规划。二是研究、建立武乡小米大数据库，包括土地数量及品级、适合种植的小米品种、产品可追溯系统等大数据。三是对每个地块进行系统的编码和标识，推进销售企业建立产业基地、单位职工或客户福利性订制地块，以及家庭认购地块，对于稀缺地块进行招标式拍卖。四是对武乡小米的地块进行集中统一“体检”，研究适合种植的武乡小米品种，制定施肥方案，确保“因地制宜”，实现小米品质最优化管理。五是武乡小米“双售罄公告制”正式出台实施。六是加强对武乡米农的标准意识、质量意识、市场意识等方面的教育和管理，绝对禁止使用农药特别是除草剂。七是加大对武乡小米的科研投入，提高武乡小米种植管理的科学化和现代化水平。

4. 第四阶段：通过“武乡小米”的带动，加强武乡县其他农产品的品牌建设，通过培育本土企业家和产业人才，并借助社会力量最终形成一个小米大业的社会化扶贫大格局

借助“小米县长”的知名度和“武乡小米”的整体发展，在 2017 年春节前后，张志鹏在武乡扶贫小米的基础上又有了创新，推出了捆绑武乡手工醋、梅杏、蜂蜜和黑花生等特色农产品的武乡扶贫年货，并把对贫困生的捐助工作也捆绑了进去。同时加快培养武乡县的本土企业家和种植大户，使他们逐步树立质量意识、市场意识和品牌意识。同时，培育武乡县知名小米企业和顶级小米品牌，引领“武乡小米”产业发展。扶贫工作是全社会的共同责任，张志鹏充分借助“小米县长”的影响力和人脉，组建了“武乡小米”产业扶贫、新闻扶贫、教育扶贫、就业扶贫、电商扶贫以及旅游扶贫等多个扶贫团队，充分利用社会力量开展扶贫工作，最终形成一个小米大业的社会化扶贫大格局。

图 3 微商代表与央视记者合影

（三）“武乡小米”产业扶贫的主要经验

1.“武乡小米”产业扶贫以武乡县农民赖以生存的小米为民生纽带，通过引导米农生产高品质的小米实现溢价、增收。从产业发展的角度改善武乡县米农的生活。

2. “武乡小米”产业扶贫以贫困户稳定脱贫为主要目标，兼顾非贫困户和已脱贫户共享扶贫成果，促进社会和谐发展。

3.“武乡小米”产业扶贫以县长站台、代言的形式，使“武乡小米”获得市场认可，并引发扶贫等方面的蝴蝶效应。如今，“小米县长”已经是武乡县的一张靓丽的名片，吸引着越来越多的社会爱心人士参与武乡的扶贫工作，也建立起了“武乡小米”系列扶贫团队，“小米县长”引发的扶贫等方面的蝴蝶效应正在放大。

图 4　张志鹏在中央企业扶贫开发工作会议上代表 489 名扶贫干部发言，介绍扶贫工作

4.“武乡小米”产业扶贫是造血式的扶贫，不仅创立了“武乡小米”品牌，而且造就了一批新型米农、小米企业家和市场销售人员。成功入选“中国农业区域公共品牌 10 大案例”。同时，创立了武乡顶级小米品牌——羊肥小米，并在市场上得到初步认可。

5.“武乡小米”产业扶贫是贫困家庭尊严脱贫和脱贫先励志的成功实践。通过“武乡小米”公共区域品牌和顶级小米品牌打造，实现了武乡小米的大幅溢价，使贫困户发自内心地由“要我脱贫”转变为“我要脱贫”。

6.“武乡小米”产业扶贫是中央挂职干部用最接地气、百姓真心认可的方式，将党的温暖与党的关怀洒遍贫困革命老区的重要实践。为解决“售粮难”问题，“武乡小米”扶贫团队通过开展“武乡小米”行动系列收购活动，深入山区，走进米农家中，到农民家门口溢价收购谷子，使他们感受到了党的温暖和关怀，进一步提高我党在群众中的威信和影响力。

习近平总书记指出，要动员全党全国全社会力量，坚持精准扶贫、精准脱贫，坚持大扶贫格局，注重扶贫与扶志、扶智相结合，确保到 2020 年我国现行标准下农村贫困人口实现脱贫，贫困县全部摘帽，做到脱真贫、真脱贫。中央企业作为脱贫攻坚的一支重要力量，在扶贫攻坚上的政治和社会担当责无旁贷。中国煤炭科工集团在参与武乡县脱贫攻坚工作中积累了宝贵经验，参与脱贫攻坚的各位帮扶干部不仅积累了群众工作经验，更找到了央企帮扶和参与脱贫攻坚的有效方式，为央企更多参与脱贫攻坚，履行政治责任、社会责任、经济责任提供了借鉴，必将树立起新时代社会帮扶的标杆，为助力脱贫攻坚作出新的更大贡献。

专家点评

产业扶贫是精准扶贫、稳定脱贫的最直接、最有效手段。结合地方优势，走市场化道路，创造品牌，打造口碑，形成差异化优势，提升产品附加值，是产业扶贫的根本出路。优秀干部的统筹协调能力、资源整合能力、市场推广能力和为人民服务的初心是贫困地区脱贫的人才基础。将贫困户嵌入产业链，激发贫困群众内生动力，提升其自我发展能力，让其有尊严地脱贫，是啃硬骨头、提升脱贫质量的重要保证。而这些，中国煤炭科工在武乡的定点扶贫工作都做到了。

——汪杰　中国社会科学院企业社会责任研究中心副主任

第四十五章 中国电子信息产业集团有限公司

创新“互联网 +”帮扶模式，推进绿色扶贫

（一）企业简介

中国电子信息产业集团有限公司（以下简称中国电子）成立于 1989 年 5 月，是我国最大的国有综合性电子信息产业集团、全国首批“创新型企业”、中国健康医疗大数据产业联盟理事长单位，连续 8 年位列世界 500 强企业。中国电子致力于打造网络安全和信息化产业国家队，主营业务涵盖网络安全、新型显示、集成电路、高新电子、信息服务等国家战略性、基础性、先导性电子信息产业领域。在 2017 年国家科学技术奖励大会上，中国电子网络安全与信息化科技创新工程荣获国家科技进步一等奖。

（二）扶贫关键词

中国电子发挥网信产业国家队综合优势，创新“互联网 +”帮扶模式推进绿色扶贫，把建成世界一流企业的向往与百姓对美好生活的向往紧密结合，以“链接幸福乡村”的价值取向，着力推进“网信产业 + 党建引领 + 人才成长”帮扶实践，促进生态生计、产业就业、扶智扶志、增效增收有机统一，开辟了一条将扶贫与企业发展结合的路径，为精准脱贫、智慧脱贫贡献央企方案和力量。

（三）扶贫理念

中国电子积极践行“链接幸福世界”核心价值观，把扶贫济困作为增强“四个意识”、贯彻共享发展理念、履行央企社会责任的重要实践，以中央所需和群众所盼为方向和目标，确立了电子报国、信息惠民、发展共享的扶贫观，坚持扶贫攻坚与落实国家战略相结合、企业优势与地方发展基础相结合、企业资源与社会资源相结合的扶贫方法论。

（四）组织领导

中国电子党组着力夯实精准扶贫的责任、制度和监督体系，健全完善集团党组、企业党委、挂职干部三级责任体系，强化统筹规划和顶层设计，制定实施《中国电子扶贫攻坚三年规划（2018~2020 年）》《中国电子 2018 年扶贫攻坚工作要点》和《中国电子扶贫资金管理办法》《中国电子扶贫干部管理办法》《中国电子扶贫工作考核办法》等制度措施，深化“专责部门统筹协调 + 成员企业专项帮扶 +‘双扶一馆’平台支撑 + 智慧治理示范应用”扶贫实践，基本形成多维联动、多元帮扶、全员参与的扶贫工作格局。

（五）扶贫规划

中国电子深入贯彻中央《关于打赢脱贫攻坚战三年行动的指导意见》和《乡村振兴战略规划（2018~2022 年）》，制定扶贫攻坚三年规划和年度工作要点，提出要进一步创新帮扶方式，促进脱贫攻坚领域信息化水平提升，帮助贫困地区以信息化手段促进脱贫发展。着力推动智力帮扶、智慧脱贫，探索综合智库支持、扶贫特训、就业创业等功能的扶贫扶智平台建设，帮扶开展贫困村党组织带头人、创业致富带头人和实用技术人才“三支队伍”培训培养，提升带贫减贫效果，深化就业扶贫。着力完善资金筹措、资源整合、利益联结和监督考评机制，以提高脱贫攻坚质量和贫困群众满意度为导向，抓好脱贫摘帽和巩固提升，支撑帮扶县（市）彻底脱贫加快发展。

（六）扶贫成效

自 1994 年以来，中国电子先后派出扶贫挂职干部 11 批 40 余人次，投入帮扶资金逾亿元，实施大批帮扶项目，帮民生、扶经济、促发展，推动脱贫由依

靠“输血”向自我“造血”转变。廿五载艰辛努力，中国电子不断深化绿色扶贫、民生扶贫、“互联网+”扶贫、党建扶贫、就业扶贫、聚力扶贫等多元化的精准扶贫实践，从“直接帮扶”“开发式帮扶”和“智力帮扶”多个层面，为贫困地区脱贫摘帽、加快发展助力鼓劲。集团定点帮扶的陕西镇安、四川阆中、贵州松桃、海南临高 4 县（市）和所属企业结对帮扶的 11 个贫困或欠发达地区，经济社会发展和群众生产生活都发生了明显变化。中国电子被授予“全国扶贫开发先进集体”“中央企业扶贫开发工作先进单位”等荣誉称号，3 名扶贫干部受到国家级表彰。中国电子扶贫工作得到《人民政协报》、《中国报道》杂志、《国资报告》杂志、人民网、新华网、中国网、中国扶贫网等 10 余家主要新闻媒体和国务院扶贫办《扶贫信息》（东西部扶贫协作与定点扶贫专刊）的关注和报道。

（七）扶贫经验

中国电子在扶贫方法上突出“三个坚持”：坚持扶贫攻坚与落实国家战略相结合，围绕实施区域协调发展战略，对接落实产业政策和扶贫政策的“最先一公里”，助力农村一二三产业融合发展；坚持企业优势与地方发展基础相结合，积极挖掘参与精准扶贫的组织管理潜力、技术潜力、人才潜力，着力培育帮扶地区发展动能，加快打通并筑牢脱贫攻坚的“最后一公里”，让贫困群众共享发展成果；坚持企业资源与社会资源相结合，加强与有关部委、兄弟央企及社会力量协作，推动政策对接、资源对接、市场对接，最大限度调动凝聚扶贫合力，提高脱贫攻坚质量。

在扶贫实践上，强化“四个保障”：以组织保障把握扶贫方向，提高政治站位，增强使命担当，确保扶贫攻坚领导到位、规划到位、干部到位、资金到位、督查到位；以能力保障拓宽扶贫路径，“输血造血”并举，深化“互联网+”扶贫，支持贫困地区发展教育、加强基层党建和信息化治理，通过产业转移和吸纳就业帮扶贫困学生和劳动力就近就业、定点就业；以资源保障增强扶贫效力，聚拢帮扶资源引导带动项目，改善贫困地区基础设施和公共服务条件，提高生产经营集约化水平和组织化程度；以机制保障促进脱贫发展，加强督查指导和作风建设，着力构建产业协作发展和收益分享机制，巩固脱贫成果长效机制。

（八）扶贫展望

在脱贫攻坚进入最后攻坚阶段的新形势下，中国电子将切实贯彻落实习近平总书记、李克强总理重要指示批示和胡春华副总理在中央单位定点扶贫工作推进会上的讲话精神，按照国务院扶贫办、国务院国资委部署，紧扣定点帮扶的陕西镇安、四川阆中、贵州松桃、海南临高 4 县（市）2019 年前摘帽、12.5 万贫困人口脱贫目标，进一步加大力度、夯实责任、完善机制、凝聚合力。把提高脱贫质量放在首位，打好产业升级与产业扶贫协同战，积极参与国家扶贫开发信息安全防护体系、大数据平台、统计监测体系等建设任务，加大技能培训和就业脱贫力度，有针对性地组织劳务对接和定向招工，不断扩大就业脱贫覆盖面。注重帮扶的长期效果，切实提高贫困群众获得感，确保到 2020 年帮扶地区和贫困群众同全国一道进入全面小康社会，为实施乡村振兴战略打好基础。

（九）扶贫实践

中国电子是承担定点扶贫任务较重的 21 家央企之一，积极发挥行业、产品、科技、人才和党建优势，因地制宜探索绿色产业、信息化发展、“双扶一馆”平台和美丽乡村建设新模式，把企业资源送进去，推动贫困地区技术带起来、资源活起来、产业强起来、乡村美起来。

1. 让贫困户端上绿色产业、生态扶贫的“金饭碗”

图 1　国务委员、国务院国有企业改革领导小组副组长王勇在国务院国资委主任肖亚庆陪同下视察振华新材料

精准扶贫，产业先行。中国电子践行绿色发展理念，以重点工程为牵引，加强产业培育、特色开发和就业带动，出资 1 亿元入股中央企业贫困地区产业投资基金，旗下企业中国振华自筹资金 20 亿元、借力基金 2 亿元，于 2017 年初在贵州省黔西南州国家级贫困县安龙县落地一项技术达到国际先进水平的新能源电池材料生产项目，投产后两年形成年产 4 万吨生产能力，带动安龙县贫困群众就业 1100 余人，到 2019 年将增加销售收入 50 亿元，贡献税收 1 亿元，增加就业劳动收入 5000 万元以上，极大促进了安龙县"造血发展"。

既要金山银山，也要绿水青山。中国电子所属中电系统发挥生物质能源技术优势，推进农作物秸秆和农林废弃物综合利用。"十三五"期间计划在河北省投产 5 个生物质热电联产项目，为贫困地区及周边地区打造清洁能源全产业链，每年秸秆收购投入超过 4 亿元，吸纳 1 万余农民从事农林废弃物收储运工作，带动至少 2500 名贫困群众脱贫增收。在国家扶贫开发工作重点县河北省行唐县投入 3.4 亿元建成的 35 兆瓦生物质热电项目，年可发电 3 亿度，冬季可为 150 万平方米居住面积提供采暖热量，将减少 20 万吨二氧化碳排放，消耗 30 万吨农林废弃物，给当地农民直接带来近 8000 万元的收入。

图 2　中电系统实施的生物质热电联产项目把绿色发展与脱贫攻坚有机结合，实现了生态保护与生态扶贫双赢

产业升级与就业扶贫双向发力。中国电子所属彩虹集团在革命老区陕西省延安市建设总投资 7.5 亿元、全球最大的全氧燃烧光伏窑炉项目，点火生产初期即招录 228 名贫困家庭子女就业；在长武县建设 1.77 兆瓦农光互补光伏扶贫发电项目，为当地发展特色养殖提供绿色清洁能源，并连续四年拿出电站收益给予枣园村脱贫农户每户每年 1000 元和未脱贫农民每人每年 1000 元的帮扶补贴，将光伏扶贫与贫困地区群众结成紧密的利益联结体。

陕西省镇安县是国家级深度贫困县和秦巴山区连片扶贫开发重点县，"九山半水半分田"，特殊的地理条件使得一方水土难养一方人。中国电子结合县里移民搬迁规划，推动实施"三带四联"（大户带、企业带、"三社"带，联产、联业、联股、联营）产业扶贫，援建 2000 平方米蚕桑扶贫工厂，帮助 300 余贫困群众就地就近就业；着力提高流转土地使用效率，援建 50 个食用菌大棚，带动 100 户 378 人脱贫，人均增收 3200 元。在今年陕西省脱贫攻坚半年绩效考核中，镇安名列全省第二。2018 年底，镇安将实现 90 个贫困村整体退出、46958 人稳定脱贫，成为陕西省首个脱贫摘帽的深度贫困县。

2. 为贫困地区插上精准扶贫的信息化"翅膀"

中国电子积极发挥网信产业国家队综合优势，实施"互联网 +"帮扶模式，推进精准扶贫精准脱贫，让贫困地区的孩子接受现代化教育，让更多困难群众用上信息化产品和服务，助力贫困地区提升基层治理能力和管理水平。

以定点帮扶的海南省临高县为例，9 所镇级中学共有 1247 名建档立卡贫困学生，中国电子由援建电教设施向提高教育水平拓展，由基础教育向高等、职业教育拓展，与政府、中小学、高校、企业合作建设县、乡、村一体化的数字学校，打造城乡教育共同体，实现信息化与教育扶贫相融合。2017 年，临高县顺利通过教育部组织的义务教育均衡发展验收。

图 3　中国长城志愿者给贫困小学孩子们讲授电脑知识

农特产品愁销路，中国电子创建“中国电子扶贫馆”，推进电商扶贫、消费扶贫。联合其他央企共同打造具有公信力的消费扶贫品牌，探索构建“人人愿为、人人可为、人人能为”的聚力扶贫参与机制。电商消费扶贫和央企扶贫馆在“决胜2020”脱贫攻坚展期间受到汪洋、胡春华等党和国家领导同志关注，并进行了在线演示汇报。中国电子通过组织农特产品进电商、进企业、进食堂、进工会、进超市等，贯通供给端与消费端，把央企员工爱心传递给贫困村民，为贫困地区优质农特产品走出深山、走进都市搭建了“快车道”。开馆2个月来，“中国电子扶贫馆”发起的以购代捐“爱心消费”活动，刷新了15家央企扶贫馆销售总额、线上销售额、线下集采额、页面访问量等多项记录，进馆人次突破3万，累计为帮扶地区争取到总交易额逾百万元农特产品消费订单。

图4 中国电子扶贫馆对贫困地区农特产品实现可追溯产地直销，每一笔订单都是农户们追求幸福生活的动力

着眼解决农村信息化落后、农产品销售难、物流运输难等问题，为实现农民办事不出村、商贸不求人、物流有共享，中国电子所属长城网际与湖南省怀化市政府落实精准扶贫和乡村振兴战略，开展农村综合服务平台建设合作，为怀化市193个乡镇、2459个建制村建设运营集党务、村务、政务、电子商务于一体的农村综合服务平台，以公共服务为基础，以电商服务为抓手，以安全服务为后盾，市、县、乡、村四级联动，全面提升农村信息化、数字化水平，让农民享受到科技发展带来的实惠。

图5 长城网际在怀化市建设的联结市、县、乡、村的农村综合服务平台

中国电子还积极探索健康扶贫。所属中电数据承建的陕西省居民电子健康档案系统，实现了全省各级医疗卫生平台无缝对接，惠及包括定点帮扶的镇安县以及富平、延长、延川等全部50个国家级贫困县在内的10833家基层医疗卫生机构和县级以上医院。

3. 建强党建帮扶、骨干培训的“示范窗”

中国电子着力帮带贫困地区建强组织促脱贫、“聚指成拳”图发展，通过强党建扶志、强培训扶智，搭建“双扶”平台，帮助贫困群众转观念、鼓干劲、提技能、促就业，激活脱贫致富动能，使贫困群众的获得感、幸福感不断增强。

中国电子党组既注重经济帮扶，也重视组织重塑、精神重塑。2018年组织160万元特殊党费，为贫困村捐建 16 个“党建扶贫工作站”。这是中国电子以党建带扶贫，深化企业党建信息化产品应用，加强贫困村基层组织阵地建设的又一创新举措，旨在帮带贫困地区“两委”班子和党员发挥战斗堡垒和先锋模范作用，帮助贫困群众摆脱思想贫困、增强脱贫信心、激发内生动力。中国电子党建扶贫工作站逐渐成为贫困村“党员之家”和党支部带领群众脱贫致富的示范窗口。在四川省阆中市，中国电子捐建的 6 个党建扶贫工作站，投入使用半年来已开办农民夜校 30 余场，培训村干部、贫困群众 500 余人次，承办各类会议 50 余次，为留守家庭提供沟通服务近千人次。

农民要致富，关键靠支部。在中国电子的扶贫路上，鲜艳的党旗始终高高飘扬。中国电子立足贵州省松桃县实际，与地方共建“片区党组织”，将组织优势转化为脱贫优势。依托中国电子援助帮带，松桃县围绕产业发展、园区建设，把党组织建在产业链上，建在脱贫攻坚一线，延伸组织服务触角，开展强村、弱村共建，强帮弱、大带小，有效破解支部力量单一、工作薄弱问题，补强了基层党建短板，实现基层组织建设协调发展。派出松桃县甘龙镇麻阳村第一书记前，麻阳村党建几乎处于瘫痪状态，被上级组织评定为“纪律涣散村”，所属中国振华党委从选派驻村干部、打造脱贫骨干、提供基础保障、凝聚民心民力、解决后顾之忧等方面深下功夫，使村党支部真正当好群众的“主心骨”和“领路人”。麻阳村村民说，“现在的村支两委是麻阳村最有希望的村支两委，麻阳村迎来了改变现状的最好机会！”

镇里村上急培训，中国电子协调开发培训课程、安排技术人员驻村指导。结合帮扶地区长远需求和企业所长，中国电子加大智力帮扶力度，为脱贫致富带头人、乡村干部和基层骨干提供培训机会和挂职锻炼岗位，让他们敢想敢干、能干会干，不断激发自我发展的内生动力；大力推动旗下的深科技、中国长城、中电熊猫、彩虹集团、中国振华等先进制造企业，吸纳贫困地区劳动力就业和开展技能扶贫，近五年累计吸收解决贫困地区群众就业逾 5000 人。

图 6 彩虹集团对首批招录的延安革命老区贫困家庭子女进行岗前培训

专家点评

25 年来，中国电子立足行业、聚焦主业，积极探索聚力扶贫机制，不断深化绿色扶贫、民生扶贫、“互联网 +”扶贫、党建扶贫、就业扶贫等精准扶贫实践，以“链接幸福世界”核心理念和“电子报国、信息惠民、发展共享”扶贫观，把建成世界一流企业的向往与百姓对美好生活的向往紧密结合，从直接帮扶到开发式帮扶及智力帮扶多个层面，为贫困地区脱贫摘帽、加快发展助力鼓劲，开辟了扶贫扶智与企业发展相结合的新路径，为全面打赢脱贫攻坚战贡献了央企方案和力量。

——孙家琛 国务院国资委综合局社会责任处干部

第四十六章　河北益康功能材料有限公司

发挥龙头作用，实现精准脱贫

（一）公司简介

河北益康功能材料有限公司是国内功能材料行业大型骨干企业、河北省扶贫龙头企业、高新技术企业、河北省旅游商品定点生产企业，拥有国内外先进的生产和研发设备 800 余台（套）。公司现有资产 2 亿元，员工 380 人，其中专业技术人员 50 余人，中级以上职称 40 人，研发队伍经验丰富、实力雄厚，企业规模和竞争实力逐年增强。公司拥有 1 个研发中心，6 个生产分厂，20 多家合作单位。公司人力资源结构合理、劳动关系和谐稳定、组织结构完善、制度健全，已通过 ISO9001 质量管理体系认证、ISO14001 环境管理体系认证和 OHSAS18001 职业健康安全管理体系认证。

公司年产功能性纺织品 1,000 万平方米，产业用纺织品 4,000 吨，功能性服装 50 万件。产品有十大类 300 多个品种，其中 100 多项新产品填补省内空白，38 项填补国内空白并获得国家专利。多年来畅销世界 60 多个国家和地区，深受用户好评。特别是多功能超细纤维系列产品获国家发明专利，以研制开发早、工艺先进、质量档次高、生产能力大、绿色环保、用途广泛而闻名国内外，先后荣获“河北省优质产品”“河北省名牌产品”“北京国际农业博览会名牌产品”“石家庄优秀旅游商品”等称号。

近年来，公司主动承担扶贫重任，积极参与精准扶贫攻坚战，根据国家产业政策及市场需求，围绕扶贫开发新产品、实施新项目。通过不断调整产品结构，不断进行技术改造，在实现产业扶贫的同时，经济效益逐年递增，保持了良好的发展势头。自主研发的丝瓜络复合纺织品获国家实用新型专利，在保持丝瓜络本身所具有的清洁功能及活血通络、清热保健功能的基础上，增加了花色品种，扩展了应用范围，从而提高了产品的档次和附加值，荣获“石家庄市特色旅游商品”称号及“石家庄市科技进步奖”，被评为国家级新产品。自主研发的大提花玻纤壁布已通过专家鉴定为国家级新产品，该产品以性能优良的玻璃纤维为原料，采用专用编织设备和独特工艺织成，纹理细腻丰富多彩。该产品在高强度、高耐热、阻燃、抗腐蚀、绝缘性好等方面优于传统壁布性能，采用了环保、阻燃、抗腐蚀、透气、隔音的材料，产品性能优于国家装饰材料标准。

（二）扶贫理念

发挥扶贫龙头企业的带动作用，充分利用当地资源，发挥自身技术优势，带动当地农民尽快脱贫致富奔小康。先后开发了科技含量高、附加值高的丝瓜络复合纺织品，丝瓜络清洁，保健用品，丝瓜络生态复合板等丝瓜络系列产品。通过开发这些产品，带动当地贫困地区农民调整产业结构，扩大丝瓜种植，达到增产增收的目的，让丝瓜种植和丝瓜深加工在当地形成特色产业。同时，利用乡村闲置厂房、剩余劳动力，在贫困乡、村创办合资合作加工厂。公司提供加工设备，提供生产技术，与合作厂签订产品收购协议。让农民不出村即可就业，为贫困村民脱贫致富提供了出路。同时，学会了经商办企业，为广大贫困农民增加经济收入，达到精准脱贫的目的。

（三）扶贫历程

2008 年，公司在灵寿县岔头镇、陈庄镇等贫困村推广丝瓜种植，共种丝瓜 50 余亩。公司免费提供种子，提供种植技术，与贫困户签订丝瓜络收购合同等措施，当年收购丝瓜络 5,000 余公斤，投入帮扶资金 20 余万元。

2012 年，公司在灵寿县苗朱乐村、南白石村等贫困村采取公司出设备、村里出厂房的方式，创建扶贫加工厂 5 家，安排贫困村民就业 150 余人，年人均增收 2 万余元。

2015 年，建设扶贫加工厂达 10 家，安排就业人员 160 余人，推广种植丝瓜 300 余亩，辐射带动贫困人口达 1,000 余人，投入帮扶资金 50 余万元。

2016 年，建设扶贫加工厂 15 家，安排贫困村民 250 余人，推广丝瓜种植 500 余亩，带动辐射贫困人口 1,500 余人，投入帮扶资金 100 余万元。

2017 年，扶贫加工厂 20 家，安排贫困村民 500 余人，推广丝瓜种植 600 余亩，带动辐射贫困人口 1,500 余人，投入扶贫资金 200 余万元。同年，与贫困村签订扶贫资金入股协议 20 余份，扶贫资金入股达 200 余万元。

2018 年，创建扶贫加工厂达 24 家，辐射 12 个乡镇，50 余个贫困村，带动和辐射贫困人口达 2,000 余人，签订扶贫资金入股分红协议 2,000 余份，扶贫资金入股预计达 4,000 余万元，预计帮扶资金投入可达 400 余万元。

（四）扶贫实践

1. 完善扶贫工作组织及机制。为了切实做好扶贫项目的实施，公司成立了由总经理为组长的扶贫项目领导小组，并确立一名副总经理主抓扶贫项目。下设 3 个工作组，分别从事丝瓜种植与指导工作，合作厂创建与技术培训工作和贫困户入股与管理工作，并分别制定了工作计划和考核制度。公司扶贫领导小组定时到现场检查和督导，了解贫困户收益情况以及存在的问题和建议，真正达到真扶贫、扶真贫。在推广丝瓜种植上，公司购置产量高、适合于当地气候和土壤的丝瓜优良品种，并选派责任心强的技术人员亲自到现场指导，确保农民增产增收。公司统一签订收购合同，让农户没有后顾之忧。在建设扶贫合作厂项目中，公司主管经理亲自调研，与贫困村村委会共同进行规模设计，因地制宜，根据人口分布情况，制定建设规模。并选派技术人员帮助安装调试设备，进行技术培训，直到生产出合格产品。同时，帮助指导生产管理，以提高效率，增加效益，让合作厂建成一个，成功一个。在实施贫困户入股工作中，公司主管领导与县扶贫办紧密配合，多次到贫困村调查，与村委会共同研究方案，走访贫困户了解实情，从而使各项工作规范有序。

2. 公司发挥自身产品优势和技术优势，利用贫困村闲置房屋和剩余劳动力，与贫困村、贫困户合作办厂。公司派出技术人员、管理人员和质检人员到加工厂提供服务，采取“公司 + 合作厂 + 农户”的扶贫模式，让贫困人员就近就业，使他们学到了技能、学会了经营管理，达到了精准扶贫的目的。

3. 利用灵寿县山区丘陵地理优势种植丝瓜，为贫困户免费提供种子，提供种植技术。公司与农户签订收购协议，采取“公司 + 农户”的模式，使贫困户很好的收益。计划利用三年时间，使丝瓜种植面积达到万亩以上，带动 2,000 余人就业，让丝瓜种植和丝瓜深加工成为灵寿县脱贫致富的特色产业。

4. 对无劳动能力的贫困户和不具备建合作厂条件的贫困村采取扶贫资金入股分红的形式，即“企业 + 村委会 + 贫困户”的模式，解决贫困村、贫困户无脱贫项目的问题。公司与贫困村合作，吸收扶贫专项资金入股，保底分红。既安全无风险，又使专项资金发挥应有的效益，实现了由输血到造血的转变，达到长期稳定脱贫致富。

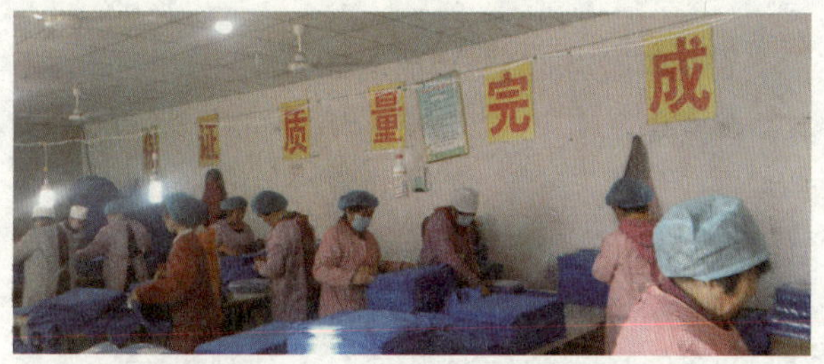

图 1 创建的部分扶贫加工厂

图 2 益康公司领导慰问贫困户

图 3 公司领导带队到县贫困村陈庄镇玉泉庄村帮助种植丝瓜

（五）扶贫成效

目前，创建扶贫加工厂达 24 家，辐射灵寿县 12 个乡镇，50 余个贫困村，推广种植丝瓜 1,000 余亩，带动和辐射贫困人口达 2,000 余人，每年可为贫困村民新增收入 5,000 余万元。

（六）扶贫经验

经过十年来的扶贫实践，益康公司体会到发挥扶贫龙头企业的带动作用是实现精准扶贫的一项重要措施。不仅使贫困地区和贫困村民能够长期受益，而且可以达到双赢。

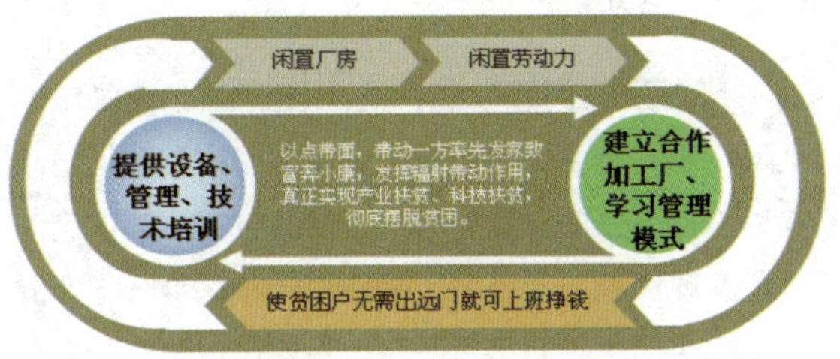

图 4 益康公司合作办厂扶贫模式

（七）相关方评价

益康公司的扶贫模式得到省市县扶贫部门的充分肯定，2016 年再次被认定为省级扶贫龙头企业，目前正在申报省级重点扶贫龙头企业。《河北日报》《河北经济报》分别报道了益康公司扶贫的经验。2018 年 6 月，河北省金融扶贫工作会议在灵寿召开。会上，对益康公司的扶贫模式和经验给予了充分肯定。

（八）扶贫规划

河北益康公司将以更大的胸怀、更高的站位将扶贫工作做得更好，继续创新扶贫模式，让投资收益最大化，让产业扶贫规范化，让农产品深加工规模化，让企业与扶贫事业共同成长。未来三年，公司将利用国家的扶贫政策，将企业推向资本市场，让全县贫困村、贫困户享受红利，争取更大更快地发展，脱贫致富步入小康社会。

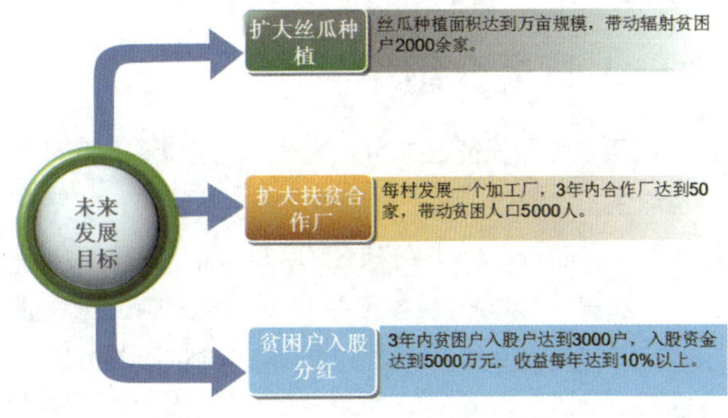

图 5 扶贫规划

专家点评

河北益康功能材料有限公司的扶贫工作，是民营企业通过创新发展实现了“企业和群众双赢”“扶贫工作与经济发展双受益”的典型。通过盘活贫困地区土地、闲置厂房、剩余劳动力等资源禀赋，运用公司 + 农户、商贸扶贫、就业扶贫、资产收益扶贫、公益扶贫等多种途径带动农民增收，切实构建起了脱贫长效机制，充分体现了民营企业扶贫的特色和优势。

——郭锋 全国工商联扶贫与社会服务部扶贫工作处处长

第四十七章　红原牦牛乳业有限责任公司
龙头带动八方联动产业扶贫

为深入贯彻落实党中央、国务院《关于打赢脱贫攻坚战的决定》和习近平总书记关于四川脱贫攻坚工作的重要指示精神及省委关于脱贫攻坚工作的决策部署和总体要求，近年来，红原牦牛乳业公司以四川省阿坝州藏族羌族自治州红原县为中心，探索出一条牦牛产业“龙头带动八方联动”具有牧区特色的精准扶贫举措。

（一）背景介绍

红原是红军长征走过的大草原，地处长江、黄河上游重点生态功能区，属于高原藏区深度贫困县，幅员面积8400平方千米，平均海拔3600米，辖5镇6乡，4.9万人，藏族占84%，农牧民占78%；是国家现代农业示范区、四川省连续二轮现代草原畜牧业试点示范县和湿地保护试点县。

1. 红原县贫困发生率高、程度深，产业脱贫路径少

红原县集革命老区、民族地区、贫困地区、生态保护区、地方病高发区于一体，属于典型的“老少边贫病高”地区，全县33个村中有贫困村13个，建档立卡贫困户1344户5090人，贫困发生率达13.67%，具有贫困发生率高、程度深等特征，是脱贫攻坚的难点和痛点。由于地处川西高原阿坝州，属国家生态功能重点区域，因自然条件和气候的限制，无法开展大规模的现代种植生产，发展现代化工业又会对青藏高原造成不可挽回的污染，尤其红原县作为阿坝州唯一纯牧区县，产业极度单一，主要依靠牦牛资源发展经济，因此可选择的产业脱贫路径相对较少。

2. 红原县拥有得天独厚的牦牛产业资源优势

牦牛是一种经过几百万年优胜劣汰自然进化而来的古老而强大的冰期物种，牦牛奶营养价值极高，被营养专家称为奶品中的“营养冠军”。全球仅存1700万头牦牛，其中95%的牦牛生长在我国青藏高原地区，以红原为中心的周围300千米的川、甘、青3省16县是世界牦牛集中度最高地区，拥有绝对的垄断优势、可形成牦牛乳制品产业化生产的地区，拥有牦牛400万头，仅红原县就拥有40万余头，每年可供奶源3万吨，牦牛奶资源潜力充足。

牦牛产业是牧民赖以生存的主要产业，也是红原县乃至阿坝州的特色优势产业，一直是国家和四川省政府的扶贫重点。2015年1月，红原县被农业部认定为第三批国家现代农业示范区，是四川省牧区唯一、西北牧区首个国家现代农业示范区，也是四川省政府两度确定全省唯一的现代草原畜牧业试点示范县。因此，充分发挥牦牛资源优势进行产业扶贫是红原县脱贫攻坚的根本出路。

（二）扶贫实践与扶贫成效

红原牦牛乳业有限责任公司的创建源于帮助当地牧民增收致富的初衷，1956年由已故藏族著名爱国人士六世贡唐仓·丹贝旺旭活佛在党和国家的支持和关怀下筹资创建。公司历经60年的发展，尤其是成为国家重点扶贫龙头企业和农业产业化国家重点龙头企业以来，不忘初心，以扶贫为己任，贴近牧民生活，多角度、多措施对当地贫困牧户及低收入牧户进行扶持，带领藏区牧民脱贫奔康。

1. 坚持扩大扶贫范围，建立稳固收奶体系

为了辐射更多受益牧民，红原牦牛乳业与美国农业巨头Land O′lakes公司、瑞典利乐公司合作，从选址建厂、设备建造到加工生产线，全线引进国际先进乳制品生产体系，建成全球首个高原牦牛乳制品生产工厂，成为生产能力达10万吨的全国最大的牦牛乳制品加工企业。

图 1 红原牦牛乳业工厂全貌

图 2 移动奶站

红原虽然拥有原始纯净的草原环境，但其地貌是山原向丘状高原过渡的典型特征，牧民的交通、生活都非常不便。红原牦牛乳业成立筑路队，修建乡村纵横交错奶源路 327 千米，全县设立 54 个移动奶站和 2 个中心奶站，深入草原深处，贴近牧民牦牛放养点，确保牧民在挤奶后 2 小时内把牦牛奶交到采奶平台，全县牧民交售鲜奶的范围也从 30% 提高到 90%。通过建立稳固的收奶体系，既保证了奶源的安全和新鲜，同时也方便了牧民们的生活。

图 3 牧民在交售鲜奶

2. 坚持收奶价格保护，保证牧民稳步增收

为保护牧民利益，红原牦牛乳业一直坚持的高于全国平均水平的保护价格收购鲜奶。从 2011 年以来，公司鲜奶收购价格的涨幅达 112%，并且均为国家同期平均鲜奶收购价格的 2-3 倍，最大程度保证了藏区牧民的收入稳步上升。

同时，红原牦牛乳业全力构建“企业 + 农户”产业链，与 6000 余户牧户签约收购鲜奶，支付鲜奶款超过 1.3 亿元。红原县在册贫困户 1344 户，交奶贫困户 353 户，占在册贫困户的 26.2%，每年累计支付建档立卡贫困户奶款 170 余万元，户年均增收 4800 余元，有效帮助在册贫困户精准脱贫。

图 4 给牧民发放奶款

3. 坚持培养技能人才，助力彻底稳定脱贫

为确保贫困人口稳定脱贫，红原牦牛乳业从根源入手，通过提供贫困儿童教育经费、劳动力技能培训与就业帮扶等多种形式实施教育扶贫。

加大专业职业院校合作力度，出资将当地牧民子弟有计划地派往学校进行系统职业教育培训，使其拥有一技之长，公司吸纳牧区劳动力 460 余人，占全县就业人员的 1/7，其中：少数民族员工 454 人，人年均收入 2.4 万元。完成红原地区 2000 人以上农牧民清洁采集牦牛奶技术培训，以及移动采奶站工作人员约 200 人的技能培训，进一步提升工作人员的专业技能。

（三）龙头带动八方联动扶贫模式

红原牦牛乳业的扶贫实践与成效得到了国家、省、州、县各级领导给予的高度重视和关心，公司被国务院扶贫办授予“国家重点扶贫龙头企业”、获评“阿坝州‘万企帮万村’精准扶贫行动先进单位”。2017 年，全国人大副委员长、原四川省委书记王东明作出重要批示：“在藏区因地制宜发展牦牛产业，对于精准脱贫、民生改善、和谐稳定等方面具有重要意义，要鼓励并加强指导、帮助。”

1. 构建龙头带动八方联动扶贫机制

红原牦牛乳业公司产生的带动能力、生产能力、科技能力、市场能力、奶源能力，具备了在阿坝牧区承担龙头企业带动效应的能力。为此，阿坝州委州政府依托红原牦牛乳业现有产业扶贫实践进行拓展，联合中国扶贫开发协会和四川省扶贫基金会，2017~2020 年，共同实施“阿坝牦牛产业精准脱贫工程”，充分发挥红原牦牛乳业带动效应，辐射阿坝州牧区四县 2.8 万户建档立卡贫困户和低收入牧户，年产业收入达 2 万元以上，确保到 2020 年全面脱贫奔小康。

“阿坝牦牛产业精准脱贫工程”创新采用八方联动模式，以牦牛产业为突破口，以产业龙头红原牦牛乳业为核心带动，以贫困牧户脱贫为目标，以产业扶贫为手段，将政府、企业、贫困人口、银行、保险、专项基金、科研机构以及对口帮扶方八方整合联动，汇聚成强大活力，推动贫困人口脱贫奔康。

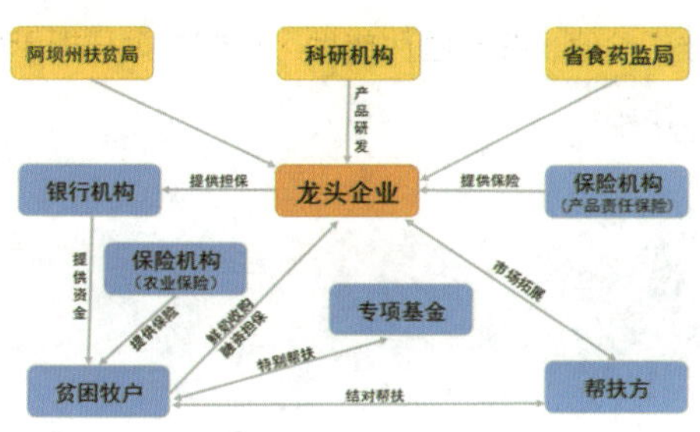

图 5 “阿坝牦牛产业精准脱贫工程”八方联动模式

该模式的运作机制具体如下：红原牦牛乳业负责贫困牧户鲜奶的收购，同时为他们提供融资担保；银行负责向贫困农户提供牦牛养殖急需的资金；保险机构向牧户和企业提供畜牧业生产保险和产品质量保险；专项资金负责对贫困牧户实施特别帮扶；对口帮扶方协助红原牦牛乳业进行市场拓展；科研机构负责红原牦牛乳业产品研发；政府相关部门负责对企业进行社会监督，各个方面环环相扣，协调配合，整体推进。

2. 八方联动产业扶贫模式成效

红原县达格龙村村民甲央旦真说：“对于养牦牛的困难家庭来说，这是脱贫的最好方式。因为国家有补贴了，牦牛都投了保，现在养牦牛也不怕牛死了。”红原县热坤村村民泽旺措说：“通过国家的相关政策，我们家买了六七头牦牛，牛奶卖了不少钱，对我们家三个读书的孩子帮助很大。”

在工程实施过程中，打通了原有扶贫过程中的难点，政府、社会团体、帮扶单位、金融机构、龙头企业以契约形式实现纵横联动，有机配合，良性互动；奶源户、奶源体系、金融扶持和保险机制的构建也形成了安全的产业链条关系。八方联动工程通过创新实践了社会扶贫机制，确保贫困牧户长期、持续增收，稳定脱贫、绝不返贫。

（四）经验与推广价值

红原牦牛乳业在完善基础设施建设和扩大产业规模基础上，更多辐射贫困牧民，以科技提升产品价值树立品牌形象，联合社会多方力量等多项举措激发脱贫攻坚的强大活力，不仅实现了牧民脱贫增收，更带动草原畜牧业可持续发展；不仅顾及当下的脱贫攻坚，更致力于提升脱贫奔康的长远动力；不只聚焦贫困牧民，更着眼于民族地区的长远发展，具有较高的推广价值与示范效应。

1. 通过产业升级，提升扶贫能力

红原牦牛乳业通过优化升级加工设备，加强牧区奶源建设，扩大产业规模。目前，红原牦牛乳业已具备年处理鲜奶 10 万吨的能力。如果满负荷生产，可实现产值 25 亿元，实现利税 8.6 亿元以上，税收 2.2 亿元以上，新增就业岗位 1500 个，覆盖川、甘、青三省交界地区 16 个县，直接受益的牧民达 4 万余户。

2. 坚持生态为本，立足产业可持续

红原牦牛乳业在带动藏牧民发展时，科学规划、稳步推进牦牛产业化项目，以最大程度保护和优化当地生态环境，通过大力发展草地生态牧业和产业化经营，真正实现由掠夺式经营向可持续发展转变、原料生产型向精深加工型转变、数量型向高质量高产出高效益转变、传统粗放型经营向标准化生产转变的“四个转变”，最终形成草业、牧业、加工业、产品销售共同可持续发展的有利局面，为藏区彻底脱贫、长远致富打下基础。通

过生产高品质牦牛乳制品，创造高附加值，用以支撑自然资源的保护、扶持牧民的增产增收，同时维护企业的正常运营，并形成良性循环。

3. 挖掘资源潜力，提升产品价值

依靠得天独厚的牦牛资源，红原牦牛乳业以全球首位由中美联合培养的牦牛博士为核心，组建了一支专业科研团队，为红原牦牛乳业的科学研究和战略发展提供服务，并先后与美国威斯康星大学、中国医学科学院与中国协和医科大学成立的药用植物研究所、浙江大学、中山大学、四川大学等全国顶尖的科研机构和院校合作，不断挖掘和提升牦牛的资源价值。

依托红原当地的优质自然条件与牦牛乳品资源，同时采用国际先进的科学技术、管理技术、加工技术，利用世界最高端的乳制品研究机构开发出世界顶级品质的牦牛乳制品。红原牦牛奶粉是国内唯一同时获得中国、美国、欧盟三大权威有机产品认证的乳制品，也是首个获得国家地理标志保护产品的乳制品。

4. 发挥带动效应，联动脱贫攻坚

产业扶贫是以市场为导向、经济效益为中心、产业发展为杠杆的扶贫开发过程，因此在产业扶贫中要充分发挥当地优势产业中龙头企业的带动效应，形成内生发展机制，促进贫困户与贫困区域协同发展，根植发展基因，激活发展动力。

红原牦牛乳业通过政府协调引导，联动社会各方，既可以带动广大牧民加快走上专业化、规模化、标准化的健康养殖之路，大幅提高基层牧民组织化程度，催化牦牛奶产业的生命力和巨大发展潜力，又进一步激活草原畜牧产业，补齐区域发展短板，实现牧民增收和草原畜牧业可持续发展的双重目标，不仅在青藏高原其他牧区具有推广价值，在全国民族地区也能发挥样板示范和辐射带动作用。

专家点评

企业如何在扶贫中结合自身的优势，做到“综合中有特色”，是能否实现扶贫工作可持续性的重要因素。红原牦牛乳业在扶贫工作中积极探索产业扶贫的发展模式，构建龙头带动八方联动扶贫机制，综合利用政府、社会团体、帮扶单位、金融机构、龙头企业等多方力量全面推动扶贫工作，形成了有特色的、可持续性的扶贫模式。这种结合主营业务开展起来的扶贫工作，可以通过机制化投入、资源整合或扶贫项目市场化运作确保扶贫资金来源稳定，保证了扶贫工作的可持续性。产业扶贫作为“造血式扶贫”的重要方式已经逐渐成为扶贫企业的主要发展方向，而这种扶贫方式在很大程度上可以与我国的乡村振兴战略相结合，为我国贫困地区在后扶贫时代的进一步发展奠定了基础。

——郑风田 中国人民大学农业与农村发展学院副院长

第四十八章　北京德青源农业科技股份有限公司
给贫困群众一只会下金蛋的鸡

为贯彻落实习总书记关于扶贫开发“四个切实”“六个精准”的要求，坚决打赢脱贫攻坚战，在国务院扶贫办、发改委、财政部、农业部的大力支持下，北京德青源农业科技股份有限公司（以下简称德青源），以蛋鸡产业为抓手，在国家扶贫政策、资金的支持下，通过市场化运作，在河北威县大胆探索资产收益扶贫新模式，实施德青源金鸡产业扶贫项目，并已成功在河北、西藏、河南、贵州、安徽、山西、陕西、重庆、湖北、内蒙、云南、广西等 14 省的 31 个贫困县实现项目复制，扶贫工作已取得初步成效。现将金鸡产业扶贫模式总结如下：

图 1　金鸡产业扶贫项目全景

（一）标准模式

德青源把发展蛋鸡产业作为打赢脱贫攻坚战的重要抓手，依托贫困县财政资金和金融杠杆，结合当地扶贫开发实际，探索出一套创新的产业扶贫模式：贫困县政府设立资产公司，整合涉农资金 1.25 亿元，再加上贷款 1.25 亿元，建设一个蛋鸡产业园；德青源集团在贫困县设立运营公司，投资 1.25 亿元流动资金并输入技术、品牌、管理和人才。项目建成后，由德青源租赁经营，每年按照固定资产投资总额支付 10% 租金，还本付息后的剩余金额，用于贫困县的扶贫开发事业。贫困群众既成为德青源的主要扶贫对象，又成为蛋鸡产业园的重要用工来源。

（二）操作办法

作为扶贫攻坚的主体，贫困县成立金鸡项目领导小组，县委书记作为项目第一责任人，动员部署，统一思想，协调任务落实，调动扶贫工作队和有关乡镇党委书记，贯彻“片为重点、工作到村、扶贫到户”的工作机制，操作程序如下：

1. 整合下放。贫困县整合到县涉农财政专项资金 1.25 亿元，依据金鸡项目周边重点贫困村、贫困人口的数量，确定资金分配下放方案；再以乡镇主导管理的贫困户专业合作社为对公单位，把资金集中下放到各合作社。

2. 精准识别。按照精准识别的工作要求，在金鸡项目所在重点贫困村，通过建档立卡“回头看”的排队、评议、公示、审核程序，筛选出 7000 位贫困群众，分别加入各村级蛋鸡合作社，参与金鸡产业扶贫项目。

3. 折股量化。贫困县 1.25 亿元整合资金集中下放到合作社后，按照人均 17857 元折股量化，做成虚拟股权向每个贫困群众虚拟配股，贫困群众享有虚拟股权和实际收益权。在征得贫困群众同意的基础上，股金作为合作社的资本金投入金鸡项目。

4. 集中投放。以合作社为单位，把本社贫困人口拥有股权的资本金，集中投放到县平台公司，委托县平台公司统一管理使用，作为专项资本金运作，按季度分红。

5. 配套贷款。平台公司用各合作社入的 1.25 亿元股资本金，按照 1:1 的杠杆率向银行贷款 1.25 亿元，以政府购买服务搭建信用结构，按照基准利率（4.9%）给予项目 15 年长期贷款。

6. 项目建设。2.5 亿元项目资金全部到位后，平台公司按照德青源标准建设“六厂（场）一区”（青年鸡场、产蛋鸡场、饲料厂、屠宰场、沼气厂、食品厂、生活服务区）。

7. 租赁经营。项目建成后，德青源公司将固定资产租赁下来，租期 15 年，每年按照固定资产投资总额的 10% 分季度缴纳租金。德青源再配套投入 1.25 亿元用于生物资产和流动资金，进行项目经营。租赁期满后，可续租也可按残值收购固定资产。

8. 分享红利。平台公司出租固定资产每年所取得的 2500 万元租金收入，先偿还金融机构本息，剩余 1062 万元按照虚拟股权进行分配给各合作社，用于村级带贫机制。

（三）带贫机制

贫困县在金鸡项目覆盖的重点贫困村设立公益岗，将 1062 万元租金收益，按劳取酬设定标准日工，并通过蛋鸡产业园和关联产业提供稳定的采购订单，带动贫困群众通过劳动致富。

1. 收益带动脱贫

德青源每年向平台公司支付租金 2500 万元，平台公司还本付息之后剩余金额 1062 万元，以入资比例分配给各合作社，合作社按照每人每天 50 元的收入标准，每年设立 212400 个标准日工，从事公益岗（包含村级环卫、安保和护工等岗位）劳动，并以补差原则核定工时，按劳取酬，让有劳动能力的贫困群众通过力所能及的劳动创造收入实现脱贫。

图 2 河北威县金鸡产业扶贫项目投产暨租金交付仪式

2. 就业带动脱贫

金鸡产业园可创造 800 个就业岗位，一是专设爱心岗 150 个，专门招收建档立卡贫困群众，从事保安、保洁、保绿、门卫等低技术要求的岗位，组织贫困群众通过劳动创收；二是专业技术岗 650 个，面向全社会招聘，贯彻建档立卡贫困群众优先原则，鼓励通过技术培训的致富带头人，在企业从事技术管理岗位，通过智慧和劳动获取市场化的薪资。

图 3 壳蛋加工厂工人工作现场

3. 关联产业带动脱贫

金鸡产业园可通过上下游关联产业为贫困县提供稳定的采购订单，带动村集体经济发展。一是物流订单，金鸡产业园每年物流运力达到 30 万吨（约 1500 万元采购订单），涉及大宗原料、小原辅料、包装材料、蛋肉产品、畜禽粪污等类别，各贫困县通过物流合作社与德青源签订服务合同，以市场化价格承接物流生意；二是金鸡产业园每年需求包材 3000 万套（约 2000 万元采购订单），涉及纸箱、纸盒、蛋托、砧板等类别，各贫困县通过包装合作社与德青源签订采购合同，以市场化价格承接包装生意；三是玉米订单，贫困县通过种植合作社与德青源签订采购合同，带动当地的绿色玉米种植。

（四）项目意义

1. 抓住产业扶贫项目痛点

德青源在贫困县发展适合当地特色的蛋鸡产业项目，切实抓住了产业扶贫的四大痛点：一是快，项目建设周期短，贫困群众 6 个月就能拿到收益；二是稳，贫困群众不承担经营风险，由金鸡项目运营公司承担；三是长，贫困群众可获得 15 年长期稳定收益，期间不会返贫；四是清，金鸡项目对环境友好，并进一步实现了废弃物的资源化利用。

2. 探索出标准化商业模式

德青源通过总结威县项目试点经验，探索出一种可复制的商业模式：贫困县成立资产公司，投入固定资产，享有所有权；龙头企业成立运营公司，投入流动资金并输出品牌、市场、管理、技术，享有经营权；贫困群众组成经济合作社，投入土地和劳动力，享有收益权。金鸡项目通过政、企、农的三权分置，探索出了一套龙头企业在贫困地区发展产业带动群众脱贫致富的商业模式。

3. 实现了“四个带动”

一是带动精准扶贫，德青源创造了金鸡产业扶贫模式，以蛋鸡产业为抓手，在国家扶贫政策、资金的支持下，标准化运作，市场化经营，通过收益和就业带动贫困群众精准脱贫；二是带动产业升级，德青源金鸡产业园采取 “蛋鸡养殖、蛋品加工、能源和物流服务”一体化的三产融合模式，带动贫困县实现了从原始农业到现代农业的跨越式发展；三是带动食品安全，德青源通过全产业链管理体系彻底解决鸡蛋的食品安全问题，通过农业供给侧改革把贫困县打造成优质农产品的供应基地，在推动区域市场消费升级的同时带动产城融合发展；四是带动绿色发展，德青源将农村的畜禽粪污和秸秆两大废弃物转化成清洁能源和有机肥，既解决了传统养殖场难以克服的面源污染问题，也带动了贫困地区美丽乡村和新城镇建设。

专家点评

北京德青源农业科技股份公司专注主业，将现代化养殖技术与精准扶贫有机结合，通过整合下放、精准识别、折股量化、集中投放、配套贷款、项目建设、租赁经营、分享红利模式，形成政府专项扶贫、企业社会扶贫和群众内生动力扶贫的合力，帮扶精准、带动面广，为广大农产业相关企业探索了一条有效精准扶贫途径。

——郭锋 全国工商联扶贫与社会服务部扶贫工作处处长

第四十九章 中国银行中益善源（北京）科技有限公司精准扶贫共享平台——从“公益中行”到“公益中国”

小林是中国银行某分行 2017 年入职的一名新员工，工作不久，赶上了国庆节单位发福利，她惊奇地发现，跟她同样在央企工作的父母不同，单位工会并没有发节日慰问品，而是通过手机短信发给她一个“扶贫码”，让她到“公益中行”APP 上去购买中国银行定点扶贫县的农产品。通过这次消费，小林才知道，原来自己所在的中国银行承担有定点扶贫任务，在“公益中行”平台上，她看到贫困县其实也有不少优质的农产品可以购买，从事金融工作的她第一次觉得自己也是在为国家的脱贫攻坚战尽一份力量。

这个平台，是中国银行运用“互联网 + 扶贫”思维，融合公益理念、市场力量、政府支持、金融服务、区块链技术所开发的精准扶贫农产品产销对接平台。

（一）平台的诞生背景

按照国务院扶贫开发工作部署，自 2002 年以来，中国银行一直定点帮扶陕西省咸阳市的永寿、长武、旬邑、淳化四个县（简称“北四县”）。这四个县位于渭北旱原，沟壑连绵，革命战争年代是陕甘宁边区的南大门，邓小平、习仲勋、刘志丹等老一辈革命家曾在这里生活、工作和战斗，是一片红色的土地。在扶贫工作中，中行人发现，这个地区的苹果、核桃、小米、绿豆等质量很好，但由于交通、物流等条件的局限，销路一直不畅。那些曾经为新中国的诞生作出贡献的老乡们和他们的后代，一年到头辛苦劳作却无法摆脱贫困。针对这个问题，总行党委决定发挥互联网的优势，举全行之力，通过网上的扶贫消费来解决当地农产品产销对接难题。“公益中行”精准扶贫平台于 2016 年 10 月应运而生。

平台以手机 APP 形式运行，中国银行党委发动本系统职工全部注册为平台用户，并鼓励大家积极发展更多的社会爱心人士，同时把中国银行定点帮扶的“北四县”农产品组织放入平台展示销售，通过员工的线上下单购买和中行系统的单位集中采购，促进“北四县”农产品的销售，从而带动当地的贫困户脱贫致富。

“公益中行”平台在试点推广基础上于 2017 年 4 月正式上线，在总行党委的要求下，全系统积极响应，在提升贫困地区农产品销售方面成效显著。半年时间里，注册用户超过了 100 万人，扶贫消费金额超过 5000 万元。同时，中国银行出资 1.74 亿元成立中益善源（北京）科技有限公司，组建专业团队，专门负责平台的技术支持和内容运营。目前，公司有近 70 人的技术团队，包括产品、设计、研发、测试、大数据及区块链等方面的专业人员。运营团队 50 多人，具有年轻化、知识化、专业化的特点，70% 成员为 90 后，具有硕士、博士学位的过半，团队成员熟悉线上、线下各渠道的运营，保证了平台的稳定运行。

（二）平台的功能和特点

平台共分四个主要模块，具有不同的功能属性。

一是“大爱超市”，顾名思义，是贫困地区农产品快捷上行通道及助销渠道，销售主体包括贫困户和贫困地区的中小型农业企业、农民合作社等。他们以脱贫助理人的身份在平台发挥龙头作用，带动贫困户自营增收。

二是“单位集采”，针对政府和企业客户，可以完成大宗商品集中采购，可满足单位的食堂采购、福利采购、生产资料以及营销物料采购等需求。

三是“善源公益”，为贫困地区因地制宜地设计公益项目，可以发布众筹和个人救助项目，还可以组织干部职工通过“一起志愿”子平台参与线上、线下的扶贫志愿服务活动。2018 年 3 月，“善源公益”获得了民政部颁发的慈善组织互联网公开募捐信息平台资质，成为全国拥有该资质的 21 家平台之一。这意味着全国 1326 家具有公开募捐资格的慈善组织可以选择“善源公益”平台发布募捐信息，平台汇集社会力量参与消费扶贫的能力得到了进一步的提升。

四是“积分商城”，这是平台的回馈机制。帮扶人在“大爱超市”和“单位集采”的扶贫消费会产生公益积分，积分可用于兑换特色文创产品。

平台有以下几个特点：

一是实现了产销精准对接。平台的一端是中行的员工、客户等，通过组织动员，注册成为用户，目前已有 160 万人；另一端是中行定点扶贫地区的贫困户和当地的农产品，通过挂职干部和地方政府的共同努力，把这些农产品组织放入平台进行销售，从而实现了帮扶端购买力和供给端产品的线上精准对接。为加大消费扶贫力度，平台还开发了定制电子扶贫码的功能，中行系统各单位的节日员工福利，从传统的工会采购节日慰问品，变成了员工手机上收到的一串代表一定金额可在平台上消费的扶贫码，从而将员工福利赋予了扶贫属性。平台还可以提供食堂、生产资料、营销物料等集中采购服务，将集中采购也与消费扶贫结合了起来。

二是数据管理透明精准。平台采用区块链技术，所有消费数据均被记录，公开透明、不可篡改，并支持后台管理查询，可作为扶贫考核报告的依据。按照精准到贫困户的扶贫思路，平台与当地政府合作，将建档立卡贫困户的个人资料批量录入后台作为铺底数据。用户在平台上实名注册后，就可以看到贫困群众的有关信息，每一笔消费都与帮扶到的贫困户相关联，还可以选择贫困户进行长期的定向帮扶。这样在数据的管理上，平台也相应实现了精准到贫困户，精准到帮扶侧的爱心力量，精准到消费扶贫的全过程。

三是帮扶模式有创新。平台积极鼓励有产品的贫困户以自营模式入驻平台。对于缺乏上网条件、无法组织产品上线或无产品可卖的贫困户，平台又创新了脱贫助理人制度，即由当地政府推荐，优选当地具有法人资格的农业企业或农民生产合作社作为脱贫助理人。脱贫助理人通过收购贫困农户的产品、租用他们的生产资料或雇佣劳动力，对农产品统一组织、统一包装、统一品牌、统一售价，利用贫困户的销售配额在平台进行产品销售，并通过平台绑定的账户在线把利润分配给贫困户，从而形成了“贫困户自营 + 助理人帮扶 + 政府支持”的扶贫新模式。

四是平台复制方便快捷。平台采用基于 VPC（Windows Virtual PC 的简称，也叫微软虚拟机，是一款微软虚拟化软件，使用此技术在一台计算机上同时运行多个操作系统）的阿里云平台，可根据需要动态虚拟出若干个虚拟路由器和交换机，用于扩展出新的子网，且不影响原有网段和节点的正常运行。因此，平台可配置以不同单位名称命名的“公益 XX”子平台。

正是因为这个特点，在中央电视台、人民日报等主流媒体对“公益中行”平台进行报道后，一些同中行一样承担定点扶贫任务的国家机关、企业和地方政府陆续提出要加入这个平台，开展定向的消费扶贫。中益善源公司发挥技术研发优势，为这些单位开发个性化的子平台并提供日常的运营维护服务，平台 APP 相应更名为“公益中国”。

图 1 “公益中国”手机 APP 平台首页

图 2 “公益中国”子平台“公益中行”

（三）平台的作用与成效

“公益中行”平台助力当地贫困户脱贫，一部分是靠贫困户的自营，但多数主要是靠脱贫助理人企业的带动。淳化县的大学生村官刘坤，就是“公益中行”平台的一名脱贫助理人。2016 年底，“公益中行”试运行上线，他负责把 30 多个贫困户的信息上传到平台。由于在平台上推广展示的需要，刘坤还要负责指导 10 家贫困户如何拍摄产品图片，如苹果在施肥、开花、结果、采摘过程中，每个环节都需要照片。最后，农户把照片集合在一起，由刘坤帮忙进行剪裁处理并上传，让平台上的消费者更加直观地了解农产品的生长场景。如果有帮扶方的顾客来电咨询，但农户不会说普通话，刘坤也要帮忙接听。

2017 年 9 月，刘坤注册了淳化乡里娃生态农业有限公司，帮助零散的农户销售实现规模效应，降低物流成本。以苹果为例，通常 6 千克一箱，每箱售价 60 元左右，农户自己找物流公司去小镇发货的费用为 12 元 / 箱，而通过淳化乡里娃生态农业有限公司发货，则为 8~10 元 / 箱。

平台注重从以下五个方面对脱贫助理人进行培育：通过当地政府筛选脱贫助理人，组织定点帮扶地区产品上线；利用积分制管理，对脱贫助理人进行持续培训、动态化管理；充分发挥脱贫理人的助手作用，优先收购贫困户农产品，不断带动贫困户自营；发挥脱贫助理人协会作用，强化行业自律，严格控制产品质量和价格；组织协会与物流企业加强合作，降低物流成本。目前，“北四县”在平台的脱贫助理人企业有 220 个。

平台对于贫困户的帮扶成效主要体现在：

第一，通过网上售卖产品增加收入，改善生活条件。目前通过平台脱贫的农户基本都是依靠产品的网上销售提高了家庭收入。“北四县”在平台上已有 457 家自营户。刘坤所在的官庄镇沟渠头村，一年多来，贫困户家庭已经由 30 家减少到 5 家。

第二，贫困农户可以优先加入到助理人企业，争取得到果实分拣、质量保证、产品推广等劳动岗位，实现就业。比如陕西旬邑县的脱贫助理人张爱玲，作为法人，经营着旬邑富硒农特产农民专业合作社联合社，主要从事有机富硒苹果产业，经营范围涉及种植、收购、冷藏、技术、服务、品牌建设一体化等，长期雇佣本地 4 位贫困户，临时工则有 20 多位。

第三，也是最重要的一点，是思维和认识的改变，贫困农户通过“公益中行”网络平台看到，不仅水果可以销售，其他的产品也同样卖得很好，这改变了他们传统的固守农田的旧思维，视野更加开阔。现在，一部分尝到甜头的农户又从网上销售原生态水果往前迈了一步——利用平台销售获得的“第一桶金”，购买生产资料，如采购石磨设备、拖拉机等，进行农产品的再加工和销售，同时扩大再生产。

据不完全统计，截至 2018 年 8 月底，“北四县”农产品的销售额从 2016 年底平台刚开通时的 102.5 万元增加到了 7700 多万元；当地有 201 家中小企业在平台上培育并得到发展。在平台的带动下，“北四县”农产品附加值也得以提升。以苹果为例，从平台建立前的 1.8 元 / 斤左右，上升至 2017 年的 2.5 元 / 斤左右，还帮助创立了苹果品牌“马栏红”，这是中国银行把自己的 LOGO 印在外包装上的唯一一款农产品。同时，农产品的大量外销还撬动了采摘、加工、包装、运输等全产业链条发展，创造了一批就业岗位。一些外地打工返乡青年、复转军人纷纷成为脱贫助理人，不出远门就能在家乡实现再就业。

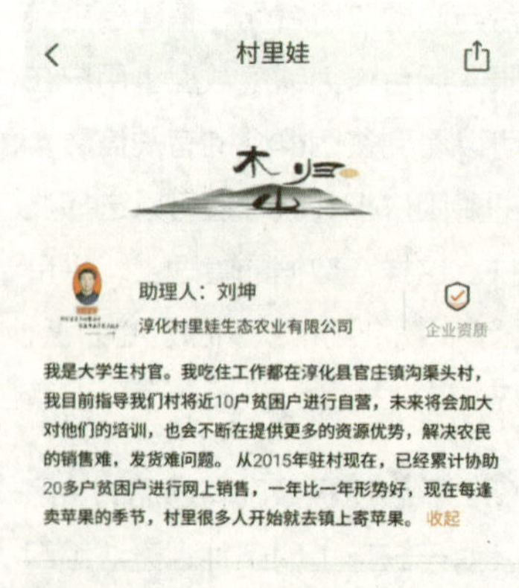

图 3 “公益中国”平台脱贫助理人企业信息

图 4 “公益中国”平台贫困地区帮扶信息

（四）平台公益联盟的运营情况

如前所述，“公益中行”的情况经媒体报道后，一些部委、央企和地方政府也提出要使用这个平台，希望利用平台的可复制性，在本单位或本地区开展全员式的消费扶贫。目前，除中国银行外，平台已陆续入驻全国人大机关（“公益人大”）、黑龙江（“公益龙江”）、天津（“公益天津”）、国电集团（“公益国电”）等22家单位和地方政府。

原中国国电集团是第一个加入平台的单位。该单位定点扶贫内蒙古宁城、山西右玉、青海曲麻莱三县。2017年9月14日，国电集团公司在本部召开“公益国电”精准扶贫平台启动仪式暨上线动员会，会上集团领导宣读了精准扶贫倡议书，本部各部门负责人及有关人员在主会场参会，所属单位党政、职能部门主要负责人及职工代表在各分会场参会，发动全系统员工注册并组织各单位将集中采购、员工福利等通过“公益国电”实现。一年来，已累计大额集中采购近2000次。截至2018年8月底，“公益国电”已累计上线脱贫助理人60位，产品300余件，组织帮扶力量10.7万人，扶贫消费金额近1047万元。随着国电集团与神华集团合并重组，新组建的国家能源投资集团有限责任公司，总员工人数将超过30万人，通过后续的进一步推广运营，“公益国电”（暂用原名）的入驻用户和扶贫销售将会随之增长。

全国人大机关定点帮扶内蒙古太仆寺旗和察哈尔右翼前旗，通过“公益人大”精准扶贫平台，整合机关购买力，干部职工可以在平台选购“两旗”地区优质农特产品，如胡麻油、藜麦、新鲜牛羊肉、牛肉干、奶条、奶片、奶茶粉等。平台于2018年3月开始运行，目前已累计上线脱贫助理人21位，产品50余件，组织帮扶力量近3000人，扶贫消费金额75万余元。

“公益龙江”于2018年5月上线运行，主要是组织黑龙江省内力量，帮扶本省的3个贫困县：绥滨县、海伦市、龙江县。“七一”前夕，部分市县发起了“党员干部积极认购公益扶贫农产品”的倡议活动，每人到“公益中国”购买百元的扶贫产品，在3天时间内动员消费扶贫金额10万余元。在一个多月的时间里，“公益龙江”累计上线脱贫助理人61位、产品百余件，组织帮扶力量9.2万余人，消费帮扶227万余元。

最近开通的是中国商用飞机有限责任公司的“公益商飞”平台。商飞定点帮扶宁夏固原市西吉县，近期，公司各级工会按照总部工会的要求，在“公益商飞”的平台上采购西吉的农副产品作为中秋和国庆的员工福利发放，西吉产的红薯粉、蜂蜜、珍珠鸡蛋、枸杞、艾草制品等特色产品受到员工欢迎，集采订单金额达到110万余元。短短三个月，已组织帮扶力量1万余人，消费金额160多万元。

截至2018年8月底，“公益中国”总注册人数231万，累计上线农产品2万余种，注册918位脱贫助理人，覆盖21个省、自治区、直辖市的78个贫困县和10个非贫困县，累计受惠贫困人口近90万，累计扶贫消费金额达到1.34亿元。

公益伙伴光荣榜

:荣益客　**中央和国家机关**　央企　地方政I

排名	公益伙伴	集结人数	人均积分
1	公益文旅	5	11.80万
2	公益人大	3,191	4,137
3	公益社保	268	3,780
4	公益工委	422	3,087
5	公益海关	8	1,342
6	公益发改	722	1,268
7	公益邮政	22	197
8	公益贸促会	1	10
9	公益工信	6	1

公益伙伴光荣榜

:荣益客　中央和国家机关　**央企**　地方政I

排名	公益伙伴	集结人数	人均积分
1	公益中行	162.32万	4,231
2	公益中国兵器	3,516	2,917
3	公益国投	3,493	2,098
4	公益商飞	1.07万	2,028
5	国家能源扶贫公益平台	17.77万	894
6	公益中核二三	4,839	714
7	公益航天科技	3.41万	65
8	公益进出口行	0	0

图5 截至2019年2月20日公益伙伴扶贫光荣榜

表1 “公益中国”主要子平台（数据截至2018年8月31日）

主体类别	子平台名称	注册人数	助理人（个）	交易额（元）
央企	公益中行	1616694	220	87793902
	公益国电	107476	59	7960670
	公益商飞	10687	18	1670806
国家机关	公益人大	2562	17	744316
	公益社保	260	9	118566
其他企业	公益华夏	15127	6	62694
	公益宝沃	1401	—	1876
	公益福田	16249	—	1285
地方政府	公益龙江	92664	61	2203388
	公益山西	56382	—	61198
	公益天津	23253	53	841278

专家点评

中益善源科技提供了一个“互联网 + 消费扶贫”的创新案例。中国银行利用互联网技术，率先搭建了方便本系统所属单位和员工定向采购来自定点帮扶贫困地区农产品的消费扶贫平台。在地方政府的帮助下，通过贫困户自营和脱贫助理人企业两种方式，将扶贫产品组织到平台上来，方便公益购买力以此实现精准对接、精准帮扶。而从“公益中行”到“公益中国”，证明了该平台的有效性和可复制性。平台带动的产品价值提升、供应链改进、当地企业培育和就业创业等，让人们对此寄予更高的期待。

——汪向东 中国社会科学院信息化研究中心教授

第五十章　国家能源投资集团有限责任公司（神华四川能源有限公司）

兴教助医，志智双扶

国家能源投资集团有限责任公司下属神华四川能源有限公司以高度的政治责任感和强烈的历史使命感，认真履行央企责任，先后选派 7 名优秀中青年干部分别驻县、驻乡、驻村开展帮扶工作，在大凉山深度贫困彝区布拖、普格两县精准实施“兴教助医，志智双扶”，针对医疗和教育精准发力、大力支持、连续投入，取得了显著成效。2013~2017 年，在两县累计投入定点帮扶资金 2200 万元，捐赠脱贫攻坚专项党费 175 万元，共计投入 2375 万元，在教育扶贫、医疗扶贫、产业扶贫、党建扶贫等重点领域实施各类项目 13 个，取得了良好的政治效果和社会效应，体现了央企的社会责任与担当。四川能源公司荣获 2016 年四川省脱贫攻坚考核优秀企业和 2017 年四川省定点扶贫工作考核“优”等次，多次在省政府层面和省国资系统大会上作典型发言；两名挂职干部分获四川省脱贫攻坚“五个一”驻村帮扶先进个人和凉山州驻村优秀第一书记。

（一）案例背景

深度贫困地区是打赢脱贫攻坚战最薄弱的环节，是脱贫攻坚的难中之难，坚中之坚，硬骨头中的硬骨头，也是国家帮扶工作的重中之重。四川是全国脱贫攻坚的主战场，而彝族集聚的大凉山地区更是四川脱贫攻坚的主战场和全国深度贫困地区的典型代表，是习近平总书记最牵挂的地方。四川省凉山彝族自治州贫困面广、量大、程度深，且与毒品、艾滋、超生和辍学交织发生，到 2020 年凉山州还需有 11 个深度贫困县摘帽、1,118 个贫困村退出、49 万贫困人口全部脱贫。布拖、普格两县是全国贫困程度最深、脱贫难度最大的地区，是全国最需要攻坚的重点区域之一，深度贫困问题非常典型，2020 年如期实现脱贫时间紧迫、任务艰巨。

布拖是一个彝族聚居的高寒山区半农半牧县，也是国家扶贫开发工作重点县、乌蒙山连片特困地区的核心区、四川省大小凉山综合扶贫开发重点地区，地处大小凉山彝族聚居县的腹心地带，距州府西昌 105 千米，幅员面积 1,685 平方千米，辖 30 个乡镇、190 个行政村，2 个社区居委会，总人口 19.12 万人，其中彝族占 96.3%，农业人口占 93%。布拖县“临界贫困”问题突出，贫困程度深、扶贫成本高、脱贫难度大。全县共识别贫困村 163 个，建档立卡贫困人口 16,578 户 75,522 人。2017 年，全县完成地区生产总值 24.3 亿元；地方一般公共预算收入 1.03 亿元；地方一般公共预算支出 17.02 亿元。在 2016 年精准退出贫困村 19 个、脱贫 3,185 户 13,486 人的基础上，2017 年精准退出贫困村 22 个、脱贫 1,026 户 4,737 人。截至目前，全县仍有贫困村 122 个（含 30 个极度贫困村）、贫困人口 12,367 户 57,299 人。今年计划退出 45 个贫困村，脱贫 3,537 户 16,417 人。

普格县位于凉山州东南部，幅员面积 1,918 平方千米，辖 34 个乡镇、153 个行政村、8 个居委会，有彝、汉、苗等 24 个民族，总人口 21.14 万人，其中彝族 17.9 万人、占 84.9%，农业人口 18.59 万人、占 92.7%，是一个以彝族为主体的少数民族聚居县、典型的山区农业县和深度贫困县。2017 年，完成地区生产总值 24.65 亿元，公共财政总收入 2.93 亿元，地方公共财政收入 1.96 亿元。全县共识别贫困村 103 个（其中极度贫困村 15 个），贫困人口 14,468 户 65,192 人。截至 2017 年底，累计退出贫困村 47 个，脱贫 22,070 人；目前，还有贫困村 56 个，贫困人口 9,563 户 43,122 人；今年，计划退出贫困村 25 个，脱贫 2,818 户 12,600 人。

根据集团党组安排，自 2013 年起，由四川能源公司具体承担了对布拖县和普格县的定点帮扶任务。

（二）实施路径及履责成效

1. 上下联动精心组织，层层压实压紧责任

2013 年以来，公司上下高度重视，切实提高政治站位，将定点扶贫工作作为公司履行社会责任的重要内容。一是成立扶贫领导小组，强化对扶贫工作的领导，落实具体责任部门，推动扶贫工作落实落地。二是定期研究对口帮扶工作计划和年度实施方案，公司党委专题研究扶贫工作超过 12 次，公司领导调研扶贫工作超过 30 次。三是先后选派 7 名优秀中青年干部分别驻县、驻乡、驻村开展帮扶工作，派驻干部紧紧围绕实现扶贫和奔康两大目标，贯彻集团公司和地方政府的决策部署，牢记嘱托，扎根一线，充分发挥自身的知识水平和业务能力，与基层干部群众同甘共苦，真心实意地为当地谋出路、引项目、克难题，起到了地企双方良好的桥梁纽带作用，赢得了广大群众的信赖和尊敬。四川能源公司荣获 2016 年四川省脱贫攻坚考核优秀企业和 2017 年四川省定点扶贫工作考核“优”等次，多次在省政府层面和省国资系统大会上作典型发言；两名挂职干部分获四川省脱贫攻坚“五个一”驻村帮扶先进个人和凉山州驻村优秀第一书记。

图 1 国家能源集团与布拖县委县政府座谈

2. 大力实施教育扶贫，阻断贫困代际传递

扶贫先扶智，针对彝区教育落后，入学率低、辍学率高的情况，将精准扶贫第一站摆在了教育上，不断加大对彝区教育事业的投入，补齐教育短板挖穷根，阻断贫困代际传递，从根本上解决教育民生“百年大计”。一是在普格县投入 800 万元，用于建设教育园区和小学教学楼；投入 200 万元，用于大槽乡中心校新建教师周转房和学生食堂。二是在布拖县投入 500 万元，开展“一乡一园”“一村一幼”项目，新建乡镇中心幼儿园 1 所，新建村级幼儿园 2 所、改建 2 所。三是依托集团公益基金会捐赠各类书籍 4,000 余万码洋，在全川中小学建立了 842 个“爱心书屋”，其中凉山州各贫困县超过 1,000 万码洋（其中普格县“爱心书屋”20 个，104 万码洋；布拖县“爱心书屋”20 个，138 万码洋）。下一步，公司还将援建布拖关爱学校等，促进教育均衡发展，解决 2,000~3,000 名特殊困难学生和孤儿就学问题，协助彝区打赢深度贫困地区脱贫攻坚这场“硬仗中的硬仗”。

图 2 普格县大槽乡中心校神华爱心综合楼

3. 大病医疗保障扶贫，突出解决看病难题

针对彝族群众聚居地区自然条件艰苦、经济发展落后、卫生条件较差，先天性疾病、传染病发病率较高，重点疾病防治和诊治任务艰巨等突出问题，精心组织实施健康扶贫工程。为布拖县人民医院购置 400 万元的医疗设备 40 多台 / 套，使该院的医疗检查设备水平大大提高，在全州县级医院硬件条件名列前茅，有效提升了当地诊疗水平和医疗服务能力，使很多急、危、重症患者能就近得到及时的救治，解决了大凉山少数民族同胞“一人得病全家愁、一人治病全家贫”的突出民生问题。下一步，公司还将推广爱心行动计划，协调国家能源集团公益基金会组织三甲医院为全县儿童开展“先天性心脏病”筛查、救助工作，对艾防设施设备进行援助。

4. 助力特色产业发展，强村富民振兴彝乡

在精准帮扶医疗、教育基础设施的基础上，着力将产业发展作为脱贫攻坚与乡村振兴的引擎，探索深度贫困彝区的强村富民之路。一是在布拖县、普格县推行畜禽标准化规模养殖与适度规模的家庭牧场并举，集体经济发展与能人带头大户示范并重的产业发展模式，发展好特色种养植业，以购代捐支撑销售，多措并举，长短结合，为村级集体经济产业发展找准路子，发展家庭农场迈开步子，推动贫困户发展产业打开口子，促进贫困户脱贫增收。二是投入 200 万元开展布拖县觉撒乡博作村幸福美丽乡村建设，同时对新特农副产业项目进行扶持，通过环境治理、“四好”创建、产业提升，逐步引导发展乡村旅游业，让老百姓真正实现“住上好房子，过上好日子，养成好习惯，形成好风气”，切实打造央企定点帮扶彝区幸福美丽新村。三是自投和引进资金 600 余万元，开展普格县大槽乡农村饮水安全巩固提升工程，新建改建住房 106 户、扶持养殖业项目 4 个、资助贫困学生 35 人、新建党群活动中心和文化室 2 个。四是积极与布拖县农牧局沟通，争取政府帮扶政策，在博作村 2017 年原有种植的 200 亩“大红袍”花椒基础上，再扩大 250 亩（25,000 株）花椒种植规模，达到户户村民全覆盖种植，3~5 年后，实现每户年收益 1.5 万元左右，产业发展持续稳定增收。引进卧龙茵红李在觉撒乡开展试种，试种成功后在觉撒乡实施大面积推广，亩产可达 1 万元以上。下一步，公司还将助力普格贫困村彝家新寨建设，积极协调“央企扶贫基金”来凉山投资；依托集团多个电商平台，加大大凉山农特产品“以购代捐”和“电商扶贫”活动力度。

5. 志智双扶激发动力，不断拓展帮扶领域

公司坚持把扶贫与扶志、扶智相结合，物质、精神、思想脱贫并重，深入开展感恩奋进教育，树立“多干多得、早干先得”的良好导向，推进移风易俗，培育新风正气，充分激发贫困群众的内生动力。一是为防治贫困户“断奶后”返贫，驻村干部建立“养殖种植技术交流群”，增加知识储备、了解掌握养殖经验和市场信息；组织致富骨干，远赴省内发达地区学习考察产业模式、种养殖方式和销售渠道；抓关键、树榜样，动员部分党员干部率先投入、带头发展，逐步吸纳部分建档立卡贫困户共同参与，以大户带散户，使“外行”变“内行”。二是向两县各捐赠特殊党费各 80 万元，在布拖县实施县委党校维修改造新建工程，打造布拖县新型农民素质提升工程培训基地，将为全县 16,578 户 75,522 建档立卡贫困人口技能培训提供标准的场地和设施（目前已开办培训班 20 期，培训学员约 7,000 人次），切实做到了培训一人、就业一人、脱贫一户、带动一片，为深度贫困地区彝族同胞进一步提振致富信心、转变观念、提高技能奠定基础。三是在帮助群众养成好习惯、形成好风气上精准发力，特别是结合县上奖励计划的要求，改变以往直接给贫困户送钱送物的方式，采取奖励的方式，将慰问品发放给带头发展产业、遵守村规民约、卫生状况好的农户，形成奖勤罚懒的良好导向，引导贫困户不等不靠、自力更生，让帮扶者有回报，让受助者有尊严。响应州委号召，积极开展“以购代捐”活动，组织单位食堂、员工向贫困户购买农副产品 10 吨，金额约 5 万元。下一步，公司还将依托国家能源集团党校优质教育培训资源，对彝区两县基层干部加强党建、财务、经营等方面的培训，提升本地干部政策理论和经营管理水平。

图 3 布拖县博作村幸福美好生活

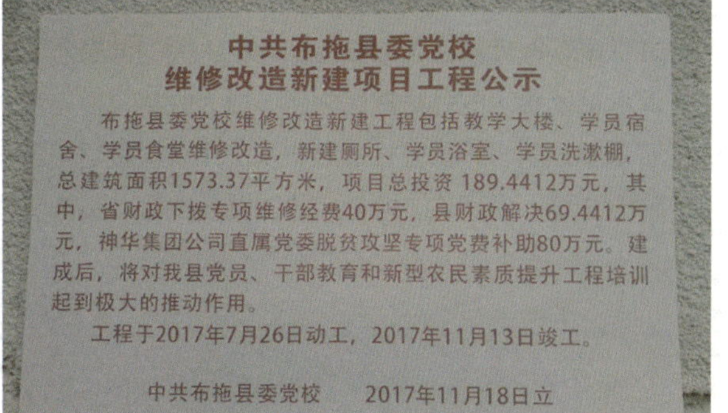

图 4 捐赠特殊党费 80 万元，在布拖县委党校实施维修改造新建工程，打造布拖县新型农民素质提升工程培训基地

6. 党建引领示范带头，综合帮扶凝成合力

发扬右玉精神，充分发挥基层党支部的战斗堡垒作用，助力脱贫攻坚。协助地方开展乡级“示范党委”和村级“红旗支部”创建活动，完善各村“党员活动室”和村史馆的设立，为村党支部发挥战斗堡垒作用提供阵地保障。利用“党员活动室”，以农民夜校、经验传授、讲党课等形式，组织村第一书记、村支部书记、致富带头人对党员干部及群众进行艰苦创业、脱贫争先、感恩奋进的教育活动，用群众自己的语言和身边的实例，充分发挥各村党支部在村民道德评议、红白理事等自治组织的引领作用，党员干部带头示范，持续推进移风易俗、破旧立新活动，扭转了彝区厚葬薄养、高额彩礼等导致贫困的突出问题。同时，用接地气的方式，把党中央、习近平总书记对彝区群众的深切关怀送到群众心坎上，让大家感党恩、听党话、跟党走。

当前，凉山州脱贫攻坚已进入三年决战决胜的关键阶段，在今后工作中，我们将以习近平总书记深厚的为民情怀作为标尺，牢记重托、不辱使命、真抓实干、埋头苦干，在资金、项目方面进一步加大力度，重点解决两县公共服务、基础设施以及基本医疗方面的问题，发挥帮扶资金和项目的最大效益，聚焦难点钉钉子，压实责任交答卷，啃下脱贫硬骨头，坚决攻克凉山深度贫困堡垒，助力两县脱贫奔康和凉山创建全国同步全面小康示范州，向党中央、向全国人民交出一份优异的答卷。

专家点评

“兴教助医，志智双扶”很好地概括了国家能投的扶贫实践。对于集中连片贫困地区来说，单一项目的扶贫工作远不能达到脱贫目标，全方位的精准扶贫才是最优路径。国家能投在四川省凉山彝族自治州开展的全方位的扶贫工作为该地区的脱贫攻坚作出了重要贡献。其中，教育扶贫为贫困地区的后续发展提供了人才保障；医疗扶贫在提高贫困地区人民的健康水平及防止“因病返贫”方面发挥了重要作用；产业扶贫探索深度贫困彝区的强村富民之路，成为脱贫攻坚与乡村振兴的引擎。特别是，在央企扶贫中，党建扶贫也发挥了重要作用，干部驻村开展帮扶工作，与基层干部群众同甘共苦，起到了地企双方良好的桥梁纽带作用。这种全方位、多层次、抓重点的扶贫模式可以成为其他央企扶贫学习的标杆。

——郑风田 中国人民大学农业与农村发展学院副院长

后 记

“企业精准扶贫案例研究”课题由国务院扶贫办社会扶贫司立项委托，中国社科院企业社会责任研究中心具体执行，旨在研究梳理各类企业参与脱贫攻坚的经验做法，形成可信、可行、可学的典型案例和操作模式，为更多企业更好参与脱贫攻坚提供借鉴和参考。

课题组秉持案例来源广、调查研究实、筛选机制科学、评审标准严格的基本原则开展研究，共经历案例征集、实地调研、案例初筛、专家评审、张榜公示、编写发布等六个重要环节。从 2018 年 4 月底课题启动，到 2018 年 10 月底，课题组共征集各类企业提报案例 641 个，覆盖国有企业、民营企业、外资企业等不同所有制类型，教育、产业、健康、电商、旅游、金融等不同方式，全国性企业和地方性企业等不同规模，以及中央企业、上市公司、金融机构、网信企业等不同类群。同期，课题组先后组织由国务院扶贫办社会扶贫司领导、专家学者和企业代表、课题组成员等组成的调研团队，对国投集团、中国三星、华润集团、万达集团、恒大集团扶贫工作、项目开展 5 次实地调研，深入了解企业参与精准扶贫的进展和成效。2018 年 11 月，课题组根据案例评审标准，按照 1：2 的差额，对 641 个案例进行初筛，最终选择 100 个案例进入“中国企业精准扶贫 50 佳案例”专家评审，选择 60 个案例进入“中国企业精准扶贫分领域案例”专家评审。2018 年 12 月，专家评审会在京召开，评审专家来自国务院国资委、民政部、中央网信办、全国工商联、中国证监会、中国银保监会等政府部门和中国社科院、清华大学、中国人民大学、北京师范大学、中国农业大学等教研机构，最终评选出 50 个案例，组成《中国企业精准扶贫 50 佳案例（2018）》；评选出产业扶贫案例 5 个，金融扶贫案例 9 个，教育扶贫案例 3 个，健康扶贫案例 2 个，旅游扶贫和电商扶贫案例各 4 个，其他扶贫案例 3 个，共 30 个案例组成《中国企业精准扶贫分领域案例（2018）》，案例入选名单于 2019 年 1 月 28 日在国务院扶贫办官方网站进行公示。

《中国企业精准扶贫 50 佳案例（2018）》是集体劳动的成果。项目历时 1 年，先后有 30 余人投入其中。技术路线和内容结构由曲天军、钟宏武、王大洋、汪杰共同研究确定。优秀案例由安珣、宿盟、汪杰、黄晓娟、聂霄萌、于晨、赵铭等整理、撰写完成，并由汪向东、邓国胜、李小云、张琦、钟宏武、汪杰、郑风田、师曾志、葛均泊、柯晓山、王铮键、郭锋、张艳丽、李永焱、孙家琛共计 15 位专家进行点评。

全书最终由曲天军、钟宏武、王大洋、汪杰共同审阅、修改和定稿。

本书的出版也得到了经济管理出版社陈力等同志的大力支持，没有出版社相关同志的努力工作，本书很难如期与读者见面，在此表示由衷的感谢。

感谢所有为本书的顺利出版而倾心付出的人！

课题组

2019 年 3 月